추천사

"이 책은 이상할 만큼 완벽하고, 흥미로우며, 압도적이다."

— **팀 하포드**, 경제학자, 『경제학 콘서트』 저자

"이 책의 초판이 나온 1992년 이후 많은 변화가 있었다. 이 책에서 다룬 주제들은 이제 '이상 현상'만이 아니라 많은 학자들에게 '정상적인' 연구 주제로 자리잡기 시작했다. 조심스러웠지만 동시에 대담했던 초창기 질문들이 30~40년을 거치면서 경제학의 깊이와 폭을 넓히는 데 큰 기여를 했다. 전면개정판에서는 행동경제학이 처음 등장하기 시작했을 때 저자들의 야심과 패기, 그리고 그로부터 30여 년이 지난 지금 보여지는 노련함과 성취감을 모두 확인할 수 있다. 점점 현실에 가까운 인간형을 다루려는 저자들의 시도는 경제학자뿐 아니라 모든 이들에게 살아가는 지침을 제공해준다."

— **최정규**, 경북대학교 경제통상학부 교수

"『승자의 저주』는 리처드 탈러 교수가 오랜 기간 연재해온 「이상 현상Anomalies」 논문들을 바탕으로, 행동경제학의 문제의식과 방법론을 한 권으로 응축한 책이다. 내가 2000년 미국에서 박사과정을 시작하며 행동경제학에 처음 발을 들였을 때, 이 논문들은 기존의 경제학 교과서가 당연하게 전제하던 합리성 가정에 차분하면서도 근본적인 질문을 던지며, 인간의 선택과 시장의 작동을 전혀 다른 시각에서 바라보게 만들었다.
이 책은 '승자의 저주'를 비롯한 여러 이상 현상들을 통해, 개별적인 '예외'처럼 보였던 현상들이 사실은 하나의 공통된 문제의식으로 긴밀하게 연결될 수 있음을 설득력 있게 보여준다. 『승자의 저주』는 행동경제학이 주변적 호기심에 머무는 분야가 아니라, 경제 분석의 중심을 재구성해온 중요한 학문적 전환의 기록임을 분명히 일깨워준다."

— **최승주**, 서울대학교 경제학부 교수

"『승자의 저주』는 행동경제학을 하나의 연구 프로그램으로 정초한 탈러의 대표작이자, 이 분야의 대표 저작이라 할 수 있다. 학자에게는 고전 경제학의 합리성 가정이 무너지는 지점을 체계적으로 보여주며, 실무자에게는 투자·입찰·조직 의사 결정에서 반복되는 오류를 점검하는 실전 매뉴얼이다. 각 장의 '업데이트'는 이 통찰이 오늘의 시장과 정책 현장에서 어떻게 작동하는지를 선명하게 연결한다. 금융에 대한 공부를 시작하는 학생들은 물론 소비자의 의사 결정 과정에 영향을 주고 싶어 하는 기업의 실무자들이나 정책 결정자들이 참고해야 할 중요한 자료라고 판단하며 강력히 추천한다."

— **강형구**, 한양대학교 파이낸스경영학과 교수

The Winner's Curse
승자의 저주

THE WINNER'S CURSE
: Behavioral Economics Anomalies, Then and Now
by Richard H. Thaler, Alex O. Imas

승자의 저주

인간의 비합리성을 밝혀낸 행동경제학, 그 시작과 완성

리처드 탈러 · 알렉스 이마스 지음 | 임경은 옮김 | 최정규 감수

리더스북

한국의 독자들에게

여러분이 연구 중심 대학의 젊은 학자라면 할 일은 두 가지다. 학생들을 가르치는 것과 학술지에 논문을 게재하는 것이다. 따라서 여러분의 말과 글을 '듣거나 보는 이'는 여러분의 수업을 수강 신청한 학생들, 그리고 여러분이 힘들여 학술지에 등재한 논문을 읽는 소수의 교수와 대학원생들밖에 없다. 뼈 빠지게 연구해도, 사실상 아무도 귀 기울이지 않는다. 40년 전인 1985년, 내 친구이자 멘토인 대니얼 카너먼Daniel Kahneman과 함께 성공적인 안식년을 보내고 돌아온 후의 내 처지가 그랬다.

그 후 나는 한 학술지에 색다른 타입의 논문을 정기 기고할 기회를 얻었다. 분기마다 내 글은 소수가 아닌 수천 명의 경제학자들, 나아가 경제학을 새로운 방식으로 공부하고 싶어 하는 여러 대학의 학부생들에게도 읽혔다. 이 논문들은 「이상 현상Anomalies」이라는 시리즈로 연재되었으며, 적어도 경제학자들의 눈에는 의외로 다가오는 실증적 연구 결과들을 다루었다.

어느새 책으로 내도 될 만큼 원고들이 충분히 쌓였고, 출판사와 계약도 성사했다. 책 제목은 한 챕터의 제목이기도 한 『승자의 저주The Winner's Curse』로 정했다. 물론 대중을 대상으로 한 일반 서적보다는 다소 전문적인 주제였지만, 그래도 책이라는 수단은 지금까지와는 달리 다양한 독자층에 다가갈 잠재력이 있었다.

책을 쓰는 모든 과정이 즐거웠지만, 뜻밖의 즐거움도 있었다. 놀랍게도 전 세계의 몇몇 출판사들에서 번역서를 내겠다고 연락해온 것이다. 그렇게 초창기에 발표된 번역본 중 하나가 한국어판이었다. 내 연구가 다른 나라에서 관심을 받을 거라고는 꿈에도 생각하지 못했고, 내 번역서를 누가 읽는지도 알 길이 없었다. 참고로 그때는 지금처럼 인터넷이 발달하기 전이었다.

다음 책을 쓰려고 마음먹기까지는 10년이 넘게 걸렸다. 사실 『승자의 저주』는 그저 논문 모음집이었다. 그에 반해 맨땅에서 책 한 권을 쓰는 건 벅찬 일이었다. 하지만 시카고대학교에 합류해 캐스 선스타인Cass R. Sunstein을 만나면서 우리는 협업하기 시작했다. 내가 보기에 그는 눈 감고도 책을 쓸 수 있을 사람이었다. 그러던 어느 날 캐스가 내게 책을 쓰도록 용기를 북돋아 주었고, 그렇게 탄생한 결과물이 『넛지』였다. 이 책은 일반 독자를 겨냥했기에 전 세계에서 어느 정도 호응을 얻을 거라 기대했던 건 사실이다. 하지만 한국에서 상당한 베스트셀러가 되었고 책 속 아이디어가 실제 기업과 정부 정책에 활용되기도 했기에 정말 놀랍고 짜릿했다. 정말이지 예상 못한 일이었다.

이번에 『승자의 저주』 전면개정판을 통해 다시 한국의 독자 여러분들에게 인사드리게 되어 매우 기쁘다. 이번 전면개정판에는 뛰어난 젊은 행동경제학자 알렉스 이마스Alex O. Imas와 공저자로 함께했다. 우리는 과거에 내가 쓴 「이상 현상」 논문들을 전부 재검토하고, 초판본 출간 후 발표한 글 6편을 추가했다. 이를 통해 지난 수십 년간 행동경제학 분야가 진화해 온 발자취를 탐구하고자 했다. 그와 함께 작업하는 과정은 매우 즐거웠는데, 그건 참으로 다행이었다. 세상만사가 늘 예상한 것보다 오래 걸리기 마련이지만, 이 책은 예상보다 훨씬 더 오래 걸렸기 때문이다. 수년간의 작업 끝에 초판 책 내용의 약 3분의 2가 새로운 내용으로 구성되었다.

이마스와 나는 이상 현상이 행동경제학의 현재를 살펴보는 유용한 관점을 제시한다고 생각한다. 결국 행동경제학은 표준 이론과의 차이로 진정 정의되기 때문이다. 이상 현상이 없다면 새로운 접근법도 필요 없을 것이다. 우리는 초판본에 실은 결과들이 33년이 지난 오늘날에도 여전히 두 가지 측면에서 유효하다는 것을 발견했다. 첫째, 원실험들은 대부분 재현에서도 입증됐다. 둘째, 실험실 연구에서 처음 발견된 결과들은 최근 몇 년간 활용 가능해진 '빅데이터'를 통해 현장에서도 입증되는 것으로 나타났다. 이 책의 마지막 장에서는 현재 행동경제학이 어디로 향하고 있는지를 논의한다.

여러분이 이 책을 즐겁게 읽기를 바란다. 그리고 이 책을 포함해 나의 다른 책들을 읽어 준 모든 분에게도 감사드린다.

2026년 2월

리처드 탈러

그레그(및 올리브, 줄리아, 알렉사),

매기(및 에릭, 할리, 에이단),

제시(및 에번, 아테나, 피닉스)에게.

— 리처드 탈러

내게 모든 것을 주신 부모님 도라와 슐림 이마스, 누이 폴리나 이마스.

인내심 많고 친절하며 언제나 최고의 조언으로 곁에 있어준

멋진 아내 에이슬린 보렌.

사랑스러운 아들 솔과 오란 이마스에게.

또 이 모든 학문의 여정을 가능하게 해주신 지도 교수 유리 그니지와

명예 지도 교수 조지 로웬스타인에게.

— 알렉스 이마스

일러두기

- 이 책은 2025년 미국에서 출간된 『The Winner's Curse』의 한국어판으로, 『승자의 저주』(2007)의 전면 개정판이다. 두 저자는 본문의 3분의 2가량을 다시 쓰고, 대부분의 장에 시대의 변화를 반영한 사례를 담은 '업데이트'를 더했다.
- 이 책은 국립국어원 표준국어대사전의 표기법을 따랐으며 주요 용어의 원어는 첨자로 병기했다.
- 독자의 이해를 돕기 위한 저자 주는 본문 하단에 각주로, 옮긴이의 설명은 괄호 안에 '—옮긴이'로 표기했다.
- 저자 리처드 탈러의 이름은 원어 발음에 가까운 '세일러' 대신 국내에 널리 통용되고 있는 '탈러'로 표기했다.

차례

3장. 최후통첩 게임
— 시장을 움직이는, 보이지 않는 상도덕(콜린 캐머러와 함께)

4장. 초기 부존 효과, 손실 회피, 현상 유지 편향
— 관성이 만든 비합리적 이상 현상들(대니얼 카너먼, 잭 네치와 함께)

5장. 불확실한 선택의 심리학
— 기대 효용 이론을 넘어 전망 이론으로

6장. 위험 회피를 제대로 설명하기
— '진짜 위험'에 대처하는 법(매슈 라빈과 함께)

7장. 현재와 미래 사이의 선택
— 결함 있는 망원경으로 내일을 보지 마라(조지 로웬스타인과 함께)

8장. 저축, 대체 가능성, 심리적 회계
— 돈에는 이름표가 붙어 있다

9장. 선호 역전
— 그때는 맞고 지금은 틀리다(아모스 트버스키와 함께)

10장. 효용 극대화
— 우리는 우리가 무엇을 좋아할지 모른다(대니얼 카너먼과 함께)

서장

•

날카로운 의심에서 견고한 확신으로
— 33년 만의 개정에 부쳐

리처드 탈러의 말

이 책의 시작은 1986년으로 거슬러 올라간다. 당시 국내에서는 다이어 스트레이츠Dire Straits의 〈Brothers in Arms〉와 브루스 스프링스틴Bruce Springsteen의 〈Born in the U.S.A.〉가 최고 인기곡이었다. 로널드 레이건Ronald Reagan 대통령은 의회에 대규모 세제 개혁안을 내놓았다. 월드컵에서는 아르헨티나가 '신의 손'에 힘입어 우승했고, 슈퍼볼에서는 시카고 베어스가 우승했다. 1992년에 노벨 경제학상을 받은 게리 베커Gary Becker는 미국경제학회American Economic Association 회장이었다.

그리고 개인적으로는 경력상 큰 모험을 시작한 지 약 10년 차에 접어들고 있었다. 전통 경제학의 연구 방식에 점점 회의를 느끼던 나는 심리학을 비롯한 다른 사회과학의 통찰력을 접목해 경제학을 더욱 풍성하게 하고 싶었다. 하지만 이러한 확신과 별개로 동료 경제학자들을 어떻게 설득할지가 문제였다. 따를 만한 선례도 없었다. 처음에는 내 아이디어로 생계를 유지할 수 있을지조차 의문이었다.

하지만 놀랍게도 훗날 '행동경제학'으로 불릴 분야를 연구하기로 한 결정은 내 예상보다 훨씬 큰 수확을 가져왔다. 코넬대학교 경영대학원 교수가 되었을 뿐 아니라, 종신 재직권을 얻었으며, 브리티시컬럼비아주 밴쿠버에서 친구이자 멘토인 대니얼 카너먼Daniel Kahneman을 만나 생산적인 한 해를 보내기도 했다. 어느 날, 대니(그는 모두에게 이렇게 부르게 했다)는 학자에겐 더 이상 '유망주'로 취급될 수 없는 나이가 있다고 주장했다. 그는 내가 39세라는 사실을 모른 채, 그 나이가 40세쯤일 것이라고 말했다. 나는 경력에서 '유망주 이후'의 단계를 어떻게 보낼지 고민할 수밖에 없었다.

그해 어느 날, 친한 경제학자인 할 배리언Hal Varian과 우연히 점심을 먹게 되었다. 그는 미국경제학회에서 창간을 앞둔 계간 학술지 《경제적 시각Journal of Economic Perspectives》의 편집진에 합류한다고 말했다. 당시 경제학계는 점점 더 전문화되어, 한 분야(예: 노동경제학)의 경제학자가 다른 분야(예: 거시경제학이나 재무학)의 논문을 이해하기 어려울 정도가 되었다. 그래서 《경제적 시각》은 어느 분야의 경제학자든, 심지어 경제학 학부생도 이해할 수 있는 논문을 싣자는 취지를 가지고 있었다. 조지프 스티글리츠Joseph Stiglitz가 편집장으로, 칼 샤피로Carl Shapiro가 공동 편집자로 선정되었는데, 둘 다 경제학계의 유명 인사였다. 그리고 티머시 테일러Timothy Taylor가 책임 편집자로 발탁된 것은 탁월한 결정이었다. 그는 경제학자들의 논문 초고를 읽기 쉬운 산문으로 바꾸는 일을 도왔다. 다행히 티머시의 작업은 편집진과 학자들 양측에게 만족스러웠고, 지금까지도 그 자리를 지키고 있다. 유수의 경제학자인 할 배리언(나중에 구글의 수석 경제학자가 되었고 지금도 그 직함을 유지 중이다) 외에도 폴 크루그먼Paul Krugman, 래리 서머스Larry Summers, 재닛 옐런Janet

Yellen 등 다른 유명 학자들도 편집진에 포함되었다.

할이 말하길, 《경제적 시각》은 매호에 특별한 정기 논문을 싣는 것을 고려 중이라고 했다. 가령 예일대학교의 걸출한 경제학자 배리 네일버프Barry Nalebuff가 경제 학술지에서 흔히 볼 수 없는 소재인 퍼즐과 수수께끼에 대해 기고한다고 했다. 할과 나는 점심 식사 중 경제의 이상 현상anomalies에 대한 특별 기고문을 쓰는 아이디어를 생각해냈다. 이상 현상이란 표준 경제 이론과 일치하지 않는 경험적 관찰을 뜻한다. 나는 할에게 그 사례를 적어도 10여 개는 떠올릴 수 있다고 장담했다. 그는 조지프와 편집위원들에게 내 아이디어를 전달했고, 나는 바로 집필에 착수했다. 하지만 방향을 어떻게 잡아야 할지는 알 수 없었다.

초호화 편집위원이 포진했음에도 《경제적 시각》의 미래는 매우 불투명했다. 누가 이런 데 글을 기고하고 싶어 할 것이며, 그 글은 어떻게 받아들여질까? 내가 기고에 참여한다는 사실이 널리 알려지기 전, 나는 한 코넬대학교 선배 교수가 "이 학술지에 실린 논문은 절대 중요성을 인정받을 수 없다"라고 말한 것을 우연히 들었다. 나는 그에게 그 평가는 누가 내리며, 중요한 논문이란 정확히 어떤 것을 가리키는지 묻고 싶은 충동을 참았다. 쉬운 논문을 쓰면 경제학계에서 좋은 평가를 받지 못하기에, 이는 경력에 또 다른 위험을 초래할 수 있었다. 하지만 종신 재직권은 학자들에게 모험할 자유를 주는 것이다. 게다가 평소에 나는 어떤 일(이 책을 포함해)을 할지 말지 결정할 때 스스로가 즐길 수 있는지 여부를 중요시하는데, 이번 기고는 꽤 재미있을 것 같았다.

코넬대학교 선배 교수가 "《경제적 시각》에 실린 논문은 중요성을 인정받을 수 없다"라고 말했을 때 어떤 것을 기준으로 삼았는지는 앞으로도 결코 알 수 없을 것이다. 하지만 적어도 그 논문들은 한 가지 중요한 측면에서 높은 평가를 받았으니, 바로 사람들의 관심을 끌었다는 점이다. 미국경제학회가 회원을 상대로 실시한 설문 조사에 따르면, 놀랍게도 온라인에서 입소문을 타기도 전에 회원의 절반(즉 수천 명)이 내 「이상 현상」 논문 연재를 '정기적으로' 읽는다고 답했다. 대개 학술 논문은 독자 수가 세 자릿수만 되어도 행운이라 여겨진다.

첫 논문에서 나는 이상 현상을 다음과 같이 정의했다. '경제학에는 다른 사회과학에서 볼 수 없는 독특한 전제가 있다.[1] 대부분(혹은 모든?) 경제주체agents(경제학에서 '사람'을 일컫는 용어)는 안정적이고 잘 갖춰진 선호에 따라 행동하며, (결국) 균형에 이르는 시장에서 선호에 부합하는 합리적 선택을 한다는 것이다. 고로 '합리성rationality'으로 설명할 수 없거나, 기존의 패러다임 내에서 설명하려면 의심쩍은 가설을 끌어와야 하는 경험적 결과는 이상 현상에 해당한다.' 합리성 외에 경제 이론의 또 다른 구성 요소는 '경제주체가 이기적'이라는 가설이다. 즉 사람들은 주로 자신이나 가까운 친구, (일부) 가족 구성원에게 주어지는 (금전적 또는 기타) 보상에 관심을 기울인다는 의미다.

《경제적 시각》은 1년에 네 번 발행되었으므로 나는 분기별로 새 논문을 써야 했다. 횟수가 많은 것은 아니었지만, 신문 사설보다는 짧은 학술 논문에 가까워서 보통 10페이지 정도의 만만치 않은 분량이었다. 나는 각 편에 해당 사례가 표준 이론을 정당하게 반증하는 근거를 제시하고, 그 모든 것이 무엇을 함의하는지 논평을 곁들였다. 그 반증이 설득력을 발휘하려면, 표준 경제 이론의 가설을 비틀지 않고는 (쉽게) 설명할 수 없는 결론이어야 했다. 다행히 나는 대니얼 카너먼과 아모스 트버스키Amos Tversky(각자 따로)를 비롯해 콜린 캐머러Colin Camerer, 오언 라몬트Owen Lamont, 조지 로웬스타인George Loewenstein, 안드레이 슐라이퍼Andrei Shleifer 등 이후 행동경제학 구축에 크게 기여할 동료 경제학자들을 여러 논문의 공저자로 포섭할 수 있었다. 글감은 사람들이 위험이나 선택에 반응하는 추세를 연구한 실험부터 각종 시장의 작동 원리까지 다양했지만, 이 논문들에는 이러한 이상 현상이 '경제학'에 중요한 의미가 있다는 공통점이 있었다. 전통적인 '합리성' 모형과의 차이는 무시할 만한 수준이 아니었다. 때로는 중요한 경험적 예측이 기존 이론과 어긋나는가 하면(예: 2장의 전원 무임승차), 때로는 모형 자체의 핵심 가설이 틀렸음이 입증되었다(예: 5장의 기대 효용 이론). 그 결과 모두가 내 글에 동의한 것은 아니었지만, 분명 경제학계 전반에 걸쳐 격렬한 토론을 불러일으키기는 했다.

논문 기고는 정말 재미있었지만, 13편을 쓰고 나서는 편집자들에게 쳇바퀴처럼 꼬박꼬박 기고하는 대신 마음 내킬 때만 새 글을 쓰고 싶다고 밝혔다(물론 연 4회보다 훨씬 적게 말이다). 책 한 권을 쓸 만큼 글감이 모이자 나는 잠시 기고를 멈췄다. 프리 프레스Free Press 출판사에서 책 출간에 동의했고, 우리는 책 제목을 논문 중 한 편의 제목이기도 한 『승자의 저주』로 정했다.• 그러나 책이 출간된 직후, 프리 프레스의 편집자 피터 도허티Peter Dougherty는 프린스턴대학교 출판부의 발행인이 되

• 나는 밴쿠버에서 카너먼을 만났을 때 그의 총명한 의붓딸이자 당시 고등학생이던 데버라 트레이스먼Deborah Treisman을 알게 되었다. 그 후 그녀는 버클리대학교에서 영문학을 전공했고, 내 책이 완성될 무렵에는 갓 졸업한 뒤였다. 나는 데버라를 프리랜스 교열 편집자로 고용했다. 이 일이 그녀가 향후 《뉴요커》의 소설 부문 편집자가 되는 데 큰 영향을 미쳤을 것이다. 그녀는 현재도 수십 년째 《뉴요커》에 재직 중이다.

어 회사를 떠나며 그 책의 판권을 팔았다. 그는 내 책이 절판되는 일은 없을 테니 자신의 결정이 옳을 것이라고 나를 안심시켰다.

그러니 내가 사이먼 앤드 슈스터Simon and Schuster(프리 프레스를 인수한 출판사)로부터 『승자의 저주』가 절판된다는 소식을 듣고 얼마나 놀랐겠는가. 그들은 내게 서문을 수정해 재출간할 의향이 있는지 물었다. 나는 초판이 출간된 후 논문을 6편 더 썼으니, 새 내용을 추가한 개정판을 내면 어떻겠냐는 야망을 내비쳤다. 물론 말이야 쉽지 만만치 않은 작업이지만, 실제 작업은 1년쯤 후에나 시작했으므로 그 전까지는 별로 걱정하지 않았다(내가 걱정하지 않은 이유는 7장을 보면 나온다). 나는 나와 관점이 다른 제삼자를 영입하면 도움이 되리라 생각했고, 그가 바로 이 책의 공저자인 알렉스 이마스였다.

다만 명확히 해야 할 점은, 이마스는 이 책의 바탕이 된 논문들에 기여한 바가 전혀 없다. 그는 내가 처음 교수가 되었을 때 몰도바 벤데르에서 유치원에 다니고 있었다고 나름의 변명을 늘어놓는다. 혹시 벤데르란 지명을 처음 듣는 분을 위해 설명하자면, 벤데르는 1986년 4월 원전 사고로 악명을 떨친 체르노빌에서 남쪽으로 약 600km 떨어진 곳이다. 따라서 이마스가 아무리 행동경제학의 귀재라고 해도(인근 도시의 방사능 낙진에도 불구하고 혹은 그 덕분에), 나의 원논문 작성에 도움을 주지 못한 것은 당연하다.

나는 2009년 캘리포니아대학교 샌디에이고 대학원생이었던 이마스를 처음 만났다. 당시 나는 래디 경영대학원에 연구실을 두고 샌디에이고에서 겨울을 났다. 이마스의 연구실도 근처여서, 우리는 연구에 대해 자주 이야기를 나누곤 했다. 내가 아끼는 주제인 심리적 회계(개인이 경제적 결과를 각자 받아들이는 방식, 8장 참조)에 대한 그의 논문도 그때 우리의 화제 중 하나였다. 우리는 서로 즐겁게 대화했고, 그가 카네기멜런대학교의 교수로 임용된 후로도 연락을 주고받았다. 그는 교수가 되자마자 행동경제학에 대한 흥미진진한 논문을 다수 발표했다. 2020년에는 내가 소속된 시카고대학교 부스 경영대학원이 이마스를 데려오는 데 성공한 덕에, 우리는 더 자주 대화를 나눌 수 있었다. 덧붙여 최근 그가 정교수로 승진했다는 기쁜 소식도 전한다.

알렉스 이마스의 말

나는 「이상 현상」 논문이 발표될 당시 초등학생이었으므로 탈러 교수의 공로에 관여한 바 없지만, 그의 글은 내 삶에 지대한 영향을 미쳤다. 2007년 나는 갓 대학을 졸업하고 의과대학에 진학하려던 참이었다. 이민 1세대였던 부모님은 내가 의사가 되리라 굳게 믿었고, 만에 하나 잘못되면 '컴퓨터 관련 일'을 할 거라 생각하셨다. 그런 내가 경제학을 접하게 된 건 순전히 우연한 행운이었다. 학점을 채우느라 경제학 입문 수업을 듣다가 경제학에 푹 빠진 것이다. 의과대학 진학을 위해 심리학 수업도 많이 들었지만, 두 학문 사이의 연관성을 전혀 찾을 수 없었다.

그러던 어느 날, 시카고에서 로스앤젤레스로 이사하는 친구를 도우러 장거리 운전을 하던 중 우연히 라디오 방송을 들었다. 진행자가 한 신간 도서의 저자를 인터뷰하고 있었는데, 그 책은 합리적 인간이라는 개념에 이의를 제기하고 경제학에 심리학을 접목하는 것이 왜 중요한지를 강조했다. 그 책의 제목은 『넛지』였고, 저자는 리처드 탈러라고 했다. 나는 로스앤젤레스에 도착하자마자 캐스 선스타인Cass Sunstein이 공저자인 그 책을 사서 읽고 완전히 매료되었다. 행동경제학은 내가 경제학과 심리학에서 좋아하는 모든 점을 합쳐놓은 듯했다. 시장의 복잡한 행동을 엄격한 모형으로 설명하면서도 (온갖 결함과 실수투성이인) '인간'을 중심에 두었기 때문이다. 나는 행동경제학 관련 문헌을 최대한 많이 읽은 후 이 분야를 전문적으로 연구하기로 결심했다. 이를 위한 최선의 방법은 경제학 박사과정을 밟는 것이었고, 기왕이면 행동경제학 전문 교수가 몇 명이라도 있는 학교로 가는 것이 좋겠다고 생각했다. 그로부터 1년도 안 되어 나는 캘리포니아대학교 샌디에이고 캠퍼스 대학원에 입학했다.

다행히 그곳에는 저명한 몇몇 행동경제학 교수가 있었고, 그중 몇 명은 이 책에 소개되기도 했다. 이타성과 협조 관련 연구의 초기 선구자인 제임스 안드레오니James Andreoni는 경제학과 교수로, 그리고 훗날 내 지도 교수가 된 유리 그니지Uri Gneezy는 경영대학원 교수로 재직 중이었다. 그니지는 처음 몇 년간 수업하기 힘들어하던 나를 잘 이끌어주고 최신 행동경제학 연구를 많이 접하게 해주었다. 잠시 후 더 언급하겠지만, 이러한 최신 연구들은 각 장의 업데이트와 에필로그에서 살펴보겠다. 나는 신설된 경영대학원에 그니지 교수의 도움으로 연구실을 마련할 수 있었는데, 마침 그 연구실은 탈러 교수 연구실 바로 옆이었다.

처음에는 탈러에게 다가가기가 너무 쑥스러웠지만, 결국 말문을 텄고 나중에는 자주 대화하는 사이가 되었다. 내가 어떤 아이디어를 떠올리면, 탈러는 1980년대에 관련 논문이 발표되었다고 알려주었다. 그럴 때면 나는 원점에서 다시 시작해야 했다. 그렇게 몇 년이 지난 후, 마침

내 나는 사람들이 이전 상황의 득실에 반응하는 방식을 심리적 회계로 설명하는 아이디어를 떠올렸다(8장에서 더 자세히 설명하겠다). 이전에도 이 주제를 다룬 연구가 있었지만 결론이 불분명했다. 어떤 연구는 사람들이 손실에 대응하기 위해 더 많은 위험을 감수한다고, 또 어떤 연구는 반대로 사람들이 손실에 대응하기 위해 더 적은 위험을 감수한다고 결론지었다. 실상이 이러하니 정말 혼란스러웠다. 나는 이러한 비일관성을 이전 손실이 심리적으로 '어떻게' 분류되는지 알아내는 심리적 회계 개념으로 설명할 수 있겠다는 생각이 들었다. 그래서 사람들이 손실을 만회하고 싶어 하는지(계정이 아직 열려 있는 경우), 아니면 손실을 받아들이고 넘어가는지(계정이 닫힌 경우) 알아보았다. 내 논문은 여러 차례 수정(및 무수한 상의)한 끝에 일종의 이력서가 되었고, 결국 나는 카네기멜런대학교의 사회 및 의사 결정 과학부에 교수직을 얻을 수 있었다. 조지 로웬스타인, 린다 배브콕Linda Babcock 등 이 책에 등장하는 많은 동료 교수들이 행동경제학에 대해 획기적인 논문을 썼다.

카네기멜런대학교에 임용되는 것까지는 좋았다. 그러나 그것은 동시에 모든 학자가 해야 하지만 대학원생일 때는 거의 배우지 못한 일을 해야만 하는 것을 의미했다. 바로 학생을 가르치는 일이었다! 학부생의 선택과목 중에는 심리학, 경제학, 심지어 의사 결정학도 있었지만, 분명 교과과정에서 빠져 있는 과목도 있었는데, 바로 행동경제학이었다. 더 편한 길(그리고 지도 교수들의 조언)이 있었음에도, 나는 조교수가 된 첫해에 행동경제학 과목을 편성하고 가르치겠다고 자원했다.

나는 수업을 계획하자마자 행동경제학에 일반적으로 사용되는 교과서가 없다는 사실을 깨달았다. 그보다 교과서 자체가 아예 없는 듯했다. 바로 이 점에서 리처드 탈러의 글이 다시 한번 큰 도움이 되었다. 결국 나는 그가 초기에 쓴 「이상 현상」 논문을 중심으로 수업을 구성했다. 사회 선호 수업에서는 학생들에게 '협조'와 '최후통첩 게임'에 대한 논문을 읽게 했다. 학생들은 이 글들을 기점으로 수많은 연구 결과를 접하면서, 이전에 배운 바와 달리 사람들이 실제로는 이윤을 극대화하는 것만 추구하는 이기주의자가 아니라는 것을 재빨리 터득했다. 위험 선호 수업에서는 '위험 회피'와 '주식 프리미엄 수수께끼'에 대한 논문을 활용했다. 거기서 우리는 전통 경제모형이 규정한 '위험 회피'의 추정치가 사람들의 실제 행동을 설명하기에 미흡하다는 것을 알게 되었다. 일단 위험에 대한 태도는 상황에 따라 크게 달라지기 때문이다. 가령 같은 사람이 토스터와 같은 소액 구매 제품에 과한 보험을 들면서 동시에 복권을 구매하기도 하는 것처럼 말이다. 다양한 상황에서 더 유용한 개념은 '손실 회피'다. 대략 설명하자면, 손실이 주는 고통이 그에 상응하는 이득이 주는 즐거움보다 더 크다는 것이다. 탈러의 논문들은 명쾌하고 읽기 쉬웠으며, 비전공자에게 어렵게 느껴질 수 있는 난해하고 복잡한 논문 속 개념을 쉽게 전달했다. 무엇보다 학생들이 그의 글을 좋아했다. 그래서 탈러가 이 책의 '업데이트' 부분을 써달라고 요청했을 때, 그 기회를 마다할 이유가 없었다.

탈러가 자주 말하듯, 행동경제학이 성공한 비결은 사고방식이 굳어져 있는 기성세대 경제학자들의 사고방식을 돌려놓은 덕이라기보다 젊은 세대의 사고방식을 '타락'시킨 데서 비롯되었다. 바로 이 이유로 그는 1994년 콜린 캐머러, 대니얼 카너먼과 함께 경제학 및 관련 전공 대학원 신입생들에게 2주짜리 집중 교육 캠프를 열었다. 최근에는 초창기 캠프 참가자이면서 현재는 둘 다 하버드대학교 교수인 데이비드 레이브슨David Laibson과 매슈 라빈Matthew Rabin이 몇 년째 주관해오고 있다. 수많은 다른 동문들도 현재 전 세계의 명문 대학교에서 후배를 양성하고 있다. 나도 레이브슨과 라빈의 교육 캠프 출신이다(그러나 내게는 세뇌식 교육이 그다지 필요하지 않았다. 이미 행동경제학에 푹 빠져 있었으니까). 우리는 이 책을 통해 앞으로도 젊은 세대는 물론 기성세대, 아니 더 성숙한 세대의 사고방식을 동시에 '타락'시킬 수 있기를 바란다. 우리가 이 책을 쓰며 즐거웠던 만큼, 여러분도 이 책을 즐겁게 읽어준다면 더 바랄 게 없겠다!

무엇을 남기고, 무엇을 더했는가

30년 전 출간된 책을 새롭게 다듬을 방법은 여러 가지였다. 우리는 초판에 수록된 13가지 주제와 책 출간 후 몇 년간 새로 발표한 6편의 「이상 현상」 논문 주제를 원재료로 삼기로 했다. 그중 첫 관문은 무엇을 포함할지 결정하는 것이었다. 우리는 완전히 새로운 자료를 추가하되 접근성이 떨어지고 난해한 책을 내고 싶지는 않았기에, 어떤 주제를 포함할지 어려운 결정을 내려야 했다. 첫 번째 기준은 일반인도 쉽게 다가가고 흥미를 느낄 수 있는 주제로 제한하는 것이었다(그래서 초판에 있던 외환시장과 '산업 간 임금격차'에 대한 장을 없앴다). 우리가 중요하게 고려한 또 다른 요소는 각 이상 현상에 대한 설명이 본질적으로 '행동경제학적'인지, 즉 사람들이 어떻게 의사 결정하는가에 대해 뭔가 중요한 것을 알려주는지 여부였다. 이 기준 때문에 초판에서 주식시장의 특이한 주기적 패턴(예컨대 금요일에 주가가 상승하고 월요일에 하락하는 주말 효과, 연말에서 연초로 넘어가는 시기에 주가가 평소보다 많이 오르는 1월 효과)을 다룬 장을 빼기로 했다. 이들은 분명 이례적 현상이지만, 행동적 요인으로든 다른 요인으로든 그 이유를 아무도 설명하지 못했다. 저명한 금융 경제학자 리처드 롤Richard Roll은 이른바 1월 효과를 다룬 논문을 발표하며 「이건 도대체 뭔가?Vas Ist Das?」라는 제목을 달기도 했다. 마찬가지로 경마장 도박꾼과 복권 구매자의 일부 특이한 행동도 싣지 않았다. 다만 그 논문에서 몇 가지 맛보기 조언을 하자면, 복권이나 경마 베팅은 멀리하길 바란다. 그래도 꼭 하고 싶다면 복권은 인기 번호를 피하고, 경마는 승산이 낮은 말에 베팅하지 마라. 이러한 다른 논문들도 읽고 싶은 사람은《경제적 시각》웹사이트에서 무료로 열람할 수 있다.

책에 넣기로 결정한 장은 통합, 재배열, 편집 등 몇 가지 작업을 거쳤다. 대신 우리는 스스로 독특한 규칙을 정했다. 각 장의 본문은 원하는 만큼 수정하고 결합했지만, 원논문이 발표될 당시 존재하지 않았던 새로운 경험적 사실이나 이론적 발견은 포함하지 않았다. 이렇게 매우 특이한 규칙을 정한 이유는 원논문의 목적이 경제학자들의 관심을 끌고 놀라운 증거를 고려하게 하려는 것이었던 만큼, 당시의 기조와 시간성을 고스란히 유지하기 위해서였다. 독자는 이 책의 어떤 부분을 허수아비 논증처럼 느낄지도 모른다. 하지만 솔직히 말하건대 실제로 각 논문의 전제에 동의하지 않는 경제학자들이 있었고, 그중 다수는 해당 이상현상이 왜 허구인지를, 또는 이 현상들을 전통 경제학 개념으로 쉽게 설명할 수 있음을 입증하려는 논문을 썼다.

또 하나의 이유는 이마스의 주도로 모든 장에 추가한 '업데이트'처럼 이 책에 새로 포함된 내용에 공평한 경쟁의 장을 마련하기 위해서였다. 업데이트는 '이 사실은 여전히 유효할까? 만약 그렇다면, 현실 세계에서도 중요한 것으로 입증되었을까?' 같은 질문에 대한 답을 제시한다. 만약 우리가 과거에 쓴 구절 중 일부를 뒤늦게 보니 부끄럽다는 이유로 마음껏 수정하거나 삭제할 수 있다면, 이상 현상에 대한 원논문의 타당성을 검증한다는 우리의 취지는 힘을 잃을 것이다. 다시 말하지만, 우리 연구의 평가를 여러분에게 오롯이 맡기는 바다!

업데이트를 추가한 것은 우리가 집필한 개정판이 지금의 독자들에게도 읽을 가치가 있다고 생각해서였다. 각 주제의 30년 치 연구를 통합하기까지는 처음 계획보다 훨씬 더 오랜 시간이 걸렸다(이번에도 이유는 7장 참조). 이 책을 쓰기 시작한 지 3년 후 '유망주' 이마스는 '더 이상 유망주로 취급될 수 없는 나이'가 되었다. 그래도 원논문이 여전히 타당한지는 두 가지 이유에서 중요한 질문이다. 첫째, 원논문의 중심 주제는 '이상 현상'이었다. 그리고 이상 현상이란 예상치 못한 일들이다. 어쩌면 일부 현상은 우연한 관찰, 검정력이 부족한 실험, 잘못된 측정, 이후 사라질 일시적 현상에 불과할지도 모를 일이었다. 다시 말해 행동경제학은 당시 많은 경제학자들이 주장했던 대로 보기보다 괜한 법석이었을 수도 있었다.• 하지만 업데이트는 이것이 사실이 아님을 보여준다. 초기의 실험실 실험은 경제학의 다양한 방법론과 하위 분야를 아우르는 방대한 연구로 발전했다. 실제로 행동경제학은 연구자들이 세월의 흐름에도 실험실 연구 결과가 견고함을 입증하고 동일한 이상 현

• 탈러가 1995년 시카고대학교에 임용되었을 때, 그의 새 동료 중 한 명은 행동경제학 분야를 '한때의 유행'이라고 표현했다.

상이 현장(비평가들이 종종 '현실 세계'라고 표현하는)에서도 나타난다는 것을 밝혀내는 과정에서 발전해왔다. 실제로 표준 모형과 맞지 않게 행동하는 사람은 대학생들뿐만이 아니었다. 가정, 포트폴리오 매니저, 기업 임원, 프로 운동선수도 마찬가지로 이상 현상을 보였다.

우리가 업데이트를 추가한 두 번째 이유는 행동경제학이 심리학의 일부 연구 결과를 명시적으로 차용하고 있으나, 심리학의 일부 하위 분야가 이른바 재현 위기replication crisis를 겪었기 때문이다. 예컨대 점화priming 효과라는 현상에 대해 여러 연구 결과가 있다. 점화 효과란 누군가 어떤 자극(예: 매우 맛있어 보이는 음식 사진)에 노출되면, 그 자극이 다음 행동(예: 곧이어 무엇을 먹을지 선택하는 것)에 은연중 영향을 미칠 수 있다는 것이다. 의심할 여지없이, 점화는 하나의 현상으로서 분명 존재한다. 하지만 점화를 놀랄 만큼 인상적으로 증명해 보인 논문들 중 일부는 다른 연구자들에 의해 재현되지 못했다.[2] 이러한 재현의 실패 때문에 대니얼 카너먼은 베스트셀러 『생각에 관한 생각Thinking, Fast and Slow』에서 이들 연구 결과에 관심을 보였지만, 이후 그에 대한 관심을 철회할 필요를 느꼈다. 설상가상으로 최근에는 행동경제학과 약간이나마 근접한 내용을 다룬 심리학 논문에서 노골적인 데이터 조작이 있었음이 드러나기도 했다.[3]

하지만 우리는 이 책의 바탕이 된 「이상 현상」 논문의 주제 중 재현성 위기라고 할 만한 증거는 전혀 없다는 점을 기쁜 마음으로 밝힌다. 오히려 우리가 논한 많은 연구 결과들은 수업에서 신뢰성 있게 재현할 수 있을 만큼 매우 견고하다. 이렇게 자신 있게 말하는 이유는 우리가 10년(이마스) 내지 수십 년(탈러) 동안 직접 수업 중 시현해왔기 때문이다.

특히 이마스는 수업 시간에 많은 실험을 '생중계'로 재현했다. 방법은 다음과 같다. 학생들은 각 주제에 대해 조를 짜고 우리가 논의했던 주요 실험을 재현했다. 그들은 서로 협력하며 퀄트릭스Qualtrics 같은 설문 조사 플랫폼에 지침을 통합했다. 다음 수업에서는 온라인 플랫폼으로 설문 조사 참가자들의 데이터를 수집하며 실험을 시작했다. 데이터는 보통 1시간 안에 수집되었고, 수업의 나머지 시간에는 결과를 분석하고 실험이 실제로 재현되는지 확인했다. 나는 10년 가까이 수업을 진행하면서 '전통적' 실험 연구가 재현에 실패한 경우를 한 번도 본 적 없었다.

물론 모든 논문이나 실험에서 똑같은 결과가 도출되는 것은 아니며, 모든 연구자가 각 연구 결과에 맞는 해석 방법을 두고 의견이 일치하는 것도 아니다. 하지만 우리는 이 책을 쓰면서 이상 현상에 대한 모든 주요 결론이 수십 년간의 후속 연구 후에도 놀라울 정도로 잘 유지되었음을 확인했다.

다만 우리 말만 믿지는 마라. 이 책의 대부분 장은 '중심적focal' 실험실 실험(예: 3장)이나 데이터 관찰 분석(예: 12장)에서 얻은 증거를 중심으로 구성되었다. 인간 피험자로부터 실험 데이터를 수집하는 일은 아마존 메커니컬 터크와 프롤리픽 등 온라인 크라우드 소싱 플랫폼이 급성장한 덕에 전보다 훨씬 쉬워졌다. 중심적 실험들은 프롤리픽에서 재현했으며, 관련 분석은 이 책의 온라인 부록(www.TheWinnersCurse.org)에 포함되어 있다. 게다가 누구나 직접 연구를 재현할 수 있게 구체적 지침도 곁들여놓았다. 관찰 데이터를 사용한 경우엔 가능한 한 원본 연구가 발표된 이후의 기간에 한정해 표본 외 검정을 설계하고 분석 방법을 재현했다. 이 분석은 업데이트에 기록되었으며, 더 자세한 내용은 온라인 부록으로 확인할 수 있다. 여러분도 행동경제학을 직접 체험해 보기 바란다.

이 책을 읽는 법: 과거와 현재를 잇는 지적 퍼즐

우리는 이 책을 일관된 문체로 쓰려고 노력했지만, 독자 입장에서는 책을 읽어나가면서 다양한 경제학자와 심리학자의 생각과 말을 읽고 있다는 점을 인식할 것이다. 그리고 각 장의 앞부분은 1980~1990년대에 탈러가 다른 공저자와 함께 썼다는 점도 염두에 두길 바란다. 탈러의 기억력이 예전 같진 않지만, 그는 책 속의 특정 문구나 개념이 공저자 중 누구의 아이디어였는지는 분간할 수 있다. 가령 아모스 트버스키는 야구팬이 아니었음에도(실은 농구광이었다) 야구 심판에 대한 재미있는 사례를 제시했다. 이와 대조적으로 업데이트는 누가 봐도 21세기에 쓰였다. 이 업데이트는 30~40년 전 탈러와 공저자들의 근엄한 주장과 구별하고 오늘날 우리 두 필자가 이야기하고 있다는 인식을 독자들에게 넛지하기 위해 형식을 달리했다.

또 이마스는 자신이 가르치는 수업에서 탈러의 「이상 현상」 논문을 활용했지만, 이 책은 포괄적인 행동경제학 전문 서적이 아니라는 점도 분명히 해야겠다. 이 책은 절대 그런 의도로 쓰이지 않았다!• 예컨대 이 책에 거시경제학 관련 내용이 없는 이유는 탈러가 거시 분야에

• 2020년 경제학자 산지트 다미Sanjit Dhami는 7권에 달하는 방대한 행동경제학 저서를 집필했다.

서 뚜렷한 이상 현상을 발견하지 못했기 때문이다. 전 세계가 주식시장 폭락과 대규모 실업으로 몸살을 앓았던 대공황은 이상 현상이 아니냐고 묻고 싶은 사람도 있을 것이다. 결국 시장이 노동 의지가 있는 사람이 모두 고용된 완전고용(가령 약 25%가 아닌 약 5%) 수준으로 청산될 만큼 임금이 충분히 하락하지 않은 이유가 무엇인지 질문할 수도 있다. 기업들은 임금을 줄여 다수의 근로자를 유지하는 대신, 대개 인력 감축을 택했다(구체적으로 말하자면, 일부 업종의 임금은 하락했지만 대량 실업을 막을 정도로는 아니었다). 경제학자들에게 잘 알려진 데다 원인을 놓고 의견이 분분했으므로 이를 주제로 다루는 논문은 싣지 않았다.

독자 여러분이 이 책의 각 장을 퍼즐처럼 생각해보길 바란다. 우리(그리고 원저자들)는 일련의 사실을 설명하고 이 사실들이 전통 경제 이론과 어긋난다고 주장할 것이다. 그다음 업데이트에서는 최근 나온 증거를 검토하고, 실험이나 계량 경제 분석에서 처음 기록된 이상 현상들이 오늘날의 현실 세계에도 통한다는 점을 강조할 것이다. 하지만 한 가지 사소하게 귀띔하자면, 우리는 경제학 분야에 패러다임의 전환이 일어났다고 생각하지 않는다. 그 이유는 에필로그에서 논의할 예정이다. 하지만 경제학 전공자든 비전공자든 이 책을 읽는 여러분도 새로운 이상 현상이 또 없는지 생각해보는 재미를 누리길 바란다.

마지막으로 각 장의 순서는 임의적이다. 따라서 어떤 장이 흥미롭지 않다면 다음 장으로 건너뛰어도 좋다. 하지만 한마디 더 슬쩍 흘리자면, 일물일가의 법칙을 다룬 마지막 장은 우리가 가장 좋아하는 부분이니 부디 놓치지 마시길.

1장

승자의 저주

The Winner's Curse

이기고도 눈물 흘리는 경매의 함정

• 이 장은 Thaler(1988)를 토대로 썼다.

언젠가 밤에 술 한잔하기에 돈이 좀 부족하거든, 동네 술집에서 다음과 같은 실험을 해보라. 먼저 단지 하나를 마련해 동전을 채우고, 그 동전의 총액수를 적어둔다. 그런 다음 저녁에 술집 손님들을 대상으로 단지를 경매에 부친다. 단, 손님들이 동전을 싫어할 수 있으니, 낙찰되면 해당 금액을 지폐로 환전해주겠다고 제안한다(낙찰자가 단지의 가치를 믿지 못하면, 직접 단지 내용물을 확인하게 해도 좋다). 결과는 다음과 같을 가능성이 높다.

1. 평균 입찰가는 동전의 총액수보다 상당히 낮을 것이다(입찰자들은 위험 회피 성향이 있다).
2. 최종 낙찰가는 동전의 총액수를 초과할 것이다.

이 실험을 하고 나면 저녁 유흥비를 마련하는 동시에 술집 손님들에게 '승자의 저주'를 경고하는 데도 도움이 될 것이다. 수익의 일부로 낙찰자에게 술 한잔 대접하는 아량도 잊지 말자.

승자의 저주는 석유 회사 애틀랜틱 리치필드Atlantic Richfield의 공학자들이 논문에서 처음 논의한 개념이다.[1] 애틀랜틱 리치필드 등 많은 회사는 정부 경매를 통해 특정 지역의 시추권을 획득했다. 공학자들은 항상 전문가를 고용해 각 시추 지역의 투자 매력도를 평가하게 했다. 하지만 시추권을 따내고 나자, 해당 지역의 평균 원유 생산량이 전문가 예측에 못 미친다는 사실을 알고 당황했다.

이 회사가 얻은 교훈은 이렇게 정리된다. 애틀랜틱 리치필드의 입찰은 경매에서 이겨야만 유효하다. 그러나 낙찰은 해당 지역의 석유 매장량 예측에 대한 불길한 징조다. 한 회사가 경매에서 이겼다는 것은 달리 말해 다른 모든 회사가 석유 매장량을 그보다 낮게 예측했다는 뜻이다. 즉 낙찰된 회사의 예측은 과대평가되었을 가능성이 높다. 합리적인 회사라면 일찌감치 이러한 가능성을 고려해 입찰가를 조정했을 것이다. 하지만 회사들이 이 사실을 깨닫지 못하면 승자의 저주가 발생한다. 즉 낙찰자들은 석유 매장량이 평균적으로 자신들이 예상한 것보다 적다는 사실을 뒤늦게 발견할 것이다.

큰돈이 걸린 문제이고 유능한 전문가들의 도움을 받을 수 있다는 점을 고려하면, 시간이 지날수록 입찰 회사들이 최적의 입찰 전략을 학습할 것이라는 추정도 가능하다. 하지만 무엇이 옳은 전략인지 알아내기는 쉽지 않다. 해당 지역의 석유 매장량은 예측하기 어려우므로, 아무리 공평무사한 전문가라도 저마다 의견의 편차가 클 것이다. 기업들은 이 불확실성을 감안해 전문가들의 추정치보다 훨씬 낮게, 보수적으로 입찰할 수 있지만, 전문가가 높은 추정치를 제시한 회사는 그렇지 않은 회사보다 더 높은 가격으로 입찰할 것이다. 실제로 경매에서 승리한 회사는 대체로 전문가들이 가장 높은 추정치를 제시한 회사일 가능성이 높다. 그렇다면 낙찰된 회사는 해당 지역의 실제 가치가 예상보다 낮은 것으로 판명 나는 저주에 빠지게 되고, 그들은 (대개) 실망한다.

모든 입찰자가 완전히 합리적이라면 승자의 저주가 발생하지 않는다고 증명할 수 있다.[2] 따라서 시장에 승자의 저주가 존재한다면 이상 현상이 된다. 하지만 여기서 '합리적' 행동의 조건을 짚고 넘어가자. 합리적으로 입찰하려면 먼저 사전 정보에만 입각한 경매 대상의 기댓값, 그리고 경매에서 낙찰된 후의 기댓값을 구분해야 한다. 경매 대상의 기댓값을 추정하는 것도 어렵지만, 진짜 어려운 점은 다른 입찰자들의 행동을 고려하는 것이다. 입찰자가 승자의 저주 개념을 기본적으로 이해하더라도, 다른 입찰자들의 존재를 고려해 입찰가를 얼마나 낮춰야 할지 모른다면 역시 저주를 피할 수 없다.

현명한 입찰자라면 다른 입찰자의 수를 중요하게 고려해야 한다. 여기서 간단한 퀴즈를 하나 내겠다. 당신이 술집에서 동전 단지에 입찰하려는데, 건너편에 있던 손님 10여 명이 이를 목격하고 덩달아 입찰에 참여하기로 했다. 이제 경쟁자가 늘어났다. 당신은 입찰가를 바꿔야 할까? 그렇다면 입찰가를 높여야 할까, 낮춰야 할까? 이 질문에 답하려면 서로 반대로 작용하는 두 요소를 고려해야 한다. 다른 입찰자의 수가 늘어나면 낙찰받기 위해 더 높은 가격을 불러야 한다. 하지만 다른 입찰자가 늘어날수록, 당신은 낙찰되더라도 경매 대상의 가치를 과대

평가했을 가능성이 높아진다. 이렇게 보면 가격을 낮게 불러야 한다는 뜻이 된다. 석유 회사 공학자들이 적절하게 표현했듯, '두세 명의 경쟁자를 누르고 시추권을 따냈다면 운이 좋았다며 좋아할 것이다.[3] 하지만 50명을 누르고 따냈다면 기분이 어떨까? 아마 속이 울렁거릴 것이다'.

이처럼 최적의 입찰가를 알아내기는 만만치 않다. 다양한 상황에서 입찰자들이 적정가를 제시하는지, 아니면 저주에 빠지는지는 실증적 문제다. 실험 연구와 현장 연구 양쪽의 증거에 따르면 승자의 저주가 흔하고 군건한 현상임을 알 수 있다.

실험적 증거: MBA 학생들도 피해 가지 못한 혼돈

앞서 언급한 동전 단지 사례는 실제로 맥스 베이저먼Max Bazerman과 윌리엄 새뮤얼슨William Samuelson이 실험한 바 있다.[4] 피험자는 보스턴대학교에서 미시경제학을 수강하던 MBA 학생들이었으니, 적어도 이론적으로는 술집을 무작위로 골라 모집한 피험자보다 이 문제를 더 능숙히 파악할 법했다. 경매에 오른 물건은 동전이나 개당 4센트짜리 종이 클립 등이 담긴 단지였다. 각 단지의 가치는 피험자들 모르게 8달러로 정했다.• 피험자들은 입찰가를 봉인해 제출했으며, 가장 높은 가격에 입찰한 학생이 단지 가치에서 입찰가를 뺀 금액만큼 받기로 했다. 12개

• 여기 제시한 실험에 사용된 액수가 너무 적어 시시하다고 생각하는 독자가 있다면, 물가 상승을 고려하지 않았다는 점을 참고하기 바란다(물가 상승을 고려하려면 약 3배를 곱해야 한다). 또 이 책에서는 판돈 이슈를 반복적으로 다룰 것이나, 판돈 수준이 해당 현상을 이해하는 데 큰 영향을 미치는 경우는 드물다. 그리고 이 실험에서 나타난 현상은 엄청난 판돈이 걸린 석유 시추권 임대 경매에서 얻은 증거를 사용해 발견한 것임을 기억하라.

수업에서 각 4회씩, 총 48회의 경매가 진행되었다. 경매 결과는 전체 실험이 완료된 후에야 공개되었다. 피험자들에게는 각 단지의 가치를 맞혀보라고 했고, 각 수업에서 정답에 가장 근접한 학생에게 상품이 제공되었다.

학생들이 제시한 추정치는 평균 5.13달러로, 실제 가치인 8달러를 한참 밑돌았다. 이 정도로 낮은 판돈이면 위험 회피 성향이 승자의 저주를 관찰하기 어렵게 만들었을 수도 있다. 그런데도 평균 낙찰가는 10.01달러로 나타났다. 따라서 낙찰자는 평균 2.01달러를 손해 보았고, 경매인은 이득을 얻었다. 물론 이러한 실험은 예산도 별로 들지 않으니 경매의 입찰자보다 경매인 입장이 되는 것이 더 유리하다.

새뮤얼슨과 베이저먼은 다른 맥락에서 승자의 저주에 대한 일련의 실험을 다음과 같이 진행했는데, 그들이 던진 질문은 다음과 같았다.

> 다음 실험에서 당신은 A사(인수 기업)의 대표가 되어 공개 매수 방식으로 T사(인수 대상 기업)를 인수할 것인지를 검토하고 있다.[5] T사의 주식 100%를 현금으로 매수할 계획이지만 가격을 얼마로 제시해야 할지 확신할 수 없다. 가장 큰 문제는 T사의 가치가 현재 진행 중인 석유 탐사 계획의 결과에 따라 결정된다는 것이다.
>
> 따라서 T사의 미래 가치는 탐사 결과에 달려 있다. 탐사가 완전히 실패하는 최악의 경우, 현 경영진하에서 회사 가치는 주당 0달러가 될 것이다. 반면 탐사가 대성공하는 최상의 경우에는 주당 100달러까지 치솟을 수 있다. 결과의 가능성 범위를 고려할 때, 주가는 0달러에서 100달러까지 각각 동일한 확률로 평가된다. 모든 추정치에

따르면, T사의 가치는 지금보다 A사에 경영권이 넘어간 후 더 오를 것으로 예상된다. 실제로 현재 가치가 얼마든, A사가 경영할 때 T사 가치는 50% 더 오를 것이다.

A사 이사회는 당신에게 T사 인수 가격을 정해달라고 요청했다. 따라서 당신은 탐사 결과가 나오기도 전에 지금 당장 가격을 제시해야 한다.

따라서 당신(A사)은 탐사 결과를 모른 채 입찰가를 제시해야 하지만, T사는 수락 여부를 결정할 때 결과를 알고 있을 것이다. 또 T사는 입찰가가 현재의 (주당) 회사 가치보다 최소한 작지 않다면 A사의 제안을 수락할 것이다.

당신은 A사의 대표로서 주당 0달러에서 150달러 사이의 가격을 제안하려 한다. 얼마로 정하겠는가?

충분히 생각하고 입찰가를 결정하라.

***

이 실험에 참가한 학생 대부분이 생각하는 방식은 대략 다음과 같았다. 'T사의 기댓값은 50달러이고, 인수된 후에는 50% 오른 75달러가 될 것이다. 따라서 50~75달러에 입찰하면 내게 이득이 될 것이다.' 이런 분석은 문제에 내재한 정보 비대칭을 고려하지 못한 것이다. 정보 비대칭이란 피인수 측인 T사는 자사의 실제 가치를 알지만, 인수 측인 A사는 모른다는 것이다. 이 장의 모든 예시가 그렇듯, T사의 가치를 올바르게 분석하려면 T사가 A사의 제안을 받아들일 경우를 감안해 기댓값을 계산해야 한다. 이를 위해 다음 예시를 살펴보자.

먼저 60달러를 제안했다고 가정하자. 이 제안이 거부된다면 T사가 생각하는 자사 가치가 60달러를 넘는다는 의미이므로, 당신에겐 아무 득실도 없다. 그러나 수락된다면 T사의 현재 가치는 60달러가 안 된다는 의미다(그렇지 않고서야 제안을 수락하지 않았을 것이다). 60달러 미만이 될 확률은 모두 동일하다고 가정했으므로 평균적으로 T사의 기댓값을 T사에는 30달러, 당신에게는 가치가 50% 오른 45달러가 된다. 즉 60달러로 입찰하면 15달러를 손해 볼 가능성이 높다.

이 계산을 여러 숫자에 적용해보면, 금세 놀라운 사실을 깨닫게 될 것이다. A사가 T사보다 가치가 50% 더 높음에도 입찰가가 0이 아닌 이상 A사는 평균적으로 인수 가격의 25%를 손해 볼 것이다. 따라서 이는 인수가 성사되면 가격이 얼마였든 인수한 측이 손해를 보는 승자의 저주의 극단적 형태다. 그야말로 최악의 상황이다!

이 실험은 금전적 인센티브가 있거나 없는 두 조건에서 각각 진행되었다. 금전적 인센티브가 있을 때 입찰가가 좀 더 낮았으나 대체로 두 조건의 결과는 매우 비슷했다. 두 조건 양쪽에서 피험자의 90% 이상이 0보다 큰 가격을 제시했으며, 대부분 50~75달러로 정했다.

***

이 같은 사례에 대해 경제학자들은 사람들이 한두 번은 혼돈을 겪지만 경험을 통해 함정을 파악할 것이라고 전제한다. 이를 이 책에서는 혼돈에 빠진 피험자 가설confused-subjects hypothesis이라고 부르기로 한다(이 가설은 실험 데이터를 기반으로 하는 다음 두 장에서 다시 다룰 예정이다). 한 연구에서는 이 가설을 조사하기 위해 노스웨스턴대학교 MBA 학생 69명에게 '기업 인수' 과제를 주었다.[6] 학생들은 실험을 20회 반복했고, 각 시행 후 금전적 인센티브와 피드백을 받았다. 피드백에는 회사의 '실제' 가치(실험에서 이 가치는 각 시행마다 공개적으로 무작위로 선택되었다), 그리고 각 학생의 낙찰 여부와 손익 결과가 포함되었다.

흔히 '한 번 속으면 네 탓이고, 두 번 속으면 내 탓이다'라고 한다. 그렇다면 우리는 잘못된 입찰을 한 번도 아닌 20번이나 반복하는 사람을 어떻게 표현해야 할지 모르겠다. 피험자 69명 중 실험이 끝날 때까지 인수 입찰가가 1달러 이하여야 한다고 깨달은 사람은 5명뿐이었다. 이 5명조차 평균 여덟 번째 입찰에서야 깨달았으니 학습 속도는 꽤 느린 편이었다. 나머지 피험자들에게서는 어떤 깨달음의 징조도 보이지 않았다. 오히려 마지막 몇 회 동안에는 평균 입찰가가 올라가기조차 했다. 이 문제에서 승자의 저주를 피하는 법을 학습할 수 있을지라도, 그 과정은 어렵거나 더디다는 것을 알 수 있다.

존 케이글John Kagel 연구 팀은 사람들이 다른 참가자 수에 맞춰 입찰가를 조정하는 법을 터득하는지 확인하기 위해 또 다른 일련의 실험을 수행했다.[7] 실험의 구조는 대체로 다음과 같았다. 한 물건을 봉인 입찰 경매에 내놓으려 한다. 가격은 경매마다 다르지만 항상 공표된 하한가와 상한가 사이가 되도록 한다. 시작 전에 각 입찰자에게 물건의 가치에 대한 단서를 비밀리에 전달한다. 이 단서는 가능한 값 중에서 무작위로 선택되는데, 앞서 언급한 석유 입찰 시나리오에서 전문가의 추정치와 같은 기능을 한다고 보면 된다.

그다음 경매가 진행되면 낙찰자는 자신의 계좌에 손익이 기록된다(처음에 입찰자들은 약 10달러를 기본 자금으로 받았다. 계좌 잔고가 0이 되면 더 이상 입찰할 수 없었다). 각 실험은 기술적 세부 사항에 몇몇 차이가 있었지만, 가장 중요한 것은 입찰자 수였다. 피험자들은 먼저 3~5명의 입찰자로 구성된 소집단에 참여했고, 그 후 6~7명의 '대규모' 집단에 참여했다. 이 실험들의 장점은 모든 사람이 최적의 입찰가를 제시한다고 가정하는 모형상의 예측치를 매회 계산해 실제 결과와 비교할 수 있다는 것이었다.

결과는 집단의 규모에 따라 달랐다. 소집단 입찰자들은 대개 돈을 벌었지만 평균적으로 합리적인 입찰자들이 얻을 수 있는 수익의 3분의 2 정도였다. 그러나 대집단 입찰자들은 경매당 0.88달러의 손실이 발생해, 합리적 모형에서 예측한 4.68달러의 수익과 대조적인 결과를 보였다. 이처럼 대집단에서는 집단의 규모와 비례해 경쟁이 치열해지면서, 합리적 전략의 결과와는 정반대로 승자의 저주 현상이 나타났다.

직관에 어긋나지만, 이것이 승자의 저주의 핵심이다. 다른 입찰자가 많아질수록 더 높은 가격을 제시하고 싶어지는 것은 당연하다. 특히 경매에서 무조건 이기는 것을 목표로 삼은 사람에게는 더욱 그렇다. 하지만 경매물의 가치가 지불해야 할 가격보다 높을 때, 경매에서 이기는 것만이 목적이라면 입찰자의 수가 늘어날수록 낮은 가격을 불러야 한다. 참으로 까다로운 문제다!

케이글 팀은 일련의 저가 낙찰 경매에 대한 연구도 발표했다.[8] 저가 낙찰 경매는 일부 건설 계획에서 흔히 볼 수 있듯, 가장 낮은 입찰가를 제출한 사람이 낙찰되는 방식이다(주거 환경 개선 사업을 생각해보라). 이 경매에서는 소집단과 대집단 둘 다 손실이 발생했다. 그러나 이 논문의 가장 흥미롭고 혁신적인 점은 건설사 경영자를 대상으로 한 실험을 포함했다는 것이었다(실험 경제학이 특히 실험 결과가 경제 이론의 예측과 일치하지 않을 때 흔히 듣는 비판은 실험 대상이 '단지 사소한 문제를 푸는 대학생일 뿐이고 현실 세계의 전문가들은 이런 어리석은 실수를 하지 않을 것'이라는 것이다. 다시 말해 혼돈에 빠진 피험자 가설을 내세운다). 그렇다면 건설사 경영자들은 어떻게 반응했을까?

연구진은 경영자들이 전문가답게 매우 영리하게 입찰해 연구비를 축낼까 봐 걱정했지만, 실제로 그들도 학생들과 별반 다를 게 없었다. 이는 건설사 경영자들이 평소 저가 낙찰 경매에 익숙한 사람들이라는 점에서 놀라운 결과였다. 이들이 승자의 저주에 걸리면 실제로 파산할 수도 있는데 말이다. 연구진은 이런 결과가 나온 이유를 경영자들이 관련 이론을 배우기보다 그때그때 상황에 따라 대처해왔기 때문이라고 본다. 예컨대 그들은 프로젝트를 진행하는 과정에서 입찰가에 실제 공사비 외에 위험 수당이나 이윤을 미리 덧붙여두는, 이른바 '건설비 마크업'과 같은 일종의 조정 계수를 포함시켜 예상치 못한 지출을 충당하려 할 수도 있다. 이런 회사는 망하지 않지만, 입찰자가 많을수록 건설비 마크업도 높게 잡아야 한다는 좀 더 심오한 교훈은 체화하지 못했다.

현실 속의 증거: 축배를 경계하라

실험상 증거를 보면 승자의 저주를 피하기가 녹록지 않음을 알 수 있다. 아무리 경험 많고 상당한 학습 기회가 주어진 피험자라도 기업 인수 문제를 풀지 못하고, 입찰자 수가 증가할수록 더 보수적으로 행동해야 한다는 생각을 하지 못한다. 소위 현실 세계에서 고액 경매에 참여하는 입찰자들도 같은 실수를 저지를까?

수많은 연구가 시장에서 승자의 저주가 발견된다는 증거를 내놓았다. 출판업을 예로 든 존 디사우어John Dessauer는 이렇게 주장했다. "한 마디로 문제는 경매로 출판권을 획득한 책 중 대부분이 선수금에 못 미치는 수익을 낸다는 것이다.[9] 사실 이 책들은 예상 가치보다 실제 가치가 낮아 참담히 실패하는 경우가 다반사다."• 제임스 캐싱James Cassing과 리처드 더글러스Richard Douglas 역시 야구의 자유계약 시장을 조사한 후 자유계약 선수들이 과한 몸값으로 계약한다고 결론지었다.[10] 1980년대 중반에 메이저리그 구단주들도 같은 결론에 도달해, 잠시나마 담합 전술로 대응하기도 했다.•• 그러나 선수 노조가 소송을 제기해 몇 차례 거액의 법적 합의를 이끌어내며 이러한 관행을 종식했다. 여기서는 두 개의 다른 맥락에서 나온 증거를 검토하려고 한다. 그 두 가지는 해상 석유 및 가스 시추권 임대와 기업 인수다.

먼저 석유 및 가스 시추권 입찰 사례를 살펴보는 것이 좋겠다. 이 사례가 승자의 저주라는 개념을 최초로 정의하고 고안한 에드워드 케이픈Edward Capen, 로버트 클랩Robert Clapp, 윌리엄 캠벨William Campbell 연구

• 물론 인용된 진술은 사실일 수 있지만, 판매 분포가 극도로 편향되어 있다면 승자의 저주의 증거가 되지 않을 수도 있다. 게다가 현명하게 입찰하려면 비용을 많이 들여야 한다. 이 책을 처음 맡았고 나중에 프린스턴대학교 출판부의 발행인이 된 편집자는 처음에 『넛지』 출간에 관심을 보였다. 그러나 (위험이 낮은 편인) 경매가 열리자 그는 중도 포기했다. 나중에 그는 탈러에게 『승자의 저주』를 읽고 얻은 지식을 바탕으로 중도 포기했다고 말했다.

•• Dyer et al.(1989) 등의 연구에서는 건설사 경영자들이 최적 입찰 전략보다 카르텔 기술을 강조하는 실험에서 더 나은 성과를 거두었을 것이라는 주장도 제기되었다.

진의 훌륭한 논문을 탄생시킨 계기가 되었기 때문이다. 그들의 논문은 다음과 같이 시작된다.

> 최근 몇 년 동안 몇몇 석유 대기업은 봉인 경쟁 입찰 방식으로 시추권이 임대된 지역에서 자사와 업계의 실적을 면밀히 검토해왔다.[11] 이 지역 중 가장 눈에 띄고 흥미로운 곳은 멕시코만이다. 분석가들은 대부분 멕시코만에 석유와 가스가 대량 매장되어 있을 것으로 보였지만, 업계가 기대만큼의 투자 수익을 거두지 못했다는 다소 충격적인 결과를 내놓았다. 실제로 토지 가격이 훨씬 저렴했던 1950년 이전을 제외하면, 멕시코만 석유 사업의 수익성은 지역 신용조합보다도 훨씬 저조했다.

저자들은 자신들의 주장을 뒷받침할 여러 연구를 인용하고 입찰가 분포와 관련된 흥미로운 데이터를 밝혔다. 그들은 '진지한 경쟁자'로 분류된 사람들의 최고 입찰가와 최저 입찰가가 대체로 5~10의 비율이었으나 최대 100까지 이르기도 했다고 보고했다. 이 결과는 일부 회사가 다른 경쟁자가 없기를 바라며 고심 끝에 매우 낮은 입찰가를 제출했기 때문일 수도 있지만(케이픈 등이 분석한 샘플에서 15개 경우와 같이), 저자들은 낙찰가와 차점자의 입찰가 간에서도 큰 격차를 발견했다. 1969년 알래스카주 노스슬로프 지역에서는 낙찰가가 9억 달러였지만 두 번째로 높은 입찰가는 3억 7,000만 달러에 불과했다. 전체 입찰 지역 중 26%에서 낙찰가가 두 번째 입찰가보다 4배 이상 높았고, 77%에서도 최소 2배 높았다. 이 수치로 승자가 비이성적으로 행동했다고 결론짓는다면 속단이겠으나, 그중 대다수가 (이후에) 기대만큼 돈을 벌지 못한다는 것만큼은 확실히 알 수 있다.

케이픈 외 연구진의 논문이 발표된 1971년은 그들이 논의한 멕시코만 시추권 경매 결과가 완전히 드러나기 전이었다. 그러나 나중에 월터 미드Walter Mead, 아스비외른 모세이드요르Asbjørn Moseidjord, 필립 소렌슨Philip Sorensen이 해당 경매의 결과를 조사했다.[12] 그들은 케이픈 등의 논문이 발표되기 직전인 1954~1969년 멕시코만 시추권 임대 1,223건에 대한 세전 수익률을 계산했다. 그 내용은 다음과 같다.

> 총 1,223건의 임대계약에서, 평균적으로 기업들은 할인율 12.5%를 적용한 현재 가치로 건당 19만 2,128달러의 손실을 입었다.[13•] … 데이터에 포함된 모든 임대계약 중 62%의 경우에는 석유가 거의 말라붙은 상태였다. 임차인들은 결국 상여금이나 임대료, 탐사 비용을 충당할 수익을 전혀 내지 못했다. 그 외 16%의 임대계약에서는 석유가 다소 생산되었지만 (세후 기준으로) 수익성이 없었다. 흑자를 낸 임대계약은 단 22%뿐이었으며, 그나마도 세후 총수익률은 18.74%에 불과했다.

이 결과는 적어도 일종의 승자의 저주에 해당하는 것으로 보인다. 즉 임차인들의 수익은 해당 부지에 입찰할 당시 예상한 것보다 분명 낮았다. 게다가 그 얼마 안 되는 수익도 입찰 당시에는 예상치 못한 석

• 그들은 비용과 판매 가격에 명목 가치를 적용했다. 따라서 이 할인율은 해당 기간에 적정한 수준으로 보인다.

유수출국기구OPEC의 담합으로 1970~1981년 원유의 명목 가격이 배럴당 3달러에서 35달러로 급등했기에 가능했다. 논문의 저자들은 이처럼 수익률이 낮았던 이유를 과감히도 이렇게 설명했다. '초기 5건의 임대계약(1954년 10월 13일~1959년 8월 11일)에서 적자 혹은 미미한 흑자를 기록한 것으로 보아, 입찰자들이 이 지역의 석유 매장량을 과도하게 기대했음을 알 수 있다.'[14]

케네스 헨드릭스Kenneth Hendricks, 로버트 포터Robert Porter, 브라이언 부드로Bryan Boudreau도 동일한 임대권 판매에 대해 또 다른 분석을 내놓았다.[15] 그들은 석유 회사가 OPEC의 담합으로 유가가 폭등하는 후속 사건을 예측할 수 없었다는 가정하에, 실질 할인율 5%를 적용해 실질 가격의 움직임을 계산했다. 또 그들은 미드 외 연구 팀과 다른 몇 가지 가정을 추가했다. 이후 그들은 미드의 연구 결과와 대조적으로 석유의 실질 가격이 일정하게 유지되었더라도 석유 회사들이 이익을 냈을 것이라는 결론을 도출했다. 하지만 그들의 데이터 역시 승자의 저주를 어느 정도 뒷받침한다. 헨드릭스 등은 입찰에 여러 차례 참여한 18개 개별 회사 또는 컨소시엄을 대상으로(회사당 입찰 참여 건수는 평균 225건이었다), 다른 모든 회사가 입찰가를 그대로 유지한다고 가정할 때 각 회사가 모든 입찰가에 상수 θ를 곱하면 사후에 얼마나 이익을 낼지 계산했다. 그다음 그들은 이익을 극대화하는 θ의 값인 θ*를 정했다. 모든 기업이 합리적으로 입찰한다면 θ*는 1이 될 것이다. 그러나 18개 기업 중 12개 기업의 θ*는 1보다 작았으며, 중간값은 0.68이었다. 특히 심각한 저주에 빠진 텍사코의 θ*는 0.15로, 이는 입찰가를 무려 7분의 1로 낮춰야 했다는 뜻이다. 많은 기업의 경우, 실제 수익과 최적 입찰 시 얻었을 수익의 격차는 수억 달러에 달했다. 저자들은 '이 결과는 일부 기업이 해당 지역의 시추권 가치를 과대평가했거나 승자의 저주를 예상하지 못했음을 시사한다'라고 결론지었다.[16]

금융 경제학자 리처드 롤은 승자의 저주 개념을 기업 인수라는 완전히 다른 상황에 적용해 분석했다.[17] 핵심은 기업들이 다른 기업을 인수하기 위해 시장가격을 상당히 웃도는 프리미엄을 기꺼이 지불하는 이유를 설명하는 것이었다. 실증적 증거에 따르면, 인수 후 피인수 기업의 주주들은 쏠쏠한 이득을 얻지만 인수 기업에는 이득이 거의 또는 전혀 없었다. 그렇다면 그들은 왜 인수를 하는 것일까?

롤은 자신이 교만 가설hubris hypothesis(인수 기업의 경영진이 자신의 능력을 과신해 피인수 기업을 실제 가치보다 비싸게 사는 현상 — 옮긴이)이라고 이름 붙인 그럴듯한 답을 제시한다. 여기서 주목할 점은 입찰 기업들이 대개 현금이 풍부하고,• 최근 주식 수익률이 시장 평균보다 훨씬 좋았다는 것이다. 이러한 기업의 경영자들은 인수 성과가 (예컨대 운이 좋아서가 아니라) 자신들의 탁월한 경영 능력 덕분이라고 생각할 가능성이 있다. 그들은 잠재적 인수 대상 기업을 파악하고 그 기업의 가치를 추정한다. 그러고는 '자신들의 경영권 아래'에서는 가치가 얼마나 될지 가늠한 후, 그 가치가 상당한 프리미엄을 정당화할 만큼 현재 시장가치보다 충분히 높다고 판단될 때, 오직 그 경우에만 입찰에 나선다. 이 사례가 석유 시추권 사례와 다른 점은 대상 기업이 공개시장에서 거래된다는 것이다. 따라서 가격이 아주 낮으면 투자자들은 단순히 이 일시

• Asquith(1983)는 성공적인 입찰자들이 합병 20일 전까지 460일 동안 시장 수익률보다 14.3% 높은 수익을 올렸다고 보고했다.

적 저평가에 따른 차익을 노리고 주식을 매수할 수도 있다. 롤은 효율적 시장 가설efficient market hypothesis을 굳게 지지하므로,• (시너지 효과나 내부자 정보가 없는 경우) 인수 기업이 피인수 기업의 실제 가치를 시장보다 더 잘 추정하리라는 생각은 잘못되었다고 본다. 롤도 여느 경제학자들과 마찬가지로, 사람들은 어리석은 실수를 할 수 있지만 '시장'은 합리적으로 가치를 매긴다는 견해를 내비친다. 롤은 다음과 같이 지적했다.

> 대체로 인수 현상을 설명하는 다른 논거는 강형 효율적 시장strong-form efficient market(미공개 내부 정보조차 주가에 이미 포함되어 있다고 보는 시장. 내부자 거래로도 추가 수익을 낼 수 없을 만큼 정보가 완벽히 선반영된 가장 높은 단계의 효율적 시장 — 옮긴이)에서조차 일시적으로나마 존재하는 비효율성을 전제로 한다.[18] 이를테면 금융시장에 입찰 기업이 보유한 관련 정보가 제대로 유통되지 않거나, 생산물 시장이 비효율적으로 구성되어 잠재적 시너지, 독점, 절세 효과가 (잠시나마) 제대로 발휘되지 않거나, 노동시장이 비효율적이어서 무능한 경영자를 방치하며 이익을 얻을 기회를 놓치는 경우 등이다.

롤은 교만 가설을 검증하기 위해 인수 발표일 전후에 인수 및 피인수 기업의 주가 데이터를 조사했다. 교만 가설에 따르면 두 기업의 총가치는 거래 비용을 반영해 소폭 하락할 것으로 예측된다. 구체적으로 피인수 기업의 주가는 상승하고, 인수 기업의 주가는 하락할 것이다.

• 효율적 시장 가설은 11장에서 논의할 것이다. 미리 귀띔하자면, 우리 두 필자는 롤만큼 시장 효율성을 강력히 지지하지 않는다.

그는 증거가 이 예측과 일치한다며 다음과 같이 결론지었다.

> 현재 이용 가능한 자료로 도출할 수 있는 최종 결론은 모든 시장이 완벽히 효율적으로 작동하되 가끔 개별 입찰자들이 실수한다는 극단적인 (교만) 가설조차 설득력 있게 반박할 만한 증거가 나타나지 않는다는 것이다.[19] 입찰자들은 인수 합병이 자기 회사에 이득이 된다고 믿지만, 정식 연구 결과에서는 그러한 믿음이 옳다는 증거가 거의 발견되지 않는다.

롤은 이러한 연구를 평가하는 애로점을 조심스레 설명하지만, 입찰 기업들이 인수를 통해 거의 (혹은 전혀) 이득을 보지 못한다는 것만큼은 분명한 듯 보인다. 역시 그의 데이터도 승자의 저주 현상과 들어맞는 듯하다.

결론: 경제학자들이 저지르는 가장 우아한 착각

우리가 석유 시추권 임대와 기업 인수에 대한 논문을 옳게 해석했다면, 즉 이들 시장에 승자의 저주가 존재한다면 경제학자들은 어느 정도까지 놀랍다고 생각할까? 승자의 저주는 경제학 패러다임에 어떤 과제를 제기할까? 프레스턴 맥아피Preston McAfee와 존 맥밀런John McMillan은 경매 및 입찰에 대한 연구에서 이렇게 주장했다. '승자의 저주에 대한 진술(예: 앞에서 인용한 디사우어의 출판권 사례)은 입찰자들이 경매 결과 예측에 반복해서 실패했다는 주장으로 이어지는데, 이는 합리성이라는 기본 개념에 반하는 것이다.'[20] 그들의 말을 풀이하자면 이렇다. '승자의 저주에 대한 진술은 입찰자들이 체계적으로 오류를 범한다는 것을 시사한다. 하지만 경제학에서는 이러한 오류를 인정할 수 없다. 따라서 승자의 저주는 틀렸다.' 이 논리는 고개를 갸우뚱하게 한다. 경제학에서 합리성은 입증된 사실이 아니라 가정이라는 점을 특히 명심해야 한다. 실험 연구 결과를 봐도, 입찰자들이 경매에서 실수할 가능성은 충분하지 않을까?

많은 경제학자들 사이에서 발견되는 독특한 경향도 흥미롭다. 한 학자가 오랫동안 심혈을 기울여 어떤 문제를 연구한 끝에 마침내 경제학계에 그간 알려지지 않은 새로운 지식을 발견했다 치자. 하지만 이제부터 그는 이론 모형 속 경제주체들도 이 새로운 지식을 아는 상태로 행동한다고 가정한다. 그가 오랜 시간에 걸쳐 도출한 결과를 경제주체들이 당연히 안다고 가정한다면, 이는 그 학자가 평소답지 않게 겸손하고 관대해졌든지, 아니면 자신의 모형 속 경제주체들을 지나치게 합리적인 인간으로 설정하는 실수를 저질렀든지 둘 중 하나다. 케네스 애로Kenneth Arrow가 말했듯 '우리의 과학적 분석은 기묘하게도 연구 대상을 과학적으로 행동하는 주체로 단정한다.[21] 이 논리는 모순까지는 아니지만, 무한 회귀(어떤 명제를 정당화하려다 보면 끝없이 이전 명제로 되돌아가게 되는 경우 — 옮긴이)로 이어지기 쉽다.'

경매에서 다른 참가자들이 최적의 행동을 하지 못할 수 있다면 경제학에서 거의 논의되지 않는 문제, 즉 경쟁자가 실수하고 있다는 것을 깨달았을 때 당신은 어떻게 행동해야 하느냐는 문제가 생긴다. 입찰 행동을 이론적으로 접근하자면, 입찰자들은 본인이나 타인이나 모두 합리적으로 행동한다는 가설이 상식으로 통용된다.* 당신이 케이픈의 연구진 중 한 명으로 승자의 저주 개념을 처음 알아냈다고 가정하자. 이제 당신은 다른 석유 회사들이 모르는 지식이 생겼으니 유리해졌다. 이 새로운 경쟁 우위를 어떻게 활용할 수 있을까?

입찰가를 최적 수준으로 낮춰 대응한다면, 시추권에 과다 지불하는 일은 면하겠지만 낙찰받을 확률도 현저히 떨어질 것이다. 나아가 아예 입찰에 참여하지 않겠다고 결심할 수도 있다. 하지만 이러한 해결책은 업종을 바꿀 생각이 아니고서야 만족스럽지 않을 것이다. 모든 경매에서 경쟁사가 이기도록 내버려두고 그들의 주식을 공매도해 수익을 창출할 수도 있지만, 이는 위험한 방법이다. 실제로 문제의 사례에서는 유가가 급등했고, 비합리적으로 입찰했던 석유 회사들의 주가도 상승했다.

더 나은 해결책은 당신이 새로 알게 된 지식을 경쟁사를 포함한 모든 사람과 공유하는 것이다. 그들이 당신의 분석을 믿는다면, 입찰은 수익성 있는 방향으로 전개될 것이다. 케이픈의 연구진이 한 일이 바로 이것이다.•• 더 원론적으로 말하자면, 경제학자들은 비합리적으로 행동하는 경쟁자를 상대할 때 최적의 전략이 무엇인지를 더욱 관심 있게 연구할 필요가 있다. 이 주제를 다룬 최근 연구에 대해서는 업데이트에서 논의하겠다.

• 당신과 내가 경쟁 관계이고, 모두가 합리적이라는 사실이 상식으로 간주된다고 치자. 그렇다면 나는 합리적이고, 당신도 합리적이다. 또 나는 당신이 합리적이라는 것을 알고, 당신도 내가 당신이 합리적이라는 것을 안다는 사실을 알며, 나는 당신이 또 그렇게 생각한다는 사실까지 안다는 과정이 무한 반복된다. 이러한 입찰 이론은 Wilson(1977), Milgrom and Weber(1982), McAfee and McMillan(1987)에서도 거론되었다.

•• 여러 프로 스포츠의 구단주들은 한술 더 떠 서로 공모하기도 한다. 우리는 법률 전문가는 아니지만 이 전략을 권하고 싶지 않다.

승자의 저주를 알고 나서도, 그것이 작동하는 미묘한 방식은 놓치기 쉽다. 예컨대 리처드 해리슨Richard Harrison과 제임스 마치James March는 승자의 저주와 유사한 의사 결정의 사후 충격post-decision surprise이라는 개념을 언급했다.[22] 이는 의사 결정자들이 예상보다 더 나쁜 결과를 규칙적으로 마주하는 상황을 말한다. 그들의 논문은 높은 불확실성과 다양한 대안이 존재하는 모든 의사 결정에는 사후 충격이 발생한다는 사실을 보여준다. 그렇다면 다음의 논리는 참이다. 신규 채용을 하는 모든 기업은, 더 많은 후보자를 면접할수록 더 나은 직원을 뽑을 가능성이 높으며, 또 그럴수록 그 직원은 기업의 기대에 부응하지 못할 가능성이 높다. 마찬가지로 키스 브라운Keith Brown은 회사의 자본 투자 계획을 예로 든다.[23] 여러 개의 프로젝트를 검토하고 그중 몇 개를 선택했다면, 검토된 전체 프로젝트 집합에 대해 예측이 편향되지 않았더라도 실제 순수익은 예상치보다 낮은 경향을 보일 것이다.

업데이트

인수 경쟁의 패자가 주식시장에서 웃는 이유

승자의 저주에 대한 증거

이 장에서는 실험실 실험과 현장 연구 양쪽에서 승자의 저주가 존재함을 뒷받침하는 근거를 살펴보았다. 두 가지 연구법 모두 나름의 장단점이 있으므로 두 방법을 병용하면 구체적인 사실을 파악하는 데 도움이 된다. 실험적 접근법의 주요 장점은 경매물의 가치를 객관적으로 정할 수 있다는 것이다. 예컨대 동전 단지 속 돈의 양은 직접 셀 수 있다. 따라서 낙찰자가 물건의 실제 가치보다 더 많은 돈을 지불하면 승자의 저주에 대한 확실한 증거가 된다. 이러한 증거를 수집하는 것은 수업에서도 쉽게 재연할 수 있다.[24] 또 댄 레빈Dan Levin과 케이글의 서베이 논문에 따르면, 수십 건의 연구가 승자의 저주 현상을 광범위하게 뒷받침하는 것으로 나타났다. 승자의 저주가 포착하고 있는 인지적 문제는 매우 어렵다는 데에 의심의 여지가 없으며, 실험 결과의 재현성도 매우 높다.

현장에서 승자의 저주가 얼마나 만연한지 정확히 파악하기는 앞으로도 어려울 것이다. '공통 가치common value 경매' 가설이 사실이더라도(즉 모든 입찰자에게 경매물 가치가 동일하더라도), 그 가치를 가늠하기 어렵기 때문이다. 석유 시추권 임대나 최근 인터넷 접속 등의 목적으로 이용되는 무선 주파수 대역 같은 대규모 경매에서 승자가 획득하는 권리는 오랫동안 수익을 창출하지만, 그 수익의 크기는 측정하기 어렵다. 즉 입찰 당시에는 터무니없는 지불처럼 보일지라도 사후에 수익성이 증명되기도 한다. 그럼에도 불구하고 입찰자가 여럿일 때 최적의 입찰을 하려는 경제주체라면 승자의 저주라는 위험을 반드시 고려해야 한다.

경매에서 최적이 아닌 행동을 증명하는 것이 얼마나 어려운지를 보여주는 하나의 예는, 기업의 인수 합병 관련 주제들 특히 리처드 롤의 교만 가설에서 찾아볼 수 있다. 이 아이디어를 평가하기 어려운 이유는 대기업이 소기업을 인수하는 것이 일반적인데, 대기업의 경우 그 수익 변화를 감지하기 어렵기 때문이다. 그러나 울리케 말멘디어Ulrike Malmendier, 엔리코 모레티Enrico Moretti, 플로리언 피터스Florian Peters는 기발한 아이디어에 기반해 논문을 발표했는데, 거기서는 둘 이상의 인수 후보 간 입찰 경쟁을 연구함으로써 이 난점을 해결했다.[25] 그들은 경쟁자들이 입찰 전쟁에 이르는 몇 년간은 비슷한 주식 수익률을 보이다가 이후 차이가 벌어지더니, 패자는 다음 3년 동안 승자보다 약 22~33% 더 높은 수익률을 보인다는 것을 발견했다. 그들은 논문 제목을 「지는 게 이기는 것Winning by Losing」으로 지었다.

한편 전혀 다른 영역에서의 또 다른 증거는 케이드 매시Cade Massey와 탈러가 NFL(미국 프로미식축구연맹) 데이터를 주제로 작성한 논문에서 찾을 수 있다.[26] NFL에서는 매년 신인 선수를 드래프트한다. 각 팀은 젊은 유망주 후보군 중에서 순번에 따라 선수를 지명한다. 1순위 지명권은 지난 시즌 성적이 가장 저조한 팀에, 마지막 지명권은 슈퍼볼 우승 팀에 주어진다. 이 과정은 6라운드 동안 추가로 반복된다. 지명 후 팀은 해당 선수를 방출하거나 다른 팀으로 트레이드하지 않는 한, 4시즌 동안 리그가 정한 연봉으로 신인 선수를 독점 고용할 권리를 얻는다.

팀들은 우선 지명권으로 슈퍼스타를 영입할 꿈에 부풀어 있으므로 그 지명권은 매우 높은 가치를 지닌다. 그들은 자신들이 지명한 선수가 지난 수십 년간 NFL 최고의 선수였던 톰 브래디Tom Brady처럼 되길 바란다. 지명권 자체를 팀 간에 트레이드할 수도 있으므로 각 팀은 우선 지명권을 굉장히 중요시한다. 팀들이 우선 지명권을 얻기 위해 서로 경쟁하는 것은 사실상 경매와 같으며, 최우선 지명권일수록 가격이 매우 높다! 1순위 지명권은 8~9순위 지명권이나 2라운드 5순위 혹은 6순위 지명권 같은 다른 지명권 조합과도 트레이드될 수 있다.

이러한 우선 지명권이 또 다른 측면에서 값비싼 이유는 NFL은 '신인' 선수들의 연봉을 규제하고, 연봉 액수는 드래프트 후순위로 내려가면서 급감하기 때문이다. 예컨대 2023년 1순위로 지명된 선수는 기간 4년에 금액 3,800만 달러로 계약했는데, 이 금액은 13번째 지명 선수의 2배이자 32번째 지명 선수의 3배 이상이다. 또 NFL에는 유럽 축구나 메이저리그 등과 달리, 팀이 선수에게 지급할 금액을 구속력 있게 제한하는 연봉 상한제가 있다. 그러므로 팀이 연봉 낮은 좋은 선수를 찾을 수 있다면, 남은 돈으로 다른 포지션에도 더 뛰어난 선수들을 영입할 수 있다.

그렇게 일찍 지명된 선수들은 팀의 기대와 꿈에 부응할까? 그렇지 않다. 구단주들은 1순위 지명으로 제2의 톰 브래디를 영입하길 바랄지 모르지만, 정작 브래디가 199순위로 지명되었다는 사실은 잊은 듯하다. 매시와 탈러는 '지명권 트레이드'로 지명 순서를 앞당겨 원하던 선수를 영입한 팀이 지출액 대비 좋지 않은 성적을 거둔다는 사실을 발견했다. 1순위 지명권은 전년도 최하위 팀에게 주어지고 그 가치는 시장가치보다 훨씬 낮다는 점에서, 결국 최하위 팀은 '두 번' 패배하는 셈이다! 매시와 탈러는 논문에 「패자의 저주The Loser's Curse」라는 적절한 제목을 붙였다.

승자의 저주에 대한 설명

승자의 저주에 대한 실증적 연구가 활발한 가운데, 최근 가장 흥미로운 연구 중 일부는 이론적 연구에서 나왔다. 승자의 저주는 정확히 무엇 때문에 발생할까? 경매 이론의 표준 가설에 의하면 입찰자들은 경매물 가치에 대한 자신들의 사적 정보에 따라 입찰가를 결정하며, 모든 사람이 그 의미를 완전히 이해한다고 한다.

이 가설이 틀릴 수 있는 이유를 알아보기 위해, 밥과 제인은 다수의 잠재적 투자자들과 함께 경영난을 겪고 있는 한 기업의 소유권 입찰에 참여하고 있다고 해보자. 그들은 사전 조사를 통해 그 회사의 향후 가치에 대한 사적 정보를 갖고 있으며, 둘 다 사업가로서 좋은 실적을 자랑한다. 경매는 가격이 계속 오르다가 입찰 희망자가 더 이상 나타나지 않으면 중단하는 전통적 방식으로 진행된다. 밥은 회사 가치를 1억 달러로 잡고 있는데, 제인은 7,500만 달러까지 부른 후 입찰을 중단하고 경매장을 나갔다. 그러면 밥은 제인이 자신보다 회사 가치를 낮게 평가했다고 추론하고, 그에 따라 자신의 생각을 수정해야 한다. 하지만 그러지 않으면 어떻게 될까? 밥이 제인이 포기한 것을 보고도 회사 가치가 자신의 원래 생각보다 낮다는 것을 눈치채지 못하면 무슨 일이 벌어질까?

에릭 아이스터Erik Eyster와 매슈 라빈은 2005년 논문에서 이러한 유형의 실수(다른 사람의 정보가 그들의 행동에 미칠 영향을 인식하지 못하는 것)가 승자의 저주를 초래할 수 있다고 주장한다.[27] 직관적 사실은 간단하다. 밥이 완전히 합리적으로 사고한다면, 제인의 입찰가가 낮다는 사실을 회사 가치가 자기 생각보다 낮다는 증거로 해석해야 한다. 따라서 그에 따라 입찰가, 즉 유보 가격(구매자가 어떤 상품이나 서비스에 대해 지불할 생각이 있는 최대 금액 혹은 판매자가 받고자 하는 최저 금액 — 옮긴이)을 낮춰야 한다. 반면 밥이 그렇게 해석하지 않고 단지 제인이 실수했다고 생각한다면, 입찰가를 낮추지 않을 것이다(이 논리는 앞서 언급한 교만 가설과 유사하다는 점에 주목하라). 각 개인의 사적 정보가 회사 가치의 치우침 없는 신호 역할을 하는 공통 가치 상황(모든 사람에게 경매물의 최종 가치가 동일하고 경매물에 대한 정보가 평균적으로 정확하다는 개념을 고상하게 표현한 방식)에서 밥의 입찰가는 표준 이론의 예측보다, 어쩌면 실제 회사 가치보다 높을 것이다. 아이스터와 라빈에 따르면, 밥은 저주받은 균형 cursed equilibrium 상태에 빠져 있다.

잠시 후 3장에서 최후통첩 게임에 대해 다시 다루겠지만, 승자의 저주 현상은 전략적 상호작용에서의 행동이 사람들의 선호와 믿음 '둘 다'에 크게 좌우된다는 것을 잘 보여준다. 경매에 참여하는 모든 사람은 경매물의 가치가 자신의 입찰가보다 높아야만 낙찰받고 싶을 것이다. 이러한 행동이 표준 이론의 예측과 어긋나는 이유 중 하나는 타인에 대한 사람들의 믿음이 틀렸기 때문이다. 경매 상황에서 이러한 오류는 남들도 자신만큼 전략적이고 영리하게 행동하리라는 점을 고려하지 못해서 생긴다. 즉 저주받은 균형은 사람들이 자신이 생각하는 회사 가치를 바탕으로 입찰가를 조정하지만, 다른 사람들도 그럴 것이라고 생각하지 않을 때 발생한다. 더 포괄적으로 말하자면, 사람들은 다른 사람들의 생각까지 미처 헤아리지 못한다. 하지만 설령 사람들이 그렇게 해야 한다는 것을 알아차렸더라도 최적의 입찰 전략까지 알아내는 것은 쉽지 않다. 리아 네이글Lea Nagel과 공저자들이 최근 논문에서 발표했듯, 사람들은 애초에 경매물의 가치가 얼마인지조차 알아내기 어려워한다.[28] 이 책의 주제 중 하나는 인간이 어려운 일보다 쉬운 일을 잘한다는, 그다지 거창하지 않은 지식이다.

승자의 저주를 넘어

다른 사람들의 생각에 대해 생각하지 못해 발생하는 오류는 다음의 재미있는 게임에서 잘 드러난다. 다음 상황을 상상해보라. 여러분은 여러 사람과 함께 파티에 갔다가, 새 차와 같은 고가의 상품이 걸린 대회에 참가하게 되었다. 각자 0에서 100까지 숫자를 고르되, 참가자들이 제출한 모든 숫자의 '평균'의 3분의 2에 가장 가까운 숫자를 고르는 사람이 우승한다. 이 게임에서 이기려면 다른 사람들이 무엇을 추측할지 신중히 머리를 굴려야 한다. 시작에 앞서 혹시 알고 싶은 정보가 있는가?

여러분이 답을 곰곰이 생각하는 동안(그리고 어떤 종류의 차를 갖고 싶은지 상상의 나래를 펼치는 동안), 이 게임이 어디서 기원했는지에 대한 간단한 역사를 잠시 소개하겠다. 이 게임은 20세기 초 경제학자 존 메이너드 케인스John Maynard Keynes가 비유한 예시에 기반한다.[29] 그는 1930년대에 쓴 글에서 전문 투자자들의 행동이 당시 신문에서 유행하던 게임의 참가자들과 비슷한 양상을 띤다고 주장했다. 그 게임이란 신문 독자들(대부분 남성)에게 많은 여성의 사진을 보여주고 다른 독자들에게서 가장 매력적으로 평가될 여성을 선택하게 하는 것이었다(이 대회의 성차별적 요소는 논외로 치자. 탈러조차 태어나지 않은 거의 100년 전의 이야기다). 케인스는 각자가 가장 매력적이라고 생각하는 사진이 아닌, 다른 사람들의 판단을 예측하는 것이 관건이라 강조했다. 이와 비슷하게 성공한 투자자도 다른 투자자들이 높이 평가할 주식을 예측해 주식을 팔고 이득을 취한다는 의미였다.

자, 다시 숫자 맞히기 게임으로 돌아가자. 숫자를 맞히기 전에 추가로 알고 싶은 게 있는가? 예를 들면 다음과 같은 건 어떤가? 파티에 모인 사람들이 어떤 사람인지 알고 싶은가? 사람들이 얼마나 경제학을 공부했는지 알고 싶은가? 수학을 잘하는지 궁금한가? 아니면 그들이 얼마나 술을 마셨는지 알고 싶은가? 좀 더 구체적으로 생각하기 위해 여러분이 최근에 참석했던 큰 모임(결혼식이나 대규모 회의 등)을 떠올려보라. 그러고 나서 파티가 한창 진행 중일 때 그 사람들과 함께 이 게임을 하고 있다면 어떤 숫자를 추측할 것 같은지 결정해보라.

그러면 어떻게 추측해야 할까? 당연히 다른 사람들이 어떤 추측을 할지에 대해 생각해야 한다. 만약 그들이 게임에 진지하게 임하지 않고 아무 숫자나 선택한다면 어떻게 될까? 그러면 그들의 평균 추측값은 50이 될 테니, 여러분은 그 3분의 2, 즉 33으로 응답하는 것이 가장 좋겠다. 하지만 여기서 잠깐, 만약 '여러분'이 33을 답으로 생각한다면 남들도 똑같이 33이라 답할 가능성을 고려해야 합리적이지 않을까? 그러면 22라고 답하는 것이 나을지도 모른다. 하지만 이런 생각의 순환 고리는 어디서 멈출 것인가? 이를 바탕으로 논리적 결론을 내리면 특이한 균형에 이른다. 모든 사람이 0을 답으로 추측해야 한다. 그것이 균형인 이유는 모두가 0을 추측하면 아무도 추측을 바꾸려 하지 않고, 다른 어떤 추측도 이러한 균형 조건을 충족하지 못하기 때문이다(모두가 3이라고 추측하면 당신은 2라고 답해야 한다).

실제로 사람들은 어떻게 게임에 임할까? 독일 경제학자 로제마리 나겔Rosemary Nagel은 앞에서 설명한 것과 동일한 게임(현재는 케인스를 기리는 차원에서 미인 대회 게임으로 알려져 있다)을 대학생들과 함께 진행했다.[30] 학생들의 추측 결과는 그림 1-1에 재구성되어 있다. 참가자 중 말

그림 1-1: 참가자들 선택의 분포

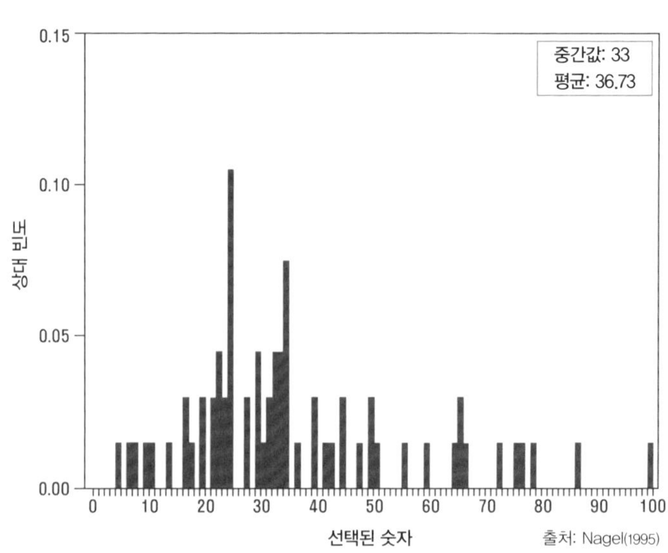

그대로 단 한 명도 균형 예측값 0을 추측하지 못했다. 그런데도 합리적 경제모형은 '모든' 사람이 0을 추측할 것이라고 예측한다. 이보다 더 형편없는 이론이 있을까! 어느 누구도 하지 않는 일을 모두가 한다고 예측하니 말이다. 그러나 특정 숫자가 유독 많은 득표수를 기록한 걸 보면, 참가자들이 적어도 무작위로 답을 대지 않는다는 건 확실하다. 데이터에서 먼저 작은 뾰족점은 33 부근에서, 그리고 큰 뾰족점은 22 부근에서 발생한다. 참가자들이 균형 전략을 사용하지도 않고 무작위로 추측하지도 않는다면, 그들의 행동은 어떻게 설명해야 할까?

저주받은 균형의 논리와 유사하게, 사람들은 남들이 어떻게 나올지 예상하고 전략적으로 대응하지만, 머리를 굴리는 데도 한계가 있다.[31] 한마디로 사람들은 논리적 사고에서 자기가 남들보다 한발 앞선다고 생각한다. 이러한 행동은 과신의 오류를 설명하는 재미있는 사례다. 예컨대 운전자의 90%가 자신이 평균 수준 이상 운전자라고 생각한다는 사실도 잘 알려져 있다. 마찬가지로 두뇌 싸움에서도 모든 사람은 자신이 평균보다 위에 있다고 믿는다. 많은 논문에서 이 개념을 이론적으로 탐구해왔는데, 이를 k단계 사고k-level thinking라고 한다. 만약 여러분이 언젠가 이런 게임에 참가할 기회가 오거든, 학부생이나 MBA 학생들, 《파이낸셜 타임스》 등의 독자들과 함께 게임을 해본 우리 경험상 10% 초반대로 추측하길 권한다.

핵심 정리

우리는 각 장을 경제학자와 일반 독자(사람들)로 나눠 각각을 위한 간략한 요점으로 마무리할 생각이다. 분명히 밝히건대, 물론 이 두 집단 간에는 교집합이 존재할 수도 있다. 더불어 2025년 현재까지 모든 경제학자는 '사람'이었지만, 인공지능의 발전으로 앞으로는 어찌 될지 모르겠다.

경제학자들에게: 경제학자가 몇 달 또는 몇 년간의 연구 끝에 특정 상황에서 최적의 해결책을 찾아냈다고 해서, 다른 사람도 모두 그 해결책을 찾아내고 실행할 것이라고 가정하는 것은 옳지 않다. 사실 어려운 문제라면 아무도 그 문제를 맞히지 못할 것이라는 게 더 적절한 예측이다.

독자들에게: 경매 입찰 시 유일하게 고려해야 할 결과는 낙찰을 받았을 때의 결과뿐이다. 따라서 입찰하기 전, 자신이 낙찰받았다는 소식을 듣고 과연 기뻐할 수 있을지 상상해보라. 입찰자가 많을수록 입찰가를 낮추는 것이 바람직하다.

2장

협조

Cooperation

이기적 인간이라는 가설에 대한 반론

(로빈 도스와 함께)

• 이 장은 Dawes and Thaler(1988)를 토대로 썼다.

경제학에서 대부분의 분석은(그리고 사실상 모든 게임이론은) 인간이 합리적이고 이기적이라는 가정에서 출발한다.

유명한 예가 죄수의 딜레마prisoner's dilemma로, 두 참가자가 동시에 그리고 비밀리에 전략을 선택해야 하는 상황을 말한다.[1] 이야기인즉슨, 두 참가자는 어떤 범죄에 연루된 공범인데, 따로 분리된 채 수감되어 있다. 만약 2명이 동시에 침묵하면(협조) 둘 다 경범죄로 인정되어 1년 형을 선고받는다. 그러나 1명이 자백하고 동료에게 불리한 증언에 동의하면(배신), 본인은 풀려나고 동료는 10년 형을 선고받는다. 마지막으로 둘 다 자백하면 함께 5년 형을 선고받는다.

물론 두 참가자는 어떻게든 서로 협조해 가볍게 처벌받자고 미리 입을 맞출 수도 있다. 하지만 이 게임은 자백이 우월 전략dominating strategy

이라는 점에서 흥미롭다. 즉 동료가 어떻게 나오든 자백하는 것이 본인에게 이득이다. 1명이 자백하고 다른 1명이 자백하지 않으면, 자백한 사람은 5년 형을 면하고 석방된다. 반면 다른 사람이 자백하는 경우, 자신도 자백을 함으로써 10년 형을 면하는 대신 5년 형을 선고받을 수 있다. 인간의 합리성과 이기심을 전제하자면 이러한 게임에 참여하는 사람은 모두 배신할 것이라는 예측이 도출된다. 경제학에서 인간은 배신이 우월 전략이라는 것을 충분히 알 수 있으며, 다른 참가자들에게 생길 결과에는 전혀 신경 쓰지 않는다고 가정하기 때문이다. 더욱이 그들은 '옳은 일'을 하지 않는다고 해서 양심의 가책을 느낄 일도 없을 것이다.

경제학의 공공재public goods 개념에도 비슷한 분석이 적용된다. 공공재의 특징은 다음과 같다. 첫째, 공공재는 일단 한 사람에게 제공되면 다른 모든 사람에게 그 혜택이 돌아가는 데 추가 비용이 들지 않는다. 둘째, 공공재에 비용을 지불하지 않았다고 해서 그것을 사용하지 못하게 막을 수 없다. 공공재의 전형적인 예는 공원이다. 뉴욕 주민은 누구나 돈 한 푼 내지 않고 센트럴파크를 산책할 수 있다. 또 다른 예로는 돈 내지 않고도 청취 및 시청할 수 있는 공영 라디오와 텔레비전 방송이 있다. 경제학에서는 이 경우에도, 공공재에 얼마나 기여할지 선택할 수 있다면 사람들은 '무임승차'할 것이라고 예측한다. 즉 사람들은 공영 라디오를 즐겨 듣더라도 거기에 돈을 보탤 이유가 없으므로(이기적이므로) 돈을 내지 않을 것이란 얘기다.

그러나 이 합리적 이기심이라는 가정은 우리에게 익숙한 많은 상황에서 통하지 않는다. 공영방송사는 사업을 영위하기에 충분한 돈을 시청자들에게서 모금한다. 유나이티드 웨이United Way 등 자선단체는 많은 시민들에게서 기부금을 받는다. (미국에서) 대부분 식당 손님은 다시는 방문할 일이 없을 타지 식당에 가서도 종업원에게 팁을 준다. 그리고 무수한 유권자들은 자신의 한 표로 선거 결과를 바꿀 수 없음에도 기꺼이 투표장으로 향한다. 잭 허슐라이퍼Jack Hirshleifer가 요약했듯 '세상에는 분석하기에 까다로운(하지만 마음은 훈훈하게 하는) 사실이 여전히 남아 있다.[2] 가장 원시적인 사회에서 고도의 문명사회에 이르기까지, 단순히 이기적 인간의 실용적 전략만으로는 설명할 수 없는 그 이상의 협력이 이루어지고 있다.' 그 이유는 무엇일까?

이 장과 다음 장에서는 인간이 언제, 그리고 왜 협조하는지를 증거와 함께 살펴보겠다. 먼저 이 장에서는 공공재의 맥락에서 협조와 무임승차의 주요 사례를 고찰하기로 한다.

일회성 공공재 실험: 비합리적 선의

사람들이 협조하는 이유를 탐구하려면 일회성 상황(예: 타지 식당에서 팁을 내는 것)과 다회성 상황(예: 단골 식당에서 식사하는 것)에서의 행동을 모두 살펴봐야 한다.[3] 이를테면 협조는 개인이 반복적 상호작용으로 협조가 자신에게 이익임을 깨달은 후에만 일어날까? 이 답을 더 자세히 알아내기 위해 경제학자와 다른 사회과학자들은 통제된 조건에서 이러한 질문을 실험하는 공공재 게임public goods game을 고안했다.

이 게임에서 피험자들의 과제는 처음에 받은 일정 금액 중 얼마만큼을 자신의 몫으로 챙겨 가고 얼마만큼 실험용 공공재에 투자할지 결정하는 것이다. 후자를 통상적으로 집단 교환group exchange이라고 한다. 집단 교환에 투자된 돈은 k배로 곱해진다. 여기서 k는 1보다 크고 참여자 수 n보다 작다. 투자된 돈과 그 수익은 모든 구성원에게 균등히 분배된다. 각 개인의 기여에 따라 집단의 전체 재원은 증가하지만(k가 1보다 크기 때문), 각 '개인'에게 돌아가는 몫은 자신이 투자한 금액보다 적다(k가 n보다 작기 때문).

n=4, k=2라고 가정해보자. 즉 참가자는 4명이고 공공재에 대한 기여금은 2배가 된다. 모든 참가자가 5달러를 전부 공공재에 기여하면 각자 10달러를 얻게 된다. 간단히 계산해보면, 기여금을 합산(4명×5달러)하고 2(인수 k)를 곱한 후, 이 금액을 균등히 분배(n=4로 나눔)하면 된다. 경제학에서는 이 결과를 사회적으로 효율적인 배분socially efficient allocation이라고 부른다. 이 배분이 참가자들에게 돌아가는 전체 파이(여기서는 40달러)를 극대화하기 때문이다. 좀 더 넓은 관점에서는 사회적으로 효율적인 배분이 매력적이지만, 이 게임에서 개인은 누구라도 항상 한 푼도 기여하지 않음으로써 더 나은 결과를 얻을 수 있다. 특히 이 게임에서 합리적, 이기적 전략은 남들은 다 집단 교환에 돈을 투자하길 바라며 자신은 돈을 전혀 내지 않는 것이다. 남들이 모두 5달러씩 기여할 때 한 사람이 기여하지 않으면 총액은 30달러(3명×5달러×2배)가 된다. 그러나 기여자가 3명뿐이더라도 여전히 총액은 4명에게 나뉜다. 기여하지 않은 1명은 분배금(7.5달러)과 애초에 들고 있던 돈(5달러)을 합쳐 총 12.5달러를 얻는다. 반면 기여한 참가자들은 7.5달러만 손에 쥐게 된다. 이 상황은 참가자들의 총액(35달러)이 사회적으로 효율적인 결과보다 작기 때문에 이른바 '사회적 딜레마'라는 상황에 해당한

다. 아무것도 기여하지 않으면서 공익을 누리는 사람들을 전문용어로 '무임승차자free rider', 일상 용어로는 '못된 인간jerk'이라고 한다.

경제학적으로 예측하면 이 게임에서 어떤 일이 일어날까? 강한 무임승차 가설strong free rider hypothesis에 의하면 모든 사람이 한 푼도 기여하지 않는 합리적, 이기적 전략을 택할 것이다. 반면 덜 극단적인 버전인 약한 무임승차 가설weak free rider hypothesis에 의하면 일부는 무임승차하는 반면 다른 일부 사람들은 그렇지 않을 것으로 예측한다. 그렇다면 공공재 생산량은 최적 수준에는 못 미치지만 전혀 공급되지 않는 것은 아닐 것이다. 약한 무임승차 가설은 정확한 공공재 생산량 예측치를 제시해주지 않는다.

공공재 게임의 결과는 강한 무임승차 가설을 거의 뒷받침하지 않는다. 개중에는 기여하지 않는 사람도 있지만, 많은 사람들은 기여에 참여한다. 익명의 낯선 이들끼리 모이면 평균적으로 자기 지분의 40~60%를 공공재에 기여한다. 제럴드 마웰Gerald Marwell과 루스 에임스Ruth Ames가 보여주듯, 이러한 결과는 피험자가 게임에 참여해봤든 안 해봤든, 피험자가 믿고 있는 참여자 수가 4명이든 80명이든, 처음에 지급받은 밑천의 액수가 얼마든(액수가 가장 큰 실험에서 기여율이 다소 낮았지만) 다양한 상황에서 모두 성립됐다.[4] 실제로 마웰과 에임스는 이 40~60% 기여율이 나타나지 않은 주목할 만한 단 하나의 예외를 발견했다. 위스콘신대학교 경제학과 대학원생을 상대로 한 실험에서는 기여율이 20%대로 떨어졌다. 그래서 이 논문 제목을 「경제학 전공자들은 무임승차한다: 다른 사람도 그럴까?Economists Free Ride: Does Anyone Else?」로 지었다(흥미롭게도 이 실험에 대해 들은 경제학자들은 정말로 평균 기여율을 약 20%로 예측했다. 하지만 공공재에 기여하는 것이 어리석은 짓이라고 '학습한' 자신들의 학생들뿐 아니라 '모든' 피험자들이 그럴 것이라 예측했다)•.

반복 게임 실험: 이기심을 학습하는가, 협력을 학습하는가?

한 사람이 게임을 여러 번 되풀이하면 어떻게 될까? 많은 논문에서 이 문제를 다루었다.[5] 반복 게임 실험은 앞의 실험과 비슷하게 설계했지만, 게임을 10회 반복한다는 차이가 있었다. 그 결과 두 가지 중요한 결론이 도출되었다. 첫째, 첫 회에서는 반복 없이 1회만 진행했던 실험과 비슷한 협조 비율이 나타났다. 예컨대 R. 마크 아이작R. Mark Isaac, 케네스 매큐Kenneth McCue, 찰스 플롯Charles Plott은 설계 방법을 달리한 9번의 실험에서 공공재에 대한 기여율이 53%에 달했음을 발견했다.[6] 둘째, 몇 회 반복 후에는 기여율이 뚝 떨어졌다. 5회 이후로는 기여율이 최적값의 16%에 불과했다. 아이작 연구진의 다른 실험에서도 그렇게 큰 폭은 아닐지라도 시간이 지날수록 기여율이 감소하는 것으로 나왔다.••

실험을 반복할수록 기여율이 감소하는 이유는 무엇일까? 일부 경제학자들은 초기에는 협조적이던 참가자들이 실험 과정에서 무임승차가 유용하다는 걸 학습하기 때문이라고 설명한다. 그들 말마따나 어쩌면 참가자들은 첫 실험에서는 멋모르고 게임에 참여했다가 시간이 지나

• 이 결과는 재현된 적이 없으므로 예비 결과로 간주해야 한다. 경제학자들이 일반인과 다르게 행동하는지 궁금할 사람도 있을 것이다. 경제학자들은 다른 집단보다 자선단체에 적게 기부할까? 타지 식당에 가면 팁을 내지 않으려 할까? 이 질문들의 답변은 업데이트를 참고하라.

•• 공공재 기여에 높은 수익률을 부여한 실험의 경우, 최초 기여율은 52%였지만 10번째 시행에서는 32%로 떨어졌다. 낮은 수익률을 부여한 실험의 경우, 최초 기여율은 40%였다가 최종 기여율은 8%였다. Isaac, Walker, and Thomas(1984)를 참고하라.

면서 무임승차가 합리적이고 이기적인 전략이라는 사실을 알게 되었을 수도 있다. 이는 앞 장에서 혼돈에 빠진 피험자 가설이라고 부른 설명의 한 예다. 이에 따르면 피험자들은 실제로는 경제모형에서 묘사되는 못된 이기주의자이지만, 인위적인 실험 환경에서는 혼돈에 빠져 분별력 있는 인간처럼 행동할 수 있다는 것이다.

이 설명의 타당성을 고려하려면, 경제학자들과 다른 학자들이 수행한 초기의 많은 실험에 참가한 피험자는 전 세계에서 내로라하는 명문대학의 학생이었다는 점부터 기억해야 한다. 우리의 개인적 경험에 비추어 볼 때, 이들 학생 중 일부는 다소 뻔뻔하거나 추하게 행동할 소지가 다분하다는 건 인정할 수 있지만 그들이 최소한 분석적 사고에서 다른 집단보다 유독 혼돈을 겪을 이유는 없다고 생각한다.

이 아이디어의 타당성은 둘째 치고 데이터도 이를 뒷받침하지 않는다. 예컨대 여러 차례 다른 공공재 실험에 참여한 실험 '유경험자'의 경우에도 첫 회에서 약 50%의 협조 비율이 관찰되었다.[7] 참가자들이 무임승차가 합리적 전략이라는 것을 학습했다면, 다시 게임을 할 때 왜 무임승차를 택하지 않을까?

사람들이 이기심을 학습한다는 가설을 가장 확실히 반증하는 증거를 제시한 것은 제임스 안드레오니다.[8] 그는 10회의 실험이 완료된 직후 같은 참가자들을 데리고 실험을 다시 시작하는 기발한 실험 아이디어를 생각해냈다. 처음에는 피험자들에게 10회의 공공재 게임을 할 것이라고 말한다. 10회를 마치면 '바로 그' 참가자들에게 또다시 게임을 10회 더 하겠다고 말한다. 안드레오니는 처음 10회를 시행하는 동안 이전 연구자들과 마찬가지로 기여율이 갈수록 감소하는 결과를 발견했지만, 게임을 다시 시작하자 첫 실험의 1회 때와 비슷한 기여율로 돌아갔다(두 번째 게임의 1회 때는 44%, 첫 번째 게임의 1회 때는 48%). 이 결과를 보면 참가자가 협조하는 이유가 게임을 이해하지 못해서라는 설명은 근거가 없음을 알 수 있다.[9] 뭔가 다른 요인이 있는 게 틀림없다.

상호적 이타성

실험실과 현장 연구 양쪽에서 협력을 설명하는 일반적 방법은 상호적 이타성reciprocal altruism이라는 개념이다. 이 개념을 가장 명확히 발전시킨 로버트 액설로드Robert Axelrod와 윌리엄 해밀턴William Hamilton은 사람들이 친절에는 친절로, 협력에는 협력으로, 적대에는 적대로, 배신에는 배신으로 대응하는 경향이 있다고 주장한다.[10] 따라서 자신의 협조나 배신이 앞으로 어떤 결과로 되돌아올지 고려하면, 무임승차는 생각만큼 효과적이지 않은 전략일지도 모른다. 그렇다면 협조적 행위, 또는 협조적 사람이라는 평판은 그 자체로 협조로 보답받을 가능성을 높여 본인에게 이득이 될 것이다. 이 설명은 합리적 이기심과 맥을 같이한다. 즉 반복 게임에서 기여자는 다른 사람들도 같은 행동으로 반응하면 물질적 보상이 따른다. 비슷한 맥락에서 로버트 프랭크Robert Frank도 협조의 규범을 택하는 사람이 남들에게서도 협조를 이끌어내고 다른 협조자들과 상호작용할 가능성을 높임으로써 더 좋은 결과를 낼 것이라고 주장한다.[11] 프랭크의 핵심 주장은 협조하는 시늉은 오래가지 않는다는 것이다(양치기 소년이 결국 사람들의 불신을 사게 되듯 말이다*). 더욱이 협조자들은 누가 협조적인지 서로 알아볼 수 있다고 가정되므로, 협조자는 자기들끼리 선택적으로 상호작용하고 배신자를 따돌릴 수 있다. 이처럼 상호 협조는 상호 배신보다 더 나은 결과를 가져오므로 협조의 규범을 택하는 것은 장기적으로 합리적 이기심에 부합한다.

상호적 이타성의 원리를 활용한 가장 단순한 전략 중 하나는 수리 심리학자 아나톨 라포포트Anatol Rapoport가 고안한 팃포탯tit-for-tat 전략이다.[12] 이 전략의 작동 방식은 협조로 시작하면, 다른 참가자(들)도 협조하는 한 계속 협조를 이어가는 것이다. 하지만 다른 참가자가 무임승차하거나 배신하면 똑같이 되돌려주는 방식으로 행동을 수정한다. 즉 직전에 상대가 보인 행동과 동일한 행동으로 반응하는 것이다. 이 설명은 팃포탯 전략이 다른 대안 전략보다 장기적으로 더 나은 보수를 가져온다는 것을 보여준다는 점에서 강한 설득력이 있다.

이를 입증한 유명한 예는 로버트 액설로드가 실험한 두 번의 컴퓨터 토너먼트다.[13] 그는 누구든지 죄수의 딜레마 게임을 펼칠 프로그램을 제출할 수 있게 하고 각 프로그램끼리 일련의 반복 대결을 붙였다. 프로그램 간의 '시합'은 200라운드 동안 진행되었고, 각 프로그램은 다른 모든 프로그램과 경쟁했다. 라포포트는 첫 번째 토너먼트에서 팃포탯 전략을 이용해 우승했다. 첫 번째 라운드에서는 협조하고, 그다음 라운드부터는 상대 프로그램의 직전 전략을 그대로 따라 하는 식이었다. 액설로드는 팃포탯 전략을 이길 다른 프로그램이 있는지 확인하려고 한 번 더 토너먼트를 열었지만 이번에도 팃포탯 전략이 우승했다. 이 전략

• 고故 샘 어빈Sam Ervin 상원 의원이 말했듯 '거짓말의 애로점은 자신이 한 말을 완벽히 기억해야 한다는 것'이다. 하지만 기억력이 완벽한 사람은 없다. 실제로 벌어진 사실이 더 기억하기 쉽지만, 그 역시 잊히곤 한다.

이 놀라운 이유는 단 한 경기를 이기지 않고도 우승했기 때문이다! 팃포탯 전략이 달성할 수 있는 최상의 결과는 두 프로그램이 1라운드에서 협조한 후 200라운드 내내 협조하는 것이다. 이때 무승부가 나올 것이므로 이 경우에도 상대를 이긴 건 아니다. (액설로드의 토너먼트에서는 모든 제출된 프로그램이 자신을 포함한 모든 프로그램과 한 번씩 맞붙도록 고안되었다. 따라서 모든 프로그램은 자신과도 한 차례 맞붙어 시합을 벌이게 되어 있었다 — 옮긴이)

이 토너먼트의 길고 반복적인 특성은 현실 세계의 중요한 요소를 포착한다. 삶은 게임의 연속이다! 그리고 인간의 진화는 이처럼 장기적이고 확률적인 현상에 따라 이루어지므로, 상호적 행동을 하는 사람들은 그렇지 않은 사람들보다 '포괄 적응도inclusive fitness(나와 유전적으로 가까운 혈연이 살아남도록 도와 내 유전자를 보존하는 총체적인 능력. 개체가 왜 이타적인 행동을 하는지 설명하는 진화 생물학의 핵심 개념 — 옮긴이)'가 더 크다고 볼 수 있다. 확실히 동물들을 보면 털 빗겨주기 같은 협조적 행동을 하는 사례가 많다. 따라서 반복적 상황에서 인간이 협조하는 건 그다지 놀랄 일이 아닐 것이다.

상호적 이타성이 협력 행동을 이해하는 데 중요한 건 분명하지만, 모든 것을 설명하지는 못한다. 예컨대 상호적 이타성의 중요한 특징 중 하나는 미래에 상호적 행동을 기대하기 어려운 상황, 즉 생면부지끼리 '일회성'으로 상호작용하는 상황에서는 개인이 비협조적일 것으로 예측한다는 점이다. 그러나 일회성 실험에서도 높은 협조 비율이 관찰되었으므로 상호적 이타성만으로는 지금까지 언급한 실험 결과를 직접적으로 설명할 수 없다. 또 두 명 이상이 반복적인 사회적 딜레마에 얽

혔을 때, 팃포탯 전략이나 다른 상호적 이타성 기반의 전략을 사용하기는 매우 어렵다. 만약 한 집단에서 누구는 협조하고 누구는 배신한다면, 다음 회에서 팃포탯 전략을 취하려는 참가자는 협조와 배신 중 무엇을 택해야 할까?

제임스 안드레오니의 또 다른 실험도 높은 협조 비율의 주된 원인이 상호성이라는 주장에 반하는 추가 증거를 제시했다.[14] 이 연구에서 한 집단의 피험자들은 앞서 설명한 바와 같이 5명씩 팀을 이루어 반복 시행했다. 다른 집단의 피험자들은 5명씩 팀을 이루어 같은 실험을 하되, 매번 구성원을 '다르게' 교체했다. 피험자들은 실험의 특정 회에서 누가 자신과 같은 팀에 속하게 될지 알지 못했다. 이러한 조건에서는 다음 회의 상대방이 낯선 사람으로 바뀌기 때문에 협조에 전략적 이점이 없다. 이 실험에서 협조가 초반부터 나타난다면 이 협조는 전략적 행동이 아니라는 뜻이다. 놀랍게도 안드레오니는 구성원이 그대로 유지된 조건보다 낯선 이들끼리 모인 집단에서 협조 비율이 약간 더 '높다는' 것을 발견했다(이 차이는 근소했지만 통계적으로 유의미했다).

여기서 도출된 한 가지 결론은 사람들이 상호작용하는 상대방에게 이용당하기 전까지는 협조하는 경향이 있다는 것이다. 이러한 협조의 규범norm of cooperation은 어찌 보면 무한 반복 게임에서의 상호적 이타성과 유사하다. 하지만 앞서 살펴봤듯, 협조는 상호적 이타성 가설이 적용되지 않는 경우에도 관찰된다.

경제학은 이들을 어떻게 설명할 것인가?

협조를 '비표준적' 방식으로 설명하는 개념 중 하나는 이타성이다. 이타성의 한 형태는 사람들이 '타인의 행복에서 느끼는 기쁨'에 의해 동기가 부여된다는 것이다. 안드레오니가 순수한 이타성pure altruism이라고 명명한 이 동기는 일찍이 애덤 스미스가 『도덕감정론』에서 다음과 같이 설득력 있게 표현한 바 있다.[15] "아무리 이기적인 인간이라도 그의 본성에는 분명 몇 가지 도덕적 원칙이 내재해서, 타인의 운에 관심을 두고 그들의 행복도 중요시한다. 비록 관찰자로서 느끼는 기쁨 외에 아무런 물질적 이득이 없더라도 그러하다."[16] 이런 기쁨도 어떻게 보면 '이기심'의 발로겠지만(인간은 자기가 '하고 싶은' 일만 하므로 이타성은 그 자체로 불가능하다는 현학자들의 주장처럼), 스미스의 구절은 자신은 물론 타인에게 돌아가는 긍정적 보수도 사람들의 동기로 작용한다는 사실을 담고 있다. 따라서 사람들은 다른 사람을 위해서도 협조하고픈 동기가 생길지도 모른다. 그러나 이 동기만으로는 공공재에 대한 기여를 설명하기에 한계가 있다. 예컨대 사람들이 단순히 타인의 이익에서 기쁨을 얻는다면, 특정한 정부 기여는 같은 크기의 민간 기여를 밀어내는 '구축crowd out 효과'를 일으켜야 할 것이다. 기여 주체가 민관 중 누가 되든 타인에게 미치는 결과는 같기 때문이다. 하지만 구축 효과는 데이터상으로 보면 근거가 없다. 연구 결과에 따르면 특정 정부 기여의 증가에 따른 민간 기여의 감소분은 5~28%에 불과하다.[17]

또 다른 유형의 이타성은 사람들이 협조의 대가가 아니라 그 행위 자체에서 기쁨을 얻는다고 상정한다. 분명 '옳은(즉 선하고 훌륭한) 일을 하는 것' 자체로부터 동기부여를 받는 사람도 많다. 이러한 유형의 이타성은 때로는 불순한 이타성impure altruism이나 온정 효과warm glow라고 도 불리는데 이 이타성은 동기를 행위의 '결과'보다 '행위 자체'에 부여하는, 자기 양심의 만족이라고 보면 된다. 당연한 말이지만, 양심을 따르는 것을 다른 사람들보다 유독 중요시하는 사람들이 있지 않은가.

로빈 M. 도스Robyn M. Dawes, 존 오벨John Orbell, 랜디 시몬스Randy Simmons, 알폰스 판 더 크라흐트Alphons van de Kragt로 구성된 연구 팀은 순수하든 불순하든 이타성의 기능, 그리고 협조(및 비협조)를 일으키는 기타 요인을 조사했다.[18] 그들은 한 실험에서 무임승차의 동기를 살펴봤다. 먼저 서로 모르는 사이인 피험자 7명에게 각각 5달러를 주었다. 받은 돈을 공공재 생산에 기여한 사람의 수가 기준치를 넘으면(실험에 따라 3~5명), 피험자 전원이 기여 여부에 상관없이 10달러의 보너스를 받는다. 따라서 기여자 수가 기준치 이상이면 각 기여자는 10달러, 비기여자는 15달러를 최종적으로 손에 쥔다. 반면 기여자 수가 기준치에 못 미치면 비기여자는 5달러를 가지고, 기여자는 빈손으로 돌아간다. 피험자들은 서로 상의하는 것이 금지되었다(나중에 다른 조건에서는 허용되었지만).

이 실험에서는 사람들이 기여하지 않을 두 가지 이유를 파악할 수 있었다. 첫째, 피험자들은 자신은 기여했지만 다른 사람들은 기여하지 않아 자신의 기여가 무의미해질까 봐 두려워할 수 있다. 이러한 배신의 동기를 '두려움fear'이라고 이름 붙였다. 둘째, 피험자들은 다른 사람들이 기여하길 기다리며 10달러가 아닌 15달러를 받기를 바랄 수 있다. 이 동기를 '탐욕greed'이라고 한다. 연구진은 두려움과 탐욕의 상대적 중요성을 조사하기 위해 게임 규칙을 조작했다. '탐욕 제거' 조건에서는 기여자 수가 충분할 경우 (기여자에게 10달러, 무임승차자에게 15달러를 주는 방식이 아니라) 모든 피험자에게 10달러를 주도록 보수 방식을 변경했다. '두려움 제거' 조건에서는 기여자들에게 '환불을 보장'했다. 예를 들어, 한 피험자가 기여했는데 다른 사람들이 충분히 기여하지 않은 경우 기여자는 기여한 돈을 돌려받았다(그 대신 기여자 수가 충족되어 공공재가 제공될 경우, 기여자는 10달러만 받고 무임승차자는 15달러를 받았다). 결과는 탐욕이 두려움보다 무임승차를 더 강하게 유발하는 요인임을 시사했다. 두려움과 탐욕을 제거하기 전에 기여율은 평균 51%였다. 그리고 두려움 제거(환불) 조건에서는 기여율이 58%로 증가한 반면, 탐욕 제거 조건에서는 87%로 뛰었다.•

대화와 토론이 끌어낸 기적

판 더 크라흐트, 오벨, 도스 연구 팀의 또 다른 연구에서는 이러한 게임에서 협조를 유도하는 가장 확실한 방법 중 하나가 피험자들이 서로 대화하도록 허용하는 것임을 알아냈다.[19] 이번 실험에서는 12개 그룹에 앞의 실험과 동일한 보수를 제공하되 토론을 허용했다. 토론의 효과는 놀라웠다. 토론 시간 동안 그룹들은 각자의 방법으로 기여자를 선정했다. 가장 흔한 방법은 제비뽑기였지만, 자발적 참여자도 있었다. 한 그룹은 상대적인 '필요'를 파악하기 위해 개인 간의 효용을 비교했다.

• 만약 어떤 피험자가 자신의 기여가 결정적일 확률(즉 기여자 수가 정확히 기준치에 1명 모자랄 확률)을 50%보다 크게 잡는다면, 기여가 합리적 이기심에 부합한다는 점에 유의하라. 그러나 기여한 피험자들은 대체로 자신의 기여가 결정적이었다고 생각하지 않았다. 기여자 중 자신이 공공재 획득에 결정적 역할을 했을 확률을 50%보다 크게 생각한 사람은 사실상 거의 없었다. 실제로 모든 조건을 종합해볼 때, 기여자의 67%는 기여할 다른 사람들이 워낙 많을 것이므로 자신의 기여는 불필요할 것이라 생각했다.

어떤 방법을 사용했든, 대화는 효과를 발휘했다. 12개 그룹 모두 공공재를 획득했으며 그중 세 그룹에서는 기여자 수가 필요한 기준치를 넘었다.

이러한 결과는 두려움과 탐욕에 대한 연구 결과와 일치한다. 기여자로 지정된 피험자는 탐욕스럽게 무임승차에서 더 많은 걸 기대할 수 없다. 보너스를 얻으려면 자신들의 기여가 필수이기(혹은 필수라고 생각하기) 때문이다(그리고 세 그룹을 제외한 모든 그룹에서 그러했다). 게다가 공익을 위해서는 모든 자발적 협조가 필요하다는 믿음은 그들이 약속을 지키려는 동기를 강화한다.

토론이 허용된 집단에서는 구성원들이 서로 기여하자고 약속하는 것이 빈번히 포착되었다. 오벨, 판 더 크라흐트, 도스는 두 번째 실험에서 이러한 약속이 협조를 유도하는 데 중요한 역할을 하는지 조사했다.[20] 아마도 사람들은 약속을 함으로써 스스로 속박된 느낌이 들 것이다. 다시 말해 타인들 역시 각자의 약속에 똑같이 얽매일 것이므로, 남들이 돈을 내겠다고 약속했을 때 자기도 돈을 내면 '만족스러운' 결실이 나오리라 믿는다. 실험 결과, 약속은 전원이 협조를 약속했을 때만 효과를 발휘하는 것으로 나타났다. 모든 구성원이 협조를 약속한 집단에서는 협조 비율이 상당히 높았다. 반면 일부 구성원이 약속에 가담하지 않은 집단에서는 각 피험자가 협조 또는 배신을 선택하는 결정이 그 사람의 약속 여부에도, 그리고 협조를 약속한 다른 사람들의 수에도 영향을 받지 않았다. 결론적으로 전원이 협력을 약속하지 않은 집단에서는 약속한 사람의 수와 집단 전체의 협조 비율이 아무런 상관관계가 없었다.

결론: '합리적 협조자'를 주목하라

코넬대학교(탈러가 이 논문을 쓸 당시 재직하던 곳) 주변 시골 지역에서는 농부들이 갓 수확한 농산물을 가판대에 올려놓곤 했다. 가판대에는 돈 상자가 놓여 있었고, 손님들은 물건을 사고 상자에 돈을 넣었다. 돈 상자는 돈을 넣을 수만 있고 꺼낼 수는 없게 가느다란 홈이 뚫려 있었다. 또 가판대에 바로 붙어 있었으므로 누구도 (쉽게) 훔쳐 달아날 수 없었다. 이러한 방법을 이용한 농부들은 인간의 본성을 거의 정확히 꿰뚫고 있었으리라. 그들은 많은 사람이 신선한 농산물을 기꺼이 돈 내고 사갈 것이라 믿었지만, 동시에 돈 상자를 쉽게 가져갈 수 있다면 누군가는 그럴 가능성이 있다는 것도 알았다.

이 농부들과 다르게, 경제학자들은 인간의 본성에 대해 판단을 회피하거나 지나치게 극단적인 가정을 한다. '무임승차 문제'가 존재한다는 건 분명 사실이다. 모든 사람이 자발적으로 자선단체에 기부하는 건 아니다. 또 공공재는 자율적 시스템에만 맡기면 과소 생산된다(외부 효과를 일으키는 경우엔 과잉생산된다). 그렇다고 해도 모든 사람이 항상 무임승차하는 것은 아니다. 즉 강한 무임승차 가설은 분명 틀렸다.

모두가 무임승차하는 것과 모두가 최적의 액수로 기여하는 것은 천지 차이다. 공공재나 다른 사회적 딜레마를 이해하려면, 예컨대 협조 비율을 결정하는 요인 등과 같이 경제학에서 흔히 간과되는 몇 가지 쟁점을 탐구해야 한다. 공공재의 투자 수익이 늘어나면 협력도 증가한다는 점은 고무적이다. 협조를 통해 얻는 것이 많을수록 집단의 협조도 많이 관찰되므로, 협조의 공급곡선은 우상향의 모양을 나타낸다. 그러나 토론이 결과에 미치는 영향은 전통 경제학적으로 분석하기가 더 어럽다(한 경제학자는 전통적 방식으로 분석을 진행한 후, 참가자들이 집단 토론 후 배신이 자신에게 가장 이득이 되는 선택임을 이해하지 못할 만큼 판단력이 흐려진 것이라고 주장하기도 했다. 정말이다).

더 일반적으로 경제모형에서 합리적 이기심의 역할은 면밀히 검토되어야 한다. 아마르티아 센Amartya Sen은 항상 합리적이고 이기적이기만 한 사람을 '합리적 바보'라고 일컬었다.[21] 상호 관계에서 자신의 보수에만 기반한 선택은 항상 다른 모든 사람에게 최적에 못 미치는 결과를 초래하기 때문이다. 우리는 '합리적 협조자'에게 더 많은 관심을 기울여야 할 것이다.

업데이트

1만 7,000개의 지갑이 증명한 것

이 책의 업데이트 부분은 초판본과 원논문이 발표된 후 30년이 넘는 세월 동안 우리가 새로 알게 된 사실을 간략히 보태기 위한 것이다. 그리고 세상이 여전히 분별력 있는 협조자로 가득 차 있는 것 같다는 소식을 전하게 되어 기쁘다(물론 못된 이기주의자가 완전히 사라지지 않았다는 점은 안타깝게도 인정해야겠지만 말이다). 기후 변화 같은 새로운 문제가 어쩔 도리 없이 진행되고 있는 것처럼 보이지만, 개인과 정부 모두 전보다 이 문제에 좀 더 관심을 기울이는 모습이다. 그리고 훨씬 덜 중요한 문제지만 요즘 산책길 광경도 (적어도 우리 필자들이 사는 동네에서는) 놀라우리만치 달라졌다. 대다수의 개 주인들이 자기 반려견의 배설물을 치우기 때문이다. 우리는 개인적으로 누가 반려견의 배설물을 치우지 않아 벌금을 냈다는 이야기를 들어본 적이 없다. 따라서 이는 사회적 규범의 변화, 즉 행인들의 눈초리나 따끔한 한마디로 어느 정도 강제된 결과가 아닐까 싶다. 그렇다면 적어도 개 주인들은 대부분 분별력 있는 협조자가 되었다고 봐도 될까?

범위를 더 넓혀보자면, 사람들은 자발적으로 자선단체 등 공공재에 기부하거나 그 외 공익에 기여한다. 소셜 미디어의 성장이 가져온 (몇 안 되는?) 긍정적 측면 중 하나는 자선 플랫폼 고펀드미GoFundMe처럼 도움이 필요한 사람들에게 직접 기부할 수 있는 새로운 방법이 등장했다는 것이다. 또 최근 한 논문에 따르면, 공공재를 생산하는 조직이 분별 있는 협조자를 더 많이 고객으로 끌어오는 경향이 있다고 한다. 예컨대 독점 기업이 제품에 공공재를 포함시킴으로써 이익을 얻을 수 있다. 윤리성을 따져 물건을 구매하는 소비자들의 마음을 움직일 수 있기 때문이다.[22] 이처럼 기업은 자선 행위를 판매 전략에 통합하고 소비자에게 이를 어필함으로써 가격 경쟁의 압력을 줄일 여지를 갖게 된다.

과학적 증거라는 측면에서 이 장에서 언급한 대부분의 연구는 피험자가 자신이 관찰되고 있음을 의식하는 실험실에서 행해졌다. 이와 대조적으로 얼래인 콘Alain Cohn 연구진은 현실 세계에서 협조와 자기 이익이 상충하는 상황을 실험하고자 대대적인 현장 연구를 실시했다.[23] 연구자들은 40개국 대도시의 은행, 관공서, 문화시설 등에 가짜 연락처가 담긴 총 1만 7,303개(!)의 지갑을 뿌렸다. 어떤 지갑에는 연락처만 들어 있고, 어떤 지갑에는 돈이 함께 들어 있었다. 이 연구의 목표는 지갑이 반환되는 비율을 지갑 속 돈의 액수와 비교 추적하는 것이었다. 또 연구자들은 현금 말고 지갑 주인에게는 귀중하지만 습득자에겐 무용지물인 열쇠가 담긴 지갑도 배포했다. 놀랍게도 연구진은 관찰 대상 국가 중 대부분(40개국 중 38개국)에서 돈이 든 지갑이 돈 없는 지갑보다 반환될 가능성이 압도적으로 높았으며, 지갑 속 돈의 액수가 많을수록 반환 비율이 더 높아진다는 사실을 발견했다. 또 열쇠가 든 지갑도 열쇠가 없는 지갑보다 반환될 가능성이 약 9%p 더 높았다.

이 연구에서 설명된 행동은 인간이 금전적 유인이 증가할수록 흑심을 품기 쉬운 이기주의자라는 관념과 명백히 모순된다. 또 이는 일반인과 경제학자를 포함한 참가자들의 예상과도 빗나갔는데, 그들은 대체로 돈이 적게 든 지갑이 더 높은 비율로 반환되리라 예측했기 때문이다. 논문 저자들은 이 같은 결과의 주원인으로 두 가지를 꼽았다. 하나는 이타성으로, 열쇠가 든 지갑이 그렇지 않은 지갑보다 9%p 더 많이 반환된 것에서 알 수 있다. 시민들은 돈이 들어 있지 않아도 열쇠 주인의 노파심을 생각해 지갑을 돌려주었을 것이다. 다른 하나는 절도 회피theft aversion, 즉 절도처럼 느껴지는 행위를 저질렀을 때의 심리적 결과다. 조사에 따르면, 이 부정적 감정은 현금처럼 지갑 습득자와 주인 모두에게 귀중한 것일 때 나타났다. 이러한 결과는 특히 상당한 이득이 걸린 경우, 자신이 도둑으로 비치는 비용이 낯선 사람의 희생으로 얻는 물질적 이득보다 크다는 것을 시사한다.

이 장에서 제시된 실험적 증거는 어떨까? 수백 번의 실험을 재현하고 난 지금은 기본적인 사실에 논쟁의 여지가 없다. 경제주체는 경제학자들이 생각했던 것보다 훨씬 착하다. 일회성 죄수의 딜레마에서도 참가자들은 전혀 협조하지 않는 게 아니라 약 절반이 협조한다. 협조 게임에서도 거의 마찬가지다. 지난 30년 동안 사람들이 '합리적 바보'로 변했다는 증거는 제시된 바 없다. 이 분야의 연구가 꾸준히 진행된 덕에 사회적 딜레마 상황에서 사람들이 어떻게 행동하는지에 대한 답이 점점 뚜렷이 드러나게 되었다.

이 장의 본문에서 한 가지 의문이 남았다.[24] 바로 경제학을 배운 사람들이 마웰과 에임스의 연구 결과처럼 경제 이론과 더 가깝게 행동하느냐는 것이다. 이 문제에 대한 증거는 엇갈린다. 로버트 프랭크, 토머스 길로비치Thomas Gilovich, 데니스 T. 리건Dennis T. Regan은 경제학 지식을 익히면 협조하는 경향이 떨어진다고 암시하는 증거를 내놓은 반면,[25] 대니얼 지라르디Daniele Girardi 등은 경제학 지식이 사회적 행동에 영향을 미치지 않는다는 것을 발견했다.[26] 덧붙여 이 책에 나온 많은 실험 결과를 보고 경제학 공부가 행동에 미치는 영향에 대해 질문이 생길 수 있다. 우리 두 필자는 경제학자들의 행동은 다른 직업 종사자와 눈에 띄는 차이가 있을지 몰라도 학부생으로서 경제학을 공부한 경험만으로는 행동에 지속적인 영향을 미칠 것 같지 않다고 생각한다. 안타깝게도 학교에서 배운 지식의 반감기는 매우 짧기 때문이다. 예컨대 여러분은 코사인이 무엇인지 기억나는가?

이 책의 여러 주제를 생각해볼 때 떠오르는 한 가지 질문은 비교적 적은 판돈이 걸린 실험에서 관찰되는 행동이 훨씬 많은 돈이 걸린 게임에서는 과연 어떻게 변할 것인가다. 학술 연구로는 예산의 제약 때문에 이 질문에 속 시원히 답하기 어렵다. 다음 장의 업데이트 부분에서는 이 문제에 접근하는 하나의 방법을 소개할 텐데, 그 방법은 동일한 실험을 특정한 나라에서 현지 피험자들에게는 적잖아 보이지만 연구자들에게는 감당할 수 있을 만한 판돈을 가지고 재현해보는 것이다. 이후 다른 장의 업데이트에서도 이 문제를 다룰 예정이다.

이 문제를 해결할 또 다른 전략은 한 텔레비전 게임 쇼가 죄수의 딜레마 게임을 도입하기로 결정하면서 가능해졌다. 마르테인 J. 판 덴 아셈Martijn J. van den Assem, 데니 판 돌더르Dennie van Dolder, 탈러는 한 영국의 텔레비전 쇼 〈골든 볼스Golden Balls〉를 행운의 기회로 삼았다.[27] 이 게임에서 두 결승 진출자는 쇼의 마지막을 장식하는 '나누느냐 뺏느냐Split or Steal'라는 코너에서 일종의 죄수의 딜레마에 맞닥뜨린다. 판돈은 직전 상황에 따라 크게 달랐으나 평균 1만 3,416파운드(약 2,600만 원 — 옮긴이)였고 중간값은 4,300파운드(약 840만 원 — 옮긴이)였다. 한 흥미진진한 에피소드에서는 10만 파운드(약 1억 9,600만 원 — 옮긴이)가 넘은 적도 있다(해당 영상은 온라인에서 쉽게 찾을 수 있다)!

이렇게 큰 판돈이 걸리면 참가자들은 정신을 집중시켜 합리적 이기주의자로 돌변할까? 아니다! 전체적으로 참가자의 52.8%가 나누기를 택했으니, 이 장에서 논한 초기 실험에서 관찰된 협조 비율과 비슷했다. 그러나 쇼의 모든 에피소드에서 판돈 크기가 흥미로운 영향을 미치긴 했다. 판돈이 커갈수록 협조 비율은 감소했지만 판돈이 1,500파운드(약 295만 원 — 옮긴이) 미만일 때는 협조 비율이 매우 높았다. 판돈이 '겨우' 몇백 파운드(실험실 실험에서라면 엄청난 판돈이겠지만)였을 때 협조 비율은 60~70%였다! 논문 저자들은 이렇게 나뉜 돈을 '적잖은 푼돈big peanuts'이라고 명명했다. 거액의 판돈은 대개 수천 파운드에 달했으므로 실제로 단 몇백 파운드를 마주한 참가자들은 이렇게 생각한다. '이건 그저 '푼돈'이군. 그냥 방송에서 착하게 비치는 게 낫겠어.'

게임 쇼를 분석하면서 발견한 또 다른 사실은 이 장 앞부분에서 언급한 약속의 기능이 중요하다는 것이다. 경제학에서는 협상 상황에서 사람들의 지키지 못할 약속을 빈말cheap talk이라고 부른다. 만약 상대방이 약속을 지킬지 전혀 알 수 없다면, 자신의 의사 결정에 그 사람의 말을 전혀 고려하지 말아야 한다는 의미다. 물론 입심 좋은 중고차 판매원의 상술까지 믿어야 하는 것은 아니다. 하지만 참가자들이 나누기를 선택할 것인지를 알려주는 가장 유의미한 예측 단서는(물론 모든 사람들이 그렇게 하겠다고는 하지만) 그들이 그렇게 하겠다고 명시적으로 약속을 하는가의 여부다. 그러나 우리는 이것이 여러분 개개인의 삶에 어떤 가치를 가져다줄 것이라고 약속하지는 않겠다.

핵심 정리

경제학자들에게: 경제주체가 철저히 이기적이라는 가정은 극히 특이한 경우로 봐야 한다. 물론 무임승차 문제가 존재하기는 하지만 다행히 세상에는 현명한 협조자도 많다.

독자들에게: 협조하는 것이 이기적인 관점에서는 바보처럼 보일지 몰라도, 사람들이 협조하면 세상은 더 살기 좋아질 것이다. 기업부터 지역사회, 팀에 이르기까지 모든 집단이 자신의 행복뿐 아니라 집단의 행복도 생각한다면 더 큰 이익을 공유하게 된다. 더 많은 협조를 장려하려면 구성원들에게 서로 대화하고 협동을 약속할 기회를 줘야 한다.

3장

최후통첩 게임

The Ultimatum Game

시장을 움직이는, 보이지 않는 상도덕

(콜린 캐머러와 함께)

• 이 장은 최후통첩 게임에 대한 원논문 Thaler(1988)와 후속 논문 Camerer and Thaler(1995)를 섞었다.

앞 장에서 살펴보았듯, 사람들이 완전히 이기적인 무임승차자라는 가설은 사실에 부합하지 않는다. 인간은 상대방이 똑같이 해주기를 기대할 때 협조하는 경향이 있다. 즉 '남에게 대접받고 싶은 대로 남을 대접하라. 다만 상대방이 악당이라는 것을 알고 있을 때는 예외다. 악당은 자기가 알아서 하게 내버려두라'라는 황금률의 변형된 버전을 따른다. 하지만 이 장에서는 사람들이 악당을 내버려두는 것을 넘어 뭔가를 더 할 의향이 있는지, 있다면 얼마나 더 뭔가를 할 의향이 있는지 살펴본다. 누군가 악당 본색을 드러내며 불공정하게 행동한다면, 상대방은 자신의 손해를 기꺼이 무릅쓰고 그를 벌주려 할까? 그리고 어떤 행동이 이러한 분노를 불러일으킬까?

행동경제학자들이 이 문제를 연구하기 위해 고안한 협상 게임 중 하나가 최후통첩 게임이다. 이 게임의 참가자는 2명이다. 먼저 제안자에게 응답자와 나눌 수 있는 일정 금액의 돈을 준다. 게임은 익명으로 진행된다. 나눠 가질 돈, 즉 '파이'는 어떤 금액이어도 상관없다. 예컨대 여기서는 10달러라고 가정하자. 이 게임은 두 단계로 나뉘는데, 먼저 제안자는 파이 중 얼마만큼을 응답자에게 나눠줄 것인지를 제안한다. 그러면 응답자는 제안을 수락해 파이 중 나머지를 제안자가 갖게 하든지, 거부하든지 단순한 결정을 내려야 한다. 단, 거부할 경우 두 사람 모두 아무것도 얻지 못한다.

두 참가자 모두 이 게임에서 얻을 수 있는 돈의 액수를 극대화하려 한다면(게임이론가들이 흔히 적용하는 가정이다)•, 최적의 전략은 매우 명확하다. 응답자는 가령 25센트처럼 0보다 큰 금액이면 무조건 받아들일 것이다. 아무것도 못 받는 것보다 한 푼이라도 받는 게 이득이기 때문이다. 제안자는 이 점을 알고 최소한의 금액만 제시하며 나머지는 자신이 갖기로 할 수 있다. 그러나 응답자도 사람이어서 로봇처럼 이익 극대화만 추구하진 않을 것이기에, 제안자로서는 너무 적은 액수를 제안하는 건 위험할 수 있다. 공정한 대우를 받는 걸 중요시하는 응답자는 낮은 제안 액수에 망설이고는 거절할 수 있기 때문이다. 그러면 둘 다 돈을 전혀 얻지 못하게 된다. 이처럼 응답자가 공정성을 고려할 가능성이 있기 때문에, 제안자는 응답자가 단순히 자신의 금전적 이익을 극대

• 더 정확히 말하자면, 참가자들은 게임 행렬에 나타난 보수(금전적 유인에 해당)를 극대화하려고 한다는 게 일반적 가설이다. 이 가설은 일과 여가 사이 상충 관계와 같은 삶의 다른 상충 관계에 대해서는 아무것도 함의하지 않는다. 금전적 유인이 효용 보수에 해당한다는 가설은 처음에 편의상 정해진 것이었지만(타인을 고려한 선호를 추가하는 것은 표준 모형에 위배되지 않음), 켄 빈모어 등(Binmore, Shaked, and Sutton, 1985) 많은 주요 게임이론 학자들은 이를 문자 그대로 받아들였다.

화하는 경우보다 결정하기 훨씬 까다로워진다.

단순 최후통첩 게임: 모욕적인 1달러는 거절한다

최후통첩 게임은 독일 경제학자 베르너 귀트Werner Güth, 롤프 슈미트베르거Rolf Schmittberger, 베른트 슈바르체Bernd Schwarze(이하 GSS라고 칭함)가 처음 연구했다.[1] 이 첫 연구에서 피험자인 경제학과 학생들은 절반으로 나뉘었다. 절반은 제안자 역할을, 나머지 절반은 응답자 역할을 맡았다. 파이는 당시 현지 통화였던 4~10마르크에서 나눌 수 있었는데, 파이의 크기를 c라고 하자. 일주일 후, 연구 팀은 같은 참가자들을 다시 게임에 참여시켰다.

첫 번째 실험(피험자가 게임에 처음 참여)에서 가장 빈번했던 제안은 단순히 50%씩 나누는 것이었다(21건 중 7건). 평균 제시액은 파이의 37%였는데, 이 금액은 0과는 꽤 차이가 난다. 작은 파이(4마르크)를 나눠 갖는 게임에서 파이를 거의 독차지하고자 한 제안자는 2명이었는데, 그 중 한 건만 수락되었다. 나머지 제안자들은 모두 최소 1마르크 이상을 제안했으며, 1.2마르크짜리 제안 하나는 0보다 큰 액수임에도 거부되었다.

일주일 동안 생각해볼 기회를 가진 뒤에도, 제안자들은 다소 줄었지만 최소 액수보다는 상당히 많은 돈을 제시했다. 평균 제안 금액은 파이의 32%였고 2명만이 정확히 반씩 나누자고 제안했다. 그러나 1마르크 미만을 제안한 것은 단 한 건뿐이었고, 이는 상대에게서 거부되었다. 1마르크를 제안한 다른 세 건과 3마르크를 제안한 한 건도 거절당했다. 결론적으로 둘째 주 실험에서는 제안의 거의 4분의 1이 거부되었다.

제안자와 응답자 모두 이익 극대화를 추구하는 경제주체의 전형적 모습을 보이지 않았다. 응답자의 행동은 쉽게 해석할 수 있다. 응답자가 0보다 큰 액수를 거절한 것을 두고, 경제학자라면 그의 효용 함수utility function에 금전 외적인 요소가 들어 있기 때문이라 말할지도 모른다. 말하자면 모욕감 같은 요인 말이다. 파이의 10%를 주겠다는 제안에 "불공정한 제안을 받아들이느니 아예 안 받고 말지"라고 답하는 셈이다. 이처럼 불공정한 제안에 기꺼이 앙갚음하려는 의지의 이면에 있는 동기가 무엇인지는 뒤에서 살펴보겠다. 반면 제안자의 행동은 두 가지 동기 중 하나(또는 둘의 조합)로 설명할 수 있다. 0 이상의 상당액을 제안하는 제안자는 공정성을 신경 쓰거나 불공정한 제안을 거절당할까 봐 걱정할 것이다. 이 두 설명 모두 추가 실험을 통해 어느 정도 타당성이 있음이 밝혀졌다.

GSS 팀은 새로운 참가자 37명을 대상으로 한 두 번째 실험에서 응답자의 행동을 조사했다. 이 연구에서 참가자들은 각각 제안자 역할과 응답자 역할로 게임을 두 번 시행했다. 제안자로서 액수를 제안한 후, 응답자로 역할을 바꿔 수락하고자 하는 최소 금액을 표시하도록 요청받았다. 이 실험에서 제안자가 제시한 액수는 파이의 평균 45%로, 이전 실험에서 관찰된 것보다 훨씬 높았다. 여기서 응답자의 행동이 더 흥미롭다. 2명을 제외한 모든 참가자가 파이의 최소 14%가 안 되는 제안은 거부하려 했고, 최소 요구치의 중간값은 파이의 36%였다. 한마디로 중간값에 대응하는 참가자들은 파이의 3분의 1보다 작은 제안은 거부하겠다는 뜻이다!

2단계 협상 게임: 앙갚음의 심리학

GSS 팀은 논문 말미에 게임이론이 '최후통첩 협상 행동을 설명하는 데 거의 도움이 되지 않는다'라고 결론지었다.[2] 게임이론의 명예가 걸린 가운데, 게임이론 학자 켄 빈모어Ken Binmore, 아브너 샤케드Avner Shaked, 존 서턴John Sutton(이하 BSS라고 칭함)은 「비협조적 협상 이론 실험Testing Noncooperative Bargaining Theory」이라는 논문을 썼다.[3] 그들은 협상 게임에 두 번째 단계를 추가해 GSS 팀의 실험을 수정하고는 한 쌍의 실험을 수행했다. 2단계 게임은 앞의 단순 게임과 마찬가지로 1명이 제안자 역할을 하고 다른 1명이 응답자 역할을 하며 총 파이가 c=100 영국 펜스인 상태에서 시작된다. 제안자는 응답자에게 x를 제안하고, c-x는 자기가 갖는다. 이 제안이 거부되면 게임은 서로 역할이 바뀌고 판돈은 25펜스로 줄어드는 2단계로 넘어간다. 이 게임에 대한 게임이론식 예측은 (게임이론에서 '균형equilibrium'이라고 함•) 역추론을 통해 이루어진다. 즉 게임 2단계에서 참가자 2(제안자)는 참가자 1(응답자)에게 1페니만 주고 24펜스를 자신이 가져갈 것이다. 따라서 1단계에서 참가자 2(응답자)는 참가자 1(제안자)이 24펜스 이상 제안했으면 무조건 받아들여야 한다.

• 게임이론에는 다양한 유형의 균형이 있지만, 가장 잘 알려진 개념은 수학자 존 내시John Nash가 선구적으로 도입했고 영화 〈뷰티풀 마인드〉로 유명해진 내시 균형이다. 내시 균형은 다른 모든 참가자의 선택을 고려할 때 어떤 참가자도 자신의 행동을 바꿀 유인이 없는 상태를 말한다. 우리가 게임이론이 무언가를 '예측'한다고 말하는 건 게임의 (때로 유일한) 균형을 의미하며, 이 두 용어는 서로 혼용될 수 있다.

결과적으로 1단계에서 참가자 1은 자신의 이득을 극대화하면서도 상대의 거절을 막을 수 있는 최적의 지점인 '균형 제안', 즉 25펜스를 제시하게 된다.

이 게임은 두 단계로 진행되었다. 첫 번째 실험의 1단계에서 제안자의 행동은 이전 실험에서 관찰된 결과와 비슷했다. 제안액의 최빈값은 50펜스였고, 제안자의 10%만이 24~26펜스로 제안했다. 또 첫 단계 제안의 15%가 거부되었는데, 이는 게임이론에 의하면 절대 있을 수 없는 일이었다. 참가자들이 2단계까지 간다는 건 잠재적 파이의 4분의 3을 사실상 버리는 셈이기 때문이다.

두 번째 실험에서는 첫 번째 실험에서 참가자 2 역할을 맡은 피험자들을 다시 불러 모아 이번에는 참가자 1 역할을 맡겼다(파트너인 응답자들의 반응은 수집 대상에서 제외했다). 그랬더니 이번에는 참가자들이 표준 게임이론에 더 부합하게 행동했다. 제안액의 최빈값이 25펜스를 약간 밑돌았던 것이다. BSS 팀은 이 결과를 앞 장에서 논의된 '혼돈에 빠진 피험자 가설' 렌즈를 통해 해석했다. 그들은 '참가자가 게임 구조를 완전히 파악하면 공정성을 고려하는 대신 전략적 이점을 따지는 방향으로 쉽게 전환한다'[4]라고 결론지었다. 그러나 BSS 팀의 실험에서 세 가지 측면이 그들의 해석에 의문을 남기고 있다.

첫째, BSS 팀은 피험자들에게 실제로 어떻게 행동해야 한다고 '설명'하는 이례적인 조치를 취했다. 구체적으로 말하자면, 피험자에게 다음과 같은 서면 지침이 전달되었다. '우리가 게임 참가자들에게 요구하는 사항: **여러분이 자신의 이윤 극대화에만 집중할수록 우리 연구에 도움이 됩니다.**'[5] 이 문장의 강조된 부분은 원문 그대로다. 통상 실험자들은 피험자들이 실험자의 기대대로 행동하는 현상인 실험자 요구 효과 experimenter demand effect를 없애기 위해 많은 노력을 기울인다. 그런데 오히려 BSS 팀은 실험자의 요구 사항을 설계의 일부로 포함했다!

둘째, 피험자들은 첫 번째 실험이 끝날 때까지 나중에 게임을 또 하게 될 줄 예상하지 못했다. 뜻밖의 두 번째 깜짝 실험에 참가하게 된 그들은 세 번째 실험도 있으리라 생각했을 가능성이 있다. 만약 피험자들이 제안자 역할을 계속 번갈아가며 맡는 게임이라고 생각했다면, 이번에는 자신이 직전 실험에서 25펜스를 가져갔으니 이번에는 75펜스를 가져가는 것이 평균적으로 공정한 분배가 될 것으로 생각했을 수 있다.

셋째, BSS 팀이 고안한 2단계 게임은 단순 최후통첩 게임과 중요한 차이점이 한 가지 있다. 파이의 25%에 해당하는 균형 제안이 0보다 현저히 크다는 것이다. 이는 균형 제안이 0에 가까웠던 GSS 팀의 단순 최후통첩 게임과 비교해, 응답자가 균형 제안을 거부하는 비용이 더 많이 들고 균형 제안이 더 공정해 보인다는 것을 의미한다.

이 이유들 때문에 처음 GSS 팀의 연구 결과에 대한 해석은 여전히 분분하다.

이상 현상인가, 실험 오차인가?

최후통첩 게임에 대한 초기 논문들은 많은 관심을 불러일으켰다. 또 실험 경제학자들과 게임이론 학자들 사이에 생산적 교류를 촉발했으며, 이러한 교류는 지금도 활발하게 진행되고 있다. 과학 연구에서 특정 실험 환경에서만 나타나는 인위적 결과가 아니라 견고한 결과를 도출하는 것은 중요하다. 이 관점에서 두 가지 시도를 특별히 언급해야겠다.

첫째, 실험실 환경에서 발견된 현상은 한정된 연구 예산으로 판돈이 비교적 적다는 점에 영향을 받는 것이 아니냐는 의문이 항상 제기된다. 대부분 최후통첩 게임에서 배분되는 금액은 보통 10~20달러였다. 1980년대 대학생들에게는 적잖은 금액이지만, 그렇다고 특별히 큰 금액도 아니다. 하지만 배분액이 10배로 늘어난다면 어떻게 될까? 제안자가 8달러를 차지하려 할 때, 응답자가 2달러를 거절하는 것은 그렇다 치자. 하지만 제안자가 80달러를 차지하려 할 때, 응답자는 20달러도 거절하려 할까?

합리적, 직관적으로 생각하자면 판돈이 커질 때 제안자들이 제안하는 '절대 금액'도 오르겠지만, 판돈이 커진 수준에 비례하는 비율은 아닐 것으로 예상된다. 제안자들은 절대 금액이 높아지면 응답자들이 거절할 확률이 줄어들 것으로 생각하고 더 마음 편하게 파이의 낮은 비율을 제안할 것이다. 실제로 한 소규모 콘퍼런스에서 몇몇 유명한 게임이론 학자들과 실험 연구자들은 100만 달러짜리 가상의 최후통첩 게임에서 예상 수익을 극대화하려면 제안자 역할을 어떻게 수행해야 하는지 의견을 주고받았다. 참가자들은 대부분 5만~10만 달러의 제안을 수락했는데, 이는 파이의 5~10%에 불과하나 앙심을 품고 거절하기에는 적잖은 금액이었다. 그러나 저명한 게임이론 학자 로버트 아우만Robert Aumann은 자신이 제안자라면 순전히 위험 회피risk aversion적인 이유로 판돈의 절반을 주겠다고 주장했다. 그는 그 이유를 '어떤 미친 인간과 짝이 될지 전혀 모르기 때문'이라고 설명했다.

최후통첩 게임의 100만 달러 버전을 실행한 사람은 아무도 없었지만, 100달러짜리 버전은 엘리자베스 호프먼Elizabath Hoffman, 케빈 매케이브Kevin McCabe, 버넌 스미스Vernon Smith가 실행해본 적이 있다.[6] 2인 1조로 된 피험자 중 제안자 역할의 경우 일부는 임의로 정해졌고, 또 일부는 경쟁으로 정해졌다. 이 실험은 이전에도 동일한 두 조건 하에서 이루어진 적이 있었지만, 그때는 판돈이 10달러였다. 임의로 뽑힌 제안자의 제안율은 판돈이 10달러일 때나 100달러일 때나 비슷했다. 제안자를 경쟁을 통해 선정한 경우에도 마찬가지였다. 물론 제안율은 경쟁을 통해 제안자를 뽑은 경우에 비해서는 낮았지만 말이다. 유일한 차이점은 큰 판돈이 걸린 경우 경쟁으로 선택된 제안자를 상대로 응답자가 거부하는 비율이 다소 높았다는 것이다. 제안자를 경쟁으로 뽑고 판돈이 100달러인 실험에서 10달러짜리 제안 4건 중 3건이, 30달러짜리 제안도 5건 중 2건이 거부되었다. 제안자는 응답자가 불공정을 응징하기 위해 10달러, 나아가 30달러도 거부하는 것을 보고 놀랐을 것이다.

또 다른 잠재적 오차 요인은 문화다. 피험자의 국적에 따라 결과가 달라질까? 앨빈 로스Alvin Roth, 베스나 프라스니카르Vesna Prasnikar, 오쿠노-후지와라 마사히로Masahiro Okuno-Fujiwara, 슈무엘 자미르Shmuel Zamir는 비교 조건을 동일하게 맞추도록 세심한 주의를 기울여 예루살렘, 류블랴나(슬로베니아), 피츠버그, 도쿄 등 네 곳에서 최후통첩 게임을 실험했다.[7] 그리고 다시 한번 두드러진 유사점이 나타났다. 네 국가 모두에서 제안액의 최빈값은 40~50% 범위였다. 그럼에도 몇 가지 흥미로운 차이점이 있었다. 예컨대 이스라엘 제안자는 최빈값을 40%로 다소 낮게 제안했고(참고로 미국의 최빈값은 50%), 이스라엘 응답자도 더 낮은 제안을 기꺼이 받아들였다. 이러한 행동의 차이를 국민 1인당 게임이론가

인구 비중으로 설명하고 싶어질 수도 있겠지만, 이는 섣부른 결론이다.

공정하게 '행동'하는 것 vs 공정해 '보이는' 것

그렇다면 이 게임에서 무슨 일이 벌어지고 있는 걸까? 이러한 행동의 원인을 파악하는 방법 중 하나는 두 참가자에게 제공된 정보를 조작하고 상황을 살펴보는 것이다. 이러한 방식으로 진행된 연구가 여럿 있었으니 몇 가지 주요 내용은 다음과 같다.•

존 케이글, 정 김Chung Kim, 도널드 모저Donald Moser는 최후통첩 게임에서 제안자들이 다른 참가자들의 동기를 더 잘 이해하고 싶어 하는지 여부를 연구했다.[8] 이를 위해 그들은 한 참가자가 다른 참가자에 대해 아는 정보를 조작했다. 이 실험에서 제안자는 칩 100개를 나누었다. 여기서 핵심은 각 참가자에게 칩의 가치가 다를 수 있다는 것이다. 칩의 가치는 10센트 또는 30센트였다. 또한 실험자들은 피험자들이 칩의 가치에 대해 알고 있는 바를 다르게 설정했다. 참가자들은 항상 자신의 칩 가치를 알지만, 남이 매기는 칩 가치는 경우에 따라서만 알 수 있을 뿐이었다. 각 참가자는 다른 참가자가 어떤 정보를 아는지 알았다. 게임은 매번 같은 조건에서 10회 반복되나, 매회 새로운 상대와 진행되었다.

두 참가자의 칩 가치가 같고 둘 다 이를 아는 경우, 일반적인 최후통첩 게임과 같이 제안율은 50%에 수렴한다. 더 흥미로운 경우는 정

• 또 Croson(1996)을 참고하라.

보가 비대칭적일 때다. 예컨대 제안자가 자신에게는 칩의 가치가 30센트지만 응답자에게는 10센트라는 사실을 알 때, 그는 응답자에게 칩의 75%를 줘야 양쪽에 동등하게 나눌 수 있다. 그러나 제안자의 칩 가치가 더 높다는 사실을 제안자 혼자 알고 있다면, 칩의 50%만 주고도 여전히 공정한 사람처럼 보일 수 있다. 그렇다면 제안자는 공정하게 '행동하고' 싶어 할까, 아니면 공정해 '보이고' 싶어 할까?

데이터상으로 보면 공정해 '보이는' 모습이 행동을 좌우한다는 것을 알 수 있다. 이 조건하에서 제안율은 칩의(총 파이가 아니라) 50%에 가까웠다. 그리고 응답자들은 50%를 불공정하다고 생각할 이유가 없으므로 거부율이 매우 낮았다. 이번에는 응답자만이 칩의 가치가 자신에게 더 낮다는 것을 아는 상황과 비교해보자. 이 경우에 제안율은 (초기 회차에서) 약 40%로 시작했다가 34%라는 높은 거부율에 반응해 약 50%까지 상승한다. 여기서 응답자들은 파이의 4분의 1만 얻게 되는 것에 화가 나고, 제안자들은 자신의 제안이 거부되는 것을 보며 상대방의 화에 차츰 대응한다.

두 참가자 모두 제안자가 더 높은 가치를 지니고 있다는 것을 알 때, 제안율은 칩의 50%로 시작하지만 매우 높은 거부율(1회에는 50%) 때문에 10회째에는 64%로 높아졌다.• 한편 응답자에게 칩의 가치가 더 높고 그 사실을 응답자만 알고 있을 때, 제안율은 약 30%에 불과했다. 이 중요한 사례를 통해 이기적인 행동은 최후통첩 게임에서도 존재하지

• 제안율이 75%로 수렴하지 않는다는 점이 흥미롭다. 아마 칩을 50 대 50으로 나누는 것이 공정성의 대안적 기준 역할을 하며, 각 조는 두 가지 가능한 공정성 기준의 중간에서 암묵적으로 타협했을 것이다.

만, 공정해 '보여야' 한다는 체면이 행동에 매우 큰 영향을 끼친다는 것을 알 수 있다.

독재자 게임: 보복의 공포가 없다면 이기적으로 행동할까?

앞서 논의했듯, 제안자의 행동을 해석할 때 문제는 진정한 이타심이나 거부당할까 봐 두려워하는 마음이 작용할 수 있다는 것이다. 로버트 포사이스Robert Forsythe 연구 팀은 이러한 피험자의 감정적 요소를 해결하고자 최후통첩 게임을 재치 있게 수정했다.[9] 독재자 게임Dictator Game으로 알려진 이 게임에서는 제안자가 배분자로, 응답자가 수령자로 대체된다. 여기서도 배분자는 파이를 어떻게 나눌지 결정한다. 그러나 최후통첩 게임과 달리 수령자는 거절할 힘이 없어 배분자의 제안을 받아들여야 한다. 수령자의 거부권이 제거된 덕에 독재자 게임에서 이루어지는 제안은 일종의 사회적 선호에 의해서만 좌우될 수 있다는 점에 주목해야 한다. 연구 팀은 실제로 제안액의 중간값이 (거절에 대한 두려움이 행동에 영향을 미치는) 최후통첩 게임보다 낮았지만 최소 금액보다는 확실히 높았다는 것을 발견했다.

호프먼 등은 독재자 게임을 여러 형태로 변형해 0보다 큰 제안율이 나오게 하는 요인이 무엇인지 살펴보았다.[10] 실험의 구성 요소는 다양하게 설계되었다. 예컨대 대부분 배분자에게는 1달러 지폐 10장과 종잇조각 10장이 든 봉투를 주고, 수령자에게 줄 봉투에 지폐 10장과 종잇조각 10장을 원하는 조합으로 섞어 넣으라고 지시했다. 그러나 한 조건에서는 배분자 중 2명에게 종잇조각만 든 봉투를 주었고, 이 사실을 수령자들도 알게 했다. 따라서 혹시 0달러를 제안받은 수령자는 배분자가 일부러 인색하게 구는 것인지 아니면 '가치 없는' 봉투 중 하나를 받았기 때문인지 알 수 없었다. 또 배분자의 역할은 때로 임의가 아닌 경쟁을 통해 결정되기도 했다. 다른 변형된 실험에서는 실험자가 피험자의 행동을 알 수 없을 것이라고 약속했다. 실험자들은 그 외에도 다양한 방법으로 피험자 간의 '사회적 거리social distance'를 조작하고자 했다.

이 실험에서 얻은 중요한 핵심 중 하나는 배분자들이 상대방에게 거부될 위험이 없었음에도 파이의 상당 부분을 제안했다는 점이다. 평균 제안액은 인간은 이기적이라는 가설에 따른 예측값인 0을 훨씬 웃돌았다. 그렇기는 해도 사회적 거리 조작은 의미 있었다. 경쟁을 통해 배분자를 선택하는 것을 포함한 모든 유형의 사회적 거리 조건에서, 피험자의 약 70%가 전액을 가져갔다. 그러나 각 실험에 준 다양한 변화가 영향을 미쳤지만, 결정적인 단일 요인을 꼽을 수는 없었다. 대체로 배분자와 수령자 간의 사회적 거리가 커질수록 제안액은 줄었다. 실험에서 드러난 이 중요한 함의는 다음 단락에서 더 자세히 살펴보겠다.

시장에서 공정과 불공정을 판단하는 요인

사람들이 자기 기준에 불공정하게 느껴지는 배분에 저항하는 심리는 협상 이론을 훌쩍 뛰어넘는 의미를 시사한다. 독점(또는 수요 독점) 기업이 정하는 가격(또는 임금)은 최후통첩과 같은 의미를 지닌다. 최후통첩 게임에서 수령자가 0보다 커도 소액인 제안을 때로 거부하듯, 구매자는 약간의 소비자 잉여가 남더라도 그 잉여가 불공정하게 분배되었다고 간주하는 가격에서는 구매를 포기하기도 한다. 한 임원 교육 프로그램 참가자들을 두 그룹으로 나눈 후 다음과 같은 문제를 제시했다. 한 그룹은 소괄호 안 내용이 포함된 버전을, 다른 그룹은 대괄호 안 내용이 포함된 버전을 받았다.

> 어느 더운 날, 당신은 해변에 누워 있다. 얼음물을 마시고 싶은 생각이 간절하다. 1시간째 자기가 좋아하는 브랜드의 시원한 맥주 한 병이 있다면 얼마나 좋을까 하는 생각뿐이다. 그때 친구가 일어나더니 근처에서 유일하게 맥주를 파는 곳(고급 리조트 호텔)[작고 허름한 식료품점]에 전화로 맥주를 주문하겠다고 한다. 그는 맥주가 비쌀 텐데, 얼마까지 지불할 의향이 있냐고 묻는다. 그는 맥주 가격이 당신이 말한 가격 이하라면 사고 그보다 비싸면 사지 않겠다고 말한다. 당신은 친구를 신뢰하며, (바텐더)[가게 주인]와 흥정할 여지는 없다. 친구에게 얼마의 가격을 제시해야 할까?[11]

이 시나리오는 질문에 답을 하는 사람이 응답자의 역할을 맡는 단순 최후통첩 게임이다. 고급 호텔 버전에서 응답의 중앙값은 2.65달러, 식료품점 버전에서 응답의 중앙값은 1.5달러다. 2.65달러라는 가격은 기분상의 차이로 리조트 호텔에는 타당해 보이지만, 허름한 식료품점에는 '바가지'처럼 보인다(참고로 이 가격들은 물가 상승률을 반영한 2025년 기준으로는 각각 8달러와 4.5달러가 된다).

대체로 소비자는 상대방이 잉여에서 너무 많은 몫을 가져간다 싶은 거래에는 참여하지 않으려 한다. 일부 시장(예: 슈퍼볼 티켓, 시내에서 가장 인기 있는 레스토랑의 토요일 밤 예약, 브루스 스프링스틴 콘서트 예매 등)에서 판매자가 수요와 공급이 일치하는 균형가격보다 훨씬 낮게 가격을 책정하는 건 이런 이유에서다. 고객과의 장기적 관계를 잃고 싶지 않은 판매자는 시장 청산 가격이 굉장히 높더라도 자기 사업의 미래를 생각해 가격을 균형보다 낮게 유지할 유인을 갖는다.

대니얼 카너먼, 잭 네치Jack Knetsch, 리처드 탈러는 일련의 설문지를 사용해 한 경제적 거래의 공정과 불공정을 판단하는 요인이 무엇인지 조사했다.[12] 그중 한 설문에서는 어느 철물점이 눈삽을 15달러에 판매하다가, 폭설이 내린 다음 날 아침에 가격을 20달러로 올렸다는 사례를 제시했다. 응답자는 대부분 우리가 가격 이론 수업에서 '올바른' 대응이라고 배우는 바로 이 철물점의 행동을 두고 '불공정'하다고 답했다. 이 사례에서 알 수 있듯, 수요가 급증할 때 가격을 올렸다가는 따가운 시선을 피하기 어렵다. 그러나 다른 설문에서는 증가한 비용을 고객에게 전가하는 것을 공정하게 여기는 답변이 포착되었다.

이 연구가 주는 교훈은, 주어진 행동에 대한 반응은 그 행동이 묘사되거나 표현되는 방식에 따라 크게 달라진다는 것이다. 이런 사실은 본책에서 자주 언급할 주제이기도 하다. 예컨대 자동차 수요가 증가할 때 신차 가격을 '정가'보다 올리면 불공정하게 여겨지지만, 기존에 쭉 제공해오던 할인 혜택을 없애는 건 용인되는 편이다.

결론: 우리는 적당히 이기적이고 싶어 한다

이 연구에서 얻은 결론 중 하나는 공정성이라는 개념이 협상 결과를 결정하는 데 중요한 역할을 한다는 것이다. 하지만 탐욕 등 다른 요인이 행동에 미치는 영향을 배제할 만큼 사람들이 공정성에만 신경 쓰는 것은 아니다. 빈모어, 샤케드, 서턴 등(BSS팀)의 논문은 이 문제를 순전히 두 극단적인 인간형 간의 대립으로 제시했다. 즉 사람들을 만사에 공평한 나눔을 추구하는 '공정맨fairmen'이나 전형적인 경제주체처럼 이기적이고 합리적으로 행동하는 '게임맨gamesmen'으로 이원화했다. 하지만 우리는 극단적 관점으로는 사람들의 행동을 잘 설명할 수 없다고 생각한다. 그보다 사람들은 적은 돈보다 많은 돈을 선호하고, 공정하게 대우받기를 원하며, 자신도 다른 사람들을 공정하게 대하고 싶어 한다. 이 목표들이 모순되면, 사람들은 상충 관계에 맞닥뜨린다. 또 행동은 상황과 환경의 미묘한 차이에도 크게 좌우되는 것으로 보인다. 어떤 실험에서는 대부분의 배분자가 균등한 분배를 선택했고, 다른 실험에서는 대부분이 이기적인 배분을 선택했다. 따라서 미래의 연구자들은 각 행동 유형을 증가 또는 감소시키는 상황적 요인을 조사해야 할 것이다.

표준 게임이론은 왜 최후통첩 게임과 독재자 게임에서 관찰된 행동을 예측하지 못할까? 이 게임들은 워낙 단순해서 인간의 인지적 한계, 즉 제한된 합리성bounded rationality은 예측 실패의 요인으로 꼽기 어렵다. 그렇다면 참가자들이 완전히 이기적으로 소득을 극대화하는 사람들이라는 가정과 관련이 있을 것이다. 독재자 게임에서 적어도 일부 배분자는 수령자에게 양(+)의 보수를 제공하는 듯 행동한다. 그러나 최후통첩 게임에서 작은 몫을 제안받은 응답자는 이를 거절했는데, 이는 상대편의 보수에서 음(-)의 효용을 취한다는 의미다. 이처럼 참가자들은 상대방의 보수 자체에 신경 쓰기보다 그들의 선택이 어느 정도 공평하기를 바란다. 이는 최후통첩, 독재자, 그리고 다른 많은 협상 게임의 결과가 적어도 예의범절 및 문화적 공정성 규범과 다소 관련이 있음을 시사한다.

먼저 간단한 독재자 게임을 생각해보자. 실험 참가자들은 실험용 천국으로부터 만나manna(성경에서 하나님이 이스라엘 백성에게 내려주신 신비로운 음식 — 옮긴이)를 받고, 같은 실험실에 있는 낯선 상대방과 그 돈을 나눠 갖겠냐는 질문을 받는다. 많은 참가자들이 그러겠다고 한다. 하지만 제안자가 자신이 그 돈을 가질 자격이 있다고 생각하거나, 상대방과의 친밀감을 덜 느낄 때는 나누려는 돈의 액수가 줄어든다. 최후통첩 게임에서 응답자는 주로 제안자의 제안이 공정하다고 여겨지는지에 반응한다. 그리고 무례한 제안에는 자신이 손해를 보더라도 거절한다.

전통적으로 경제학자들은 연구에서(또 어떤 이들이 보기엔 그들의 행동에서도) 공정성과 예의를 무시해왔지만, 이는 매우 중요한 요소다. 카너먼, 네치, 탈러 팀이 연구했듯, 사람들이 인식하는 공정성은 상도덕 규범으로 작용할 수 있다.[13] 폭설이 내린 후 눈삽의 가격을 인상하는 것은 얍삽한 행위로 여겨진다. 따라서 장기적 안목으로 사업을 운영하는 기업은 대개 고객과 쌓아온 관계를 지키기 위해 단기적 이익을 포기하는 현명한 판단을 내린다. 예컨대 허리케인 같은 자연재해가 발생한 후, 대형 유통 체인점은 합판 등 긴급 필수품을 최대한 저렴하게 판매한다. 실제로 허리케인 앤드루가 플로리다 남부를 강타한 1992년, 이 지역

홈디포 매장들은 합판을 할인 판매했다. 매장을 오래 운영할 생각이라면 이러한 판매 전략은 이윤 극대화라는 목표와 완벽히 부합한다. 집주인들은 수년간 집을 고쳐야 하고, 홈디포는 사업을 오래 이어가기를 원하기 때문이다. 동시에 단기적 '기업가'라면 애틀랜타에서 트럭에 합판과 생수를 가득 싣고 마이애미로 가서 원하는 가격에 판매할 수도 있었을 것이다.

이 연구 분야가 남긴 긍정적 공적 중 하나는 공정성 문제를 게임이론에 직접 통합하려는 새로운 이론의 발전으로 이어졌다는 것이다. 예컨대 매슈 라빈의 논문은 사람들이 물질적 보수뿐 아니라 그것을 얻는 과정에서 자신이 어떤 대접을 받는지에도 관심을 둔다고 가정한다.[14] 순전히 인간의 이기심만 가정한 모형에서는 파이의 아주 작은 부분을 받아들여도 균형이 될 수 있지만, 라빈이 말하는 '공정성' 균형은 될 수 없다. 그의 모형은 사람들이 낮은 가치는 거부하고, 무례하거나 불공정한 상대를 응징하려는 의지를 상정한다. 또 중요한 점으로, 이 모형은 공정성과 판돈 규모 사이의 상충 관계를 예측한다. 가령 1달러의 10%는 거부하는 사람이라도 100만 달러의 10%는 거부하지 않을 것이다.

에른스트 페르Ernst Fehr와 클라우스 슈미트Klaus Schmidt는 이러한 접근 방식을 불공평 회피inequity aversion 모형으로 확장했다.[15] 이 모형에서 사람들은 자신의 보수뿐 아니라 자신과 다른 사람들 간 보수의 '차이'에도 신경 쓴다(인간 행동에서 '상대적' 차이의 중요성은 이 책에서 반복적으로 다룰 주제다). 사람들은 다른 사람보다 못한 처지를 싫어하며, (그보다는 훨씬 정도가 덜하지만) 다른 사람보다 너무 앞서는 것도 싫어한다. 50 대 50 같은 공정한 배분이 가장 적절하다. 페르와 슈미트는 이 모형이 최후통첩 게임에서의 행동뿐 아니라, 여러 제안자 또는 응답자가 입찰가와 매도가를 놓고 경쟁하는 최후통첩 게임 '시장'에서의 행동도 설명할 수 있음을 보여준다.

업데이트

이베이 협상 빅데이터가 증명한 50 대 50의 법칙

이상 현상에 대한 원논문이 발표되고 30년이 흐르는 동안 가장 큰 변화는 사람들이 편협한 자기 이익만이 아닌 그 이상을 중시한다는 생각이 더 이상 급진적으로 여겨지지 않는다는 것이다. 초창기 라빈의 논문과 페르, 슈미트의 논문은 현재 널리 인용되고 있으며 특히 페르, 슈미트 팀은 주지의 후속 논문도 여러 편 집필했다(아래 논의 참조). 공정성과 이타성은 경제학에서 널리 받아들여지게 되었다. 이 업데이트에서는 최근의 실증적 연구를 집중적으로 살펴본다.

먼저 지난 수십 년간 경제학의 중요한 추세를 보여주는 논문을 소개하겠다. 이 추세는 업데이트에서 자주 언급하겠지만, 요즘 들어 행동경제학자가 아닌 경제학자들도 행동경제학 분야의 관찰 데이터를 활용해 흥미로운 연구 결과를 도출하고, 이를 유명 학술지에 발표하기 시작했다는 것이다. 그중 매슈 배커스Matthew Backus 및 공저자들은 (일각에서 '빅데이터'라고 부르는) 대규모 데이터, 즉 무려 2,500만 개 이상의 상품 목록을 표본으로 이용해 이베이eBay의 베스트 오퍼Best Offer(판매자가 제안한 가격을 흥정할 수 있는 옵션 — 옮긴이)에서 이루어지는 순차적 협상 과정을 연구했다. 이 사이트가 최후통첩 게임과 같은 환경은 아니지만, 저자들은 여기서도 사람들이 표준 경제 논리보다 행동 규범을 중시하는 이상 현상(예: 50 대 50으로 나누기)이 작동하고 있음을 입증했다. 그들은 '이러한 관찰 결과를 통해 기존 이론으로 통합되거나 설명되지 않는 행동 규범이 협상의 성사에 중요한 역할을 한다는 것을 알 수 있다'라고 결론지었다.[16]

지금까지 논의된 실험 연구 데이터는 주로 서구인을 표본으로 했다. 그러나 조지프 헨릭Joseph Henrich, 스티븐 하이네Steven Heine, 아라 노렌자얀Ara Norenzayan이 논의해 잘 알려진 개념인 WEIRD(서구의Western, 교육 수준이 높은Educated, 산업화된Industrialized, 부유한Rich, 민주적인Democratic 사람들) 표본에만 전적으로 의존한 연구는 결과의 일반성에 의문을 제기하게 한다.[17] 0보다 큰 금액이지만 불공정한 제안을 거부하는 것은 모든 문화에서 나타날까? 이 질문에 답하기 위해 헤셀 오스테르베이크Hessel Oosterbeek, 란돌프 슬로프Randolph Sloof, 헤이스 판 더 카윌런Gijs van de Kuilen은 5개 대륙에 걸친 25개국에서 최후통첩 게임을 연구한 논문 37편의 데이터를 수집했다.[18] 앨빈 로스 등의 연구와 마찬가지로, 그들은 지역 간의 놀라운 유사점을 발견했다. 평균 제안율은 약 40%를 유지했으며, 어떤 지역의 제안율도 다른 지역의 제안율과 유의미한 차이를 보이지 않았다. 대신 흥미롭게도 거부율에서 차이가 발견되었다. 아시아 응답자는 미국 응답자보다 제안을 거부하는 확률이 더 높았고, 미국에서는 서부 거주민이 동부 거주민보다 거부하는 경향이 더 컸다.

이 장의 주요 결론은 사람들이 자신이 일부 금전적 손해를 기꺼이 무릅쓰고라도 불공정한 행동을 응징하려 한다는 것이다. 이 같은 성향은 이전 장에서 논의한 공공재 게임의 무임승차자에게도 적용된다. 에른스트 페르와 사이먼 게히터Simon Gächter의 중요한 논문에서도 사람들의 응징 심리를 거론하며, 이 심리가 공공재에 대한 기여가 계속 유지되는 데 중요한 역할을 한다고 지적한다.[19] 페르와 게히터의 실험에서 참가자 24명은 4명씩 그룹으로 나뉘어 20회짜리 게임을 했다. 앞서 설명했듯, 표준 경제 이론에 따르면 금전적으로 기여할 이유가 없으므로 다른 구성원들에게 기대 무임승차해야 했다. 그런데도 대체로 실제 기여도는 0보다 상당히 높은 수준에서 시작했다가 게임이 반복될수록 감소하는 경향을 보였다.

페르와 게히터는 중요하고 획기적인 점, 바로 응징의 기회를 도입했다. 참가자들은 회차의 절반(초반 10회 또는 후반 10회) 동안 자신에게 돌아올 보수를 희생해서라도 상대방의 보수를 줄일 기회를 가졌다. 매회가 끝나면 그룹 내 (익명의) 개별 기여도(및 비기여도)를 알게 된 모든 참가자는 스스로 약간의 비용을 부담해서라도 다른 참가자의 보수를 줄이려 했다. 또 논문 저자들은 매회 전체 참가자 중 무작위로 그룹을 다시 추출하는 방식과 실험하는 동안 모든 그룹을 동일한 구성원으로 유지하는 방식을 섞었다.

응징할 기회는 기여율에 어떤 영향을 미칠까? 합리적 이기심을 가정한 표준 모형에서라면 어떤 행동에도 영향을 미치지 않아야 할 것이다. 그 이유는 보수를 극대화하려는 참가자는 실험의 마지막 회에서 절대 응징하지 않으리라는 점을 생각하면 이해가 갈 것이다. 어차피 자신의 응징이 영향을 미칠 다음 게임이 없기 때문이다. 동시에 마지막 회에서는 표준적인 논리상 아무도 기여해서는 안 된다. 하지만 거꾸로 생각해보면, 이기적이고 합리적인 참가자라면 마지막 회에서 무임승차를 계획해놓았으므로 마지막에서 두 번째 회차에서의 응징도 마찬가지로 무의미하다. 이런 식으로 계속 추론을 해나갈 수 있다.

최후통첩 게임의 연구 결과와 마찬가지로, 페르와 게히터는 참가자들이 불공정한 행동을 응징할 기회가 있으면 자신에게 손해가 되더라도 그렇게 한다는 사실을 발견했다. 특히 응징이 없는 회에서는 기존 실험의 결과처럼 시간이 지날수록 기여율이 감소한 반면, 응징이 허용된 회에서는 회가 거듭될수록 기여율이 '증가'했다는 점이 눈에 띄었다. 실제로 게임 전체를 같은 참가자들과 함께 치렀을 때, 마지막 회에서는 협조율이 거의 완벽에 가까운 것으로 나타났다.

그룹이 응징할 수 있을 때 보수도 더 높았을까? 1회에서는 강한 응징으로 보수가 줄었지만, 이후 후반부로 갈수록 협조가 늘고 응징이 줄면서 참가자들의 최종 보수는 응징이 없을 때보다 10~20% 정도 증가했다. 이를 통해 공정성 규범과 (비록 비용이 들더라도) 응징에 기꺼이 가담하려는 의지가 협조를 이끄는 데 중요한 역할을 한다는 것을 알 수 있다.

이는 우리 모두에게 교훈이 된다. 무임승차를 좋아하는 사람은 없으며, 누구나 공정한 대우를 받길 원한다. 이러한 사회적 규범을 위반하는 사람은 시장 안팎에서 응징될 수 있다. 친절한 사람이 되도록 노력하자. 스스로도 뿌듯할 뿐 아니라 자신과 타인의 금전적 보상도 늘릴 수 있다. 한마디로 누이 좋고 매부 좋은 것 아니겠는가!

핵심 정리

경제학자들에게: 소비자는 공정한 대우를 기대하며, 공정성 규범을 위반하는 사람을 응징하기 위해 어느 정도의 비용도 감수한다.

독자들에게: 공정한 사람이 되어라. 그럴 자신이 없다면 공정한 척이라도 하라.

4장

초기 부존 효과, 손실 회피, 현상 유지 편향

The Endowment Effect, Loss Aversion, and Status Quo Bias

관성이 만든 비합리적 이상 현상들

(대니얼 카너먼, 잭 네치와 함께)

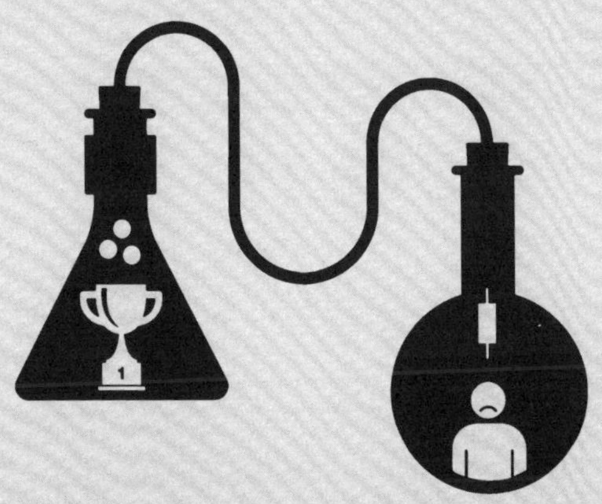

• 이 장은 Kahneman, Knetsch, and Thaler(1991)를 토대로 썼다.

탈러의 대학원 시절 지도 교수 한 분이 수년 전 꽤 좋은 보르도 와인 몇 병을 저렴하게 구입한 적이 있었다. 구입 당시 25달러도 안 하던 그 와인은 이후 가치가 크게 상승해 경매에서 200달러에 팔릴 정도가 되었다. 그러나 이 경제학자는 가끔 이 와인을 꺼내 마실 뿐, 경매 가격에 팔거나 추가로 살 생각을 하지 않는다.

와인 애호가인 이 경제학자의 행동 양상, 즉 어떤 물건을 얻기 위해 기꺼이 지불하려는 가격보다 그것을 포기하기 위해 요구하는 가격이 훨씬 더 큰 경우를 초기 부존 효과endowment effect라고 한다.[1] 이 효과가 이상 현상으로 분류되는 이유는 와인 애호가인 이 경제학자가 와인을 가지고 있지 않을 때보다 갖고 있을 때 그 와인을 더 가치 있게 여기는 듯 행동하기 때문이다. 그가 200달러에 와인 한 병을 더 살 마음은 없으면서 갖고 있는 와인을 팔지 않고 마시고 싶어 하는 건 무슨 심리일까? 그리고 그 와인을 100달러 주고 살 마음이 없는 건 또 왜일까? 경제 이론에서는 소위 소득효과가 작용할 만큼 고액이 아닌 이상, 소비자가 어떤 물건을 사기 위해 기꺼이 지불하려는 최대 금액willing to pay, WTP은 그것을 팔기 위해 기꺼이 받아들일 최소 금액willing to accept, WTA과 거의 같아야 한다. 이러한 두 가치 간의 비대칭 이상 현상은 대니얼 카너먼과 아모스 트버스키가 말한 손실 회피loss aversion와 일치한다.[2] 손실 회피는 어떤 대상을 포기할 때 발생하는 비효용이 그것을 획득할 때 얻어지는 효용보다 더 크다는, 가치의 비대칭성이다.•

이 예에서 손실 회피 성향이 드러난 결과 중 하나는 위에서 등장한 와인 애호가가 시장 거래를 하지 않는다는 것이다. 즉, 그 교수는 와인을 사려고도 팔려고도 않았다. 이처럼 자신이 가진 것을 고수하려는 경향은 윌리엄 새뮤얼슨과 리처드 제크하우저Richard Zeckhauser가 더 일반적인 현상으로 일컫은 현상 유지 편향status quo bias에 해당한다.[3] 현상 유지 편향은 손실 회피 때문만이 아니라, 주의 부족이나 미루는 습관, 혹은 지금까지 그렇게 해왔다는 이유만으로 어떤 일을 할 때 꼭 그 방식대로 해야 한다는 잘못된 믿음으로부터 발생할 수 있다. 가령 넥타이는 한때 냅킨으로 사용되었다. 이제 입을 닦는 것은 더 이상 넥타이의 존

• 이 책 전체에서 효용과 비효용이라는 개념이 언급될 것이다. 이 용어들은 철학자 제러미 벤담Jeremy Bentham이 다양한 결과에 대한 사람들의 만족도 차이를 비교하기 위해 처음 도입했다. 예컨대 특정 효용 함수가 주어졌을 때, 같은 100달러의 세금 공제도 재산이 100만 달러인 사람보다 1,000달러인 사람에게 더 기분 좋게 다가온다(이를 부의 한계효용체감diminishing marginal utility of wealth이라고 하며, 이후 장에서 다시 다루겠다). 이런 식으로 손실 회피는 어떤 것의 손실(예: 5달러 손실)에 따른 비효용이 그것의 이득(예: 5달러 획득)에 따른 효용보다 크다는 것을 의미한다.

재 이유가 아니게 되었지만, 남성들은 여전히 목에 두르고 다닌다.

이 장에서는 초기 부존 효과와 현상 유지 편향을 뒷받침하는 증거를 제시하고, 이 책에서 자주 언급되는 개념이기도 한 손실 회피(이득으로부터 얻는 즐거움보다 같은 크기의 손실을 더 아프게 생각하는 것)와의 관련성을 논의하겠다.

초기 부존 효과: 소유하는 순간 가치가 변하는 마법

초기 부존 효과는 일찍이 잭 네치와 존 A. 신든John A. Sinden이 실험으로 입증했다.[4] 이 연구의 피험자들은 복권이나 2달러 중 하나를 받았다. 얼마 후 각 참가자에게 복권과 돈을 서로 맞바꿀 기회가 주어졌다. 하지만 바꾸려는 피험자는 거의 없었다. (경제학자의 눈에는) 이상하게도 무작위로 복권을 받은 사람들은 돈을 받은 사람들보다 복권을 더 좋아하는 듯했다.

이 실험을 비롯해 다른 비슷한 실험들도 인상적이기는 했지만 쟁점이 해소되지 않았다.[5] 일부 경제학자들은 피험자들이 충분한 학습 기회가 있는 시장 환경에 노출되면 이러한 행동이 사라질 것으로 생각했다(이 발상도 일종의 혼돈에 빠진 피험자 가설이다). 예컨대 피터 네즈Peter Knez, 버넌 스미스, 알링턴 윌리엄스Arlington Williams는 매매가격 간의 불일치가 발생한 원인이 참가자들이 다른 상황에서 종종 도움이 되는 전략을 사용했기 때문이라고 주장했다.[6] 그 전략은 대상물의 WTP를 낮게 부르고 그것을 내주기 위한 WTA를 부풀리는 것이다. 예컨대 누군가가 당신의 집을 얼마면 팔 생각이 있는지 묻는다면, 당신은 당연히 처음에 높은 액수부터 부르고 볼 것이다. 또 다른 연구에서는 WTP와 WTA 간의 불일치가 시장 환경에 노출되는 경험과 함께 줄어든다고 보고했다[7](비록 이 불일치가 해소되지는 않겠지만 말이다. 이 장의 뒷부분에서 시장 거래의 경험과 초기 부존 효과의 관계에 대해 다시 살펴보겠다).[8]

이러한 혼돈 가능성을 해소하고자 카너먼, 네치, 탈러는 피험자가 (실험상) 시장의 규율을 경험하고 학습할 기회가 있을 때도 초기 부존 효과가 나타나는지 확인하는 일련의 새로운 실험을 실시했다.[9] 여기서는 그중 두 가지만 소개하겠지만, 그 외에 그들이 변형한 몇 가지 다른 실험에서도 비슷한 결과가 나왔다.

첫 번째 실험에서는 코넬대학교의 경제학부 고학년 학생들을 일련의 시장 활동에 참여시켰다. 첫 세 차례의 시장에서 거래된 물건은 '유도 가치 토큰induced value tokens'이었다. 이 시장에서 참가자들은 토큰의 가치와 그 가치가 사람마다 다르다는 설명을 들었다.• 참가자의 절반은 토큰의 소유자 역할을 맡았고, 나머지 절반은 그렇지 않았다.

피험자들은 세 차례의 연속된 시장 거래에서 구매자와 판매자 역할을 번갈아 수행했고, 토큰을 현금화하면서 받게 되는 금액은 각자에게 매번 다르게 설정되었다. 각 거래에서 참가자는 일련의 간단한 질문을 받았다.

• 실험 경제학의 초창기에는 유도 가치 토큰이 널리 사용되었는데, 특히 이 분야의 창시자 중 한 명인 버넌 스미스(Smith, 1976)에 의해 강력히 권장되었다. 참고로 여기서 설명한 그의 실험들은 거래자에게 어떤 물건의 가치를 미리 정해주는 시장 환경과 거래자가 자신의 선호에 따라 스스로 지불액을 결정하는 보통의 시장 환경 간에는 중요한 차이가 있다는 것을 보여주려는 부차적 목적도 있었다.

토큰을 9.75달러에 팔[살] 수 있다면 그렇게 하겠는가?

예 ___ 아니요 ___

토큰을 9.25달러에 팔[살] 수 있다면 그렇게 하겠는가?

예 ___ 아니요 ___

. . .

토큰을 0.25달러에 팔[살] 수 있다면 그렇게 하겠는가?

예 ___ 아니요 ___

구매자가 토큰을 구매할 의향이 있는 최고 가격은 그의 최대 지불 의사 가격(WTP)이고, 판매자가 판매할 의향이 있는 최저 가격은 그의 최소 수용 의사 가격(WTA)이다.

실험자들은 각 시장 거래가 끝난 후 모든 참가자에게서 용지를 거두고, 시장 청산 가격과 균형 거래량을 곧바로 계산해 발표했다.• 각 유도 가치 토큰 거래가 끝나면 구매자 3명과 판매자 3명을 무작위로 뽑아, 각자의 용지에 적힌 토큰의 가치와 해당 유도 시장의 청산 가격에 따라 차액을 정산했다.

이 시장들은 이상 현상을 전혀 만들어내지 않았다. 각 시행에서 시장 청산 가격은 유도 가치에 근거해서 도출한 공급곡선과 수요곡선의 교차점과 정확히 일치했고, 균형 거래량도 예측된 거래량과 토큰 한 단

• 계산 방법은 다음과 같다. 한 실험자는 판매자들의 용지를 걷어, WTA를 최저가부터 최고가 순으로 정렬한다. 이를 '호가asking price'라고 한다. 다른 실험자는 구매자의 WTP를 최고가부터 최저가순으로 정렬한다. 이를 '입찰가bid'라고 한다. 이제 최고 입찰가와 최저 호가를 비교한다. 입찰가가 호가보다 높으면 거래가 성사된다. 그다음 남은 용지를 가지고 최고 입찰가가 최저 호가보다 낮아질 때까지 이 과정을 계속한다. 나머지 '상품'은 거래되지 않는다.

위 이내의 오차 범위 내에 있었다. 이 결과로 피험자들이 과제를 잘 이해했으며(혼돈에 빠지지 않음), 실험에 사용한 시장 메커니즘의 거래 비용도 별로 없었음(거래 비용이 최소화됨)을 알 수 있다.

세 번의 실험을 시행한 직후, 교대로 앉은 참가자들에게 코넬대학교 휘장이 새겨진 머그잔을 제공했다. 머그잔은 당시 교내 서점에서 6달러에 판매되는 제품이었다. 실험자는 모든 참가자에게 자신의 머그잔이나 옆 친구의 머그잔을 살펴보라고 했다. 그다음 참가자들에게 두 가지 예외를 제외하고 이전의 유도 가치 시장과 똑같은 절차로 머그잔을 사고파는 시장이 네 차례 열릴 것이라고 알렸다. 두 가지 예외란 첫째, 네 차례의 시장 중 하나만 무작위로 선택해 실제로 거래를 체결한다. 둘째, 실제 거래가 이루어지게 될 시장은 구속력이 있어서, 유도 가치 시장에서 일부만 선정해 실제 거래를 성사시켰던 것과 달리 '모든' 참가자가 실제로 거래한다.

처음 배정된 판매자와 구매자 역할은 시장 거래를 4회 거치는 내내 바뀌지 않았다. 그리고 매회가 끝나면 시장 청산 가격과 거래량이 발표되었다. 4회의 시장 거래가 모두 끝난 후에는 무작위 추첨으로 넷 중 어느 시장이 '유효'한지 결정하고 해당 시장에서의 거래를 즉시 성사시켰다. 시장 청산 가격에 머그잔을 포기할 의향이 있는 판매자는 해당하는 가격의 현금을 받고 자기 잔을 팔았으며, 낙찰된 구매자는 그 가격을 지불하고 머그잔을 샀다.• 이처럼 실험은 연속된 시장 거래로 피험

• 학생들은 수업 시간에 돈을 가져오라는 지시를 받았기 때문에, 모든 구매자는 거래 시 현금을 지불했고 판매자도 실제로 돈을 받았다. 돈 가져오는 것을 깜빡한 학생에게는 다른 학생에게서 빌리라고 했다. 이 규칙에 반대하는 학생은 없었고, 물론 실험 참여도 자발적이었다.

자들의 학습을 유도하게끔 설계되었고, 네 시장 거래 중 무엇이든 '실제' 거래로 이어질 수 있는 후보군이 되었다. 그다음 3.98달러의 가격표가 붙은 상자에 담긴 볼펜을 가지고 같은 절차로 4회 연속 시장 거래를 수행했다. 볼펜은 머그잔을 받지 않은 피험자에게 주었다. 이렇게 해서 각 피험자는 구매자와 판매자 역할을 둘 다 경험해볼 수 있었다.

경제 이론상으로 예측하자면 머그잔과 볼펜 시장에서 어떤 일이 일어나야 할까? 머그잔이나 볼펜을 얻는다고 해서 피험자의 실질적 부가 증가한 것도 아니고(즉 소득효과가 미미함) 거래 비용도 거의 없었다(유도가치 실험에서 확인되었듯). 그러므로 시장이 청산되면, 해당 물건을 가장 가치 있게 여기는 사람들이 그 물건을 소유하게 될 것이라는 명확한 예측이 가능하다. 그 이유를 살펴보기 위해 피험자 중 머그잔을 좋아하는 상위 절반을 '머그잔 애호자'로, 머그잔을 좋아하지 않는 하위 절반을 '머그잔 기피자'로 불러보자. 머그잔은 무작위로 할당되었기 때문에 평균적으로 머그잔 애호자의 절반은 머그잔을 받고 나머지 절반은 받지 못하게 된다. 따라서 머그잔을 받은 머그잔 기피자는 머그잔 애호자에게 잔을 팔게 될 것이고, 따라서 시장에 있는 머그잔의 약 절반이 거래되어야 한다.

이 예측은 선구적인 법경제학자 로널드 코스Ronald Coase가 고안한 이른바 코스의 정리Coase theorem에 기반한다.[10] 코스는 공장이 이웃에 매연을 배출하는 경우처럼 외부 효과와 관련된 사례에 관심이 있었다. 문제의 재산권이 공장과 이웃 중 누구에게 있는지 가려내기 위한 소송이 일어났다고 가정해보자. 증명 같은 과정이 없었는데도 소위 '정리'라 불리는 그의 이론은 거래 비용이 없다면, 법원이 어떻게 판결하든 간에 공장이 연기를 배출하고 얻는 가치와 이웃이 입는 피해의 크기를 비교해야 한다고 주장한다.* 이웃이 소송에서 이기더라도 공장이 계속 매연을 배출해서 얻는 가치가 이웃의 피해보다 클 경우, 공장은 계속 생산하기 위해 이웃과 협상하려 할 것이다. 결론적으로 코스의 정리가 맞다면, 자원 배분은 재산권이 어느 쪽에 있느냐로 결정되지 않는다. 실험에서 시행한 유도 가치 시장도 코스의 정리와 마찬가지로 거래 비용이 없다는 가정이 유효하다. 따라서 코스의 정리가 맞다면, 처음에 머그잔을 누구에게 배정했는지는 마지막에 누가 머그잔을 갖게 되는지에 아무런 영향을 미치지 않아야 한다.

하지만 이 예측은 완전히 엇나갔다. 거래량은 예측 대비 50%에 불과했다. 22개의 머그잔과 볼펜을 배포했으므로 예측대로라면 거래 수는 11건이 되어야 한다. 그러나 네 차례의 머그잔 시장에서는 각각 4개, 1개, 2개, 2개가 거래되었고, 네 차례의 볼펜 시장에서는 각 회에 4~5개만 거래되었다. 두 시장 모두 4회에 걸쳐 거래가 이루어지는 동안 뚜렷한 방향성은 없었다.

구매자와 판매자의 유보 가격을 살펴보면 거래 건수가 적었던 이유를 쉽게 알 수 있다. 머그잔의 경우 소유자가 잔을 팔기 위해 요구한 최소 가격의 중간값은 5.25달러였던 반면, 구매자가 지불할 의향이 있는 최대 가격의 중간값은 2.25~2.75달러였다. 이로부터 유도된 시장가격은 4.25~4.75달러 선이었다. 이처럼 판매자가 팔고자 하는 최소 가격

* 이 '정리'를 공식적으로 증명한 기록이 없는 한 가지 이유는 경제학자들이 이 정리가 당연히 맞다고 생각했기 때문이다. 그래서 일부 경제학자들은 이를 코스의 동어반복Coase tautology이라고 부를 정도였다. 덧붙이자면, 코스 본인도 거래 비용이 너무 크기 때문에 이 정리가 현실 세계에는 적용될 수 없다고 생각했다.

과 구매자가 지불하고자 하는 최대 가격 간의 격차를 WTA-WTP 격차WTA-WTP gap라고 한다. 볼펜 시장에서도 구매자와 판매자 간 WTA-WTP 격차가 2 대 1로 비슷하게 나타났다. 이후 재현된 실험에서도 낮은 거래량과 WTA-WTP 격차가 모두 견고하고 지속적으로 드러났다.

거래량이 저조한 이유가 구매를 꺼리는 심리 때문인지, 아니면 판매를 꺼리는 심리 때문인지 조사하기 위해 또 다른 실험을 이어갔다. 이 실험의 참가자들은 세 가지 역할에 무작위로 배정되었다. 첫 번째 그룹은 판매자 그룹으로 이들에게는 학교 휘장이 찍힌 머그잔을 주고 이전 실험에 쓴 것과 동일한 양식의 표를 통해 최소 WTA를 제시하도록 했다. 두 번째 그룹은 구매자 그룹인데 이들에게는 같은 방식으로 최대 WTP를 제시하도록 했다. 세 번째 그룹은 선택자 그룹이다. 이들에게는 머그잔은 주지 않고, 일련의 가격을 제시한 표를 준 다음 각 가격대에서 머그잔을 받을지 아니면 그만큼의 돈을 받을지 선택하도록 했다.

객관적으로 보면 판매자와 선택자는 같은 상황에 처해 있다. 즉 각 가격대에서 머그잔과 해당 금액 중 하나를 선택한다. 그런데도 선택자는 판매자보다는 구매자처럼 행동했다. 유보 가격의 중앙값은 판매자 7.12달러, 선택자 3.12달러, 구매자 2.87달러였다. 이는 거래량이 적은 이유가 구매자가 돈을 지출하지 않으려 해서라기보다, 판매자가 자신의 초기 부존을 내주고 싶지 않아서라는 것을 시사한다. 또한 판매자와 선택자가 경제적으로 같은 처지에 있다는 것을 감안하면, 이 실험은 첫 번째 실험에서 결과를 설명하는 요인으로서 미미하게나마 존재하던 소득효과를 제거했다.

이러한 '즉각적인 초기 부존 효과'는 왜 발생할까? 선물을 받은 피험자는 선물을 받지 못한 다른 피험자보다 실제로 그 선물에 더 높은 가치를 부여할까? 카너먼과 로웬스타인이 이 문제를 파고들었다.[11] 한 학급의 학생 절반에게 볼펜을 주고, 나머지 학생들에게는 지정되지 않은 선물과 교환할 수 있는 토큰을 주었다. 그다음 이어지는 실험에서 모든 학생들에게 상품으로 사용할 여섯 가지 선물에 각자의 선호에 따라 순위를 매기도록 요청했다. 마지막으로 모든 피험자에게 펜 1자루와 초코 바 2개 중 하나를 선택할 기회를 주었다. 역시 이전 실험과 마찬가지로 초기 부존 효과가 현저하게 나타났다. 첫 실험에서 펜을 지급받은 피험자는 56%가 펜을 선호했지만, 토큰을 받은 피험자는 24%만이 펜을 선택했다. 그러나 선호를 평가한 결과를 보면, 펜을 받았던 피험자들이 펜을 특별히 선호하는 건 아니었다. 따라서 초기 부존이 심리에 미치는 주된 효과는 재화를 소유하게 되면서 그 재화를 더 좋아하는 게 아니라, 그것을 내주기 아까운 마음이 커지는 것이라고 볼 수 있다. 즉 WTA-WTP 격차는 손에 넣은 물건을 잃게 되는 데 드는 거부감, 즉 손실 회피 성향에 의해 발생하는 것으로 보인다.

이 실험들의 결과는 초기 부존 효과의 강력한 증거가 된다. 그러나 한편으로는 의문도 제기된다. 판매자는 자신의 재화를 '항상' 잠재 구매자보다 더 가치 있게 평가할까? 카너먼, 네치, 탈러는 그렇지 않다고 주장한다. 구체적으로 말하자면, 판매 목적으로 재화를 보유하는 사람들은 앞으로 있을 거래가 그들의 기준점에 포함되어 있기 때문에 초기 부존 효과가 나타나지 않으리라는 것이다.[12] 가령 신발 가게 주인은 고객이 신발을 구매할 때 손실 회피를 경험하지 않을 것이며, 당연히 그래야만 사업을 오래 유지할 수 있다. 이 부분은 업데이트에서 더 자세히 논의하겠다.

현상 유지 편향: 바꾸지 마라, 지금 이대로가 좋다

물리학에서 물체가 정지 혹은 등속운동(속도가 일정한 운동 — 옮긴이) 상태일 때 외부에서 가해지는 힘이 없으면 그 상태를 유지하는 것을 관성이라고 한다. 돌이 땅에서는 가만히 놓여 있고 우주에서는 떠다니듯, 사람도 관성을 보인다. 머그잔 실험에서 처음에 머그잔을 받은 참가자들은 잔을 계속 가지려는 경향이 있었지만, 머그잔을 받지 않은 참가자들은 잔을 굳이 사고 싶어 하지 않았다. 이러한 행동의 관성을 현상 유지 편향으로 명명한 새뮤얼슨과 제크하우저는 다양한 분야에서 이를 연구해왔다.

한 실험에서는 일부 피험자에게 다음과 같은 가상의 선택지가 현상 유지가 정의되지 않은 채 중립적 버전으로 주어졌다.

> 당신은 금융 기사를 열심히 읽지만 얼마 전까지 투자할 돈은 거의 없었다. 그러다 종조부(할아버지의 남자 형제 — 옮긴이)에게서 거액을 상속받았다.[13] 그래서 이제 다양한 포트폴리오를 고려 중이다. 당신이 선택할 수 있는 투자 대상은 다음과 같다.
>
> A. 중위험 기업 A
>
> B. 고위험 기업 B
>
> C. 국채
>
> D. 지방채

다른 피험자들에게도 같은 지문을 제시했지만, 선택지 중 하나가 현재 상태로 지정되었다. 즉 첫 문장은 같았지만 뒤에 다음과 같은 문장이 이어졌다.

> … 그러다 종조부에게서 현금과 증권으로 된 유산을 상속받았다. 이 포트폴리오의 상당 부분은 중위험 기업 주식/고위험 기업 주식/국채/지방채에 투자되어 있다(종목 교체에 따른 세금 및 중개 수수료는 무시할 만한 수준이다).[14]

새뮤얼슨과 제크하우저의 연구 결과, 학생들은 무엇이든 '현재 상태'로 미리 지정된 투자처를 월등히 선호했다. 기본 설계를 같게 하고 다른 여러 시나리오로도 실험이 이루어졌으나 역시 결과는 비슷했다. 또 지문에 제시된 대안의 수가 많을수록 현상 유지에 대한 선호가 커지는 것으로 나타났다. 이러한 결과는 투자처럼 중요한 결정에서, 더군다나 거래 비용이 없을 때 현상 유지에 따라 선호가 결정되어서는 안 된다는 표준적 경제 이론의 예측과 완전히 어긋난다.

하지만 여기서의 이른바 현상 유지 편향은 가설적 상황이어서 나타난 것일 수도 있고, 피험자들이 주어진 옵션에 워낙 무관심하거나 무지해서 '종조부'의 선택을 그대로 따랐기 때문일 수도 있다. 그래서 레이먼드 하트먼Raymond Hartman, 마이클 돈Michael Doane, 치컹 우Chi-Keung Woo는 현실 세계에서의 현상 유지 편향을 테스트하기 위해 캘리포니아주 전력 소비자를 대상으로 서비스 안정성과 요금에 대한 선호를 묻는 설문 조사를 실시했다.[15] 응답자에게는 자신들의 답변이 향후 회사의 방침을 결정하는 데 도움을 줄 것이라고 했다. 응답자는 두 그룹으로 나뉘었는데, 한 그룹은 다른 그룹보다 훨씬 안정적인 서비스를 제공받고 있었다. 각 그룹은 각기 다른 서비스 안정성과 요금 수준으로 조합된 여섯 가지 요금제 중 하나를 선택해야 했는데, 그중 각 응답자가 이용 중인 요금제가 현재 상태로 지정되었다. 결과는 현저한 현상 유지 편향을 보여주었다. 서비스 안정성이 높은 요금제에 가입한 그룹에서 60.2%는 현재 상태(즉 무작위로 지정된 요금제)를 1순위로 선택했고, 현재 다른 그룹이 이용 중인 안정성이 낮고 가격이 30% 저렴한 요금제로 바꾸길 원한 사람은 5.7%에 불과했다. 반면 서비스 안정성이 낮은 요금제를 이용하는 그룹은 58.3%가 미리 지정된 현재 상태를 1순위로 꼽았다. 그리고 5.8%만이 요금이 30% 비싼 안정성 높은 요금제로 바꾸기를 선택했다.[16]

뉴저지주와 펜실베이니아주에서도 현상 유지 편향에 대한 대규모 실험이 (우연히) 실시되었다. 양쪽 모두 주민들에게 두 가지 유형의 자동차보험 중 하나를 선택할 수 있도록 했다. 하나는 소송권이 없는 저렴한 보험이고, 다른 하나는 소송권이 있으면서 보험료가 더 비싼 보험이었다. 뉴저지주의 자동차보험은 소송권 없는 저렴한 보험이 기본 옵션이고, 소송권은 추가 보험료 납입으로 포함할 수 있는 선택 사항이었다. 이 추가 옵션이 생긴 지 2년이 지나도 운전자의 83%는 기본 옵션을 선택했다. 그러나 1990년 펜실베이니아주에서는 소송권이 포함된 비싼 보험이 법적으로 기본 옵션이었고, 더 저렴한 보험은 선택 사항이었다. 이 논문을 처음 작성할 당시에는 펜실베이니아주의 결과가 나오지 않았지만, 에릭 존슨 연구진은 이러한 입법의 잠재적 프레이밍 효과를 실험했다.[17] 그들은 두 집단에 서로 다른 보험 상품 중 하나를 선택하게 했다. 한 집단에는 소송권 없이 저렴한 뉴저지주 보험 상품을, 다른 집단에는 소송권이 포함되고 비싼 펜실베이니아주 보험 상품을 각각 기본 옵션으로 제시했다. 그 결과 뉴저지주 보험 상품을 제시받은 피험자 중 23%만이 추가 비용을 내고 소송권을 포함하기로 한 반면, 펜실베이니아주 보험 상품을 제시받은 피험자는 53%가 소송권이 포함된 현 옵션을 유지했다. 이 연구를 바탕으로 연구 팀은 뉴저지주 주민보다 펜실베이니아주 주민이 소송권이 포함된 보험 상품을 더 많이 선택할 것으로 예측했다.

이 예측이 맞았을까? 업데이트까지 두근두근 기다릴 필요 없다. 답은 '예'다! 첫 실험이 (우연히) 시작된 지 33년이 지났지만, 펜실베이니아주 주민의 50% 이상이 소송권이 포함된 비싼 보험 상품을 선택한 반면, 비싼 보험 상품을 선택한 뉴저지주 주민은 10%에 불과하다.

손실 회피: 이익보다 상실에 민감한 인간의 본능

지금까지 손실 회피는 와인을 좋아하지만 더 이상 와인을 사지도 팔지도 않는 탈러의 지도 교수처럼 이례적인 행동을 낳는다는 점을 살펴보았다. 하지만 손실 회피는 대학 진학, 주택 구매, 거주지 선택같이 더 복잡한 결정에도 영향을 미칠 수 있다. 손실 회피는 일반적으로 두 가지 선택을 비교할 때 장점의 차이보다 단점의 차이가 더 큰 영향을 미친다는 것을 의미한다. 현상 유지 편향은 이러한 비대칭성에 따른 자연스러운 결과다. 즉 현재 상태에서 벗어나는 장점보다 단점이 더 크게 느껴진다.

그러나 이러한 장단점 간의 가중치 차이는 고수할 현재 상태가 없는 경우에도 나타날 수 있다. 예컨대 카너먼과 트버스키가 고안한 다음 질문을 고려해보자.

> 여러분이 직업훈련의 일환으로 시간제 인턴으로 일하고 있다고 상상해보라. 훈련이 곧 끝나가니 슬슬 일자리를 구해야 한다. 선택할 수 있는 일자리는 두 가지다. 사교의 기회와 출퇴근의 편리성을 제외하면, 이 두 일자리의 근무 조건은 대체로 인턴직 때와 비슷하다. 두 가지 일자리를 서로 비교하고 현재 일자리와도 비교하기 위해 다음의 표(4-1)를 작성했다.[18]

표 4-1

직업	사교 기회	통근 시간
현 직장	장시간 고립	10분
직장 A	타인과 접촉이 거의 없음	20분
직장 D	적당한 정도의 교류	60분

출처: Tversky and Kahneman(1991)에서의 내용을 가져옴

옵션 A와 D는 통근 시간 측면에서는 편리하지만 사교 기회 면에서는 불리한 현 직장을 기준점으로 평가된다. 다른 버전에서는 A와 D 옵션은 같게 두되, 기준점을 '즐거운 사교 기회가 있지만 매일 80분 통근해야 하는 직장'으로 변형했다. 첫 번째 버전에서는 A 직장을 선택한

피험자의 비율이 70%였던 반면, 두 번째 버전에서는 33%였다. 이처럼 피험자들은 기준점 대비 자신이 얼마나 손해를 보는지에 더 민감하게 반응한다. '기준 직장'이 단지 일시적 직장일 뿐이고 더 이상 선택 사항이 아닌데도 다음 직장을 선택할 때 큰 영향을 미친다는 점은 주목할 만하다.

대니얼 카너먼은 이러한 원칙들을 브리티시컬럼비아대학교에 재직하던 시절 자신의 개인적 의사 결정에 적용했다. 그와 아내는 근처 눈 덮인 산이 바라보이는 멋진 전망을 가진 밴쿠버 집을 떠나 이사를 고려하면서, 또 다른 명문 대학들을 제쳐두고 캘리포니아대학교 버클리 캠퍼스로 이직을 결심했다. 그 이유 중 하나는 멋진 경치를 자랑하는 언덕 위의 집을 구할 수 있었기 때문이다. 밴쿠버의 경치에 비할 정도는 아니었지만, 얻을 수 있는 집이라곤 모두 주변이 평지로 둘러싸인 다른 대학들보다는 훨씬 좋았다.

강화된 손실 회피

때로는 구매가와 판매가 사이의 비대칭성이 워낙 커서 보통의 손실 회피로는 설명하기 어려운 경우도 있다. 예컨대 탈러는 피험자들이 치명적인 희귀병에 걸려 2주 내에 고통 없이 사망할 확률이 0.001인 상황을 가정하고 실험을 진행했다.[19] 그리고 피험자들에게 완치되도록 해주는 치료제를 당장 구매할 수 있다면 얼마까지 지불할 의향이 있는지 결정하게 했다. 또 같은 피험자들에게 고통 없이 즉사할 확률이 0.001인 임상 실험에(치료받을 가능성은 없음) 참여하는 데 얼마의 보상을 요구할지도 물었다. 대부분 피험자에게 두 상황에서의 제시 가격은 자릿수가 바뀔 만큼 차이가 났고, 후자의 시나리오에서는 많은 응답자가 돈을 '아무리 많이 줘도' 거절하겠다고 주장했다.

W. 킵 비스쿠시W. Kip Viscusi, 웨슬리 매깃Wesley Magat, 조엘 후버Joel Huber의 연구에서는 더 현실적인 환경에서 유사한 효과가 보고되었다.[20] 그들은 쇼핑몰과 철물점에서 응답자를 모집해 가짜 살충제 캔을 보여주고 사용법을 살펴보게 했으며, 살충제 가격은 10달러라고 했다. 그리고 살충제를 오용할 경우 기관지나 피부에 심각한 부작용을 일으킬 수 있다는 주의 사항을 알렸다(어린 자녀를 둔 부모에서는 피부염 대신 아동에게 유해하다는 문구로 대체되었다). 현재까지는 판매된 1만 캔당 15건의 부작용 피해가 나타난 정도라고 알려주었다. 연구 팀은 응답자에게 위험을 제거하거나 줄이기 위한 WTP가 얼마냐고(즉 얼마까지 추가로 지불할 용의가 있냐고) 물었다. 자녀가 없는 응답자들이 두 위험을 모두 제거하기 위해 제시한 평균 WTP는 3.78달러였다. 또한 각 위험이 발생할 확률이 0.01%만큼 증가한다면 가격이 얼마나 인하되어야 하는지 수용 의사 가격을 질문했다. 결과는 놀라웠다. 응답자의 77%가 어떤 가격으로도 제품을 구매하지 않겠다고 답했다. 이는 WTA가 무한대라는 의미다!

이 연구에서 WTA와 WTP 간에 현격한 차이가 난 이유는 기존 위험을 '단지' 줄이거나 제거하지 못해서 생기는 손해와 자발적으로 추가 위험을 감수해서 생기는 손해는 체감하는 책임감의 정도가 크게 다르기 때문일 것이다. 작위와 부작위 간의 비대칭성은 법리상에서 흔히 볼 수 있고, 이 비대칭성이 책임 판단에 미치는 영향은 심리학 연구에서 확인되었다.[21] 이러한 비대칭성은 불미스러운 사건 후 법적 및 심적 책임 모두에 영향을 미치며, 이 법적 및 심적 책임에 대한 예상이 결국 행동에 영향을 미칠 수 있다.

판매가와 구매가 사이에 엄청난 차이가 관찰되는 또 다른 중요한 상황에도 도덕관이 개입된다. 바로 비용-편익 분석으로 환경 영향 평가를 하는 경우다. 가령 디즈니사가 그랜드캐니언을 매입해 세계 최대 규모의 워터 슬라이드와 스키 리프트를 갖춘 워터 파크로 만들겠다고 제안했다 치자. 이 아이디어의 편익이 비용을 초과하는지 어떻게 알 수 있을까? 이번에도 현재 상태를 지정하는 두 가지 방법에 따라 질문을 던질 수 있다. 현재 테마파크가 없다면, 사람들에게 테마파크 신설 동의를 이끌어내기 위한 최소 금액WTA을 물어보면 된다. 반대로 현재 디즈니 측에 테마파크 건설권이 있다면, 사람들에게 건설을 막기 위해 건설권을 되사는 데 얼마를 지불할 용의가 있는지WTP를 물어볼 수 있다.

그동안 여러 연구 팀이 깨끗한 공기와 잘 관리된 공원처럼 더 익숙한 소재를 가지고 이와 같은 두 가지 유형의 질문을 던지는 설문 조사를 벌였다. 대부분의 연구의 응답에서 WTA가 WTP를 크게 초과했다.[22] 하지만 이 응답의 차이만으로 모든 것을 알 수는 없다. 관련 연구들을 면밀히 살펴본 두 관찰자는 이렇게 지적했다. 'WTA 질문을 사용한 연구에서는 하나같이 '판매 거부' 또는 '동의의 대가로 막대하거나 무한한 보상 원함' 같은 반발성 답변이 50% 이상을 차지할 만큼 많았다.'[23] 이러한 극단적인 응답은 원자력발전소나 폐기물 처리 시설 등 위험 시설이 새로 들어설 가능성에 직면한 지역 주민들이 흔히 느끼는 분노를 반영한다.[24] 해당 지역에 보상하겠다는 제안은 대체로 주민들에게 뇌물처럼 인식되어 별로 도움이 되지 않는다.[25]

응답자에게 지불 의사 가격과 수용 의사 가격 중 무엇을 물어보느냐에 따라 도출된 가치가 차이 난다는 것은 비용-편익 분석에서 엄청난 실천적 문제를 야기한다. 경제 이론상으로는 차이가 없어야 하기 때문에(물론 부의 효과가 상당한 경우에는 약간의 차이가 날 수 있다), 정책 결정 시 어떤 기준을 적용해야 하는지에 대한 경제학적 해답도 없다. 그러나 어떤 토지를 현재 상태로 유지하거나 새로운 개발 계획에 사용할지 결정해야 하는 경우 어느 정도 예측되는 시나리오는 있다. 개발 계획에 반대하는 사람들은 개발 계획에 의해 발생하는 손실을 보상하려면 얼마를 받아야 하는가를 측정해야 한다고 주장할 것인 반면, 계획을 지지하는 사람들은 개발 계획을 중단하기 위해 반대자들이 얼마나 지불할 용의가 있는가를 측정해야 한다고 주장할 것이라는 점이다.

결론: 관성을 무시한 경제학은 틀렸다

새뮤얼슨과 제크하우저가 지적했듯, 현상 유지 편향을 무시하는 전통적 합리성 모형은 '사람들의 행동이 현실에서 관찰되는 것보다 쉽게 변화한다'고 가정하는(따라서 관성을 과소평가하는) 경향이 있다.[26] 또 손실 회피를 무시하는 모형은 현실에서 관찰되는 것보다 더 대칭적이고 가역적인 반응을 예측하면서 이득과 손실에 대한 반응에서 나타나는 커다란 차이를 간과한다. 그러나 예컨대 가격의 상승과 하락에 대한 반응은 항상 거울상처럼 대칭되게 나타나지 않을 수도 있다. 손실 회피 효과가 나타날 수 있는 한, 경제 변수의 '변화'에 대한 사람들의 반응은 유리한 변화와 불리한 변화로 경우를 분리해서 접근해야 한다. 그러면 방법은 좀 더 복잡해지겠지만 이 번거로움을 상쇄할 만큼 예측의 정확도를 높일 수 있다.

우리 두 필자는 이 주제를 수십 년간 연구한 끝에 초기 부존 효과, 현상 유지 편향, 손실 회피가 모두 강력하고 중요한 사실임을 확신하게 되었다. 그리고 이제 우리는 이 확신이 우리 머릿속의 초기 부존으로 자리 잡았음도 인정한다. 그러다 보니 남들이 우리 생각을 받아들이기보다 우리가 이 생각을 유지하기가 더 수월한 게 당연하다.

업데이트

타이거 우즈조차 피하지 못한 손실 회피의 덫

초기 부존 효과를 처음 입증한 '머그잔' 실험 이후 후속 연구 논문이 엄청나게 나왔다. 흥미롭게도 많은 실험에서 여전히 머그잔을 사용하고 있으니, 이 점에서도 과연 현상 유지 편향은 예외가 아니었다! 모든 실험의 결과가 똑같지는 않지만, 판매자가 구매자보다 유보 가격이 높아 거래 빈도가 낮다는 주요 결과는 매우 견고하게 유지되고 있다. 우리 두 필자 모두 수업에서 원래의 실험을 수없이 재현해보았다. 예를 들어 이마스는 자신이 그린 그림의 인화본을 가지고 온라인에서 이 실험을 했다(이마스는 못 말리던 어린 시절에 예술가가 되기를 꿈꿨다. 하지만 그는 재능을 썩히지 않았다. 그의 그림은 이제 행동경제학에서 생산적으로 활용되고 있다!). 참가자 중 일부에게는 실험용으로 특별히 제작한, 온라인 미술품 상점에서 인화본으로 교환할 수 있는 티켓을 주었다. 그리고 나머지 절반에게는 티켓을 받은 집단에게서 이 티켓을 살 수 있게 했다. 그리고 각 집단에 최소 WTA와 최대 WTP를 물었다. 여기서도 머그잔 실험에서처럼 상당한 격차가 나타났다. 판매자의 유보 가격이 구매자의 유보 가격보다 70% 더 높았던 것이다.[27]

더 일반적으로 WTA가 WTP보다 크다는 결과는 여러 영역에서 매우 견고하게 나타난다. 예를 들어 아드리엔 H. 로터빌Adriënne H. Rotteveel

등은 의료 상품의 가치를 평가하는 여러 연구를 요약하고 분석한 메타 분석에서 WTA 대 WTP 평균 비율이 1.86(신뢰 구간 1.52~2.28)임을 발견했다.[28] 일단 WTA가 WTP보다 2배 크다고 가정하는 것이(둘이 같다고 보는 기본 가정에 반해서) 좋은 시작점이 되겠다. 다만 비용-편익 분석에서 이를 어떻게 고려해야 하느냐의 답은 미지수다. 가령 더 나은 의료 서비스를 제공하려는 프로젝트가 있다면, 예상 편익은 수혜자가 해당 서비스를 포기할 때 지불받아야 하는 금액으로 측정해야 할까, 아니면 서비스를 받기 위해 기꺼이 지불할 금액으로 측정해야 할까? 이는 아직 풀리지 않은 문제다. 연방 정부 기관에서 비용-편익 분석 방법에 대해 하달한 최신 지침은 WTA-WTP의 비대칭이 실증적 근거가 있다고 공식 인정하지만, 이 비대칭을 어떻게 다룰지에 대해서는 조언하지 않는다.[29]

초기 부존 효과, 현상 유지 편향, 손실 회피는 원래 학생이나 인센티브를 받지 않은 설문 응답자를 편의 표본으로 삼아 연구되었다. 하지만 최근 연구에 따르면 이러한 이상 현상은 실험실 밖에서도, 심지어 높은 판돈이 걸리고 숙련된 전문가를 대상으로 한 상황에서도 잘 재현되는 것으로 나타났다. 특히 데빈 포프Devin Pope와 모리스 슈와이처Maurice Schweitzer는 창의적인 연구를 통해 프로 골퍼들이 독특한 손실 회피 경향을 나타내는지를 알아보고자 했다.[30] 일반적인 PGA(프로골퍼협회) 토너먼트에서 골퍼들은 18홀 코스를 4일 연속으로 경기한다. 토너먼트 최종 순위는 72홀을 모두 완주하는 데 몇 타가 필요했는지로 결정된다. 그러나 골프 전통에 따라 각 홀에는 3에서 5까지의 파 값이 부여되는데, 이는 프로 골퍼가 보통 몇 타만에 그 홀을 끝내는지를 나타낸다.

파보다 한 타 적게 치면 '버디'라 하고, 파보다 한 타 많이 치면 '보기'라고 한다. 하지만 중요한 점은 파 대비 이러한 타수 지정이 토너먼트 결과에 아무런 영향을 미치지 않는다는 것이다. 타수의 합만 중요하므로 파가 3, 4, 5인 세 홀에서 한 선수가 세 홀 모두 파를 기록하는 것이나 매 홀에서 4타씩을 기록한 것이나 성적은 같다. 즉 버디, 파, 보기는 토너먼트 우승이 목적인 선수에게는 중요하지 않은 숫자일 뿐이다.

논문 저자들은 단순한 질문을 던진다. 프로 골퍼는 파를 노릴 때와 버디를 노릴 때 퍼팅하는 방식이 다를까? 여기서 중요한 건 72홀 전체의 총 타수뿐이라는 것을 다시금 기억하자. 파 퍼팅이든 버디 퍼팅이든 중요도는 똑같아서, 퍼팅을 성공시켜 1타를 아끼면 그만인 것이다. PGA 토너먼트는 경쟁이 매우 치열하고 판돈이 크며, 오랜 세월 경험을 쌓은 골퍼가 모여 있다. 그만큼 경제학자로서는 경제적 유인이 최적에 못 미치는 행동을 '교정'할 수 있는지 확인할 수 있는 최상의 조건이다. 하지만 증거에 따르면 실제로 골퍼들은 똑같은 퍼팅이라도 파를 노릴 때보다 버디를 노릴 때 정확도가 떨어진다. 저자들은 그 원인이 기준점의 현저성과 손실 회피 성향이 결합되었기 때문이라고 주장한다. 파는 골퍼에게 자연스러운 기준점(파는 주어진 홀의 점수 중 최빈값)이 되므로, 파를 놓친 주관적 '손실'이 버디를 놓친 '이득 상실'보다 더 불쾌하게 다가온다. 이 효과는 그린 위 정확한 공의 위치를 포함한 여러 다른 요인을 통제해도 그대로 유지된다. 이러한 행동은 중요한 결과를 초래한다. 평균적으로 골퍼들은 파 퍼팅과 난이도가 같은 버디 퍼팅도 그만큼의 공을 들여 시도한다면 토너먼트에서 약 1타를 줄일 수 있으며, 이로 인해 약 64만 달러의 추가 상금을 얻을 수 있다!

프로 스포츠 외에 금융시장도 이 장에서 논의한 이상 현상이 발생하지 않아야 할 모든 요소를 갖추고 있다. 금융시장은 경쟁적이고, 큰돈이 걸려 있으며, 관련 거래자들이 빈번한 피드백을 받는다. 그러나 산토시 애나골Santosh Anagol, 비말 발라수브라마니암Vimal Balasubramaniam, 타룬 라마도라이Tarun Ramadorai 연구 팀은 경험 많은 시장 참여자들도 머그잔과 펜을 거래하는 학생들과 같은 유형의 초기 부존 효과를 보인다는 것을 발견했다.[31] 연구 팀은 인도 주식시장의 IPOInitial Public Offering를 연구했다. IPO 절차는 한 기업이 대중을 상대로 공모주를 처음 발행하는 것이다. 인도에서 IPO 주식은 수요가 공급을 훨씬 초과하므로(참고로 이 자체도 이상 현상이다), 잠재 매수자는 무작위 추첨에 참여해 뽑혀야 주식을 구매할 기회를 얻는다. 처음 매수한 주식은 이후 공개시장에서 자유롭게 거래할 수 있다. 이론적으로 그다음 주가는 빠르게 조정되어 주식을 보유하게 된 모든 사람이 주식 가치를 시장가격과 같거나 그 이상이라고 평가하게 되는 상황에 이른다. 애나골의 연구 팀은 이 자연 실험을 활용해, 공모 당첨자와 비당첨자의 보유 주식을 비교하고 최초 발행된 주식이 결국 누구 손으로 들어갔는지 살펴보았다.

이 장의 서두에 소개된 단순한 학교 실험과 마찬가지로, 경제 이론상으로는 최초 주식이 무작위로 분배되므로 시장 청산이 이루어지면 최초 당첨자 중 주식을 보유한 사람의 수와 비당첨자들 중 주식을 보유한 사람의 수가 같아질 것으로 예측된다. 하지만 학교 실험에 참여한 학생들과 마찬가지로, IPO 당첨자가 주식을 보유하려 하는 경향이 훨씬 높았다. 이들은 IPO가 이루어진 후 2년 정도까지 최초 당첨된 주식을 보유하려 했다. 심지어 수년간 경력을 쌓은 전문 트레이더들도 이러한 영향에서 자유롭지 못했다.

하지만 이 장의 서두에서 넌지시 언급했듯, 초기 부존 효과가 항상 나타나는 것은 아니다. 특히 판매라는 특정 목적으로 재화를 보유하는 소유자는 구매자보다 그 재화 가치를 더 높게 평가하면 안 된다. 시카고대학교의 동료 교수인 존 리스트John List는 2000년대 초·중반에 이 사실을 증명하는 일련의 획기적인 논문을 발표했다. 그는 스포츠 기념품 박람회라는 현장을 통해 초기 부존 효과를 실험했다.[32] 카너먼, 네치, 탈러의 원조 실험과 비슷하게, 박람회 참가자를 대상으로 트레이딩 카드를 구매하기 위해 지불하려는 금액이나 (연구의 일환으로 제공된) 이미 가지고 있는 트레이딩 카드를 내주는 데 요구할 최소 보상액을 질문했다. 역시 판매업자가 아닌 일반인은 현저한 초기 부존 효과를 보였지만 전문 판매업자들은 그렇지 않았다. 중요한 것은 처음에 일반인이었다가 시장에서 계속 거래 경험을 쌓고 판매자가 된 사람은 1년 후 추적 연구에서 더 이상 초기 부존 효과를 보이지 않았다는 점이다. 이는 되팔 목적으로 재화를 보유하는 소유자(예: 카드 판매자)가 재화를 팔 때 손실 회피 성향을, 그리고 결과적으로 초기 부존 효과를 보이지 않을 것이라던 카너먼, 네치, 탈러의 예측과도 맞아떨어진다.

리스트의 실험에서 시장 경험이 더 많은 참가자일수록 매도에 대한 거부감이 줄어든다는 점은 주목할 만하다. 하지만 프로 골퍼들은 PGA 투어에 진출하기까지 수년간 노력했지만, 한 홀의 파에 특정한 가치를 부여하는 것이 단지 상금을 놓치게 할 잠재적 방해 요소라는 사실은 아직 깨닫지 못했다. 경험이 쌓일수록 '학습할 기회'도 늘지만, 모든 교사가 알고 있듯이 모든 학생들이 그 기회를 충분히 활용하는 것은 아니다.

현상 유지 편향과 관련해, 이 현상이 가장 강력하게 시사하는 바 중 하나는 어떤 옵션을 '기본값'으로 지정하면 사람들의 행동에 막대한 영향을 미칠 가능성이 있다는 것이다. 이는 앞서 논의했듯, 우연히 실시된 자동차보험 실험에서 잘 드러난다. 실제로 기본값 선택은 탈러와 캐스 선스타인이 함께 쓴 『넛지』가 출간된 후 발표된 행동정책학 문헌에서 가장 강력한 도구로 검토되었다.[33] 잘 입증된 사례 중 하나는 확정기여형 퇴직연금의 '자동 가입'이다. 브리짓 매드리언Brigitte Madrian과 데니스 시어Dennis Shea가 처음 조사한 바에 따르면, 단순히 퇴직연금 가입을 기본값으로 설정하기만 해도 약 90%의 가입률을 보였다(이 주제는 8장에서 다시 다루겠다).[34]

소비자에게 상품을 팔아야 하는 기업은 관성의 힘을 일찌감치 간파했다.[35] 이제 구독과 멤버십은 대부분 매년 말에 자동으로 갱신된다. 물론 이는 서로간에 이익이 될 때가 많다. 고객도 스트리밍 서비스나 헬스장 멤버십을 매년 갱신해야 한다는 사실을 기억해야 한다든지, 길고 지루한 가입 절차를 또 거치는 것을 원치 않기 때문이다. 하지만 이 구조는 소비자로 하여금 더 이상 사용하지 않는 서비스에 계속 비용을 지불하게 만들기도 한다. 상당수의 사람들은 등록해둔 신용카드가 만료되어서야 구독을 취소한다. 또 어떤 기업은 구독 취소 절차를 번거롭게 해 이러한 고착 상태를 강화한다. 예를 들어 가입 절차는 온라인에서 몇 번의 클릭(및 신용카드 번호 제공)만으로 가능하게 하면서, 해지하기 위해서는 전화를 걸게끔 하는 식이다. 그래서 전화를 걸면 대개 오랜 시간 대기해야 하고, 전화가 연결되면 다시 구독하는 사람에게 '특별' 혜택을 제공하겠다는 상담사의 공격적인 마케팅 멘트를 들어야 할 때도 있다. 개인적으로 우리 두 필자는 이러한 관행에 반대하며, 기업들이 고객 탈퇴 절차도 가입 절차만큼 간소화하도록 규제할 필요가 있다고 생각한다. 실제로 그러한 규제가 바이든 정부의 임기 만료 몇 주 전에 채택되어 다행스러웠지만 앞으로도 유지될지는 미지수다.[36]

끝으로 경제학자와 심리학자의 관심사 차이를 잘 보여주는 문제를 강조하며 이 장을 마무리하겠다. 경제학자들은 WTP가 WTA의 약 절반이라는 사실을 이상 현상으로 간주하고, 실무자들은 코스의 정리에서 예측한 바와 달리 재산권을 누구에게 배정할 것인가가 미래 행동에 분명 영향을 미친다는 점을 인식해야 한다. 한편 WTP와 WTA가 같아야 한다는 생각에 전혀 집착한 적 없는 심리학자들은 이 비대칭성을 초래하는 원인에 더 관심을 둔다. 그들은 '초기 부존 효과가 손실 회피에 의해 발생한다는 말이 어떤 의미인가'라는 타당한 질문을 던질 것이다.[37] 초기 부존 효과가 손실 회피에 의해 발생한다는 말은 정의상 타당한 것인가? 거기에 영향을 주는 진화적•, 전략적, 기타 인지적 요인과 같은 다른 요인들은 어떨까? 이 문제를 탐구하는 논문이 점점 늘어나고 있다. 우리는 그만큼 근본적인 심리 과정에 대해 더 많은 사실이 밝혀지고, 결국 행동경제학 이론도 더 유용한 방향으로 수정되었으면 하는 바람이다.

• 아모스 트버스키는 "한때 손실 회피 성향을 보이지 않는 종들이 있었지만, 지금은 멸종했다"라고 농담하곤 했다.

핵심 정리

경제학자들에게: 전형적인 소비자 선택 이론을 수정하는 가장 쉬운 방법 중 하나는 기준점의 역할, 그리고 기준점 대비 이득과 손실에 대한 반응이 비대칭적이라는 사실을 인정하는 것이다.

독자들에게: 손실 회피 감정이 강하게 드는 건 어쩔 수 없어도 그 감정에 따라 행동하면 실수할 수 있다. 골퍼는 파 퍼팅과 버디 퍼팅 둘 모두에 같은 노력을 기울여야 한다. IPO 공모나 코넬대학교 머그잔 당첨자는 스스로에게 '이걸 미리 받지 않았다면 지금 시장가격에 사고 싶을까? 반대로 받았다면 팔고 싶을까?'라고 질문해야 한다. 이후 장에서 우리는 전문 트레이더조차 매도를 결정하는 과정에 개선할 여지가 있음을 살펴볼 것이다.

5장

불확실한 선택의 심리학

A Primer on the Psychology of Risky

기대 효용 이론을 넘어 전망 이론으로

이 책의 흐름을 잠시 끊고, 불확실성하에서 이루어지는 선택의 경제학과 심리학에 대한 간략한 장을 추가하겠다. 우리는 문득 우리가 기대 효용 이론expected utility theory과 전망 이론prospect theory을 자주 언급하고 있다는 사실을 깨달았다. 그만큼 이 두 이론은 행동경제학에서 중요한 역할을 한다. 따라서 매끄러운 전개를 위해 이 이론들을 별도의 장을 할애해 다루기로 했다. 이 장은 개정판을 위해서만 쓰였으므로 업데이트는 없다. 이 주제를 잘 아는 독자라면 다음 장으로 넘어가도 좋다.

경제학에서 가장 중요한 주제 중 하나는 사람들이 불확실한 상황, 그러니까 사실상 '모든' 상황에서 어떻게 결정을 내리느냐는 것이다. 오늘 저녁 식사로 피자를 먹을지, 초밥을 먹을지 같은 가장 단순한 선택조차 피상적으로 보면 어느 정도 위험을 감수하는 일이다. 초밥집에 가면 대기 줄을 서야 할까? 지난번 먹은 피자는 크러스트가 눅눅했는데 이번에도 그럴까? 그리고 어떤 학문을 얼마나 오래 공부할지, 결혼 생활을 누구와 (그리고 얼마나 오래) 할지, 은퇴 자금을 얼마나 저축할지와 같은 인생의 중요한 결정에서도 수명 등 불확실한 요소를 최우선으로 고려해야 한다. 따라서 이 주제에 대한 연구는 당연히 역사가 오래되었고 그만큼 탄탄한 이론적 기반이 구축되어 있다.

위험한 의사 결정을 정식으로 연구한 것은 1713년 니콜라우스 베르누이Nicolaus Bernoulli가 처음 제기하고 그의 사촌 다니엘 베르누이Daniel Bernoulli가 1738년 분석한 수수께끼에서 유래했다. 다니엘이 이에 대한 글을 쓸 당시 상트페테르부르크에 살았기 때문에 이 수수께끼는 '상트페테르부르크의 역설'이라 불린다. 이 역설은 한 카지노 베팅에 대한 흥미로운 이야기로 이루어져 있다. 한 참가자가 동전을 던져 뒷면이 나오면 2달러(원래 버전은 두카트ducat라는 19세기 유럽에서 통용되던 금화 단위로 되어 있다)를 따고 게임이 끝난다. 앞면이 나오면 상금이 2배로 늘어나 4달러가 되고, 동전을 또 던질 수 있다. 앞면이 나올 때마다 상금은 2배로 늘어나고 참가자는 계속 동전을 던진다. 결국 뒷면이 나와야 게임은 끝나고 참가자는 그동안 모은 돈을 다 가져간다. 따라서 앞면이 네 번 연속으로 나온 후 뒷면이 나오면 2×2×2×2×2=32달러를 따게 된다. 니콜라우스가 던진 질문은 이렇다. 이 게임을 하려면 얼마나 지불할 의향이 있어야 할까? 카지노에 자금이 무한하다면 이 베팅의 기댓값은 무한대다!•

$$\frac{1}{2} \times 2 + \frac{1}{4} \times 4 + \frac{1}{8} \times 8 \cdots$$

이 내기가 역설인 이유는 내기의 기댓값expected value은 무한대지만, 내기할 때 지불하려는 의사는 분명 유한하기 때문이다. 우리 두 필자는 이 내기에 20달러나 지불할 사람은 거의 없으리라 본다(적어도 우리가 알기에, 이 금액은 무한대보다 훨씬 적다). 중요한 교훈은 어떤 사건이 일어날 때 따거나 잃을 금액에 사건 확률을 곱한 기댓값은 위험한 기회의 매력을 제대로 측정하는 기준이 아니라는 것이다. 기댓값으로 내기의 가치를 평가하는 것은 돈의 효용이 선형적이라고 암묵적으로 가정하는 것이다. 즉 2,000달러는 1,000달러보다 2배의 만족감을 주고, 20억 달러도 10억 달러보다 2배의 만족감을 준다는 의미다. 다니엘은 부가 증가할수록 부의 한계효용이 감소한다고 설명함으로써 이 수수께끼를 '해결'했다. 분명 두 번째 얻는 10억 달러의 가치는 첫 번째 얻는 10억 달러보다 작을 것이다! 그는 부의 효용 함수가 부의 제곱근이나 자연로그와 비슷할 수 있다고 주장했지만, 부드럽게 오목concavity한 모양이라면 어떤 함수라도 괜찮다.•• 그림 5-1에 한 예가 나와 있다.

• 깊이 생각하는 사람이라면 카지노의 자금이 무한하다는 (심지어 천문학적인 금액까지 지불할 수 있다는!) 가정이 비현실적이라는 것을 눈치챘을 것이다. 최대 배당금을 11억 달러로 제한한다면 이 베팅의 기댓값은 약 30달러로 제한될 것이다. 하지만 그런 현실적 접근은 재미를 반감시키고, 더 중요하게는 이 수수께끼를 통해 얻을 수 있는 유용한 통찰력을 해치므로 이 부분은 무시하겠다.

•• 직관적으로도 알 수 있지만, 오목한 함수는 부/효용이 한 단위 추가될 때 직전 단위보다 효용 증가분이 작은 함수다.

그림 5-1: 안으로 오목한 효용 함수

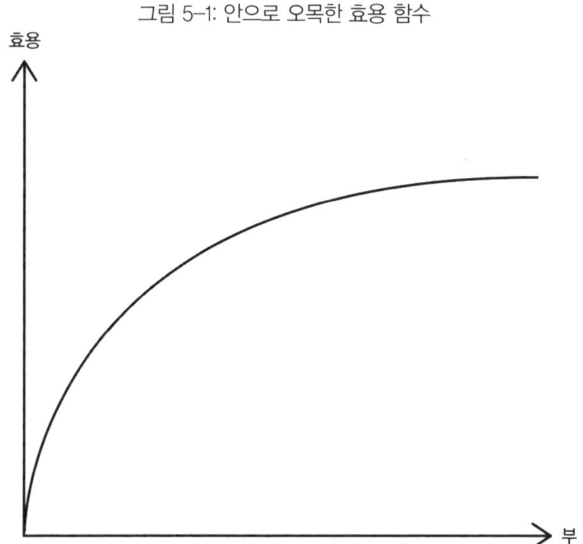

부의 한계효용이 단계적으로 감소한다는 가정이 갖는 중요한 함의 중 하나는, 사람들이 위험 회피risk acerse적 성향을 띠게 된다는 것이다. 즉 기댓값이 같다면 위험한 선택지보다 확실한 선택지를 선호한다는 얘기다. 위험 회피적이라는 것이 합리적이기 위한 전제 조건은 아니지만(각자의 선호는 존중되어야 한다), 사람들이 위험 회피적이라는 가정은 경제학에서는 일반적으로 의심의 여지가 없다. 나아가 이 가정은 경제 이론의 가장 중요하고 강력한 구성 요소 중 하나였다. 금융이나 보험 관련 이론의 대부분은 사람들이 위험 회피적이라는 기본 전제에서 출발한다. 카지노나 복권, 경마장 베팅 등 굳이 기댓값이 마이너스인 위험한 선택을 하는 사람들도 있지만(다음 장 업데이트를 참조하라), 이러한 사례들은 이른바 규칙을 증명하는 예외들이다.

불확실성하에서의 의사 결정을 다룬 형식적 이론이 경제학계에 정립된 것은 몇 세기가 더 지나서였다. 1944년 지루함을 느끼던 수학 천재 존 폰 노이만John von Neumann이 경제학자 오스카 모르겐슈테른Oscar Morgenstern과 함께 『게임이론과 경제 행동Theory of Games and Economic Behavior』을 통해 기대 효용 이론을 고안했다(참고로 이 책에는 현대 게임이론의 요소도 다수 포함되어 있었다). 기대 효용 이론(이하 EUT)은 이후 위험한 상황에서의 의사 결정에 관한 모형의 정석이 되었다. 명칭에서 알 수 있듯, 이 이론은 사람들이 기댓값보다는 기대 효용을 극대화하고 그렇게 행동함으로써 합리적 선택의 공리를 충족한다고 가정한다. 이 모형은 규범적normative 이론이다. 처방적prescriptive 모형이라고도 불리는 규범적 모형은 (합리성을 좋은 것으로 간주할 경우) 사람들이 '어떻게 행동해야 하는지' 설명한다. 반대로 기술적 이론descriptive theory은 단지 사람들이 실제로 어떻게 행동하는지를 예측하려 한다.

EUT를 충족시키는 데 필요한 공리는 언뜻 보면 타당해 보인다. 예컨대 이행성 공리transitivity axiom는 A를 B보다 선호하고 B를 C보다 선호한다면, A를 C보다 선호해야 한다는 의미다. 또 A를 B보다 선호한다면, 독립성 공리independence axiom에 따라 A+C도 B+C보다 선호해야 한다. 두 묶음에 같은 것을 더해도 두 묶음에 대한 선호는 변하지 않아야 한다는 것이다. 그럴듯해 보이지 않는가? 폰 노이만과 모르겐슈테른은 EUT 발전의 시초가 된 자신들의 저서에서 이러한 합리적 선택의 공리를 결합하면 강력하면서도 절대 자명하지 않은 결과가 도출됨을 증명했다. 어떤 사람이 이 공리들을 충족한다면, 위험한 가능성에서 얻는 효용은 각 가능한 결과로부터 얻는 효용의 기댓값과 같다는 것이다. 그래서 '기대 효용 이론'이라는 명칭이 붙었다.

간단한 예를 들어보겠다. 샐리에게 다음과 같이 도박할 기회가 주어졌다. 110달러를 딸 확률이 50%, 100달러를 잃을 확률도 50%다. 샐리의 현재 재산은 W라고 가정하겠다. 샐리는 EUT를 적용해 도박을 거부할 경우 현재 재산의 효용 U(W), 아니면 도박을 행할 경우 가능한 결과의 효용에 각각의 확률을 곱한 값인 0.5U(W+$110)+0.5U(W-$100) 중 하나를 선택해야 한다. 샐리는 현재 재산을 유지하는 효용이 도박의 가능한 결과에서 얻는 기대 효용보다 크면 도박을 거부할 것이고, 그렇지 않으면 수락할 것이다.

이 단순하고도 세련된 위험 회피적 기대 효용 극대화 모형은 경제학의 이론 및 실증 연구에서 흔히 언급된다. 그러나 본 책의 중요한 주제는 합리적 선택 이론과 그 모형이 아무리 논리적 설득력이 있더라도, 사람들이 실제로 이러한 방식으로 행동하는지는 별개의 문제라는 것이다. 이 장에서는 기대 효용 극대화 전략과 명백히 모순되는 행동 사례가 많음을 보여줄 것이므로, 규범적 이론 외에도 불확실성하에서의 선택을 설명하는 기술적 이론이 필요하다. 이 조건에 맞는 이론의 유력한 후보는 전망 이론이다.

전망 이론: 인간은 '변화'에 반응한다

EUT의 정확도는 잠재적 이상 현상을 찾는 사람들에게 매력적인 목표물이 되었다. 특히 초기에 프랑스 경제학자 모리스 알레Maurice Allais(1953)가 제시한 예는 결국 기술적 이론으로서의 EUT를 비판적으로 검증하는 계기가 되었다.[1] 그는 지금부터 이 책에 자주 등장하게 될

기법을 이용해 사람들에게 두 가지 선택 문제를 냈다. 겉으로는 별문제 없어 보이지만, 두 질문의 흔한 답변은 합리적 선택을 명백히 위배한다. 그의 테스트는 다음과 같다. 여러분도 함께 생각해보시라!

1. 다음 중 하나를 고르시오.
   A. 100만 달러를 얻을 확률 100%
   B. 500만 달러를 얻을 확률 10%, 100만 달러를 얻을 확률 89%, 아무것도 얻지 못할 확률 1%
2. 다음 중 하나를 고르시오.
   C. 100만 달러를 얻을 확률 11%와 아무것도 얻지 못할 확률 89%
   D. 500만 달러를 얻을 확률 10%와 아무것도 얻지 못할 확률 90%

알레는 실험을 직접 진행하는 대신(이런 판돈으로는 비용이 많이 들었을 것이다!), 파리에서 열린 경제학 학회 참석자들에게 두 가지 질문을 던졌다. 이후 그는 원 '표본'을 보완하기 위해 레너드 '지미' 새비지Leonard 'Jimmie' Savage와 폴 새뮤얼슨Paul Samuelson 등 명망 있는 합리적 선택 이론 학자들과도 일대일로 만나 질문했다. 대부분의 학회 참석자들뿐 아니라 새비지 및 새뮤얼슨도 문제 1에서는 A, 문제 2에서는 D를 선택했다. 충분히 이해할 만한 선택이다. A 옵션에 끌리는 게 당연한 것이, 누가 100% 확률의 100만 달러를 마다하겠는가(참고로 이 금액은 2025년 물가 기준으로 약 3,000만 달러에 해당한다)? 그리고 D 옵션은 C 옵션에 비해

당첨 확률이 0.11에서 0.10으로 약간만 낮은 반면 상금은 5배 증가한다는 점에서 끌린다. 즉 매력적인 상충 관계처럼 보인다. 그러나 이 두 옵션을 선택하면 합리성 공리 중 하나를 위반하는 결과로 나온다. 합리적 선택 이론가들도 분명 당혹스러웠겠지만, (아마도) 더 중요한 것은 바로 이 점이 이른바 기술적 모형이라는 EUT에 좋지 않은 소식이었다는 점이다. 다시 말하지만, 폰 노이만과 모르겐슈테른 이론의 힘은 합리성 공리 중 하나라도 위반하면 기대 효용 극대화를 할 수 없다는 주장에 있었다.

A와 D를 선택하면 앞서 언급한 일견 합리적인 것처럼 보이는 독립성 공리를 위반하게 된다. 도박의 경우에 결론은 다음과 같다. 만약 X보다 Y를 선호하는 도박꾼이라면, 각각에 '공통 결과'를 추가한 새로운 도박에서도 X'보다 Y'를 선호해야 한다. 예컨대 80%의 확률로 500달러를 따는 것보다 확실한 400달러를 선호한다면, 두 선택지에 맛있는 샌드위치를 끼워주든 빼든 여전히 마음이 바뀌지 않아야 한다.

여러분이 이 문제에서 대부분의 선택이 왜 독립성 공리에 어긋나는지 이해되지 않더라도 걱정할 필요 없다. 여러 저명한 의사 결정 전문가들도 이 함정에 빠졌기 때문이다. 이것이 왜 공리에 어긋나는지 알아보기 위해 모든 통계학 교수가 애용하는 수사학적 도구를 이용해보겠다. 즉 색색의 공이 가득 찬 항아리로• 선택지를 구현하는 것이다(절묘하게도 이 수사학적 도구는 베르누이의 또 다른 사촌 야코프 베르누이Jacob Bernoulli가 1713년에 처음 사용했다). 알레의 문제의 경우 항아리에 줄무늬

• 색색의 공이 담긴 용기가 꽃병, 그릇, 병이 아닌 '항아리urn'로 불리는 이유는 우리도 모른다. 이 역시 현상 유지 편향의 한 예일 뿐이다.

공 89개, 검은색 공 10개, 진회색 공 1개 등 총 100개의 공을 넣어보겠다. 알레의 각 선택지는 그림 5-2에서와 같이 구현할 수 있다. 그런데 줄무늬 공을 모두 제거하면 모든 선택지에서 단순히 100만 달러를 딸 확률 89%를 빼게 된다는 점에 주목하라. 그리고 공리를 따르자면 양쪽에서 같은 값, 즉 공통 결과를 뺀 것이므로 선택이 바뀌지 않아야 한다. 이 문제는 알레의 역설Allais paradox로 알려지게 되었다.

앞의 문제에서 A와 D를 선택한 경제학자와 의사 결정 전문가는 이제 일종의 딜레마에 직면했다. 그들은 EUT 선택 모형과 그 공리를 버리거나 수정하든지(그렇게 하는 것은 합리적 선택 모형으로서의 EUT를 폐기하는 것이다), 아니면 방금 고른 답이 실수임을 인정하고 선택을 바꾸든지 해야 했다. 자신만의 (하지만 역시 EUT와 비슷한) 공리 집합을 만든 새비지는 후자의 태세를 취했다. 그는 자신의 선택이 공리를 위반했다는 사실을 깨닫자, 자신의 판단보다 공리의 타당성을 더 신뢰하므로 답을 바꾸겠다고 말했다. 그러나 이 사례에 대한 대부분 경제학자들의 반응은 알레를 무시하고 넘어가는 쪽이었다. 아마도 그의 논문이 권위 있는 학술지 《이코노메트리카Econometrica》에 게재되었지만 프랑스어로 쓰였기 때문일 것이다. 그를 주목한 일부 경제학자들은 이러한 선택에 맞춰 핵심 공리를 수정하려 했지만, 그 결과 적어도 우리가 보기엔 더 이상 규범적이지 않은 이론이 탄생했다. 우리는 모든 공리를 충족해야 합리적이라고 생각한다(합리적인 것은 좋은 것이다!). 또 우리는 학생들에게 (그리고 우리 자신도) 모든 공리를 충족하기 위해 노력해야 한다고 가르친다.

1979년 심리학자 대니얼 카너먼과 아모스 트버스키는 매우 다른 접근 방식을 취했다.[2] 그들은 합리적 선택을 새롭게 정의하고 기존과 다

그림 5-2: 알레의 역설 도해

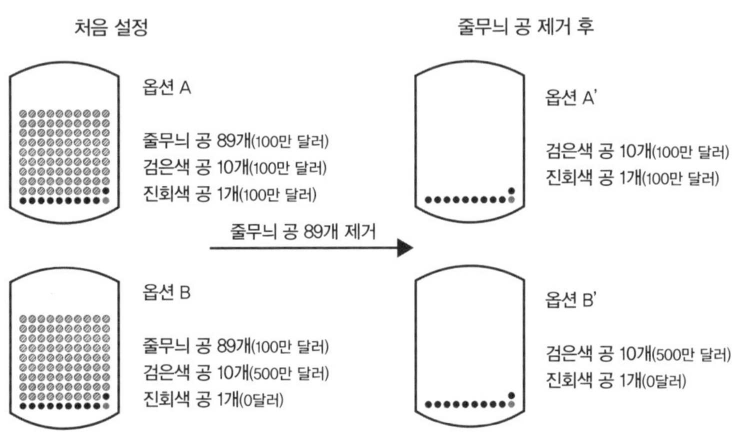

른 공리를 제시하는 대신, 사람들이 실제로 어떻게 선택하는지 예측하는 새로운 기술적 이론을 창안하기로 했다. 카너먼과 트버스키는 사람들이 불확실성에 직면했을 때 어떻게 결정을 내리는지 알아보기 위해, 알레가 사용한 질문과 유사한 유형의 여러 질문 쌍을 사람들에게 제시하고, 그 답변을 일관성 있게 설명할 형식적 이론을 개발했다. 그들의 실증적 접근법을 좀 더 자세히 살피고자, 실제 그들이 사용한 설문 몇 개를 재현해보겠다. 괄호 안 숫자는 각 선택지를 택한 피험자의 비율이다. 두 질문은 각각 서로 다른 피험자 집단에 제시되었다. 카너먼이 즐겨 말했듯 "인생은 피험자 간 설계"여서, 우리 눈에는 한 번에 하나의 선택지만 들어온다. 같은 질문을 다른 방식으로 묻는다면 어떨지를 묻는 사람은 아무도 없다.

질문 1: 자신의 재산이 현재보다 300달러 더 많다고 가정하고,

다음 중 하나를 고르시오.

A. 100달러를 얻을 확률 100% (72%)

B. 200달러를 얻을 50% 확률과 아무것도 얻지 못할 확률 50% (28%)

질문 2: 자신의 재산이 현재보다 500달러 더 많다고 가정하고, 다음 중 하나를 고르시오.

A. 100달러를 잃을 확률 100% (36%)

B. 200달러를 잃을 50% 확률과 한 푼도 잃지 않을 확률 50% (64%)

이 질문 쌍의 답은 그들의 새로운 이론 정립에 필요한 세 가지 중요한 점을 보여준다. 첫째, 피험자들은 어떤 근거로 선택하든 EUT를 사용하는 모형에서의 흔한 가설과 달리 도박을 현재 재산과 결합하지 '않는다는' 게 확실하다(앞서 샐리의 효용 함수에서 W를 기억하라). 만약 그들이 현재 재산을 고려했다면 두 질문은 실제로 동일했을 테고, 답도 다르지 않아야 한다. 그보다 피험자들은 현재 재산에도 그리고 질문 문장 앞부분과도 관계없이 도박에만 반응하는 것으로 보인다. 둘째, 피험자들이 질문의 표현이나 프레이밍 방식에 따라 다른 답을 내놓는다는 사실은 경제학자들에게는 너무나도 기본적인 합리성의 원칙인 불변성invariance을 위배한다. 질문의 표현 방식에 따라 선택이 달라져서는 안 된다(가령 여러분이 2개 국어를 구사한다면, 우리가 어떤 언어로 선택지를 서술하든 같은 답을 제시해야 한다). 셋째, 피험자들은 카너먼과 트버스키가 말한 이른바 반사 효과reflection effect를 드러낸다. 이는 사람들이 결과에 이득만 있는 선택지에는 위험 회피적 선택을 하는 편이지만, 손실만 있는 선택지에는 위험 추구적 선택을 하는 경향이 있다는 뜻이다.

또 다른 문제도 있다. 이번에도 여러분의 답을 직접 생각해보길 바란다.

질문 3: 다음 두 쌍의 결정을 동시에 내려야 한다고 가정하고, 먼저 두 가지 결정을 모두 검토한 후 원하는 답을 고르시오.

결정 (i): 다음 중 하나를 고르시오.

A. 240달러를 얻을 확률 100% (84%)

B. 1,000달러를 얻을 확률 25%와 아무것도 얻지 못할 확률 75% (16%)

결정 (ii): 다음 중 하나를 고르시오.

C. 750달러를 잃을 확률 100% (13%)

D. 1,000달러를 잃을 확률 75%와 한 푼도 잃지 않을 확률 25% (87%)

질문 4: 다음 중 하나를 고르시오.

E. 240달러를 얻을 확률 25%와 760달러를 잃을 확률 75% (0%)

F. 250달러를 얻을 확률 25%와 750달러를 잃을 확률 75% (100%)

질문 3에서 피험자들의 선택도 앞서 본 것과 같은 패턴이다. 이득에는 위험 회피, 손실에는 위험 추구 성향을 보인다. 이 성향 때문에 선택지 A와 D의 조합이 도합 73%를 차지할 만큼 매우 많은 선택을 받았다. 그러나 피험자들이 약간의 계산을 했다면 질문 4에서 볼 수 있듯 다르게 선택했을 것이다. 인기 있는 A와 D의 조합은 질문 4에서 '아무도 선택하지 않은' 옵션 E와 같다! 대신 모든 응답자가 분별 있게도 옵션 F를 선택했는데, 이는 질문 3에서 인기가 없었던 B와 C 조합과 동일하다. 질문 4를 보면 이 조합이 모든 면에서 최선이므로 다른 조합을 지배dominate한다는 것을 분명히 알 수 있다. 즉 조금 더 이득 보든지 조금 덜 손실을 입는다. 이러한 지배 원리도 경제학에서는 위배되리라고 상상할 수 없을 만큼 매우 자명해서 거론조차 되지 않는 합리성 원칙 중 하나다.

여러분도 카너먼과 트버스키가 관찰한 선택을 규범적 이론으로 설명하기 어려우리라는 것을 알 것이다. 그래서 그들은 합리성에 기반한다고 주장하는 모형 대신, 현실에서 사람들이 어떻게 선택하는지 설명하는 '기술적' 이론을 제시했다.

전망 이론에는 EUT와 구별되는 몇 가지 중요한 구성 요소가 있다. 이들 구성 요소가 인간 본성의 기본 특징에 기반한다는 점에서, 이 모형이 경제학자가 아닌 심리학자의 관점에서 개발되었음을 분명히 알 수 있다. 전망 이론에서는 효용 함수가 가치 함수value function로 대체되며, 이는 다음 페이지 그림 5-3과 같다. 전망 이론이 EUT와 가장 근본적으로 다른 점은 사람들이 결과와 현재 부를 통합해서 생각하는 대신 기준점에서의 '변화'에 초점을 맞춘다는 주장이다. 사람들은 전체 재정 상황을 광범위하게 고려하기보다 결과가 나온 후 자신의 심리가 어떻게 변할지에 따라 결과를 평가한다. 특히 결과를 자신의 전체 부와 하나로 묶지 않고, 현재 상태와 비교해 변화한 정도 자체만 가지고 판단한다는 것이다. 이러한 '범위 좁히기narrow bracketing'는 사람들이 앞의 질문 1과 2에서 서로 다른 선택을 하는 이유를 설명한다. 사람들은 도박의 결과를 자신의 부와 통합하는 대신(그렇게 하면 두 질문은 동일한 것이 되어 선택도 동일해져야 한다), 각각의 결과만 따로 고려하고 그에 따라 반응한다. 질문 3과 질문 4의 차이도 범위 좁히기로 설명 가능하다. 사람들은 전자의 경우 각 결정을 통합해서 접근하지 않고 별개로 접근하기 때문에 후자에 비해 선택의 비일관성을 드러내게 된다.

그림 5-3: 가치 함수

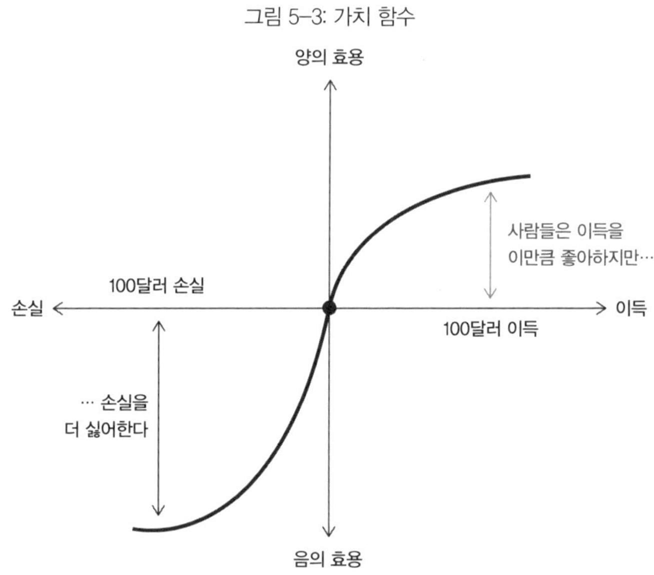

두 번째 중요한 특징은 가치 함수 자체의 모양과 관련이 있다. 전망 이론은 변화를 중심에 두므로, 음의 결과는 정도가 비교적 작아도 사람들이 손실로 받아들인다고 전제한다. 이전 장에서 손실은 그만큼의 이득보다 더 고통스럽다고 언급한 것을 기억하라. 예컨대 앞서 예로 든 샐리와 도박의 기회를 생각해보자. 만약 샐리가 적정 수준의 재산을 가지고 있다면, 도박의 기댓값이 양수이고 총재산에 비해 작은 편이므로 그녀는 위험 중립에 가까워야 한다(다음 장에서 더 자세히 설명하겠다). 하지만 샐리가 자신의 현재 상태로부터의 변화를 기준으로 도박을 평가한다면 100달러를 잃을 가능성은 매우 두드러지게 다가올 것이다. 가치 함수는 손실 회피 성향 때문에 이득 사분면보다 손실 사분면에서 더 가파르다. 그래서 가치 함수는 원점에서 변곡점이 생긴다. 손실이 주는 고통은 이득이 주는 만족감보다 대략 2배 정도 더 크다.

가치 함수의 세 번째 중요한 특징은 심리학계의 연구 결과로 잘 알려진 민감도 체감diminishing sensitivity을 포착한다. 민감도 체감은 변화의 크기가 커질수록 영향 정도는 감소하는 것으로, EUT에서 효용 함수의 오목한 모양을 통해 표현된다. 이는 한계효용, 즉 점진적 증가의 효과가 곡선을 따라 올라갈수록 감소함을 의미한다. 그러나 효용 함수는 부의 수준에 대한 함수로 정해지기 때문에 대부분 일상적인 결과의 영향은 비교적 작다(자세한 내용은 후술하겠다). 반면 가치 함수는 기준점 대비 결과에 따라 정해진다. 따라서 민감도 체감으로, 이득 사분면에서 오목하고 손실 사분면에서 볼록convexity하다. 왜 이런 차이가 날까? 이득 사분면에서 오목하다는 것은 100달러와 200달러의 차이가 1,100달러와 1,200달러의 차이보다 효용에 더 큰 영향을 미친다는 의미다. 지금까지는 좋다. 손실 사분면에서 볼록하다는 것 역시 100달러와 200달러의 손실 차이가 1,100달러와 1,200달러의 차이보다 효용에 더 큰 영향을 미친다는 의미다. 종합해서 보면 손실과 이득 양쪽에서 민감도는 감소한다. 또 사람들은 이득에 대해서는 위험 회피적인 동시에 손실에 대해서는 위험 추구적인 태도를 취하는데, 이는 질문 1과 2의 선택 패턴을 설명한다. 이처럼 그래프 하나에 많은 심리학적 요소가 담겨 있다!

전망 이론과 EUT의 마지막 큰 차이점은 확률이 고려되는 방식이다. 앞서 EUT에서는 결과가 발생할 확률을 곱한다고 설명했다. 그러나 전망 이론에서 확률은 $\pi(p)$ 함수를 사용하는 '결정 가중치'로 변환된다. 그 모양은 그림 5-4에 나와 있다. EUT에서는 $\pi(p)=p$지만, 전망 이론에서 결정 가중치는 실제 확률과 다르며 특히 0과 1의 끝점 근처에서 더 그렇다. 이들 끝점 사이에서 결정 가중치는 실제 확률을 따라가지만 일대일 대응까지는 아니다. 기본적으로 사람들은 확실한 상황에서 불확실한 상황으로 넘어갈 때(끝점 주변의 급격한 상승) 확률에 민감

그림 5-4: 전망 이론의 확률 가중치

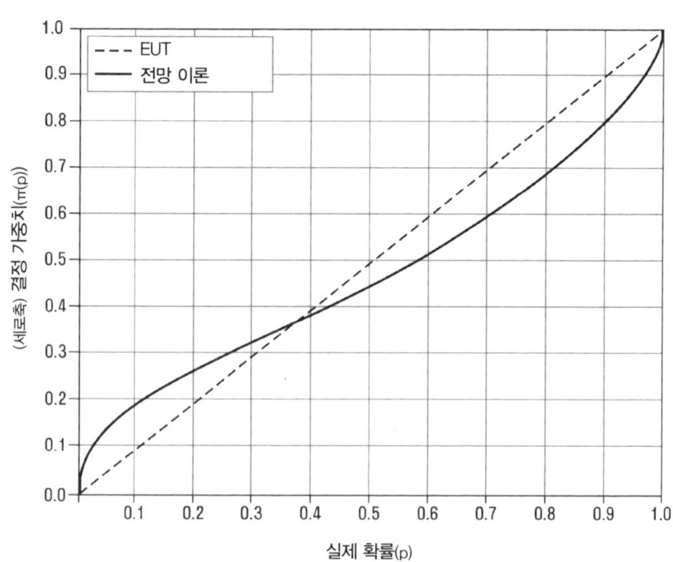

하지만 불확실한 정도의 변화에는 비교적 둔감하다. 가중치 함수를 이해할 한 가지 방법으로 다음의 휴리스틱heuristics을 생각하면 된다. 바로 사람들은 마치 불가능과 확실(0과 1), 드묾과 흔함(0과 1은 아니지만 그에 가까움), 50-50 등 다섯 개로 구별되는 결정 가중치만 있는 것'처럼' 행동한다는 것이다.

가중치 함수는 알레의 역설을 설명할 수 있는 전망 이론의 핵심 특징이다. 첫 번째 질문에서 100만 달러를 딸 확률이 100%였다는 점을 기억하라. 전망 이론에서는 99% 확률처럼 확실에 가까운 가능성보다 100% 확실한 가능성에 훨씬 더 큰 가중치를 부여한다. 카너먼과 트버스키는 이를 확실성 효과certainty effect라고 부른다.

이러한 요소들을 염두에 두면, 전망 이론이 이득($G>0$) 확률 p에 손실($L<0$) 확률 $1-p$인 도박에 부여하는 가치가 얼마인지 알 수 있다. 도박은 다음과 같은 경우에 수용된다.

$$\pi(p)v(G) - \pi(1-p)\lambda v(|L|) > 0$$

기대 효용에 따라 선호가 결정되는 사람은 $pu(W+G)+(1-p)u(W+L) > u(W)$일 때 이 도박을 받아들인다는 점을 기억하라. 전망 이론은 지금까지 논의된 모든 심리적 요소를 몇 가지 수정을 거쳐 담고 있다. 첫째, 가치 함수에는 부 W가 제외된다. 사람들은 의사 결정 문제와 결과를 부의 수준으로부터 따로 처리하는 경향이 있어서, 결과는 현재 상태를 기준점(0과 같음)으로 하여 비교 평가된다. 둘째, 손실에 1보다 큰 매개변수 λ(손실loss의 첫 자 'l'과 관련된 그리스문자 람다)를 곱한다. 이는 손실이 같은 액수의 이득보다 더 크게 느껴진다는 점, 즉 손실 회피를 의미한다. 셋째, 효용 함수 u는 이득 사분면에서 오목하고 손실 사분면에서 볼록한 가치 함수 v로 대체된다. 이런 모양이 나오는 이유는 민감도 체감 때문이다. 넷째, 확률 p는 확률 함수 π로 바뀐다. 이는 불확실성의 정도 변화와 비교해 확실에서 불확실로 넘어가는 구간에서의 민감도 차이를 반영한다.

핵심 정리

경제학자들에게: 학생들에게 기대 효용을 극대화하도록 가르쳐라. 단, 기술적 모형으로는 전망 이론을 활용하라.

독자들에게: 기대 효용을 극대화하려 노력하되, 자신이 그렇지 못하다는 것을 깨닫도록 하라.

6장

위험 회피를 제대로 설명하기

Be Careful Before You Call Something Risk Aversion

'진짜 위험'에 대처하는 법

(매슈 라빈과 함께)

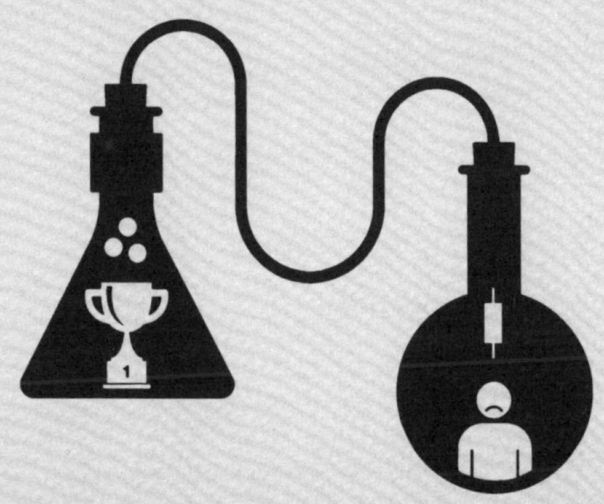

• 이 장의 일부는 Rabin and Thaler(2001)를 토대로 썼다.

이전 장에서 보았듯, 기대 효용 이론의 기술적 타당성에는 의심할 만한 이유가 많다. 알레부터 카너먼, 트버스키에 이르기까지 수많은 사람이 이상 현상을 기록했다. 그럼에도 EUT는 여전히 경제학에서 핵심 모형으로 남아 있다. 이 장에서는 원논문의 공저자인 매슈 라빈의 이론적 연구를 바탕으로 EUT를 새로운 시선에서 비판하고자 한다.[1] 이 장에서 다룰 이상 현상은 우리가 이 책에서 유일하게 데이터 없이 제시한 이상 현상이다. 결과가 워낙 강력해서 데이터가 필요 없다고 생각했기 때문이다.

위험 회피적 기대 효용 극대화라는 단순하고도 세련된 모형은 경제학의 이론 및 실증 연구에서 거의 자동으로 그리고 별도의 정당화 없이 활용될 만큼 당연시되지만, 우리는 많은 경우 이 모형이 도저히 설명할 수 없는 행동에 대한 설명으로 제시되곤 한다는 것을 보일 것이다. 다소 아이러니하게도 일상적인 행동을 설명할 때 '위험 회피'라는 용어를 널리 사용하는 것 자체가 기대 효용이 위험한 선택을 설명하는 기술적 이론으로서 부적합하다는 설득력 있는 증거가 된다.

구체적 예를 들어보겠다. 여기 앤이라는 사람이 있다. 40대 중반이고, (대출을 끼고) 집을 보유하고 있으며, 직장 퇴직연금에 가입되어 있다. 그녀의 총재산은 29만 달러다.• 앤은 110달러를 따거나 100달러를 잃을 확률이 50 대 50인 도박을 제안받으면 거절한다. 앤은 재산이 1만 달러 더 많았던 지난달에도 비슷한 도박을 거절한 바 있다(그녀의 재산은 주식시장이 소폭 하락하는 바람에 한 달 새 약간 줄었다). 이로써 앤은 위험 회피 성향이 강하다는 걸 알 수 있고, 여기까지는 특이점이 없는 듯 보인다. 그 외에 앤에 대해 무슨 정보를 더 말해야 할까? 구체적으로 앤이 '받아들일 만한' 도박이란 어떤 수준인지 말해볼까? 이제 좀 더 큰 금액인 1만 달러를 잃을 확률이 50%이고 임의의 금액 Y 달러를 딸 확률이 50%인 도박을 생각해보자. 지금까지 우리는 앤에 대해 많은 정보를 말하지 않은 것처럼 보이겠지만, 매슈 라빈은 기대 효용 이론이 실제로 위험을 바라보는 앤의 태도에 대해 많은 것을 말해준다고 주장한다. 그는 자신의 유명한 '보정 정리calibration theorem'에서 사람들이 기대 효용을 극대화하고 있고 앤처럼 금액이 많지 않은 도박을 거부한다면,

• 기대 효용 이론은 항상 총재산을 고려하기 때문에 개인의 재산 수준에 따라 정량적quantitative으로 다른 예측을 내린다. 이것이 우리가 이 장의 예시와 보정에서 항상 부의 수준을 명시하는 이유다. 그러나 중요한 것은 정성적qualitative 통찰력은 예시에서 사용하는 특정 재산 수준에 따라 달라지지 않는다는 것이다.

더 큰 위험에 대해서는 매우 놀라운 선택을 하리라는 것을 보여준다.[2] 이 문제를 이해하는 데 도움이 될 다음의 다지선다형 퀴즈를 풀어보라.

앞의 설명을 바탕으로 Y 달러를 따거나 1만 달러를 잃을 확률이 50 대 50인 내기에서, 기대 효용 이론에 근거해 우리가 '알 수 있는' 앤이 거절할 최댓값 Y는 얼마일까?

a. 1만 1,000달러

b. 1만 2,100달러

c. 2만 달러

d. 20만 달러

e. 200만 달러

f. 2억 5,000만 달러

g. 12억 5,000만 달러

h. 앤의 효용 함수에 대한 추가 정보 없이는 알 수 없음

여러분이 답을 고르기 전에 분명히 밝히건대, 질문은 앤이 위험 회피적 기대 효용 극대화자라면 도박을 거절할 Y의 최댓값이 얼마냐는 것이다. 현재까지 알려진 정보는 앤의 재산이 30만 달러 전까지는 얼마가 됐든, 그녀가 110달러를 따거나 100달러를 잃는 50 대 50 베팅을 거절할 것이라는 점이다. 예컨대 앤의 효용 함수 모양에 대해서는, 부가 증가할수록 만족도가 증가하되 그 정도는 갈수록 감소한다는 사실 외에 다른 가정은 하지 말길 바란다(구체적으로 말하자면, 앤의 부의 효용 함수는 그림 5-1과 비슷하다). 여기까지를 바탕으로 추측해보라.

여러분은 a, b, c 중 하나를 골랐는가? 그렇다면 틀렸다. 한 번 더 기회를 주겠다. d라고 생각하는가? 우리가 답이 충격적이지 않은 문제는 내지 않았으리라 생각해서 e나 f처럼 터무니없는 답을 고른 사람도 있을지 모르겠다. 그렇다면 또 틀렸다. 혹시 정보가 너무 적어서 답할 수 없다고 생각해 h를 고른 사람이 있다면, 이번에도 틀렸다.

정답은 g다. 앤은 '12억 5,000만 달러'를 딸 가능성이 있어도 1만 달러를 잃을 확률이 50%면 베팅을 거부할 것이다. 물론 g 베팅을 거부하는 것은 비상식적이지만, f 베팅을 거부하는 것도 어차피 마찬가지다. 여러분이 앤의 상황이라면 d 베팅도 거절하지 않을 테고, e 베팅은 여러분의 지인 중에도 거절하는 사람이 없을 것이며, f 베팅은 세상 누구도 거절하지 않을 것이다. 그렇다면 이 답을 어떻게 설명해야 할까?

5장에서 논의했듯, EUT에서의 위험 회피는 '오로지' 부의 한계효용 체감에서 비롯한다. 이것이 상트페테르부르크 역설의 핵심 '해결책'이었다. 앤이 110달러 이득 대 100달러 손실의 소액 베팅에서 위험 회피 성향을 보인 것은 부에 대한 그녀의 한계효용이 '믿기 힘들 정도로' 급격히 체감한다는 의미다. 그녀가 소액 베팅을 거부한 이유는 현재 재산에 더해질 110달러의 가치가 현재 재산에서 빠져나갈 100달러의 가치보다 더 작다고 생각하기 때문이다. 그녀의 총재산 중 210달러의 가감으로 돈이 주는 가치가 10% 변한다는 것은 말도 안 된다. 그만큼의 변화를 더 큰 판돈에 적용하면 방금 예에서처럼 극단적인 위험 회피로 이어진다. 앤이 느끼는 부의 한계효용은 급격히 체감하기 때문에 1만 달러의 손실 가능성을 충분히 보상하려면 13억 달러 이상이 필요하다. 이러한 믿기지 않는 결과를 고려할 때, 소액이나 중간 위험도의 도박에 대한 위험 기피적 태도를 기대 효용 이론으로 설명하려는 시도는 옳을 수가 없다.

물론 위험 회피를 설명하는 기존 방법은 앤에게뿐 아니라 우리 대부분에게도 비현실적이다. 100달러 손실과 110달러 이득의 확률이 반반인 베팅에 응할 사람도 있고, 그러지 않을 사람도 있다. 하지만 여러분 같으면 1,000달러 손실 대 1,100달러 이득, 또는 1만 달러 손실 대 1만 2,500달러 이득의 확률이 반반인 베팅에 임할 것인지 자문해보라. 그러고 나서 4만 달러 손실 대 1,000억 달러 이득에 대한 50 대 50 베팅은 또 어떤가 생각해보라. 만약 1만 달러 이하의 손실 가능성이 있는 앞의 세 가지 '소액' 베팅 중 어느 하나라도 좋아하지 않으면서, 50%:50%의 확률로 4만 달러(퇴직금, 주택 재산 등의 미래 수익과 같은 어떤 종류의 재산이든)를 잃거나 빌 게이츠Bill Gates만큼 부자가 될 수 있는 베팅에 기꺼이 임하겠다고 한다면, 여러분은 기대 효용을 극대화하는 사람이 아니다.

결론을 뒤집어 말하자면, 큰돈이 걸린 베팅에 터무니없이 높은 위험 기피도를 예상하지 않는 효용 함수라면 소액이나 중간 규모의 액수가 걸린 베팅에서는 사실상 위험 중립적인 태도를 보일 것이라고 예측해야 한다. 따라서 기대 효용 극대화를 추구하는 사람이라면 자신의 (생애) 재산에 비해 크지 않은 금액에 대해서는 기댓값을 극대화하는 것처

- 이 장의 핵심은 개인의 위험 성향을 부의 효용 함수의 기댓값에서 도출하는 기존 경제학자들의 모형이 현실의 인간 행동과 맞지 않음을 밝히는 것이다. 이로써 우리는 '기대 효용 이론'을 인간은 효용 함수의 기댓값을 극대화한다는 가정뿐 아니라, 효용 함수는 부의 변화 등 다른 요소는 제외하고 부의 수준에만 의존한다는 가정까지 포함하는 익숙한 의미로 사용한다. 이에 대해서는 잠시 후 더 자세히 논의한다.

럼 행동해야 한다.•

다음 단락에서 우리는 이 주장을 뒷받침하고, 왜 이런 일이 발생하는지에 대한 직관적 사실을 전달하고자 한다. 나머지 단락에서는 기대 효용이라는 틀이 그동안 경제학자들을 어떻게 오도했는지, 우리가 생각하는 위험 회피의 올바른 설명 방법은 무엇인지(힌트: 전망 이론), 이러한 대안 이론이 더 나은 예측에 어떻게 도움이 되는지를 사례와 함께 간략히 논의하겠다.

근본적인 오보정: 지구는 둥글지만 발밑은 평평하다

적어도 케네스 애로까지 거슬러 올라가 보면, 몇몇 신중한 경제학자들은 기대 효용을 극대화하는 사람들은 판돈이 상대적으로 작을 경우 (거의 모든 지점에서) 얼마든지 위험 중립적으로 행동할 수 있다는 점을 이해하고 있었다. 효용 함수의 모양은 오목하지만(즉, 부의 총액에 대한 한계 효용체감), 부의 비교적 작은 변화를 국소적으로 확대해 보면 대략 선형을 띤다. 지구를 생각해보면 직관적으로 알 수 있다. 이 책을 읽는 모든 독자는 지구가 둥글다는 사실에 동의할 것이다. 따라서 지구의 한 극에서 다른 극으로 이동하는 경로가 어느 정도 굽어 있다. 이제 지구의 특정 장소, 가령 미국 중서부의 네브래스카주를 확대해보겠다. 그곳을 보면 둥근 지역이라는 생각이 들지 않고 매우 평평해 보일 것이다(실제로도 그렇다).

효용 함수에도 같은 직관적 지식이 적용된다. 이전 장에서 곡선형 효용 함수가 위험 회피를 암시하는 이유를 설명한 그림 5-1을 떠올려보라. 하지만 그 장에서 논의했듯, 곡선은 개인의 부 전 범위에 걸친 효용을 포착하기 위한 것이다. 즉 소액 도박의 결과가 효용에 미치는 영향을 알기 위해서는 곡선을 확대해서 봐야 한다. 마치 지구와 같이, 전체 효용 함수는 곡선형이지만 소액 도박의 결과를 결정하는 부분은 '평평'하다. 이는 효용을 부의 함수로 정의하는 기대 효용 이론은 사람들이 소액 도박에 위험 중립적임을 함축한다.

기대 효용 이론이 중간 위험도의 도박에 대한 위험 회피를 설득력 있게 설명하지 못한다는 점은 여러 논문의 저자들이 다양한 상황과 다양한 형태의 효용 함수를 통해 지적해왔다.[4] 라빈의 '보정 정리'가 혁신적인 특징은 그것이 놀랄 만큼 일반적이라는 점이다. 효용 함수가 우상향하고 오목하다는 것 외에 '아무것'도 가정하지 않더라도, 이 정리를 통해 '기대 효용 극대화자가 위험이 중간 수준인 도박 A를 항상 거부한다면, 그는 위험이 더 큰 도박 B도 항상 거부할 것'이라는 결론이 나온다.

다음 표 6-1은 앤이 100달러를 잃을 확률이 50%이고, 50%로 101달러, 105달러, 110달러, 혹은 125달러를 얻는 도박을 제안받을 경우를 구체적 예로 제시한 것이다. 이를 통해 앤이 400달러나 1,000달러와 같이 더 큰 금액을 잃을 위험을 감수하려면 얼마나 많은 돈을 따야 하는지 알 수 있다. 여기서 놀라운 결과는 앤이 자신의 재산 수준에 관계없이 110달러 이득 대 100달러 손실처럼 겉보기에 합리적인 듯한 베팅을 거부한다면 '어떤 금액을 얻더라도' 1,000달러를 잃을 위험을 감수하지 않으리라는 것이다.

표 6-1: 앤의 도박 예시•

	g			
L	$101	$105	$110	$125
$400	$400	$420	$550	$1,250
$600	$600	$730	$990	∞
$800	$800	$1,050	$2,090	∞
$1,000	$1,010	$1,570	∞	∞
$2,000	$2,320	∞	∞	∞
$4,000	$5,750	∞	∞	∞
$6,000	$11,810	∞	∞	∞
$8,000	$34,940	∞	∞	∞
$10,000	∞	∞	∞	∞
$20,000	∞	∞	∞	∞

출처: Rabin(2000b)

앞서 언급했듯 이러한 결과에서 직관적으로 알 수 있는 사실은 기대 효용 이론의 틀 내에서 중간 위험도의 도박을 포기한다는 것은 부의 한계효용을 매우 빠르게 체감한다는 의미다. 기대 효용 이론의 이러한 특징은 사소한 기술적 특징이 아니라 근본적 특징이다. 실제로 우리가 설명한 결과는 이 이론의 기반이 되는 바로 그 전제를 대수적으로 반영한 것일 뿐이다. 생각해보라. 기대 효용 이론은 개인의 위험 성향이 전 생애에 걸친 부의 변동에 따른 한계효용의 변화로만 결정된다고 주장한다. 따라서 사람들이 '평생 동안'의 부에 눈에 띄는 금전적 변화를 초래하지 않는 위험이라면 회피하지 않을 것이라고 본다. 대부분의 이득이나 손실이 당시에는 적잖게 느껴져도, 생애 전체를 놓고 보면 부에

• 앤의 재산이 얼마든 그녀가 100달러 손실 대 g 금액 이득의 확률이 50 대 50인 베팅을 꺼린다면, 그녀는 L 금액 손실 대 g 금액 이득의 확률이 50 대 50인 베팅도 거부할 것이다. g 값은 표에 나와 있다.

큰 영향을 미치지 않을 것이므로 사람들은 거의 위험 중립적일 것이라는 게 기대 효용 이론의 핵심 원칙이다. 그러나 이 전제는 데이터(그리고 단순한 자기 성찰)에 의해 명백히 기각되었다.

우리가 거론한 문제들이 단지 부의 수준에 의존하는 효용 함수를 고집스레 사용해서 발생하는 게 아닌지 궁금해할 사람도 있을 것이다. 물론 상트페테르부르크의 역설을 '해결'한 것은 바로 이러한 효용 함수에 대한 통찰력이었다. 또 이 가정은 경제 이론에서 완전히 전통으로 자리매김해 위험 회피도를 계산하는 모든 표준 방식에 사용된다.[5] 더욱이 8장에서 논의할 생애 주기 가설 같은 저축 및 소비 이론도 (생애) 재산에 의존하는 효용 함수를 토대로 한다. 그렇지만 정작 기대 효용 이론은 그 자체로는 효용 함수에 들어갈 변수가 무엇인지를 명시적으로 말하고 있지 않기 때문에, 원칙적으로는 부 대신 가령 소득이나 소비에 의존하는 이론으로 만들 수도 있다. 실제로 전망 이론의 가치 함수는 이득보다 손실에 더 큰 가중치를 부여하면서 특정 기준점으로부터 '부가 변화한 정도'에 의존한다. 기대 효용 이론도 변수를 생애의 부 대신 부의 증가분 같은 것으로 바꾸면 구제될 수 있지 않을까?

우리는 전망 이론을 지지하는 사람으로서 당연히 이러한 수정 조치에 찬성하지만, 소득의 함수로 이론을 재구성하려면 먼저 의사 결정자들이 '소득'을 어떻게 정의하는지부터 명시해야 한다. 예컨대 식당 종업원인 톰은 급여의 일부를 팁으로 받는다. 그는 자신이 담당하는 각 테이블의 손님에게 얼마나 신경 쓸지 결정해야 한다. 그리고 팁은 소득에서 가변적인(고로 불확실한) 구성 부분이다(우리가 예측하건데, 예를 들어 고객의 음주량은 팁의 평균과 분산을 모두 증가시킬 것이다). 톰이 자신이 맡은 테이블 손님에게 얼마나 정성을 쏟아야 하는지 행동을 모형화하려면, 그의 '소득'을 어떻게 정의해야 할까? 테이블당? 하루 근무시간당? 급여 주기? 만약 그가 배우라는 다른 직업도 겸업한다고 가정해보자. 배우로 번 돈도 소득에 포함해야 할까? 까다로운 질문이지만, (8장에서 논의할) 심리적 회계 개념은 이들을 아울러 다룰 수 있다. 하지만 연구자들이 토끼 굴에 빠지지 않고, 부에 기반한 기존 이론에서 소득에 기반한 다른 이론으로도 쉽게 갈아타리라 예상한다면 순진한 생각이다. 사실 우리는 그런 토끼 굴을 좋아하지만, 이상한 나라의 앨리스처럼 일단 토끼 굴에 빠지면 길을 잃기 쉽다. 중요한 것은 EUT가 소득이나 소비에 따라 정해진다 해도, 앞서 카너먼과 트버스키가 낸 질문에서 사람들의 선택을 설명할 수 없다는 것이다. 이를 설명하려면 기준점 의존성, 이득과 손실 사분면에서의 민감도 체감, 손실 회피, 확률 가중치를 두루 고려해야 한다. 그리고 이것들을 모두 고려하면 전망 이론과 아주 비슷해진다!

그래서 어쩌라고?

기대 효용 이론은 걸려 있는 금액이 매우 큰 상황에서의 위험 회피에 대해 우리가 갖고 있는 직관을 어느 정도 잘 포착한다. 또 쉽게 다룰 수 있는 대안이 없는 가운데 대체로 매우 유용한 모형으로 남아 있다. 그러나 이 이론은 대부분의 위험에 대한 태도를 정확히 설명하지 못해, 이 이론을 적용하는 경제학자들에게 때로 오해를 불러일으키곤 한다.

한 가지 예는 실험 경제학에서 찾아볼 수 있다. 실험실 실험은 참가자들에게 보통 25달러 미만의 소액을 판돈으로 제시하고 진행한다. 참가자들의 선택을 통해 그들의 믿음을 추론하고자 하는 실험도 있다. 예컨대 한 참가자가 상황 A가 발생할 때 5달러를 받는 도박을 상황 B가 발생할 때 10달러를 받는 다른 도박보다 선호한다고 가정하겠다. 그렇다면 그가 상황 A가 발생할 확률을 상황 B보다 최소 2배 이상으로 높게 보고 있다고 추론하고 싶겠지만, 경제 이론은 그런 추론이 불가능하다고 말한다. 사람들이 10달러를 5달러의 2배만큼 좋아한다고 가정해선 안 되기 때문이다.

실험 연구자들은 부적절한 추론이라는 원성을 막기 위해 창의적인 절차를 개발했다. 참가자들에게 10달러와 5달러의 상금 대신, 당첨 확률이 10%인 100달러 대 당첨 확률이 5%인 100달러를 상금으로 제시하는 것이다. (가정상) 기대 효용의 크기는 '확률'에 대해 선형이므로, 이론상 당첨 확률이 10%인 복권은 당첨 확률이 5%인 복권보다 정확히 가치가 2배라는 가정이 '가능'해진다. 꽤 영리한 해법 아닌가?

이 복권 절차의 문제점은 위험 회피 요인을 중립화하는 데 이 절차가 이론적으로 충분하다는 근거가 오직 사람들이 기대 효용 이론에 따른다는 가정에만 근거한다는 것이다. 예컨대 참가자들이 (전망 이론처럼) 확률과 다른 결정 가중치를 사용한다면, 이 절차는 실패할 것이다. 그러나 참가자들이 '실제로' 기대 효용을 극대화하는 사람들이라면, 이 절차는 불필요하다. 기대 효용 이론에 따르면 사람들은 실험실 연구에서 사용되는 금액의 크기를 둘러싸고 나타나는 의사 결정에서 사실상 위험 중립적일 것이기 때문이다. 따라서 사람들이 전망 이론에서 바라보는 것처럼 행동한다면 복권 절차는 효과가 없을 것이고, 반대로 기대 효용 극대화를 한다면 그 절차는 불필요하다. 경제학계는 연구자들에게 이 복잡한 절차로 짐만 안긴 셈이다. 경제학자들은 기대 효용 가설을 문자 그대로 해석했을 뿐, 진지하게 해석하지 않았기 때문이다.

연구자들이 보정을 무시하면 기대 효용 이론에 '반하는' 강력한 증거를 기대 효용 이론을 '뒷받침하는' 증거로 오인할 수도 있다. 예를 들어 한 연구에서는 소비자들이 지역 통신 회사로부터 내부 전화선 배선 수리 보험을 구매할 것인지, 아니면 문제가 생길 때마다 수리비를 직접 부담할 것인지에 대해 어떻게 선택하는지를 조사했다.[6] 저자들의 계산에 따르면, 평균적으로 소비자들은 매월 보험료로 45센트를 내는 것과, 한 달에 0.005의 확률로 발생하는 고장에 평균 55달러의 수리비를 직접 부담하는 것 사이에서 선택을 내려야 했다. 사람들은 월평균 27센트가 드는 수리 '위험'에 대비해서 월 45센트를 지불하고 있었다. 55달러를 지불해야 할 가능성이 작고 혹시라도 그 이상의 비용을 지불해야 할 위험은 미미한데도 말이다. 그들의 표본에서 가구의 57%가 보험에 가입했다.

과거 수백만 명의 미국인은 매년 비슷한 전화선 보험에 가입하곤 했다(이 관행은 휴대전화 시대에 들어서면서 거의 사라졌지만, 휴대전화 보험 같은 다른 수상한 '보험'에 가입하는 관행은 여전하다). 기대 효용 극대화를 추구하는 고객이 전화선 수리가 필요하게 될 확률을 합리적으로 예측하거나, 거래 비용을 제외한 순수익을 고객에게서 빼 가려는 통신 회사의 속셈을 안다면 전화선 보험에 가입할 것 같지는 않다. 어쨌든 근사적 기대 효용 이론과 근사적 합리적 기대라는 한 쌍의 가설을 기각하기는 어렵지 않다. 그러나 논문 저자들은 자신들의 분석을 기대 효용 이론을 현실에서 직접 확인한 증거로 제시하고 정반대 결론을 내린다. 그들은 '관찰한 바에 따르면, 사람들의 선택 행동은 기대 효용 극대화와 일치한다'라며 '기대 효용 이론의 종말을 선언하기엔 시기상조일 것'이라고 주장한다.[7] 그들이 자신들의 분석을 잘못 해석한 것은 우리 경제학계가 대대적으로 위험 회피를 잘못 해석해온 것을 재현한 결과다. 저자들은 기대 효용 이론이 매우 작은 금액에 대해서는 위험 회피를 설명하지 못한다는 것을 깨닫지 못했다.

위험 회피를 '제대로' 설명하려면

선험적으로 왜 한계효용체감이 사람들이 일상적 선택에서 보이는 위험 회피 형태와 '연관되어야 하는지'는 명확하지 않다. 처음 얻는 100만 달러보다 그다음 추가로 얻는 100만 달러가 덜 기분 좋은 이유를 설명하는 메커니즘으로 그리 크지 않은 금액이 걸린 도박을 거부하는 이유까지 설명할 수 있어야 할까? 효용 함수의 오목한 모양은 상트페테르부르크의 역설을 직관적으로 풀어내지만, 우리가 통상 마주하는 위험 회피를 설명하지는 못한다. 기대 효용 이론이 일상에서 볼 수 있는 작은 규모의 위험 회피를 설명하지 못한다면, 다른 어떤 이론이 이를 설명할 수 있을까? 우리는 전망 이론이 적절한 설명이라고 생각한다.

현재 상태나 그 외 어떤 기준점 대비 이득과 손실로 결과를 전망하고 이득보다 손실에 약 2배 더 가중치를 두는 사람이라면 승산이 2 대 1 미만인 동전 던지기 베팅을 계속 거절할 것이다. 기댓값이 순전히 양의 값인 위험을 회피하는 행동도 전망 이론으로 설명할 수 있는데, 가치 함수가 이득 영역에서 안으로 오목하기 때문이다. 이렇게 전망 이론은 기준점 주변에서 손실 회피와 범위 좁히기의 조합을 통해, 아주 작은 위험을 안은 도박조차 회피하는 사람들의 심리를 직접적으로 설명한다.

합리적 인간이 가장 먼저 호구가 되는 세상

이 장에서는 사람들이 대부분 판돈 액수가 크지 않고 기댓값이 0보다 큰 도박을 거부하며 일상적으로 기대 효용 이론을 위배한다는 사실을 살펴보았다. 어떤 경제학자들은 기대 효용 이론을 반복적으로 위배하는 것은 있을 수 없는 일이라고 주장한다. 기대 효용 이론을 계속 위배하는 사람들은 소위 머니 펌프money pumps가 되어, 쉽게 모든 돈을 잃게 될 것이기 때문이다. 그 논리(브루노 데 피네티Bruno de Finetti가 증명한 정리의 변형)는 다음과 같다.[8] 만약 누군가가 기대 효용 이론의 공리 중 '어떤 하나라도' 위배한다면, 그가 끌릴 만한 베팅을 연이어 제시하면서 그의 전 재산을 거덜 낼 수 있다.

이해를 돕기 위해 예를 들어 설명하는 것이 좋겠다. 이마스의 선호가 다음과 같다고 가정해보겠다. 그는 나이키 신발을 아디다스보다 좋아하고 아디다스를 뉴발란스보다 좋아하지만, 나이키보다 뉴발란스를 좋아한다. 이는 이마스가 이행성 공리를 위배했다는 뜻이다. 이마스가 아디다스 신발 한 켤레를 가지고 있는데, 거리에서 멋진 나이키를 신고 있는 탈러를 봤다고 가정해보자(이마스가 탈러와 신발 치수가 같다는 점도 이 책의 공저자로 적격인 이유 중 하나다). 탈러는 이마스에게 나이키 한 켤레를 줄 테니 이마스의 아디다스 신발과 50달러를 달라는 거래를 제안한다. 이마스는 흔쾌히 동의한다. 다음 날 탈러는 어제 새로 얻은 나이키를 신은 이마스를 보고 다시 거래를 제안한다. (이마스를 만나기를 바라며 일부러 신고 온) 자신의 뉴발란스 운동화를 줄 테니 이마스의 나이키에 50달러를 얹어달라고 제안한다. 이마스는 자신의 선호에 따라 이번에도 거래에 동의한다. 며칠이 지나 탈러는 또 이마스를 만난다. 그는 마지막 거래를 제안한다. 거의 신지 않은 자신의 아디다스 운동화를 이마스의 뉴발란스 운동화 더하기 50달러에 파는 것이다. 이마스는 이 제안에도 기꺼이 동의할 것이다. 결국 어떻게 될까? 이마스와 탈러의 처지는 둘 다 원점으로 돌아갔지만, 탈러는 150달러를 벌었고 이마스는 150달러를 날렸다. 이러한 '머니 펌프' 상품이 베팅으로 대체된 버전을, 우리도 왜 이런 이름이 붙었는지는 모르지만, 어쨌든 더치 북Dutch Book이라고 한다.• 이 논증에서 도출되는 결론은 만약 사람들이 (예시의 이마스처럼) 합리성이라는 견고한 공리를 어긴다면, 악랄한 사기꾼이나 심야 쇼핑 특가에 낚여 금세 모든 돈을 잃게 된다는 것이다.

많은 경제학자들에게는 이 더치 북 논증이 인상 깊게 느껴졌을지 몰라도, 우리 두 필자에게는 그렇지 않았다. 일단 우리가 아는 한 더치 북 논증은 예컨대 딱한 피해자에게 앞다퉈 매력적인 거래를 제안하려는 예비 머니 펌프 업자들 간의 경쟁을 무시한다. 그리고 기대 효용 공리의 위배자가 착취당할 수 있다는 핵심 결론에 우리는 "뭐, 그럴 수도 있

• 네덜란드인이자 위험과 관련된 모든 것을 알고 싶어 하는 경제학자 페터르 바커르Peter Wakker는 자신의 웹사이트 https://personal.eur.nl/wakker/miscella/dutchbk.htm에 이 용어의 어원에 대해 알아낸 내용을 간략하게만 게시했다. 우리 지인 중 이 용어의 어원을 잘 안다고 장담하는 유일한 사람은 마크 마치나Mark Machina다. 그가 말하길 '더치 북'이란 남을 이용해 노르트홀란트North-Holland 출판사의 책 한 권을 살 수 있을 만큼 돈을 버는 경우를 가리킨단다.

지"라고 반응할 것이다. 그러면서도 어떤 사람이 때때로 착취당할 수 있다고 해서, 그로부터 그가 곧 파산할 것이라고 빈번히 암시하는 것에 대해서는 "정말?"이라고 되묻고 싶다. 가끔씩 누군가의 돈을 조금 빼앗을 수 있다고 해서 항상 그의 전 재산을 빼앗을 수 있다고 볼 수는 없기 때문이다.• 피해자가 기대 효용을 극대화하지 않더라도, 언젠가는 상대방과의 거래가 자신에게 금전적으로 불리했다는 것을 깨닫고 발길을 돌릴 것이다. 어느 순간 이마스는 처음과 달라진 건 없는데 150달러만 잃었다는 걸 깨달을 테고, 이전 장에서 살펴본 공정성 개념을 생각하면 그는 더 이상 탈러와 거래하고 싶지 않을 것이다. 만약 탈러가 평판을 유지해야 하는 회사라면, 이런 식으로 고객을 저버리는 사업 모델은 썩 바람직하지 않을 것이다.

그러나 우리는 머니 펌프 논증의 전형적인 장점이 무엇이든, 머니 펌프 논증을 더 직관적으로 적용하면 실제로 EUT보다 전망 이론의 타당성을 더 '강화'할 뿐이라 믿는다. 특히 카너먼과 트버스키 실험에서의 피험자처럼 행동하는 사람들이라면 실제 세상에서 관찰되는 유형의 소규모 및 소액의 머니 펌프가 되기 쉬울 것이다. 반면 기대 효용을 극대화하는 사람들이라면 현실에서 절대 볼 수 없는 극단적인 형태의 머니 펌프에도 취약할 것이다.

우리는 모두 살면서 셀 수 없이 많은 소소한 위험에 직면한다. 우리는 각각의 위험들을 회피하고 싶어 하므로, 어떻게든 이윤을 쥐어짜려

• 우리가 아는 한, 실제로 머니 펌프가 제기되는 상황에 적용될 수 있는 엄격하고 공식적인 머니 펌프 논증은 거의 없다. 머니 펌프(및 그 문제점)에 대한 심도 있는 분석은 Cubitt and Sugden(2001)을 참고하라.

는 업자들은 이 모든 소소한 위험 하나하나에 보험을 만들어 팔고 싶은 유혹을 느낄 수도 있다. 머니 펌프 업자들은 어떻게 개인이 받아들일 만한 보험들을 묶어 결국에는 그를 파산시킬 수 있도록 할 수 있을까? 가장 저렴하고 직접적인 방법은 모든 잠재적 보험 상품들을 하나의 거대한 보험 패키지로 묶어 바가지 가격으로 파는 것이다. 하지만 이는 선택지를 한꺼번에 통째로 분석하는 손실 회피형 경제주체에게는 통하지 않는다. 왜냐하면 그러한 경제주체들(이하 '손실 회피자'라고 하자)은 한꺼번에 제시된 베팅 모음에는 응당 위험 중립적으로 행동할 것이기 때문이다(연 소득의 '겨우' 2배 금액으로 최대 1,000달러까지 모든 위험을 제거해주겠다는 제안이 매력적으로 들릴까?). 그들이 높은 보험료라도 기꺼이 지불할 의향이 있는 건 오직 단일의 소규모 위험에 대해서다.

매력 없는 일련의 베팅은 노골적으로 제시하면 안 팔린다. 그러므로 더치 북 도박업자들은 손실 회피형 고객을 이용하기 위해 신중히 접근하고 매력 없는 베팅을 한 번에 하나씩만 제공해야 할 것이다. 그들은 대개 이러한 소규모 거래로는 정보와 거래 비용 때문에 수익을 창출할 수 없다. 다만 고객이 재화나 서비스를 구매하고 있어 마케팅 비용을 들이지 않고 팔 만한 소규모 보험 상품, 그리고 보증 연장과 같이 추가 혜택으로 끼워 팔 수 있는 보험 상품은 예외다. 따라서 손실 회피적인 사람들로 이루어진 경제에서는, 합리적 선택 이론과는 전혀 부합하지 않는 터무니없이 비싼 소규모 보험 상품들이 광범위하게 판매되는 모습을 보게 될 것이다. 동시에 비슷한 규모의 위험들 중 상당수는 그런 보험을 저렴하게 판매할 방법이 없기 때문에 보험에 가입되지 않은 채로 남아 있을 것이다.

물론 이것이 바로 우리가 보는 현실 세계다(이탤릭체만으로는 우리의 강조를 표출하기에 역부족이다). 합리적 선택 이론은 사람들이 높은 자기 부담금과 매우 충실한 보장(높은 지급 한도)을 특징으로 하는 보험에 가입할 것으로 예측한다. 하지만 현실의 대부분 보험(예: 자동차보험, 건강보험)은 정반대여서 본인 부담금이 낮고 보장 한도도 낮다(이 장 마지막 부분의 업데이트에 나온 예시를 참조하라). 렌터카의 자기 차량 손해 면책이나 가전제품의 보증 연장처럼 더 악용된 형태의 보험은 근시안적으로 손실을 회피하는 사람들이 가입하는 보험 유형을 보여주는 완벽한 예다.

이처럼 손실 회피자들은 살면서 자잘한 더치 북의 장Dutch chapter에는 여러 차례 당할지 몰라도, 더치 북 한 권에 통째로 당하지는 않는다.• 반면 전화선 수리 보험 같은 소액의 보험에 가입하는 기대 효용 극대화자가 현실에 존재한다면, 그는 믿음직한 머니 펌프 역할을 할 수 있을 것이다. 기대 효용 극대화 맹신론자에게 방금 전화선 수리 보험을 판매한 통신 회사 담당자는 이렇게 말할 것이다. "저희와 통화하시는 김에… 저희 회사는 고객님의 친구로서 고객님이 살면서 겪게 될 55달러의 손실 위험을 '전부' 책임지겠습니다. 그동안 고객님의 주식 포트폴리오 가치가 55달러 이상 급등락한 적이 여러 번 있다는 것을 아십니까? 저희가 지켜드리겠습니다! 5만 5,000달러를 납부해주시면 5만 달러의 손실 가능성에 대한 보험을 제공해드리겠습니다." 라빈의 연구 결과대로라면 기대 효용을 극대화하는 사람이 전화선 수리 보험에 방

• 또 주목할 점으로 경쟁이 덜한 시장에서 손실 회피와 범위 좁히기가 합쳐지면(이를 '근시안적 손실 회피'라고 부르겠다. 이 장의 업데이트 참조), 터무니없는 가격의 소규모 보험이 대개 판매 중인 상품에 끼워 팔리는 경우가 많은 만큼 돈 펌프 현상은 더 흔히 관측될 것으로 예측된다.

금 막 가입했을 때는 통신 회사가 진정한 친구라는 데 동의하며 그들의 추가 제안에도 기꺼이 응할 것으로 예상된다(앞서 나온 표 6-1 참조). 반대로 같은 보험 상품을 구매했더라도 (그리고 범위 좁히기를 행한) 손실 회피자는 지역 거래개선협회Better Business Bureau에 전화해 사기를 신고할 것이다. 통신 회사 입장에서는 안타깝게도, 이 보험 상품을 구매하는 고객은 첫 번째 유형이 아닌 두 번째 유형이다. 그리고 머니 펌프를 노리는 사람들에게 안타깝게도, 주변에서 흔히 볼 수 있는 소규모 보험 가입자 중에 기대 효용을 이유로 가입하는 사람은 없다. 따라서 엄청난 수익을 낼 수 있는 대규모 보험 패키지의 판매 기회로 이어지지 못한다.

결론: 기대 효용 이론은 한물간 가설

기대 효용 이론은 합리적 선택의 규범적 모형으로서 경제학자들에게 매력적으로 다가온다. 경제학의 대부분 규범적 모형(예: 이윤 극대화, 생애 주기 저축 등)이 그렇듯, 기대 효용 이론은 행동을 예측하는 기술적 모형으로도 사용된다. 이 모형이 실제 사람들의 선택을 설명할 수 있는지에 대해서는 일찍이 알레, 카너먼, 트버스키 등이 의문을 제기해왔다. 그런데도 경제학자들은 EUT를 일종의 기술적 가설로 굳건히 고수했다. 우리는 이제 그 고집을 놓아야 할 때가 되었다고 생각한다.

어떤 독자들은 우리가 기대 효용 이론을 비판하는 것이 마치 죽은 말을 때려 일으키려는 듯 무의미하다고 생각할지도 모른다. 기대 효용 이론의 결점은 여러 차례 입증되었고, 경제학자들도 기대 효용 모형의 단점을 알고 있으니, 더 이상의 지적이 점점 더 불필요하고 지루해지고 있는 건 사실이다. 실제로 라빈은 이 주제로 처음 논문을 썼을 때 기대 효용 가설의 기술적 타당성에 대한 논쟁을 끝내고자 했다. 그러나 여전히 종종 놀라울 만큼 경제학자들은 EUT의 기술적 결점을 인정하지 않으려 하며, 기대 효용을 살아남게 만들기 위해 제시되는 설명과 정당화를 보면 대단하다 싶기도 하다. 그래서 사실 우리의 주장은 죽은 말을 때리기보다 죽은 앵무새를 때리는 것에 더 가까울지도 모르겠다.

텔레비전 쇼 〈몬티 파이선의 비행 서커스Monty Python's Flying Circus〉의 고전적인 에피소드를 보면, 한 손님이 그날 일찍 반려동물 가게에서 산 앵무새('노르웨이 블루')가 죽었다고 불평하며 반품하려고 한다.• 이 촌극은 가게 주인이 앵무새가 아직 살아 있다며 갈수록 억지를 부리는 내용으로 구성되어 있다. 그저 쉬는 중이라는 둥, 하도 오래 울어서 지쳤다는 둥, 누워서 쉬는 걸 더 좋아한다는 둥, 노르웨이의 피오르가 그리워서라는 둥 비현실적인 변명을 늘어놓는다. 손님은 앵무새가 죽었다는 것을 증명하기 위해 새장에서 꺼내 때리기 시작한다. 가게 주인은 앵무새의 '아름다운 깃털'을 가리키며 화난 손님의 주의를 딴 데로 돌리려고 계속 노력한다. 그러나 손님은 "지금 깃털이 중요한 게 아니잖아요"라고 응수하고는, 앵무새가 죽었다는 주장을 표현만 달리해서 반복한다. 마지막에는 "이것은 전前 앵무새입니다"라고 일침을 놓는다.

우리는 마치 반려동물 가게에서 죽은 앵무새를 찰싹찰싹 때리는 손님 같은 심정이다.•• 경제학자들은 거의 수십 년간 기대 효용에서 뚜렷이 벗어나는 연구 결과들을 물리쳐왔다. 많은 학자들은 알레의 역설을

• 유튜브에서 볼 수 있다. Cinematheia(2013)를 참고하라.
•• 이 책을 집필하는 동안 희생당한 동물은 없다.

대수롭지 않은 단순한 문제로 치부한다. 그리고는 그것을 무시하든지 기대 효용 이론의 규범적 일반화에 통합해야 한다고 생각했다. 많은 사람들이 트버스키와 카너먼의 프레이밍 입증이 단순한 잔재주라고 (잘못) 일축했다. 이와 반대로, 여기서 논의된 보정 문제는 기술적 문제나 잔재주 유형으로 치부할 수 없다. 이러한 문제를 반박하는 것은 앵무새가 죽지 않았다는 가게 주인의 억지 주장과 비슷하고, 문제를 외면하려는 것은 가게 주인의 화제 전환과 비슷하다. 기대 효용 이론에 따르면 사람들이 생애의 부에 큰 영향을 미칠 가능성에 직면할 때만 위험 중립성에서 벗어난다고 주장하게 되지만, 이러한 예측은 명백히 거짓이다.

기대 효용 모형은 세련된 수학, 취급의 용이성, 규범적 호소력 측면에서 분명 '아름다운 깃털'을 지니고 있다. 하지만 그 모형이 기술적으로 잘못되고 종종 오도될 소지가 있다면, 언젠가 경제학자들은 깃털은 중요하지 않다고 결론지어야 한다. 완고한 가게 주인조차 결국 앵무새가 죽었다는 것을 인정하고 "그럼 바꿔드려야겠군요"라며 물러섰다.

그렇다면 기대 효용 이론을 대체할 이론은 무엇일까? 우리는 특정 형태의 손실 회피와 각 결정을 별개로 접근하는 경향, 이 두 가지가 사람들의 위험 회피도를 잘 설명하는 기술적 이론의 핵심 요소라고 생각한다. 덧붙여 우리는 경제학자들이 기대 효용이 한물간 가설에 불과하다는 사실을 인식하고, 불확실성하에서의 선택을 더 잘 설명하는 기술적 모형을 개발하는 것이 중요하다고 믿는다.

업데이트

매일 주가를 확인하는 투자자가 국채를 선호하는 이유

불확실성하에서의 선택

매슈 라빈과 위험 회피에 대해 함께 집필한 원논문은 실증적 증거를 제시하지 않았다. 매슈와 탈러는 사람들이 자기 재산에 비해 '작은' 위험에도 자주 위험 회피적 선택을 한다는 것이 자명하다고 생각했기 때문이다. 더욱이 실험실 실험 참가자들은 약 20달러의 낮은 위험에도 위험 회피적 선택을 보였다. 이것으로 증명 끝!

혹은 적어도 그렇게 생각했다. 그러나 EUT는 라빈의 보정 정리에 비추어 볼 때 터무니없는 결과를 얻는 실험 경제학자들에게조차 경제학의 표준 모형으로 남아 있다. 그들의 논문은 간단한 묘책을 써서 황당해 보이지 않게 만든 위험 회피도를 추정하기도 한다. 그리고 피험자의 부가 0이라고 (반사실적으로) 가정해, 계산된 위험 회피 수준이 합당하게 느껴지도록 만든다.[9] 이것이 실험 대상으로 자원한 학부생에게는 적절하다고 말할 수 있을지도 모른다. 하지만 EUT 모형에서 가정하는 부란 '생애'의 부를 가리키며, 연구 중심 명문 대학의 미래 졸업생들이 앞으로 가난하게 살 것이라고는 거의 예상되지 않는다는 점을 명심해야 한다. 게다가 실험실 실험의 참가자가 자기 돈을 잃는 경우는 매우 드물기 때문에 유동성에 대한 우려 또한 적절하지 않다. 우리는 실험실 밖으로 눈을 돌려 현실 세계에 주의를 기울여야 한다.

이 장에서 언급했듯, 사람들은 100달러도 안 되는 상품의 보증 연장처럼 매우 낮은 위험에 대해서도 보험을 든다는 증거가 많다. 그러나 보험에서 과도한 위험 회피를 가장 잘 보여주는 증거는 저스틴 시드너 Justin Sydnor의 연구 결과다.[10] 그는 한 기업의 5만 개 이상의 주택 보험 표본을 가지고 소비자가 선택하는 자기 부담금을 조사했다. 소비자는 1,000달러, 500달러, 250달러, 100달러의 자기 부담금을 선택할 수 있었다. 가장 흔히 선택되는 자기 부담금 액수는 500달러였으며, 이는 자기 부담금이 더 큰 보험에 비해 고객이 최대 500달러까지의 위험에 대비하고자 추가 보험료를 지불하겠다는 뜻이다. 이 보험에 가입한 고객은 연간 약 100달러 더 높은 보험료를 지불했다. 이것이 현명한 선택인가? 답은 청구 빈도에 따라 달라지긴 하나, 이 표본에서는 청구율이 연간 5% 미만이었다. 따라서 그들은 기댓값이 25달러도 안 되는 보험에 연 100달러를 지불하고 있는 셈이다. 이는 기대 효용 극대화를 추구하는 사람들이 소액 보험에는 본질적으로 위험 중립적이어야 한다는 결론과 그다지 부합하지 않는다. 그러나 손실 회피 성향이 강한 소비자는 보험금 청구를 손실로 인식하는 부류로, 자기 부담금이 낮은 보험을 선택하는 것이 별로 놀랍지 않다.

또 다른 예를 들어보겠다. 두 가지 건강보험 옵션 중 하나를 선택한다고 가정하자. 옵션 A는 모든 청구를 전액 보장하나 월 300달러를 내야 한다. 옵션 B는 내야 하는 돈이 월 100달러지만 연 최대 2,000달러까지 본인이 부담하고 그 후로 모든 청구가 보장된다. 다른 모든 조건은 같다. 어떤 것을 선택해야 좋을까? 잠시 생각해보라.

여러분도 짐작했겠지만 어느 선택이 올바른지는 분명하다. 옵션 B가 옵션 A보다 '우월하기' 때문이다. 즉 연중 청구 건수와 관계없이 옵션 B가 더 낫다는 뜻이다. 옵션 A의 연간 비용은 3,600달러인 반면, 옵션 B의 연간 '최대' 비용(즉 청구 금액이 2,000달러 한도에 도달했을 때)은 3,200달러다. 자기 부담금이 큰 보험에 들면 최소 400달러, 1년 동안 청구 건수가 없다면 2,400달러를 절약할 수 있다! 그런데도 누가 옵션 A에 가입하겠냐고? 음, 다들 가입한다. 사우랍 바르가바Saurabh Bhargava, 조지 로웬스타인, 저스틴 시드너는 「자발적 손실: 우월한 옵션이 포함된 목록에서의 건강보험 선택Choose to Lose: Health Plan Choices from a Menu with Dominated Options」이라는 논문에서 사람들이 일상적으로 옵션 A와 같은 선택을 한다는 사실을 발견했다.[11]

논문 저자들은 한 대기업에서 직원들이 내린 선택을 연구했다. 이 기업은 약 2만 4,000명에게 샐러드 바처럼 다양한 보험 상품을 주고 이 중 일부를 골라서 선택하도록 했다. 모든 보험 상품은 동일한 의료 서비스 제공자 집합을 포함하고 있었다. 보험 상품은 우리가 언급한 두 특징인 보험료와 자기 부담금 액수 그리고 다른 두 가지 금전적 특징에 따라 차이가 났다. 총 48가지 옵션이 있었는데, 많은 경제학자들은 각 직원이 가장 선호하는 옵션 세트를 선택할 기회를 주는 이러한 설계 방식을 칭찬할 것이다. 물론 우리는 특정 가구에 어떤 보험이 가장 좋은지 꼽을 수 없지만, 어떤 보험을 피해야 하는지는 확실히 말할 수 있다. 우리가 서두에서 든 예처럼 선택하려는 보험 상품보다 우월한 선택지가 있다면 그 보험 상품은 결코 선택해선 안 된다. 그러나 바르가바 연구 팀이 분석한 미국의 한 중견 기업 근로자들은 건강보험을 해서는 안 되는 식으로 선택했다.

제시된 옵션 중 대체로 자기 부담금이 낮은 상품보다 자기 부담금이 높은 상품이 우월한 경우가 많았다. 즉 낮은 자기 부담금의 비용 절감 효과가 높은 보험료를 정당화하지 못한다는 얘기다. 그러나 '상당수' 직원들이 열등한 상품을 선택했다. 따라서 평균 약 24%에 달하는 초과 보험료 지출이 발생했으며, 이는 연간 수백 달러에 달하는 비용이었다. 중요한 것은 특히 살림이 빠듯한 직원들이 가장 큰 영향을 받았다는 점이다. 저소득 직원들일수록 열등한 상품을 선택하는 경향이 있었다.

왜 이토록 많은 사람들이 다른 대안보다 비용이 더 많이 들 수밖에 없는 건강보험을 택할까? 기대 효용 이론에 따르면 이는 명백한 오류다. 하지만 손실 회피를 적용한 전망 이론으로는 이를 설명할 가능성이 있다(단순한 혼돈도 중요한 역할을 할 수 있지만). 자기 부담금이 낮은 보험 상품은 사고 발생 시 직접 지불해야 할 금액을 최소화한다. 그에 따르는 할증 보험료는 세금 및 기타 공제액과 함께 매달 급여에서 직접 공제되므로 별로 눈에 띄지 않는다. 즉 심리적으로는 '생활비'의 일부가 되어 '손실'로 느끼지 않을지도 모른다(급여에서 원천징수되는 세금은 손실처럼 느껴지지 않지만, 연말정산 후 추가 납부해야 하는 금액에 대해서는 뼈아픈 손실로 느껴지는 것과 비슷하다).

대개 예상치 못한 지출인 의료비는 병에 걸리거나 병원에 가야 하거나 심지어 정기 진료를 받는 경우에도 (아마도 큰) 비용 청구서가 딸려 온다. 그리고 이는 사람들의 마음속에 손실로 받아들여진다("에잇, 낮은 공제액에 들었더라면 이번 진료는 '무료'였을 텐데!"). 손실 회피자는 '손실을 겪을 위험'을 최소화하기 위해 실제로 더 높은 보험료를 지불할 가치가 있다고 생각할 수 있다.

심리적 회계를 활용하면 더 나은 전략을 갖게 될지도 모른다. 저렴한 보험 상품을 선택해서 아낀 돈을 '건강'이라는 특별 계좌에 예치해두면, 청구서가 날아왔을 때 이 계좌에서 꺼내 쓸 수 있다. 미국에서 이런 계좌는 단순히 상상의 산물만이 아니고, 세제 혜택까지 제공하는 진짜 계좌로도 존재한다. 건강 저축 계좌health savings accounts는 이따금씩 고액 공제 보험 가입자에게 제공되는 비과세 예금이다.

주식 프리미엄 수수께끼

이 장의 핵심 메시지는 기대 효용을 극대화하는 사람이라면 '엄청난' 금액이 걸리지 않은 결정에서는 거의 위험 중립적인 태도를 갖게 될 것이라는 점이다. 이렇게 보면, 낮은 자기 부담금을 선택하는 사람들은 기대 효용을 극대화하는 것이 아니며, 따라서 매우 강력한 합리성 공리 중 하나를 위반하고 있다고 볼 수 있다. 그들이 단지 '위험 회피적' 선호를 지니고 있다는 말도 설득력이 없다.

비슷한 사고의 맥락으로 경제학자 라지 메흐라Raj Mehra와 에드워드 프레스콧Edward Prescott은 논의를 유발할 만한 연구 결과를 내놓았다.[12] 다들 알다시피 주식은 장기적으로 국채 같은 안전 자산보다 수익률이 높다. 이는 경제 이론과도 어느 정도 부합하는 것 같다. 주식은 국채보다 위험하므로 주식 투자자는 위험을 감수하는 만큼 더 높은 수익률을 요구한다. 주식과 국채 간의 수익률 차이를 주식 프리미엄equity premium이라고 한다. 메흐라와 프레스콧은 주식 프리미엄이 지나치게 큰 게 아닌지 분석했다. 여러분도 얼마나 큰지 궁금할 것이다. 그들의 조사 대상 기간인 1889~1978년 S&P 500의 연 수익률은 7%였지만 단기 자산의 수익률은 1% 미만으로, 연 6.2% 차이가 났다. 이는 큰 차이다. 그들은 자신들이 고려한 표준 경제모형으로는 이 차이가 지나치게 크다고 결론지었다. 탈러와 제러미 시걸Jeremy Seigel도 이 주제로 '이상 현상' 논문을 썼지만 마지못해 이 책에서 제외했다[13](혹시 아쉬운 사람은 원논문을 읽어보길). 이 장을 빼기로 한 결정은 책을 마무리하던 몇 달 사이에 이루어졌기에, 우리는 업데이트까지 집필해둔 터였다. 우리는 메흐라와 프레스콧의 논문이 처음 발표된 1980년 이후의 주식 프리미엄이 5%로 그들의 조사 대상 기간과 비슷한 수준이었음을 발견했다.• 이는 1970년대 장기 침체, 1990년대 후반의 기술주 거품 붕괴, 2007~2008년 금융 위기, 최근의 팬데믹을 포함한 45년간의 표본 외 재현을 통해 알아낸 결론이다. 따라서 주식 프리미엄은 상당히 견고하게 유지되었다.

메흐라와 프레스콧은 주식 프리미엄이 과하다고 결론지었다. 경제학의 표준 모형에서 그렇게 큰 차이를 정당화하려면 위험 회피도가 터무니없이 높아야 했기 때문이다. 기술적인 세부 사항은 생략하겠으니 관심 있는 사람은 원논문을 참조하길 바란다. 여기서는 간단히 설명하자면, 대부분 경제학자들이 측정 기준으로 삼는 적정한 위험 회피 수준은 약 1.0이다. 하지만 이 6.2%의 주식 프리미엄을 설명하려면 그 크기가 40은 되어야 한다.

이 수수께끼를 가장 적절히 설명할 방법은 무엇일까?•• 우리가 편

• 이 논문은 1980년에 처음 제출되었지만 1985년에야 발표되었다는 점을 유념하라. 1980년대 초반에 이상 현상 연구 결과를 출간하는 과정은 녹록지 않았다.

향되지 않았다고 장담은 하지 못하겠지만, 탈러가 제자였던 슐로모 베나르치Shlomo Benartzi와 함께 제안한 모형이 가장 마음에 든다.[14] 이 모형의 구성 요소는 이제 세간에도 익숙해졌다. 범위 좁히기와 손실 회피, 또는 베나르치와 탈러의 용어에 따르면 근시안적 손실 회피myopic loss aversion다. 기본 개념은 사람들이 손실 회피적이고 주식시장의 단기 변동에 지나치게 신경 쓴다는 것이다. 예컨대 자기 포트폴리오의 주가를 매일 확인하는 투자자는 확인하는 시간의 거의 절반 동안 손실을 목격할 테고, 손실마다 심적 가중치가 2배 곱해지면 곡소리가 절로 나올 것이다. 하지만 10년 정도에 한 번씩만 주가를 확인한다면, 주식은 시점을 언제로 잡든 10년 사이에는 꾸준히 오르는 경향이 있어서 손실이 거의 눈에 보이지 않을 것이다.

이들의 시뮬레이션 결과를 보면, 손실 회피적 투자자는 1년에 한 번만 투자 결과를 확인한다면, 주식과 국채에 대한 태도 사이에서 큰 차이를 보이지 않았다. 이는 충분히 그럴 만도 하다. 사람들은 세금을 연 1회 납부하고, 뮤추얼 펀드 등의 보고서도 연말에만 받는다. 이처럼 투자자들이 주의를 덜 기울인다면 어떨까? 실험에서 참가자들에게 30년 동안(이마스 연배의 피험자들에게 적절한 기간) 주식과 채권의 가상 수익률을 제시했더니, 그들은 은퇴 자금의 대부분을 주식에 투자했다.[15] 모두가 이렇게 생각하는 세상에서는 주식 프리미엄이 지금보다 훨씬 더 작을 것이다. 참고로 지금 우리는 투자 조언을 하려는 게 절대 아니다. 하지만 탈러가 예전에 어리석었던 나머지 이런저런 조언을 했을 때는 보

●● 라지 메흐라는 젊은이들이 미래 소득을 담보로 대출받을 수 없다는 사실을 가장 적합한 설명 근거로 꼽는다. Constantinides, Donaldson, and Mehra(2002)를 참고하라.

통 젊은이들에게 은퇴 자금의 대부분을 주식에 분산투자하고 신문은 스포츠 난만 읽으라고 조언했다. 그때는 신문이 주된 정보원이었다.

불확실성하에서의 다중 선택

우리는 불확실성하에서 의사 결정의 중요한 측면 중 하나가 손익을 경험하는 시점이라는 것을 확인했다. 건강보험의 경우, 매달 200달러가 기타 세금과 함께 급여에서 추가로 자동 공제되면 기억에 별로 각인되지 않을 수 있다(이와 달리 매달 할증 보험료가 별도의 고지서로 날아온다고 상상해보라!). 반면 자기 부담금을 넘어서 보험사로부터 청구되는 금액은 그때마다 일일이 마주하게 된다. 따라서 손해 보는 느낌이 들 수 있으며, 이는 손실 회피 심리로 더욱 증폭된다. 마찬가지로 특히 시장이 요동치는 시기에 주가를 매일 확인하는 투자자는 장기 투자자가 보지 않는 시장 하락 뉴스를 자주 보게 될 것이다.

지금까지 우리는 손익이 언제 인식되고 발생하는지의 구분을 강조해왔다. 또 다른 중요한 구분은 그 손익이 단지 '장부상'에 존재하는지, 아니면 '실현'되어 실제로 거래가 이루어졌는지 여부다. 간단한 예로 현재 주식을 보유하고 있는지 아닌지는 주식을 앞으로 계속 보유해야 하는지 결정하는 데 영향을 미친다. 앞으로 다룰 다른 예와 마찬가지로, 여기에서 세금과 거래 비용 문제는 대부분 무시하겠다. 거래 비용 문제는 요즘 들어 무시해도 거의 무방하나, 이 예에서 세금은 중요하다. 적어도 미국에서는 투자자가 이득을 보고 주식을 매도하면 양도소득세를 내야 하지만, 손절매하면(손실 실현) 세금 부담은 실제로 줄어든다. 따라서 일반적으로 다른 모든 조건이 동일하다면, 세금 측면에서 투자자는 손실 종목은 기꺼이 매도해야 하지만 수익 종목은 매도 시기를 늦춰야 한다.•

즉 현명한 투자자라면 손실 종목을 매도하고 수익 종목을 보유해야 한다. 그러나 일찍이 허시 셰프린Hersh Shefrin과 메이어 스탯먼Meir Statman의 논문에 따르면, 투자자들은 정반대로 손실 종목을 보유하고 수익 종목을 현금화하는 경향이 있었다.[16] 저자들은 이러한 이상 현상을 처분 효과disposition effect라고 명명했다. 초창기에 이상 현상을 연구한 브래드 바버Brad Barber와 테런스 오딘Terrance Odean은 데이터를 관찰한 결과, 경험 많은 트레이더 집단에서 처분 효과가 두드러지게 나타났다는 내용의 논문을 발표했다.[17] 이 결과를 자연스럽게 해석할 방법은 주식을 매도한다는 행위가 법적, 심적으로 거래의 '실현'을 의미한다는 것이다. 손실 종목을 매도하는 것은 투자에 실패했음을 자신과 남들 앞에서 인정하는 셈이지만, 끝까지 버틴다면 흔히 하는 말로 영원히 희망을 품을 수 있다.

특정 결정을 단독으로 고려할지, 아니면 다른 요소들과 합쳐서 고려할지 여부에도 동일한 문제가 적용된다. 앞서 언급했듯, 기존 모형에서는 모든 의사 결정이 나머지 생애의 부를 두루 고려한 결과를 토대로 이뤄지지만, 손실 회피 성향의 의사 결정자가 범위 좁히기를 하면 각 선택을 개별적으로 고려하게 된다. 의사 결정자가 기준점을 선택하는 방식에 영향을 미치는 흥미롭고 모호한 사례가 있다. 만약 어떤 근로

• 사실 이러한 거래를 자동으로 처리해주는 투자 서비스가 있다. 매년 투자자의 손실 종목 중 일부를 매도하고 비슷한 종목(또는 30일 지난 후 같은 종목)으로 교체하는 것이다.

자가 1만 달러의 연봉 인상을 기대했지만 5,000달러만 인상되었다면, 이는 이득일까 손실일까? 누군가 친선 포커 게임을 즐기다가 돈을 따거나 잃었다면, 이러한 이득이나 손실이 저녁 시간대에 이루어지는 의사 결정에 영향을 미칠까? 탈러와 에릭 존슨이 공동 집필한 논문에 따르면, 이전에 이득을 경험한 경우 도박 의향을 더 부추기는 역할을 했지만, 지금까지 따낸 전액을 새로운 도박에 걸지 않는 한에서만 그러했다.[18] 그들은 이를 하우스 머니 효과house money effect라고 명명했다. 도박 용어로 카지노를 '하우스'라고 부르기 때문이다. 실제로 이러한 선택에 대해 흔히 쓰이는 관용구가 있다. '하우스에서 번 돈으로 도박하다gambling with the house money'라는 표현인데, 이는 직전에 남의 돈을 땄다는 것을 암시한다. 한편 앞서 손실을 본 사람은 추가 도박으로 본전을 뽑을 가능성이 없는 한 더 큰 위험을 감수하지 않으려 한다. 투자자들은 손실을 심적으로 인정할 수 없어 손실 종목을 매도하길 꺼린다. 하지만 도박으로 그 손실을 완전히 지울 수 있다면 쌍수 들고 좋아할 일이다!

이마스는 이 모든 결과를 묶어 실현 효과realization effect라고 명명하고는 《아메리칸 이코노믹 리뷰》에 논문을 발표했다. 그는 사람들의 의사 결정에서 이전의 득실이 앞으로의 도박과 같은 범주로 통합되는지, 아니면 이전의 득실이 무시되고 도박 자체만 따로 평가되는지 결정하는 요인을 연구했다. 이마스의 논문은 이전 득실의 '실현' 여부가 주요인이라고 주장한다.[19] 실현된 결과나 장부상 결과나 기본은 같지만(장부상 손실이나 실현된 손실이나 재산에 미치는 영향은 그게 그거다), 사람들은 이를 매우 다르게 취급한다는 것이다. 이마스는 실험실 연구와 실제 주식 전문가를 대상으로 한 현장 연구 양쪽에서 장부상의 득실이 실현된 득실과 다르게 미래 선택에 영향을 미친다는 사실을 발견했다. 사람들은 장부상 손실에 미련을 못 버리고, 장부상 이득을 본 후에는 하우스 머니 효과를 드러낸다. 하지만 실현된 이득과 손실은 같은 액수라도 행동에 '반대'의 영향을 미친다. 사람들은 이들을 잠재적 투자 선택지와 같은 범주에 속한다고 생각하지 않는다. 따라서 손실 실현 후에는 더욱 위험 회피적으로 변하는 반면, 이득 실현 후에는 다시 기준선으로 돌아간다. 물론 복잡하지만 인생이 그런 게 아니겠는가!

의사 결정에 대해 더 넓은 관점을 취하면 사람들이 때로는 지나치게 위험 회피적인 듯하면서도 다른 상황에서는 위험 추구적으로 보이는 이유를 이해할 수 있다. 주식이나 포커 테이블에서 연달아 손실을 보고 있다면 다음 선택 시 더욱 신중해야 한다. 안 그러다간 걷잡을 수 없는 위험에 휘말리게 될 것이다.

핵심 정리

경제학자들에게: 기대 효용을 극대화하는 사람이라면 자신의 재산에 비해 위험이 작은 도박에서는 위험 중립적에 가까워야 하지만, 현실은 그렇지 않다. 세상을 이해하려면 손실 회피와 범위 좁히기를 적용한 모형이 필요하다.

독자들에게: 결정력을 높이려면 시간과 상황에 맞춰 큰 그림을 보라. 금액이 작은 위험에 대해서는 기댓값을 기준으로 두라.

7장

현재와 미래 사이의 선택

Choosing Between Now and Later

결함 있는 망원경으로 내일을 보지 마라

(조지 로웬스타인과 함께)

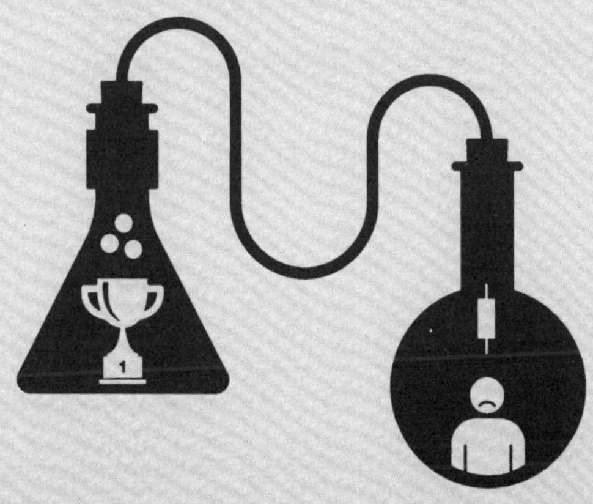

• 이 장은 Loewenstein and Thaler(1989)를 토대로 썼다.

10년 후 누리게 될 즐거움은
현재 누리는 즐거움에 비하면 거의 와닿지 않는다.
– 애덤 스미스, 『도덕감정론』

삶은 타이밍 선택의 연속이다. 때로는 고급 초콜릿을 먹는 것처럼 특별한 소비를 언제 할지도 고민거리가 된다. 또 때로는 난로 청소처럼 성가신 일을 언제 해치울지도 결정해야 한다. 구체적으로 어떤 상황이든 경제학에서는 이러한 결정을 시점 간 선택intertemporal choice이라고 하는데, 한마디로 타이밍 선택을 뜻한다(이처럼 경제학자들은 용어 갖다 붙이기를 좋아하지만, 경제학 용어 중 진정한 정수는 '보이지 않는 손'이 거의 유일하다). 교육을 어느 정도까지 받을지, 누구와 결혼할지, 아이를 낳을지, 은퇴자금을 얼마나 모을지, 어떻게 투자할지, 당장 집을 살 것인지 아니면 계속 세를 들어 살지 등 중요한 결정은 모두 '현재'와 '미래'라는 시점 간에 강력한 상충 관계를 이룬다.

시점 간 선택이 행동경제학자들에게 특히 관심사가 되는 이유는 표준 경제 이론이 이례적으로 정확하고 검증 가능한 예측을 제시하고 있어서, 이상 현상 징후가 쉽게 식별될 수 있기 때문이다. 이런 경우는 생각만큼 흔치 않다. 다른 경우에는 개인의 행동에 대한 경제 이론들은 대개 예측이 너무 모호해 검증할 수 없기 때문이다. 아무리 특이한 선택이라도 대개 선호와 제약 조건의 가정을 조정해 그 선택을 최적의 해결책으로 '합리화'할 수 있다. 예컨대 한겨울에 미시간호에서 수영하는 것도 효용 함수에 '자랑할 권리'를 입력하면 합리화할 수 있다. 물론 이런 자랑에도 감명받을 사람이 있다는 암묵적 가정이 필요하지만 말이다. 라틴어로 '취향에 대해서는 왈가왈부하지 말자*de gustibus non est disputandum*'라는 말이 있지 않은가. 반면에 시점 및 돈과 관련된 결정에서 경제 이론은 원하는 물건을 얻는 시점을 1년 후에서 한 달 후로 앞당기는 데 8.42달러까지 지불할 의향이 있다는 식으로 정량적 예측이 가능하다. 멋지지 않은가?

이 예측의 검증이 가능한 것은 자본시장 덕분이다. 자본시장에서 돈을 빌리고 빌려주는 것이 소비자에게 일종의 차익 거래 기회로 작용하기 때문이다(차익 거래 기회란 특정 가격에 사서 위험부담 없이 더 높은 가격에 되팔 수 있는 상황이다). 이 논리를 구체적으로 설명하기 위해 비현실적이긴 하지만 매우 단순한 예를 들어보겠다. 가령 소비자의 예금 금리와 대출 금리가 모두 연 10%라고 가정하자(물론 대출 금리가 예금 금리보다 높은 더 현실적인 예를 들 수 있는 것은 분명하다. 하지만 이러한 세부 사항을 하나하나 따지다간 나중에도 반복될 골칫거리만 남을 것이다. 따로 언급하지 않는 한, 이 장과 다른 장에서 우리가 단순화한 모든 가정도 마찬가지다).

먼저 경제적 보수의 상충 관계를 살펴보자. 신디에게 오늘 1,000달러를 받을지 내년에 1,200달러를 받을지 선택권이 주어진다고 가정해 보자(역시 단순화를 위해 둘 다 지급 가능성이 확실하다고 가정한다). 신디는 어떻게 해야 할까? 현재가 미래보다 좋다는 이유로 당장의 보수를 선택한다면, 그녀는 일종의 취향 논리로 자신의 선택을 변호할 수 있지 않을까? 차나 커피를 선호하는 것이 그저 취향일 뿐이라면, 현재가 미래보다 좋다는 것도 취향 문제가 되지 못할 이유가 있겠는가? 그러나 실제 답은 신디의 시간선호(소비자가 소득을 지출과 저축에 어떻게 배분하느냐에 대한 심리적 태도 — 옮긴이)가 어떤 수준이든 1,200달러를 선택하면 훨씬 더 나은 삶을 살 수 있다는 것이다. 신디가 해야 할 일은 은행에서 1,000달러를 빌려 지금 원하는 것을 사고, 내년에 1,200달러를 받은 후 원리금 1,100달러를 갚는 것이다. 그렇게 번 100달러로 다른 물건도 사면 된다. 이러한 자본시장이 존재하기에 이 거래는 위험부담이 없다. 신디가 (우리가 가정한 대로) 1,200달러를 받을 가능성이 크다면, 그녀는 그 보상을 훗날로 미룸으로써 돈을 벌 수 있다.

이 논리를 적용하고 현행 이자율을 알면, 어떤 소비자가 다른 두 시점의 금전적 결정을 어떻게 내리는지 설명할 수 있다. 예컨대 연 12%의 수익률을 보장하는 투자 상품이 있다면(역시 가능성이 확실하다고 가정하자), 투자자는 대출받은 돈으로 이 상품에 투자함으로써 더 많은 소비를 누릴 수 있다. 수익률이 10% 미만인 상품이라면 자본시장(즉 저축)에서 대출받는 비용이 더 크므로 투자할 이유가 없다. 이로부터 얻게 되는 함의는 소비자는 시점 간 상충 관계가 맞아떨어지도록 자신의 할인율(서로 다른 시점의 보수 간의 교환 비율)과 현행 이자율을 갖게 만들어야 한다는 것이다.

이러한 소비자의 행동을 현행 이자율(더 현실적인 예대 금리에서도 마찬가지)로 예측할 수 있는 건 시장이 존재하고 사람들이 적은 돈보다 많은 돈을 선호하기 때문이다. 이 사실은 시간'선호'에 따라 달라지지 않는다. 그러나 시간선호와 관련된 경제모형이 하나 있는데, 이 모형은 불확실한 선택에서의 기대 효용 이론과 비슷한 역할을 한다. 지수 할인 모형exponential discounting model으로 알려진 이 이론은 폴 새뮤얼슨이 유달리 조숙한 대학원생이던 1937년에 제안했다.[1] 자세한 내용은 생략하겠다(관심 있는 사람은 나중에 찾아보길). 핵심만 추리자면 이렇다. 누군가가 1년 후 받을 증여의 가치가 지금 당장 받는 가치의 90%로 여긴다고 가정해보자. 경제학자들은 그리스 문자를 좋아하므로, 그 90%에 고유한 문자인 δ(델타)를 사용해보자. 2년을 기다려야 한다면 어떨까? 2년을 기다리는 동안 효용의 상실은 어느 정도일까? 이 모형에서는 단순히 증여로 인한 효용에 $\delta \times \delta$를 곱한 값인 $\delta^2 \times$ U(증여)가 된다.

문제를 공식화해보자. 효용 함수가 U(x)인 사람을 예로 들겠다. 여기서 x는 어떤 유형의 소비든 될 수 있다. 지수 할인 모형에서 현재 증여의 가치는 U(증여), 1년 후 증여의 가치는 0.9U(증여), 2년 후 증여의 가치는 0.9^2U(증여)로 표시할 수 있다. 이는 이 사람이 추가로 1년을 기다릴 때마다 증여에서 얻는 효용이 그 당시 대비 90%(0.9)라는 뜻이다.

여기에서 주목할 두 가지 사항이 있다. 첫째, 두 시기 사이의 차이는 언제든 같고, 그 크기는 δ이다. 즉 두 시점을 언제로 잡든 두 시기 사이의 상충 관계는 상수라는 말이다. 둘째, 이 할인율은 현재와 미래 사이의 거리만큼 승수로 곱해진다. 다시 말해 시간이 지날수록 할인율은 복리로 계산된다. 지수 할인 모형이라는 명칭은 할인되는 기간의 수가 지수 δ로 표현된다는 사실에서 유래했다.

그렇다면 이 모형은 시간의 경과에 따른 사람들의 상충 관계를 어떻게 포착할까? 예컨대 어떤 사람에게 현재 20달러와 2년 후 증여 중 하나를 선택할 기회가 주어졌다고 가정하겠다. 효용 함수와 할인율만 보면 그가 무얼 선택할지 알 수 있다. 이를 공식화하려면 현금을 선택했을 때 할인된 효용의 합계와 증여를 선택했을 때 할인된 효용의 합계를 비교하면 된다. 따라서 $U(\$20)+0.9U(0)+0.9^2U(0)$이 $U(0)+0.9U(0)+0.9^2U(\text{증여})$보다 크면 20달러를 선택할 것이고, 후자가 전자보다 크면 증여를 기다리는 쪽을 선택할 것이다.

지수 할인 모형은 기대 효용 이론 같은 규범적 모형으로 생각하는 것이 가장 좋다. 앞서 EUT에서 도박의 가능한 결과는 확률을 가중치로 해서 계산된다고 했다. 따라서 20%의 확률은 10%의 확률의 딱 2배로 평가된다. 이 특징을 정당화하는 근거는 도박 결과에 그 밖의 다른 방식(예: 전망 이론의 가중치 함수)으로 가중치를 부여하면 이 이론이 충족해야 하는 합리성 공리 중 하나를 위반하게 된다는 것이다. 지수 할인 모형의 핵심 가설은 할인 계수가 시간이 지나도 일정하게 유지된다는 것이다. 지금 무언가를 얻는 가치가 Z라면, 시점 1에서 얻는 가치는 δZ가 된다. 그러나 미래 어느 두 시점 사이에도 (예를 들어 시점 3과 4 사이) 기다리는 동안에는 역시 δ만큼 할인된다. 그래서 지수 할인 모형은 때로 상수 할인 모형Constant Discounting Model이라고도 불린다.

지수 할인을 사용하는 이론적 근거는 다른 방식으로 할인을 적용하면 사람들이 시간이 지날수록 일관성 없이 행동하리라는 점이었다. 즉 사람들은 한 행동을 선택했다가도 나중에 예상대로 마음이 바뀔 것이다. 경제주체의 마음이 자꾸 오락가락하는 모형은 다소 성가시고 곤혹스럽기 때문에, 그럴 가능성을 배제하는 지수 할인은 경제학자들에게 속 편한 방식이었다. 게다가 이 공식에는 바람직한 성질이 또 있었다. 상위 경제모형과 어긋나지 않아서 매우 편리하다는 것이다. 이처럼 지수 할인은 사용하기 쉽고 곤혹스러운 예측이 나올 우려가 없다는 점 덕분에 (EUT처럼) 경제학의 핵심 기틀로 자리 잡았고, 90년이 지난 오늘날에도 여전히 그 자리를 지키고 있다(업데이트에서 자세히 살펴보겠다).

하지만 새뮤얼슨조차 지수 할인이 실제 인간의 행동을 잘 설명한다고 생각하지 않았다는 점을 강조해야겠다. 그는 애덤 스미스 이후 많은 경제학자와 마찬가지로, 사람들이 아서 피구Arthur Pigou의 표현을 빌려 '결함 있는 망원경'으로 시간을 본다는 사실에 공감하며 "따라서 우리는 미래의 기쁨을 말하자면 축소해서 바라본다"라고 말했다.[2] 20세기 초 또 한 명의 위대한 경제학자 어빙 피셔Irving Fisher는 '토요일 밤 퇴근길에 술집에 가고 싶은 유혹을 뿌리치지 못하는 노동자'를 거론했다.[3] 당시 토요일은 한 주의 근무를 마무리하는 날이었고, 주급은 현찰로 지급되었다. 새뮤얼슨은 은퇴를 대비해 저축하기 위해 보험증권으로 위장한 저축 상품인 종신보험에 드는 사람들을 지적했다. 그러나 새뮤얼슨은 이 경고를 남긴 후 다시 자신의 학위논문을 마무리했는데, 그의 논문은 경제학의 대부분을 더 엄밀한 수학적 방식으로 재정립해놓았다.

실증적 증거를 살펴보기 전에 혼동을 미연에 방지할 필요가 있겠다. 지금까지 논한 이 모형에서 할인 계수factor는 특히 금융 분야에서 흔히 쓰이는 할인율rate, 즉 r과 다르다. 할인 계수를 사용하면 모형의 계산이 더 쉬워지는 반면, 할인율은 사람들에게 더 익숙하다는 이점이 있다. 둘 사이의 관계 공식은 $\delta = \frac{1}{(1+r)}$이다. 즉 할인 계수가 0.9이면 할인율은 11%다. 이하에서는 경제모형을 설명할 때만 할인 계수를 사용하고, 그 외에는 더 친숙한 할인율을 사용하겠다. 한쪽이 시간에 따라 일정하다면 다른 쪽도 일정하다는 점에 유의하라. 이러한 혼동을 일으켜서 독자들에게 사과드린다. 어쩌면 새뮤얼슨을 탓해야 할까? 이제 우리는 한동안 할인율을 사용하겠다.

이 장의 내용은 지수 할인이 행동 예측에 썩 능하지 않다는 새뮤얼슨의 경고를 재소환했다고 볼 수 있다. 그리고 우리가 할 일은 이상 현상을 밝히는 것이다. 사람들은 이자율과 연동된 한 가지 고정된 할인율을 적용하는 게 아니라서, 상황에 따라 행동이 달라진다. 실제 관찰된 사람들의 행동으로부터 할인율을 도출하면 '음수'에서 연 수백 퍼센트까지 천차만별로 나온다.

외견상 음의 할인율(즉 현재보다 미래를 중시하는 것)을 보이는 예 중 잘 알려진 것은 미국의 대부분 납세자가 매년 미국 국세청IRS으로부터 받는 세금을 환급받는 것을 선택한다는 사실이다. 매년 초 한꺼번에 환급을 받는다는 것은 말하자면 정부에 무이자 대출을 제공하는 셈이다. 납세자는 쉽게 이를 피할 수 있다. 고용주에게 한 페이지짜리 양식을 제출해(지금은 온라인으로 제출한다) 원천징수율을 조정할 수 있기 때문이다. 또 다른 유사한 사례로, 교사는 연봉을 9개월(9월~6월)에 걸쳐 받든지 12개월(9월~8월)에 걸쳐 받든지 둘 중 하나를 선택할 수 있다. 대부분은 후자를 택하는데, 이 역시 고용주에게 무이자로 대출해 주는 것과 같다. 마지막 사례로 생애 소비 선택에 관한 연구들에 따르면, 소비는 은퇴 전까지 시간이 지날수록 증가하는 경향이 있다. 차입이라는 제약에 매이지 않은 이상, 이러한 패턴 역시 사람들의 할인율이 음수임을 시사한다.

반대로 할인율이 극도로 높은 사례도 쉽게 찾을 수 있다. 웨스트버지니아주는 법을 개정해 18세 미만 학생이 학교를 중퇴하면 운전면허가 취소되도록 했다. 법 시행 1년 후 중퇴율은 3분의 1이나 감소했다. 그 3분의 1에 해당하는 학생이 1~2년 동안 운전할 수 없는 비용(더 정확히는 이 기간 무면허 운전으로 치르게 될 비용)을 (가장 높은 수익률이 기대되는 투자 중 하나인) 고등학교 졸업이라는 합리적 인적 자본 투자로 전환하기로 결정했다고 보기는 어렵다. 그보다 이러한 행동은 극도로 근시안적인 선호, 즉 현재를 미래보다 지나치게 중시하는 선호를 드러내는 것으로 보인다. (주로 세월이 한참 흘러 노년에 발병하는) 피부암 위험을 경고해도 별 효과가 없다는 한 피부과 의사의 한탄에서도 이와 비슷한 사람들의 근시안이 드러난다. "우리 환자들은 햇빛이 모공을 넓히고 블랙헤드를 유발한다고 해야 훨씬 말을 잘 듣는다."

고등학생이나 일광욕 마니아들만 높은 할인율을 보이는 것은 아니다. 대부분 주택 소유자는 다락과 벽에 단열재를 적게 사용하며, 가격이 더 비싼 대신 저렴한 전기료로 그 가격을 1년 안에 벌충할 수 있는데도 고효율 가전제품을 구매하지 않는다. 소비자의 에어컨 구매 패턴을 통해 구매가와 훗날 전기료 간의 상충 관계를 조사한 연구에서는 소비자의 평균 할인율이 약 25%라고 추정했다.[4] 전기 사용량과 구매가만 다른 냉장고로 대상을 바꾼 후속 연구에서는 저렴한 모델을 구매하는 소비자의 암묵적 할인율이 엄청나게 높은 것으로 드러났다.[5] 킬로와트시당 전기료가 3.8센트라고 가정할 때 할인율은 45~130%, 킬로와

트시당 전기료가 10센트라고 가정할 때 할인율은 120~300%였다. 이후 실내 난방기, 에어컨, 온수기, 냉장고, 냉동고 등 여러 종류의 가전제품(에너지 효율이 가장 높은 모델과 비교한 시중의 평균 모델에 대해)에 내재한 할인율을 계산하는 연구도 있었다.[6] 그 결과 에어컨의 암묵적 할인율은 17%로 비교적 낮았으나, 다른 가전제품의 할인율은 훨씬 더 높았다. 가스 온수기는 102%, 전기 온수기는 243%, 냉동고는 138%였다. 경제 이론에서는 이러한 비효율적 가전제품이 생산되지 않을 것이라고 명확히 예측한다. 하지만 실제로는 그런 제품에 대한 수요가 줄어들지 않으니 여전히 대량으로 생산되는 중이다.•

이렇게 이 책 전반에서 살펴보았듯, 검증 가능한 예측이 있는 곳에는 이상 현상이 존재한다. 이 장의 나머지 부분에서는 사람들이 시장 이자율이나 혹은 여타 하나의 할인율에 따라 현금의 흐름(혹은 효용)을 할인하지 않는 것처럼 보이는 수많은 상황을 살펴보려고 한다.

사람들의 비일관성

탈러는 초창기에 시점 간 선택에 대한 실험을 한 적이 있다.[7] 간단한 설문 조사 참가자들에게 은행에서 복권 당첨금을 수령한다고 상상해보

• 에너지 효율이 떨어지는 가전제품을 구매하는 이유를 설명할 방식은 두 가지다. 바로 무지와 유동성 부족이다. 무지 가설에 따르면, 소비자는 제조사가 의무적으로 부착한 에너지 효율 등급 라벨이 있음에도 더 효율적인 모델을 구매해서 얻는 이점을 모르거나 알려고 하지 않는다. 또 유동성 부족 논거에 따르면, 소비자는 당장 현금이 부족해서 더 효율적인 모델을 구매할 여유가 없다(바로 이런 사람들이야말로 더 저렴하지만 유지 비용이 훨씬 많이 드는 모델을 구매할 여유가 없는데 말이다!). 반면 대출 제약은 논거가 되기 어렵다. 대부분 가전제품은 할부로 살 수 있고, 에너지 효율 모델의 가격 차이는 비교적 작기 때문이다.

도록 요청했다. 그들은 돈을 지금 받아도 되고 나중에 받아도 된다. 피험자들은 기다렸다 받는 보상이 즉시 받는 보상과 동등하게 느껴지려면 얼마를 더 받아야 한다고 생각하는지 질문받았다. 그들은 다양한 금액과 지연 기간이 각각 행렬로 이루어진 표를 받았다. 예컨대 15달러, 250달러, 3,000달러를 3개월, 1년, 3년 동안 기다린 후 받으려면 얼마를 받아야 할지 묻는 식이었다.

이 설문지는 네 가지 버전을 사용했는데, 세 가지는 이득과 관련되고 한 가지는 손실과 관련된 상황을 포함시켰다. 손실 버전에서는 피험자들에게 교통 범칙금을 지금 액면가로 내거나 나중에 가산금을 얹어 낼 수 있는 상황을 상상하게 했다. 그리고 나중까지 기다릴 경우에도 받을 돈은 반드시 받게 되고 내야 할 돈은 반드시 내야 하는 상황임을 일러두었으며, 이 전제를 강화하기 위해 은행이나 교통 위반 범칙금이라는 구체적 상황을 설정했다. 또 당첨금과 범칙금은 둘 다 우편으로 수령 및 지불한다고 가정했다. 이렇게 이 실험은 기다리는 기간, 결과의 크기, 그리고 그 결과가 이득인지 손실인지 등 세 가지 변수를 조작했다. 참가자들에게 제시된 다양한 옵션과 그들의 답변에서 도출한 할인율 중간값(괄호 안)을 표 7-1로 정리했다.

만약 피험자들이 지수 할인자라면, 이 표의 모든 칸에서 암묵적 할인율은 거의 같아야 하고, 또 시장 금리와도 어느 정도 비슷할 것이다. 하지만 우리가 보는 결과는 그렇지 않았다. 피험자의 반응에서 세 가지 패턴이 뚜렷하게 나타났다. 첫째, 할인율은 기다리는 기간이 길수록 급감했다. 주목할 점은 동물에게서도 같은 패턴이 발견되었다는 것이다.[8] 예컨대 쥐에게 만족 지연에 따른 보상을 위해 레버를 누르도록 훈련하

표 7-1

	지연된 보상의 지급 시기		
이른 보상 금액	3개월 후	1년 후	3년 후
$15	$30(277)	$60(139)	$100(63)
$250	$300(73)	$350(34)	$500(23)
$3,000	$3,500(62)	$4,000(29)	$6,000(23)

출처: Thaler(1981)

는 실험이 있었다.[9] 쥐는 11초 기다린 후 먹이 3개를 얻기보다 즉시 1개를 얻는 쪽을 선택했다. 하지만 14초를 기다려 먹이 3개를 얻을 수 있을 때는 3초 기다린 후 먹이 1개를 얻는 쪽을 선택하지 않았다. 둘 다 3초의 시차만 더했을 뿐 사실상 같은 선택이었는데도 그랬다. 둘째, 할인율은 보상의 크기에 따라서도 감소했다. 소액(100달러 미만)에 대한 할인율은 매우 높았지만 더 큰 금액에 대한 할인율은 비교적 적정했다. 셋째, 이득에 대한 할인율이 손실에 대한 할인율보다 훨씬 높았다. 피험자들은 보상에서는 기다리는 만큼 더 많은 돈을 요구했지만, 벌금에서는 늦게 낸다고 해서 추가로 지불하려는 의향이 없었다. 이 중 첫 두 결과, 즉 할인율이 지연 기간과 보상 크기에 따라 급감한다는 사실은 유리 벤지온Uri Benzion, 암논 라포포트Amnon Rapoport, 요제프 야길Joseph Yagil이 훨씬 큰 규모로 재현한 연구에서도 마찬가지로 나타났다.[10]

이 연구 결과를 자세히 설명하기 전에 방법론을 잠시 짚고 넘어가겠다. 이 연구를 비롯해 본 책에서 설명한 연구에서 제기된 질문은 모두 가설적 질문이었다. 물론 모든 조건이 동일하다면 실제 상황에서 이루어진 선택을 조사하는 것이 더 낫다. 그러나 가설적 방법과 실제 돈으로 실험하는 방법에는 커다란 상충 관계가 있다. 먼저 가설적 질문을 이용하면 피험자들에게 고액의 판돈, 이득과 손실, 1년 이상의 지연을 수반하는 어떤 상황이라도 상상을 통해 선택하게끔 요청하면 된다. 반면 실제 상황을 연출하는 연구에서는 연구자가 판돈의 크기와 지연 기간을 줄여야 하기에 실제 손실을 이끌어내기 어렵다. 또 가설적 질문에서는 피험자에게 미래에 보상이 확실히 지급된다고 가정하도록 요청할 수 있지만, 실제 위험이 있는 실험에서는 피험자가 실험을 진행하는 사람의 지급 능력을 신뢰해야 한다. 그래도 그동안 가설적 선택에서 발견된 현상이 실제 선택을 이용한 연구에서도 줄곧 재현되어왔으니 연구 결과에 믿음을 보내도 좋겠다.[11]

일정하지 않은 할인율, 즉 사람들이 먼 시점 간보다 가까운 시점 간의 기다림에 더 많은 보상을 받으려 한다는 사실은 새뮤얼슨이 정확히 우려했던 대로 사람들의 행동이 계획과 불일치할 수 있음을 시사한다. 그 이유를 알아보기 위해 그림 7-1에서처럼 한 개인이 두 가지 보상, 즉 일찍 t_1 시기에 적게 받는 보상 S와 나중 t_2 시기에 더 많이 받는 보상 B 중 하나를 선택해야 한다고 가정하겠다. 이 곡선들은 각 시기에 개인이 인식하는 보상을 현재 가치로 환산한 효용을 나타낸다. 먼 미래에 예정된 보상은 가치가 높지 않지만, 그것이 다가올수록 가치가 더 커 보이기 시작한다. 만약 개인이 지수 할인 모형대로 일정한 할인율을 적용한다면 두 곡선은 절대 교차하지 않아야 한다(패널 A). 따라서 소비자가 처음에 어떤 보상을 골랐든, 두 시점 간 지연 기간이 일정한 한 결국 그 보상을 선택하게 된다. 그러나 실증적 연구에 따르면, 할인율이 지연 기간에 따라 감소할 경우 곡선은 교차할 수 있다. 다시 말해 소비자의 마음이 바뀔 수 있다(패널 B).

그림 7-1: 비지수적 할인율

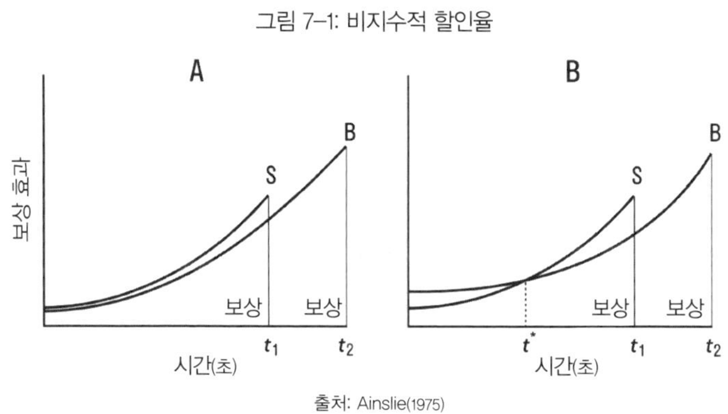

출처: Ainslie(1975)

이 가능성은 중요하므로 그 원리를 살펴보겠다. 두 보상 시기가 충분히 멀리 있을 때(t* 이전 시점에서는), 개인은 S보다 B를 선호한다. 그러나 S를 받을 시기가 임박해올수록 B 대비 S의 상대적 가치가 증가한다. 그러다가 t*에 이르면 그때부터는 효용의 현재 가치로 볼 때 S가 B보다 더 매력적으로 변한다. t* 이후에 S와 B 중 하나를 선택하라면, 개인은 B보다 S를 선호하게 될 것이다. 곡선이 교차한다는 것은 시간이 지남에 따라 행동이 비일관적으로 변한다는 중요한 사실을 시사한다. 로버트 번스Robert Burns가 쓴 유명한 시 중에도 '아무리 잘 짠 계획도 종종 틀어진다'라는 말이 있다. 더 일반적으로 말하자면, 할인율이 시간에 따라 감소하는 사람들에게는 근접한 시기에 원래 계획보다 소비가 늘어나기 시작하는 t* 시기가 존재한다.[12]

이렇게 동태적 비일관성dynamic inconsistency이 나타날 수 있다 보니,

사람들이 자신에게 무엇이 최선인지 안다는 소비자주권 개념에 대해 흥미로운 의문이 생긴다. 주권은 누구에게 있을까? 일찍 일어나려고 알람 시계를 맞춰놓는 자아일까, 아니면 다음 날 아침 알람을 끄고 다시 자는 자아일까? 잠자리에 들기 전의 자아와 이른 아침의 자아 중 누구의 판단을 더 믿어야 할지 알 방법이 있을까? 우리가 설득력 있다고 생각하는 단서 중 하나는 우리는 대체로 멀리 보는 자아가 통제권을 갖고 근시안적 자아의 행동을 제약하거나 바꿀 수 있도록 시도하는 것을 보게 된다는 것이다. 일찍 일어나야 하는 사람들은 알람 시계를 끄기 어렵게 일부러 방 반대편에 두고 잔다. 다이어트를 하는 사람들은 돈을 내고 적은 식사 제공을 장점으로 내세우는 체중 감량 리조트에 입소한다. 알코올의존자들은 음주 시 메스꺼움과 구토를 유발하는 안트어뷰스Antabuse라는 약을 복용한다. 흡연자들은 담배를 (더 저렴한 보루 대신) 갑으로 구매한다. 이처럼 대부분의 '자아'는 장기적 목표(예: 직업적 성공, 체중 감량, 금연, 금주)를 달성하기 위해 근시안적 자아의 결정을 억누르고자 한다.

여러 학자들은 자기 구속적 행동과 자제력을 전제하는 기존 의사 결정 모형의 한계를 인식하고는, 경제행위를 상충하는 선호를 지닌 여러 자아 간의 내면적 갈등으로 설명하는 모형을 제안했다.[13]

우상향을 꿈꾸는 본능

우리는 앞에서 기준점의 개념과 그 기준점이 불확실성하에서의 선택에서 얼마나 중요한지 살펴보았다. 하지만 시점 간 선택에서도 기준점이 중요할까? 과거 소비 수준이 미래 소비의 기준점이 되는 상황에서 사람들은 시간이 지날수록 전반적으로 소비 경험이 향상되는 쪽을 선호할 것이다. 예컨대 조지 로웬스타인과 그의 단골 공저자 드라젠 프렐렉Drazen Prelec은 하버드대학교 학부생들에게 세 가지 질문을 던졌다.[14] 먼저 학생들에게 한 달 후 금요일 밤에 제공되는 두 가지 무료 저녁 식사 중 하나를 선택하도록 했다. 하나는 고급 프랑스 레스토랑에서의 저녁 식사, 또 하나는 동네의 수수한 그리스 식당에서의 저녁 식사였다. 학생들은 대부분 프랑스식 저녁 식사를 택했다. 그다음에는 프랑스 레스토랑을 한 달 후에 갈지 두 달 후에 갈지 물었다. 처음에 프랑스 레스토랑을 선택한 피험자 중 80%는 두 달 후보다 한 달 후를 선호했는데, 이는 기왕이면 빨리 먹고 싶다는 의미였다. 이후 한 달 후와 두 달 후, 프랑스 레스토랑과 그리스 식당에서 한 번씩, 총 두 번의 무료 식사를 제공받을 때 어떤 순서로 가고 싶냐고 질문했다. 이 질문에 프랑스 레스토랑 선호자의 57%는 그리스 식당에 먼저 가겠다고 답했다. 표준 효용 이론에 따르면 이런 응답은 두 번째 질문에서 프랑스 요리를 얼른 먹고 싶다던 답변과 모순된다. 그러나 사람들이 현재 소비를 과거 소비와 비교해 평가하고 손실 회피적인 성향을 보인다면 모순이 아니다. 그들은 단지 시간이 지남에 따라 효용이 증가하는 패턴을 선호할 뿐이다. 모둠 초밥을 주문했을 때 좋아하는 메뉴를 마지막에 먹는 것도 같은 맥락이다.

시간이 지날수록 소비 경험의 향상을 선호하는 사람들의 심리로 설명할 수 있는 이상 현상은 노동시장에서도 찾을 수 있다.[15] 바로 생산성이 나이 들수록 높아지지 않은 경우에도 나이에 따라 임금이 높아지는 현상이 그것이다. 예컨대 많은 업종에서 가장 높은 급여를 받는 직원은 생산성이 높아지지 않더라도 가장 나이가 많은 직원이기 일쑤다. 이 패턴을 표준적으로 설명하는 두 가지 주요 방식은 기업 특수적 인적 자본(직원이 자기 회사에서만 유용한 전문 지식을 습득하는 것)과 대리인 비용(직원이 고용주의 이해관계에 맞춰 일하도록 유도하는 비용)을 가지고 설명하는 것이다. 먼저 인적 자본 논거는 회사가 그간 직원들에게 투자한 직무 교육이 성과를 낼 만큼 충분한 장기근속을 독려하고자 근무 기간에 따라 임금을 인상한다는 것이다. 한편 에드워드 러지어Edward Lazear의 대리인 비용 논거는 직원의 비리와 태만을 방지하기 위해 선임 직원들에게 한계 생산(다른 생산요소를 고정하고 특정 생산요소 투입을 한 단위 늘릴 때 추가로 발생하는 생산량의 증가분 — 옮긴이)을 초과하는 임금을 제공한다는 것이다[16](비리와 태만이 적발된 직원은 임금과 생산성 간 차이의 현재 가치에 해당하는 보수를 잃을 위험이 있기 때문에 더 열심히 일할 유인이 생긴다). 두 가지 설명 모두 일부 직업군에서는 타당하겠지만, 로버트 프랭크와 로버트 허친스Robert Hutchens는 이 전통적 접근법이 통하지 않는 두 직업으로 항공기 조종사와 시외버스 운전사를 지목했다.[17] 그들의 연구에 따르면 항공기 조종사의 임금은 나이에 따라 급격히 증가하나 생산성은 그렇지 않았다. 그러나 사실상 모든 조종사 교육은 항공사에 상관없이 두루 통하며, 안전을 소홀히 하는 조종사는 응당 대가를 치를 수밖에 없다. 그보다 이 경우 나이에 따라 임금을 인상하는 방식은 그 자체로 사람들이 시간이 지날수록 소득이 증가하는 패턴을 선호하기 때문인 것으로 보인다.

이러한 선호 패턴의 추가 증거는 시카고의 과학산업박물관Museum of

Science and Industry에서 성인을 대상으로 실시한 설문 조사에서도 나타났다.[18] 조사 내용은 근무 기간 6년에 임금 지급 형태를 제외하고는 모든 조건이 동일한 여러 가상의 일자리 중 하나를 선택하라는 것이었다. 모든 일자리는 '할인 전' 총임금은 같았으나 기울기가 달랐다. 한 일자리의 임금은 해마다 감소했고, 다른 일자리의 임금은 매년 일정했으며, 나머지 다섯 일자리의 임금은 각기 다른 비율로 증가했다. 금리를 비롯해 거의 모든 경제적 요인으로 보건대, 임금이 갈수록 감소하는 첫 번째 유형이 유리하도록 설정되었다. 예를 들어 만약 피험자가 직장이 마음에 들지 않아 그만두거나 6년 이내에 해고당할 경우에도, 임금이 감소하는 옵션의 총지급액이 더 많기 때문이다. 이처럼 임금이 감소하는 옵션에 긍정적 유인이 있는데도 이 옵션을 가장 선호한 피험자는 12%에 불과했다. 또 다른 12%는 임금이 일정한 옵션을 선호했으며, 나머지 피험자는 모두 임금이 증가하는 옵션 중 하나를 선택했다.

이러한 결과는 종종 일종의 혼돈에 빠진 피험자 가설을 초래한다. 만약 피험자들에게 경제적 논리(임금이 감소하는 옵션을 택한 후 저축하는 편이 다른 선택들보다 유리하다는 논리)를 설명해준다면, 그들은 정신을 차릴 수 있지 않을까? 이를 확인하기 위해 이번에는 임금 하락 선택지를 더 좋아해야 함을 말해주는 경제적 논리와 임금 증가 옵션을 뒷받침하는 심리적 논리를 제시하고 피험자들에게 어떤 것을 선호하는지 다시 물었다. 그러나 설명의 효과는 미미했다. 임금 증가 옵션을 선호하는 피험자의 수는 76%에서 69%로 감소하는 데 그쳤다.

증가하는 소득 패턴을 선호하는 심리는 손실 회피와 자기통제라는 두 가지 행동 개념으로 이해할 수 있다. 손실 회피는 근로자들이 증가하는 '소비' 패턴을 선호하는 이유를 설명한다(손실 회피 성향을 갖게 되면 현재 소비의 효용은 이전 소비 수준에 따라 달라지기 때문이다). 그리고 비용을 들여서까지 자기를 통제하려는 행동은 근로자들이 증가하는 '소득' 패턴을 선호하는 이유가 된다. 소득이 정체하거나 감소하는 패턴에서는 원하는 소비 증가 패턴만큼 충분한 저축을 할 자신이 없기 때문이다.

당신의 두려움이 지불하게 될 비싼 이자

전형적인 할인 효용 모형은 할인율이 일정하고 대개 양수라고 가정한다. 그렇다면 사람들이 이득을 미루거나 손실을 앞당기기를 선호하는 상황은 없을까? 앨프리드 마셜Alfred Marshall은 이득에 낮은 할인율이 적용될 수 있는 요인을 제시했다. "미래의 편익에 적용할 할인율을 계산할 때는 기대하는 즐거움도 신중하게 고려해야 한다"는 것이다.[19] 여기서 우리는 미래의 즐거운 결과를 예상함으로써 얻는 양의 효용을 즐거움savoring으로, 불쾌한 결과를 생각할 때 얻는 음의 효용을 두려움dread으로 칭하기로 한다.

즐거움과 두려움의 영향은 로웬스타인이 박사 학위 논문을 쓰기 위해 수행한 창의적 실험으로 입증되었다.[20] 그는 피험자들에게 다섯 가지 결과 각각을 지금 당장, 그리고 3시간, 1일, 3일, 1년, 10년을 기다린 후에 얻거나 피하기 위해 '현재 지불할 의사가 있는 최대 금액'을 명시하도록 요청했다. 다섯 가지 결과 항목은 4달러 획득, 4달러 손실, 1,000달러 손실, (치명적이지 않은) 110볼트 전기 충격, 좋아하는 영화배우와의 키스 등이었다(특히 마지막 항목은 심리학 실험에 사용된 자극 유형으로는 가히 명예의 전당에 등극할 만하다고 본다). 결과는 그림 7-2와 같다.

그림 7-2: 특정 시점에 결과를 얻거나 피하기 위한 최대 지불 의사 금액•

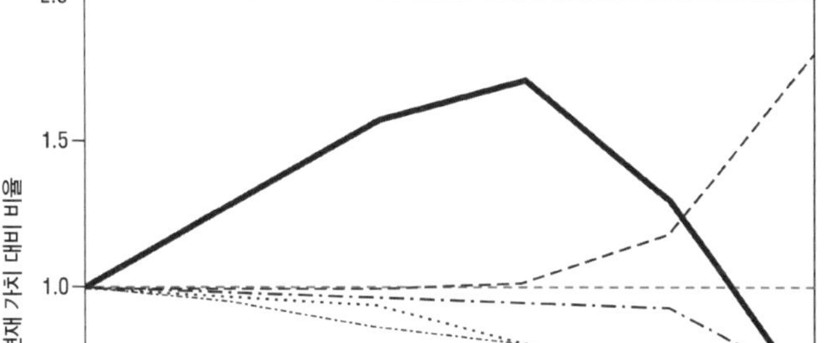

출처: Loewenstein(1987)

앞서 논의한 쌍곡선 할인 모형을 포함한 할인 효용 모형은 사건이 뒤로 미뤄질수록 사람들이 이득에서 얻는 가치, 그리고 손실을 회피하는 정도가 감소한다고 예측한다. 사람들은 이득은 가능한 한 빨리 소비하고 손실은 가능한 한 뒤로 미루고 싶어 하기 때문이다. 하지만 그림에서 보다시피, 비금전적 결과 두 가지는 시간선호 패턴이 상당히 달랐다. 좋아하는 배우의 키스를 받는 경험은 피험자들이 3일 미루는 것을 선호했는데, 이는 한동안 기대감과 어깨가 으쓱해지는 기분을 만끽하

• 현재 가치 대비 비율(N=30).

며 마음의 준비를 하고 싶기 때문인 듯하다. 전기 충격에 대해서는 차라리 가까운 미래에 후딱 해치우는 쪽을 선호해서, 1년이나 10년 후로 미루지 않기 위해 훨씬 큰 비용을 지불할 의향이 있었다. 이 경우 피험자들은 해당 사건을 장기간 걱정하지 않으려는 대가로 기꺼이 비용을 지불하려는 것으로 보인다.

좋아하는 배우의 키스나 전기 충격을 받는 경험은 다소 이례적이지만, 로웬스타인은 평범한 항목에서도 비슷한 결과를 얻었다. 즐거움의 효용을 보여주는 실험에서는 피험자의 84%가 고급 레스토랑에서의 저녁 식사를 첫째 주보다 둘째 주에 하는 쪽을 선호했다. 두려움을 보여주는 실험에서는 피험자들에게 다음의 지문이 제시되었다. '심리학과 동물실험실에 있는 햄스터 사육장 100개를 청소하는 대가로 원하는 최소 금액은 얼마인가? 보수는 즉시 지급된다. … 일은 힘들지만 3시간밖에 걸리지 않는다. 다음 두 경우에 각각 원하는 금액은 얼마인가? (1) 다음 주 중에 하루, (2) 1년 후의 첫 주 중에 하루.' 다음 주에 사육장을 청소하는 대가로 피험자들이 요구한 평균 유보 임금은 30달러, 1년 후의 유보 임금은 37달러였다. 실제로 문항 (1)보다 문항 (2)에 더 적은 금액을 매긴 피험자는 37명 중 2명뿐이었다.

결론: 구속을 설계하라

지금까지 논한 이상 현상 중 이 장의 이상 현상이 정책과 가장 직접적으로 연관될 것이다. 어떤 상황(예: 가전제품 구매)과 어떤 집단(예: 고등학생)에서 유독 높게 관찰되는 할인율을 보면 소비자의 합리성과 주권에 진지한 의문이 들 정도다. 경제학자들은 사람들의 선택이 그들의 진정한 선호와 후생을 가장 확실히 반영한다고 믿는 경향이 강하다. 그러나 자기통제와 결부된 시점 간 선택에서 사람들은 합리적, 장기적 선택을 내릴 '자신의 능력'에 의문을 품는다. 그래서 자신이 평소보다 훨씬 어리석은 행동을 할 것 같으면, 친구에게 말려달라고 부탁한다.

게다가 사람들이 내리는 많은 결정은 단순한 산술적 계산만으로는 정당화하기 어렵다. 다른 동급 모델보다 50달러 저렴하지만 매년 전기료가 50달러 더 나오는 냉장고를 선택하는 소비자가 어떻게 합리적일 수 있겠는가? 경제학자들은 오류라는 단어를 까다롭게 사용하지만, 이러한 결정은 곧 이사할 계획이 아닌 이상 오류가 아닌가 의심스러울 정도다. 이러한 사례가 정부 개입이 필요하다는 확신을 낳지는 않지만, 소비자가 자신에게 최선인 것을 선택한다는 확신을 다소 약화하는 건 사실이다.

많은 경제학자들은 의사 결정의 심리학적 연구를 다소 성가시게 여긴다. 대개 이러한 연구는 경제모형에 쉽게 통합될 수 있는 대안적 가설은 제시하지 않은 채, 사람들이 합리적 선택 이론의 일부 가설을 위배한다는 증거만 제시하기 때문이다. 그러나 심리학은 경제행위의 이해에 도움이 될 수 있다. 앞서 임금이 증가하는 옵션을 선호한 설문 조사 예처럼, 사람들이 소득과 소비의 절대적 수준뿐 아니라 시간의 경과에 따른 소득과 소비의 '변화' 양상에도 관심을 둔다는(경제학은 취향을 문제 삼지 않기 때문에 이는 논쟁거리가 되지 않는다) 심리학적 발견은 개인이 임금 증가 패턴을 선호하고 미래를 할인한다는 전통 경제학적 가설과 양립할 수 있다.

업데이트

'지금'에만 붙는 특별 가중치의 정체

'변화맹change blindness'이라는 독특한 심리 현상이 있다. 인간은 주의력에 한계가 있다 보니, 돌이켜 보면 놓치지 않을 법한 것들을 놓치는 경우가 있다. 만약 이 용어가 생소하고 '농구공 패스 영상'이라는 문구도 들어본 적 없다면, 심리학자 대니얼 사이먼스Daniel Simons가 〈선택적 주의력 검사Selective Attention Test〉라는 제목으로 게시한 80초짜리 영상을 잠시 시청해보라.• 그 전에 지시 사항을 반드시 숙지하길 바란다.

이 유명한 영상에서 3명씩 구성된 두 팀은 각각 흰색 티셔츠와 검은색 티셔츠를 입고 팀원들끼리 농구공을 패스한다. 시청자는 흰색 티셔츠를 입은 선수들이 농구공을 패스하는 횟수를 세어보라는 요청을 받는다. 선수들은 이리저리 움직이는 데다 때로 드리블도 하기 때문에, 시청자는 정답을 맞히려면 세심한 주의를 기울여야 한다. 놀라운 것은 이 테스트를 해본 시청자 중 약 절반이 고릴라 의상을 입은 사람이 천천히 들어와 가슴을 두드리고 퇴장하는 것을 알아차리지 못했다는 것이다. 영상을 다시 재생했을 때, 처음에 고릴라를 보지 못했던 사람들은 그토록 눈에 띄는 것을 못 봤다는 사실에 깜짝 놀란다.

• Simons(2010)를 참고하라.

우리는 1989년 조지 로웬스타인과 탈러가 쓴 이 장의 원논문을 읽고 편집하다가 그 영상을 떠올렸다. 지금 원논문을 보면 평소답지 않게 소극적인 어투로 쓴 것처럼 보인다. 사람들이 자제력으로 문제를 겪는다면 여기에 정책적 함의가 있을지도 모른다고 썼는데, 지금 보니 '엥?' 하는 생각이 든다. 하지만 그 소심한 표현은 의도적이었다. 당시 행동경제학자들은 정책 논쟁에 개입하길 꺼렸다. 이 장에서 논한 지수 할인 모형을 포함해, 표준 경제모형의 기술적 타당성에 대한 지적 논쟁이 정책 논쟁으로 흐려지길 원치 않았기 때문이다. 사람들이 때로 시중금리보다 훨씬 큰 할인율, 그리고 먼 미래보다 가까운 미래에 더 높은 할인율을 적용할 만큼 조급해한다는 증거는 꽤 견고하지만, 이러한 시사점이 공공 정책에 반영되어야 하는지 여부는 '누구나 알지만 말하기 꺼리는 주제'였다. '후생'을 계산하는 문제가 까다롭다는 점을 고려할 때, 행동경제학자들은 이 주제를 지금보다 나중으로 미루고 싶어 했던 게 아닐까?

이제 그 나중이 현재가 되었고, 애써 무시한 고릴라가 눈앞에 드러났다. 그렇다고 경제학자나 정부 관료들이 적절한 정책 조치에 동의하게 된 것은 아니다. 그래도 논쟁은 (대체로) 정부가 강경한 자유방임주의적 접근 방식을 채택해야 하는지 여부보다 어떤 정부 개입이 최선인지에 대한 방향으로 넘어갔다. 다음 장에서 다룰 은퇴 자금에 대한 사안이 좋은 예다. 요즘 가계가 스스로 계획을 세워 은퇴 자금을 마련할 자유를 보장하기 위해 연금과 사회보장제도를 없애자고 생각할 경제학자는 거의 없다. 탈러와 캐스 선스타인이 『넛지』에서 주장했듯, 아무것도 강요하지 않고도 사람들이 더 나은 결정을 내리도록 도울 수 있다.

* * *

이 장에 설명한 행동들은 그동안 달라지지 않았다. 미국의 납세 가구는 여전히 급여에서 필요 이상의 돈을 원천징수해, 사실상 매년 약 3,000달러에 달하는 자금을 IRS에 빌려주고 있는 실정이다. 비만율은 지난 30년 동안 상당히 증가했다. 또 학회 논문도 여전히 마감일에 집중적으로 몰려 제출되는 경향이 있다. 우리도 이러한 경향에서 자유롭지 못하다는 것을 인정해야겠다. 이 책을 완성하는 데 예정보다 적어도 2년은 늦었으니 말이다. 이 글을 쓰는 현재 기준으로 그렇다는 얘기니, 더 늦어질지도 모르겠다(우리의 훌륭한 편집자도 매우 유익한 피드백을 예정보다 몇 달 늦게 줌으로써 화답했다).

주목할 만한 실증적 연구를 소개하고자 한다. 이 연구는 예전의 가설적 설문 조사 방식을 변형한 형태지만, 이번에는 실제 돈이 걸려 있었다. 에르네스토 루번Ernesto Reuben, 파올라 사피엔자Paola Sapienza, 루이지 친갈레스Luigi Zingales는 이 연구를 위해 부스 경영대학원 1학년생 전체를 모집했다.[21] 그들은 한 재단에서 거액의 연구 보조금을 지원한 덕에 시간선호에 대한 질문 세트를 포함해 광범위한 질문, 테스트, 실험을 구성할 수 있었다. 모든 실험에서 금전적 인센티브를 제공했다. 시간선호 설문은 학생들이 그동안 실험을 통해 번 돈을 가지고 학기 말에 진행되었는데, 이 금액은 1인당 평균 82.86달러였다.

학생들은 수표로 보수를 받게 될 것이라는 말과 함께 즉시 또는 2주 후 중 언제 받을지 선택권이 주어졌다. 학생들은 상당한 조급함을 내비쳤다. 64.8%가 2주간의 2% 수익률(즉 연 할인율 67%)을 마다하고 즉시 보수를 받고자 했다. 다시 말하지만 이들은 MBA 학생들이었다! 하지만 여기 특히 재미있는 대목이 있다. 많은 응답자가 수표를 받는 것에는 매우 조급해하더니, 수표를 현금화하거나 예금하는 일은 서두르지 않았다는 것이다. 예컨대 2주 기다려 최소 2%의 수익을 얻는 대신 실험 마지막 날에 바로 수표를 받은 102명의 학생 중 42.2%만이 2주 안에 수표를 현금화했다. 전반적으로 수표를 가장 빨리 받고 싶어 한 피험자일수록 더 한참이 지나서야 입금하는 경향이 있었다. 이처럼 시점 간 선호는 흥미롭다.

그러나 최근 몇 년간 시점 간 선택에 대한 가장 흥미로운 연구는 실증 분야가 아닌 이론 분야 쪽에서 많이 나왔다. 이 장의 앞부분에서 논의했듯, 표준적인 지수 할인 모형은 기간(예: 1년)당 할인 계수 δ(델타)를 사용한다. 예를 들어 δ가 0.9라면, 1년 동안 기다림의 가치는 현재 가치의 90%밖에 안 된다. 만약 2년을 기다려야 한다면 할인율은 두 번 적용된다(0.9×0.9=0.81). 앞서 언급했듯, 사람들이 이런 방식으로 할인한다면 그들의 행동은 시간이 지나도 일관성을 유지한다.

이 장에서 설명했지만, 이 모형의 문제점은 사람(및 동물)이 이런 식으로 행동하지 않는다는 것이다. 구체적으로 말하자면, 사람들은 '지금' 일어나는 일에 특별한 가중치를 부여하는 '현재 편향present bias'이라는 경향을 보인다. 무엇이 '지금'으로 여겨지는지는 상황에 따라 달라진다. 예컨대 레스토랑에서 맛있는 디저트를 먹는다고 상상하면, '지금'에는 디저트를 주문한 후 서빙되기까지 걸리는 시간도 포함된다. 그보다 '지금'이 더 긴 다른 상황으로는 아마존에서 주문한 물건을 기다리는 기간, 또는 원하는 집이나 차를 장만하기까지의 기간 등을 들 수 있다. 뒤에서 더 자세히 설명하겠지만, '지금'과 '나중'의 구분은 사람들의 시점 간 선택에 대한 데이터를 측정하고 해석할 때 매우 중요하다.

학자들의 과제는 시점 간 선택 모형에 현재 편향을 쉽게 통합할 방법을 찾아내는 것이었다. 이러한 모형의 개발에 앞장선 사람은 데이비드 레이브슨, 매슈 라빈의 연구 팀, 라빈의 전 대학원 제자이자 현재 가장 영향력 있는 행동경제학자 중 하나가 된 테드 오도노휴Ted O'Donoghue였다.[22] 모형화의 핵심 장치는 표준 할인 모형에 그리스문자의 둘째 자모인 베타(β)를 추가하는 방식이었다.

시간선호의 베타-델타 모형으로 알려진 이 모형은 현재 편향을 감안해 '지금' 일어나는 모든 일을 전혀 할인하지 않는다. 그러나 '나중'에 발생할 모든 일은 두 가지 형태로 할인된다. 첫 번째는 앞에서 설명한 기존 방식인 δ에 의한 할인이고, 두 번째는 1보다 작은 새 매개변수 β에 의한 할인이다. 구체적으로 각각 지금, 1년 후, 2년 후의 결과인 x, y, z를 생각해보자. 이 결과의 효용은 $u(x)+\beta[\delta u(y)+\delta^2 u(z)]$로 나타낼 수 있다.

이 모형의 몇 가지 특징을 짚고 넘어가자. 앞서와 마찬가지로 할인계수 δ는 각 시기에 적용되고, 시간이 지연되는 만큼 제곱으로 증가한다. 그러나 β항은 한 번만 적용된다. 즉 미래의 두 시기 간 차이는 지수 할인 모형에서처럼 δ지만, '지금'과 다음 시기의 차이는 $\beta\delta$로 더 작다. 가령 디저트는 주문하면 금방 받을 수 있다. 그런데 다음에 레스토랑에 갈 기회를 기다린다면, 그 시기가 비록 내일이더라도 1보다 작은 β만큼 감소한다.

이 모형은 그림 7-1에서 볼 수 있듯, 표준 이론의 틀에서 크게 벗어나지 않고 쌍곡선 할인과 같은 일반적인 현상을 설명하려는 시도다. 또한 이 모델은 동태적 비일관성도 만들어낸다. 그 이유를 알려면 할인 수준이 시간에 따라 급감한다는 점을 눈여겨보라. 현재와 다음 시기 사이의 쐐기꼴은 $\beta\delta$인 반면, 미래 두 시기 간의 쐐기꼴은 더 큰 δ다.

이 이론은 학자들이 사용하기에 간단하고 쉬운 설정이지만, 미묘한 차이를 담아낼 여지도 제공한다. 이 모형에서 핵심 질문은 의사 결정자가 자신의 선호에 동태적 비일관성 문제가 있다는 것을 인지하고 있는지 여부다. 순진한 사람과 영리한 사람이라는 양극단의 두 유형을 생각해보자. 순진한 사람은 자신에게 자제력 문제가 있음을 전혀 모른다. 매일 밤 그는 힘든 일과를 시작하기 전에 조깅을 하려고 새벽 6시에 알람을 맞춘다. 하지만 알람이 울리면 알람을 끄고 다시 베개에 얼굴을 묻으며, 야심 찬 운동 계획은 하루쯤 미뤄도 된다고 스스로 위안한다. 순진한 사람은 결코 학습하지 못한다. 반대로 영리한 사람은 (언젠가는?) 패턴을 학습한다. 그는 알람 시계를 방 반대편에 두거나, 달리기 계획에 스스로 구속력을 부여할 것이다. 이를테면 매일 아침 (규칙적인 시간에) 조깅을 하는 친구에게 자신이 아침에 나오지 않으면 거액의 벌금을 주겠다고 약속할 것이다.

레이브슨은 박사 학위 논문을 바탕으로 한 획기적인 논문에서 영리한 경제주체들은 레이브슨의 표현으로 '황금알', 즉 연금 저축 같은 비유동성 자산에 투자해 장기간 묶어두고 싶어 한다고 밝혔다.[23] 라빈은 일찍이 이 문제를 다루면서 순진한 사람이 흔하다는 사실에 더 큰 방점을 두었다. 이후 그는 자기 인식(및 유머 감각)을 반영해, 오도노휴와 공동 집필한 중요한 논문 「지금 할까, 나중에 할까Doing It Now or Later」의 초안에서 시간 고정 지수 할인자time consistent exponential discounter, 영리한 사람, 순진한 사람이라는 세 가지 유형의 경제주체를 묘사했다.[24] 이들은 각각 오도노휴 부류, 레이브슨 부류, 라빈 부류로 불렸다. 우리 두 필자는 세 사람과 잘 아는 사이이기에, 그 표현이 정확하다고 확언할 수 있다.

베타-델타 모형은 전망 이론 다음으로 행동경제학 분야에 큰 영향을 미치며, 행동경제학 이론의 핵심 기틀로 자리 잡았다. 이 모형은 라빈의 표현으로 기존 모형의 호환용 확장판Portable Extensions of Existing Models,PEEM이라는 행동경제학 이론 접근법을 잘 보여주는 사례다.[25] 여기서 핵심은 표준 모형에 (이상적이게도 그리스문자로 표현된) 새로운 매개변수를 추가하는 작은 변화를 준 후, 이 모델의 새로운 함의를 보여주는 것이다. 해당 매개변수를 1(또는 모형에 따라 0)로 설정하고 표준 모형으로 돌아가면, 이 표준 모형은 더 일반적인 새 모형의 특수 사례가 된다. 이것이 행동 이론을 검증하기에 유용한 이유는 추가 매개변수의 추정치를 통해 표준 모형보다 대안 모형을 뒷받침할 근거가 도출될 수 있기 때문이다. β의 추정치가 1보다 작다는 것은 지수 할인보다 현재 편향을 증명하는 증거다.•

영리한 경제주체들을 상정한 레이브슨의 원래 모형에서는 현재 편향으로 인한 손해를 막기 위해 자기 속박을 가능케 하는 제품에 수요가 상당할 것으로 예측한다. 그러나 실제로 미래의 행동을 완전히 구속

• 전망 이론의 특징 중 하나가 이러한 설명에 부합한다. 전망 이론에서는 효용이 수준보다 변화에 따라 달라지며, 손실은 이득보다 더 강렬하게 체감된다는 점을 기억하라. 손실의 현저성 정도는 매개변수 λ(람다)로 알 수 있다. 앞서 논의했듯, 추정치 λ는 대개 2.0 근방을 형성한다.

하는 제품은 시장에서 널리 찾아보기 어렵다. 예를 들어 일주일 동안 소량의 건강식만 먹고 술은 전혀 마실 수 없는 리조트에 입소하는 사람들도 있지만, 독하게 마음먹은 사람들만이 그러한 시설에서 오래 버틴다. 그나마 시설의 강제력도 대개 약해서 마음이 바뀌면 퇴소할 수 있다. 이 사실을 인지한 레이브슨은 숙고 끝에 현재 편향적 시간 할인 모형을 재보정했다.[26] 그는 이 새로운 공식에서 두 극단적 인간형을 절충해 '다소 순진한' 사람을 도입했다. 그리고 지연을 노력의 비용과 지연에 따른 손실을 대비하는 관점에서 설명했다. 이 모형에는 자기 속박에 약간의 비용이 포함되어, 개인은 구속에 따른 보상이 미래의 변심에 따른 비용을 초과할 때만 자기 속박을 선택한다. 이 모형의 결과를 통해, 스스로를 완전히 구속하는 제품에 대한 수요는 실제로 적을 것이라는 추론이 가능하다. 레이브슨은 다음과 같이 썼다.

> 영리한 사람들은 지연에 따른 후생의 손실이 크지 않으므로 자기 속박으로부터 큰 이득을 얻지 못한다. 순진한 사람들은 지연이 (확률적으로) 자신에게 얼마나 해를 끼칠지 깨닫지 못하므로 자기 속박에서 얻는 이득을 그다지 인지하지 못한다. 마지막으로 영리한 사람이든 순진한 사람이든 둘 다 자기 속박에 따르는 비용은 인지한다. 이 비용은 변심의 여지가 사라진다는 점과 자기 속박 계약의 직접적 대가를 포함하며, 때로는 자기 속박이 가져올 편익을 넘어서기도 한다.[27]

그렇다고 해서 가령 고용주가 제공하는 맞춤형 은퇴 자금 저축처럼, 어떤 자기 속박 전략을 비용 없이 직접 제공하면 사람들이 더 불만족스러울 것이라는 의미는 아니다.

철저히 자신을 속박하지 않고도 사람들이 취할 수 있는 행동은 많다. 헬스장 연간 멤버십에 가입한 사람들의 행동을 연구한 스테파노 델라비냐Stefano DellaVigna와 울리케 말멘디어의 연구를 보면 좋은 사례가 나온다.[28] 당연하게도 새해 결심의 일환으로 이러한 멤버십에 가입한 사람 중 다수는 헬스장에 자주 가지 않게 된다. 차라리 1일 이용권을 구매하는 것이 더 나을 텐데, 왜 연간 멤버십이 그토록 인기 있을까? 델라비냐와 말멘디어는 '지금부터 헬스장에 가는 건 무료다!'라는 심리적 거래 비용 절감 효과, 그리고 선불금이 '헛돈'이 되지 않기를 바라는 매몰 비용 개념 때문에 연간 멤버십 회원들이 비회원보다 더 자주 헬스장에 간다고 주장한다. 그들은 논문 제목을 「가지 않을 헬스장에 돈 내기Paying Not to Go to the Gym」로 지었는데, 꽤 적절해 보인다.

핵심 정리

경제학자들에게: 지수 할인 모형은 나온 지 거의 90년이나 되었다. 이제 기술적 모형으로서 은퇴할 때가 되지 않았을까?

독자들에게: 꾸준한 운동은 바람직한 목표지만 자기통제를 실천하기는 쉽지 않다. 하지만 자기 속박 전략은 공짜가 아니다. 결국 헬스장에 가지 않을 거면서 돈을 내는 것이 처음에는 용납될 수 있다. 하지만 올해는 달라지리라 생각하며 멤버십을 또 갱신한다면 어리석은 일이다.

8장

저축, 대체 가능성, 심리적 회계

Savings, Fungibility, and Mental Accounts

돈에는 이름표가 붙어 있다

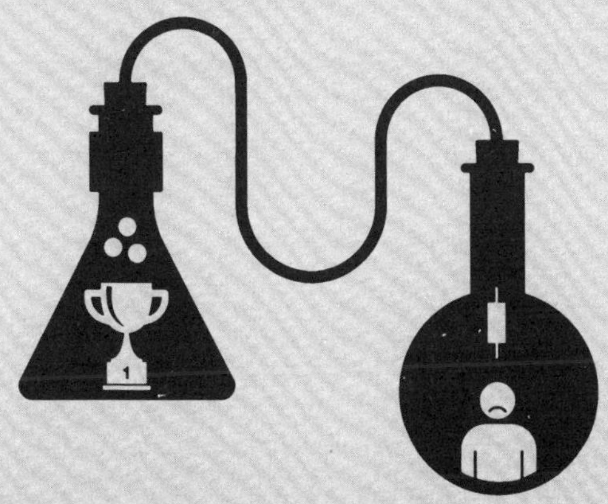

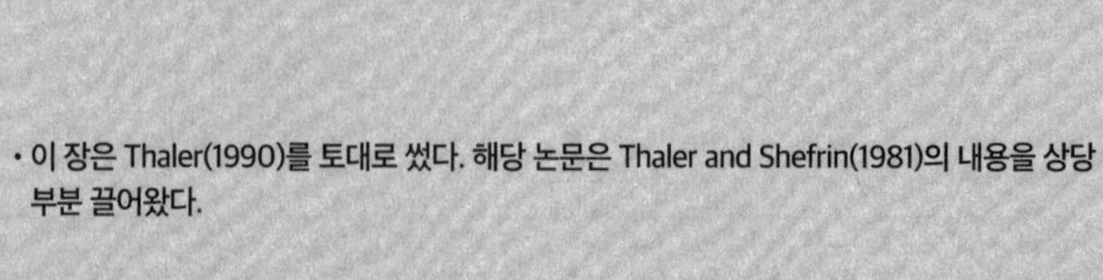

• 이 장은 Thaler(1990)를 토대로 썼다. 해당 논문은 Thaler and Shefrin(1981)의 내용을 상당 부분 끌어왔다.

어느 세대나 새로운 문제에 직면한다. 20세기 들어 점점 더 중요해진 문제 중 하나는 은퇴로 생계가 끊긴 가계의 자립을 돕는 것이었다. 이전 세대에는 이것이 심각한 문제로 대두될 만큼 오래 사는 사람이 거의 없었고, 오래 산 사람들은 대개 근처에 사는 자녀의 보살핌을 받았다. 기대 수명이 증가했다는 건 분명 환영할 일이지만, 가족 구성원이 서로 멀리 떨어져 지내는 요즘에는 새로운 문제로 떠올랐다. 물론 전통적인 경제모형에서는 가계 스스로 이 문제를 최적으로 해결할 수 있다.

경제학에서 은퇴 자금 저축의 표준 모형은 프랑코 모딜리아니Franco Modigliani에게 노벨상을 안겨준 생애 주기 이론life-cycle theory이다.• 이 이론은 경제학에서 이론이 만들어지는 특유의 과정을 보여주는 고전과도 같다. 먼저 최적화 문제를 구체화하고 푸는 것으로 시작한다. 그다음 경제주체들이 그 문제를 스스로 풀 수 있는 듯 행동한다고 가정한다. 단순화한 예로, 어떤 사람이 후손들에게 유산을 남길 생각은 없고 평생 소비할 금액을 매년 동일하게 평가한다고 가정해보겠다. 그는 특정 연도에 얼마를 소비해야 할까(물가 상승은 없고 이자율은 0이라고 가정하자. 이 문제에 쉽게 접근하기 위해서다. 물론 현실 문제는 훨씬 더 어렵다)? 답은 다음과 같다. 우선 어떤 연도든 그해의 소득, 순자산, 그리고 미래 소득의 기댓값을 포함한 금융자산의 현재 가치를 계산한다. 그다음 그 돈으로 들 수 있는 연금보험 수준을 계산한다. 마지막으로 그 연금으로 받을 수 있는 금액만큼 소비한다(연금보험은 보험사에서 판매하는 상품으로, 가입자가 사망할 때까지 일정액을 지급한다).

기본 개념을 훼손하지 않는 선에서 더욱 단순화하기 위해, 어떤 사람이 자신의 기대 수명이 정확히 N년이라는 것을 알고, W만큼의 재산을 가지고 있으며, 매년 같은 액수로 소비하길 원한다고 가정하겠다. 그러면 그는 매년 W/N씩 소비할 것이다. 만약 그가 1,000달러짜리 복권에 당첨되어 Z라는 횡재를 얻게 된다면, 그는 그저 소비를 1,000/N 달러만큼 늘릴 것이다. 경제 용어로 말하자면, 횡재 Z에 대한 그의 한계 소비 성향Marginal Propensity to Consume, MPC은 Z의 1/N배(Z/N)다. 이는

• 생애 주기 이론에 대한 모딜리아니의 견해를 이해하려면 Modigliani(1966)를 참조하라. 또 한 명의 노벨상 수상자 밀턴 프리드먼Milton Friedman도 비슷한 이론을 고안했으니, 그의 이론은 항상소득 가설permanent income hypothesis이라고 한다. Friedman(1957)을 참조하라. 모딜리아니는 소비자가 미래를 합리적으로 예측한다고 가정하는 반면, 프리드먼은 그렇지 않다는 점에서 두 이론은 서로 다르다. 항상소득 가설은 소비자가 편향된 믿음에라도 합리적으로 반응하는 한, 믿음이 편향될 수 있음을 인정한다. Heimer et al.(2019)은 이 개념을 어느 정도 지지하며, 생애 지출의 이상 현상 중 일부는 수명에 대한 잘못된 믿음에서 비롯할 수 있다고 설명했다. 요컨대 젊은 사람들은 자신이 실제보다 일찍 죽을 것으로 생각하고, 노인들은 자신이 실제보다 오래 살 것으로 생각한다는 것이다.

검증 가능한 매우 구체적인 예측이다. 앞서 살펴봤듯, 이러한 조건은 이상 현상을 찾기에 안성맞춤이다(물론 사람마다 선호가 다르지만, 그렇다고 기본 개념이 바뀌지는 않는다).

존 메이너드 케인스식 방법론을 따른 또 다른 단순화 및 정형화된 모형은 소비자가 근시안적으로 소득을 매 기간, 어쩌면 월급날마다 소비한다고 가정한다![1] 이 모형에서 소비는 단순히 소득과 액수가 같다(C=Y. 여기서 Y가 소득income을 나타내는 데 쓰였다. 'I'는 전통적으로 투자investment의 머리글자로 쓰이고 있었기 때문이다). 어느 모형이 사람들의 실생활을 더 잘 설명할까? 생애 주기 이론은 더 정교하면서도, 경제학자들이 높이 평가하는 단순하고 우아하며 합리적인 특징을 갖췄다. 하지만 안타깝게도 폴 코랜트Paul Courant, 에드워드 그램릭Edward Gramlich, 존 레이트너John Laitner가 지적했듯, '생애 주기 모형은 우아하고 합리적이지만 검증 결과는 만족스럽지 않았다'.[2] 이 책의 표현을 빌리자면, 이 모형은 기술적 모형으로는 부적합하다. 데이터상 현실의 많은 가계는 단순한 케인스식 하루살이hand-to-mouth 모형에 더 가깝다.

소비의 이상 현상을 보여주는 경험적 증거는 대략 두 범주로 나뉜다. 첫째, 소비는 소득에 과민하게 반응한다. 장기적 관점에서 볼 때, 젊은 층과 노년층은 소비가 너무 적고 중년층은 너무 많아 보인다. 그리고 단기적으로는 표준 모형과 다르게, 소비와 소득의 상관관계가 너무 높다. 사람들은 소득의 일시적이거나 (생애 재산 대비) 작은 변화에도 반응해 소비를 지나치게 늘리거나 줄인다. 둘째, 다양한 유형의 자산은 이론과 달리 서로 쉽게 대체되지 않는다. 단순화한 모형 속 가계는 다양한 자산이 어떻게 구성되었든, 그냥 매년 W/N씩 지출한다. 특히 아직 은퇴하지 않은 가계는 은행 예금 등 다른 자산에 비해 연금 재산이나 주택 가격의 상승으로 번 돈은 선뜻 소비하려 하지 않는다.

경제학자들은 이러한 외견상 이상 현상을 설명할 만한 몇 가지 방법을 제시해왔다. 먼저 만약 상속 동기(자녀에게 돈을 물려주고 싶은 심리를 고상하게 표현한 것)를 고려한다면, 사람들은 실제로 자신의 재산뿐 아니라 상속자 재산의 현재 가치까지 계산할 만큼 고도로 합리적이고 이타적일 것이라는 견해가 있다. 혹은 대출 시장의 유동성 제약 때문에 사람들이 생애 주기 계획에 차질을 빚는 것이라는 견해도 있다. 그 외 이런 저런 의견이 있지만, 무엇보다 그간 경제학자들이 그다지 주목하지 않았던 생애 주기 모형의 가정 중 하나를 집중적으로 살펴보자. 이 가정은 거의 가정으로 언급되지도 않지만, 수정만 가한다면 현실에서 관찰된 많은 이상 현상을 설명할 수 있다. 이 핵심 가정은 부의 대체 가능성 fungibility이다.

대체 가능성은 돈에 라벨이 붙어 있지 않다는 개념이다. 누군가가 1달러, 10달러, 20달러, 100달러 등 다양한 액면가의 현금을 가지고 있다고 치자. 그가 20달러 지폐보다 10달러 지폐 더미에서 돈을 꺼내 쓰는 걸 더 좋아한다면 웃기지 않겠는가. 대체 가능성이야말로 애초에 인간이 돈을 사용하는 주된 이유이니 말이다. 돈이 발명되기 전인 물물교환 시절, 사람들의 거래는 상대방이 그의 물건을 원해야만 성사될 수 있었다. 가령 탈러가 이마스의 아디다스 신발을 갖고 싶어 하는데 정작 교환할 물건이라고는 이마스가 질색하는 뉴발란스뿐이라면, 탈러가 아무리 많은 양의 뉴발란스 운동화를 준다고 해도 거래가 성사될 가능성은 희박하다. 그러나 탈러가 이마스에게 '돈'으로 아디다스 운동화를 사겠다고 하면 이마스는 거래를 받아들일 것이다. 그 돈으로 자신이 아디다스를 소중히 여기는 정도보다 소비 가치가 큰 물건을 사면 되기 때문이다. 이처럼 돈이 거래를 원활하게 하는 중요한 이유는 돈에 용도 라벨이 붙어 있지 않았기 때문이다. 주머니에 있는 20달러는 신발을 팔아서 얻은 것이든 할머니에게서 성인식 선물로 받은 것이든 상관없이 똑같은 재화나 서비스와 교환할 수 있다.

생애 주기 이론에서는 대체 가능성이라는 전제로 부의 모든 구성 요소를 하나의 숫자 W로 축소할 수 있다(이 W는 기대 효용 이론에서의 부와 같은 개념이다). 생애 주기 가설에 따르면, 1,000달러짜리 복권 당첨이 현재 소비(예컨대 1년 내)에 미치는 영향은 보유 중인 어떤 주식 100주가 주당 10달러씩 급등하거나 수십 년 후 받을 연금의 현재 가치가 1,000달러 증가한 것과 다를 바 없다. 모든 유형의 자산에 대한 MPC는 자본시장의 어떠한 제약 조건에도 동일해야 한다. 이는 우리가 검증하기에 딱 좋은 아주 구체적인 예측이다(그리고 이는 애초에 정교한 경제 이론이 갖고 있는 장점 중 하나이며, 실제로 검증이 가능하다!).

가계가 다양한 유형의 자산을 가지고 실제로 어떻게 행동하는지 생각하는 방법 중 하나는 그들이 심리적 회계를 사용한다고 가정하는 것이다.• 심리적 회계는 돈을 무엇에 사용할지(예: 오락비, 공과금), 어떻게 벌었는지(예: 정기 급여, 보너스), 어디에 예치할지(예: 개인 퇴직 계좌Individual

• 아카데미 작품상 수상작인 〈크레이머 대 크레이머〉에 심리적 회계의 한 예가 등장한다. 더스틴 호프먼Dustin Hoffman이 연기한 주인공은 졸지에 싱글 대디가 되어 공과금, 식비, 집세 등을 모두 별개의 봉투에 분류해 넣는 식으로 돈을 확보한다. 따라서 집세 봉투에 든 돈은 집세에만 쓸 수 있고, 식료품이나 다른 지출 항목에는 쓸 수 없게 했다. 이렇게 그는 딸이 아이스크림을 사달라고 해도 그달의 집세 납부에 지장받지 않도록 할 수 있었다.

Retirement Account, IRA, 당좌예금 계좌)에 따라 분류하는 개념적 범주다. (방금 설명한 정형화된 모형의 취지에 따라) 한 가지 간단한 공식을 내놓자면 현재 소득 계정 C(current), 자산계정 A(asset), 미래 소득 계정 F(future)의 세 가지 계정으로 크게 나눠보는 것이다. C 계정은 가계의 당좌예금, A 계정은 저축이나 투자 계좌에 해당한다고 생각하면 된다. C의 MPC는 대략 100%에 가깝고, F의 MPC는 0에 가까우며, A의 MPC는 그 중간쯤에 있다. 생애주기 이론은 세 MPC가 모두 같다고 명시하므로, 생애주기와 심리적 회계 모형의 예측은 서로 현저히 다르다.

각 계정의 MPC를 다르게 보는 심리적 회계 시스템을 통해, 전통적인 생애 주기 이론을 두 가지 면에서 수정할 필요가 있다. 둘 다 이전 장에서 논의한 것으로 첫째, 사람들은 참을성이 없다. 특히 단기적으로 사람들은 이자율을 초과하는 할인율을 적용해 행동한다. 단기 할인율이 높다 보니 둘째 문제인 자제력 문제를 야기한다. 생애 주기 이론은 개인이 최적의 소비 계획을 세운 다음 성인군자 같은 의지로 이를 실행한다고 가정한다. 그러나 실생활에서 사람들은 (앞서 설명한 '영리한 사람' 부류라면) 자제력을 발휘하기가 어렵다는 걸 깨닫고 미래 자신의 행동을 속박하는 조치를 취한다. 한 가지 방법은 헬스장 연간 멤버십과 비슷하게 연금보험이나 종신보험에 가입하는 것이다. 20세기 가장 대중화된 사회정책인 사회보장제도는 정부가 시민의 자기통제를 도와주는(그리고 의무화하는) 예다.

또 다른 방법은 내면에 경험 법칙rules of thumb을 강제하는 것이다. 경험 법칙의 예로는 자산계정에 두 달 치 소득을 예치하거나 주택, 자동차, 주요 가전제품 등 내구재를 구매하는 경우 외엔 대출받지 않기 등

이 있다. 여기서 후자의 법칙을 따르는 가계는 대출을 '받을 수 없어' 유동성이 부족한 것처럼 보이겠지만, 실은 대출을 '받을 의지가 없는' 것임에 주목해야 한다. 이 중요한 차이점은 뒤에서 자세히 살펴보겠다.

요컨대 이 가정은 다음과 같은 신중한 규칙을 따른다고 볼 수 있다. 첫째, 수입에 맞게 생활한다. 질병이나 실직같이 명확한 비상 상황을 제외하고는 현재 소비를 늘리기 위해 F나 A 계정에서 돈을 끌어 쓰지 않는다. 이 기간에도 소비를 최대한 줄인다. 둘째, 소득의 일부를 비상금 계정에 비축한다. 그리고 비상 상황을 제외하고는 이 계정에 손대지 않는다. 셋째, 자제력을 발휘하지 않아도 될 만큼 (적어도) 당장은 인출할 수 없는 곳에 은퇴 자금을 저축한다. 이런 경험 법칙들은 은퇴 자금 마련이라는 어려운 문제를 푸는 현명한 해결책이다.

이 장에서는 저축을 실증적으로 연구한 일부 논문을 검토함으로써 생애 주기 모형과 대비되는 이상 현상을 조명하고, 심리적 회계와 자제력의 중요한 역할을 설명하고자 한다.

소비는 소득을 (지나치게) 따라간다

경제학자들 사이에서도 소비가 생애에 걸친 항상소득에 맞춰지는 게 아니라 현재 소득에 지나치게 민감하다는 의견이 점차 힘을 얻고 있다. 이를 뒷받침하는 증거는 매우 다양한 출처에서 발견된다. 그러나 생애 소비 패턴에 대한 연구든 월별 소비의 평활화에 대한 연구든, 결론은 한결같다.

생애 소비 패턴

생애 주기 저축 이론의 핵심은 연령별 저축 패턴이 단봉낙타 모양이라는 점이다. 현재 소득이 항상소득보다 적은 젊은 층은 소비와 학업을 위해 대출을 받고, 중년층은 은퇴 자금을 마련하기 위해 저축하며, 노년층은 저축해둔 돈을 쓴다. 그간 생애 주기에 걸친 소비 패턴에 대해 수많은 연구를 실시한 결과, 소비는 유동성 제약이 크게 없는 한 소득 패턴을 지나치리만치 충실히 따른다는 점에서 생애 주기 이론과 합리적 기대 이론 양쪽에 부합하지 않는다는 결론을 내렸다.[3]

또 생애 주기 이론은 소비 패턴이 소득 패턴과 무관하게 일정한 형태로 나타난다고도 추정한다. 하지만 주변의 경험을 봐도 이는 사실로 받아들이기 어렵다. 법대나 의대 대학원생처럼 미래 소득 기대치가 높은 학생들도 대개 재학 중에 항상소득보다 훨씬 적게 소비하기 때문이다. 실제 데이터로 봐도 그렇다. 크리스 캐럴Chris Carroll과 래리 서머스는 미국에서 다양한 직업 및 학력 집단의 소비와 소득 패턴을 조사했다.[4] 그들은 연령별 소비 패턴이 소득 패턴에 큰 영향을 받는다는 것을 발견했다. 물론 이러한 결과는 뒤에서 논의할 유동성 제약(대출의 어려움)에 부분적으로 기인한다. 하지만 많은 프로 운동선수들이 일시적인 현재 소득이 언제까지나 계속될 것처럼 여긴다는 점은 언급할 가치가 있다. 전직 스타 선수들이 은퇴 후 불과 몇 년 만에 돈을 탕진해 낯부끄러운 홈쇼핑 광고에 출연하는가 하면, 더 나아가 파산을 선언한 사례를 떠올려보라. 이러한 행동은 저축할 여력이 없다는 사실로는 설명할 수 없다!

근시안적 행동

생애 주기 이론은 연도별 소득 변동성이 크지 않아서, 소비가 현재 소득이 아닌 항상소득의 일정 비율을 차지한다고 시사한다. 그러나 로버트 홀Robert Hall과 프레더릭 미슈킨Frederic Mishkin은 이러한 예측이 확실히 기각될 수 있음을 입증했다.[5] 구체적으로 말하자면, 연간 소비는 현재 소득에 과민하게 대응한다. 이 결과는 현대의 합리적 기대 및 생애 주기 저축 가설의 관점에서 기술되었으나, 실증적 결과들은 모딜리아니보다 앞서 밀턴 프리드먼이 소비함수와 항상소득 가설을 처음 연구해 얻은 결과와 흡사하다.[6] 프리드먼은 소비자의 할인율을 0.33~0.40으로 추정했는데, 이는 소비자가 계획을 세우는 기간이 3년 이내임을 의미한다. 따라서 소비함수는 현재 소득에 크게 의존한다는 결론이 나온다.

데이비드 윌콕스David Wilcox는 여타 많은 복잡한 논문들과 달리 소비가 소득에 지나치게 민감하다는 결론을 단순한 논문으로 입증해냈다.[7] 윌콕스는 1965~1985년 월별 데이터를 가지고 사회보장 급여 변화가 소비자 지출에 미치는 영향을 연구했다. 이 기간 사회보장 급여는 17차례 인상되었고, 모두 최소 6~8주 전에 공표되었다. 이 상황에서 통상 생애 주기 이론은 '적어도' 인상이 공표될 때쯤이면 소비가 새로운(더 오른) 항상소득(또는 재산) 수준에 반응할 것으로 예측한다(실제로 1975년 이후 사회보장 급여 수준은 소비자물가지수에 연동되어 공표일 몇 달 전부터 예측할 수 있었다). 그러나 윌콕스는 소비자 지출이 증가하긴 하나, 인상 소식이 발표될 때가 아니라 '시행된 후에야' 증가한다는 것을 발견했다. 사람들은 늘어난 사회보장 급여가 '소득'에 들어왔을 때가 되어서야 소비를 늘렸지, 그 전에는 소비를 늘리지 않았다. 이러한 결과는 특히 내구재 매출에서 두드러지게 나타났다.

소득원, 보너스, 횡재

재산의 변화는 언제나 소비에도 비슷한 단기적 변화를 가져올까? 심리적 회계의 관점에서는 횡재에 대한 MPC가 횡재의 금액에 따라 달라진다고 본다. 횡재가 비교적 소액이면 현재 소득으로 분류되어 지출된다. 반면 더 큰 액수의 횡재는 적어도 일시적으로는 자산계정에 유입되어 MPC는 더 낮아진다(그래도 연금 가치의 MPC보다는 여전히 높다). 또 재산의 변화를 일으킨 원천도 중요하다. 미실현 자본이득(예: 가격이 올랐지만 매도하지 않은 주식) 같은 횡재는 자연스럽게 자산계정의 변화로 취급된다. 또 실현된 자본이득(예: 가격이 올라 매도한 주식) 같은 횡재는 소득으로 처리될 것이다. 실증적 증거를 보면 6장에서 다룬 실현 효과와도 부합하는데, 여기서도 실현 이득과 장부상 이득의 구분이 미치는 영향을 확인할 수 있다. 예를 들어 한 연구는 주식시장의 미실현 자본이득에 대한 MPC가 거의 0에 가깝다고 보고했다.[8] 그러나 다른 연구에서는 기업 인수를 통해 주주에게 '현금'이 생길 때, 즉 이득이 실현될 때 소비가 증가한다는 사실을 발견했다.[9] 그들은 인수로 인한 세후 현금 수입의 MPC를 0.59로 (추정의 정확도는 떨어지지만) 추정했다. 참고로 가처분소득의 MPC는 0.83, 가계 순자산의 MPC는 0.03이었다. 또 뒤에서 논의하겠지만, 주택 재산과 연금 재산의 증가는 다른 저축을 증가시키는 의외의 결과를 낳았다.

'보너스'로 분류된 소득은 심리적 회계에 흥미로운 사례 연구 대상이다. 가계는 보너스라는 이름표가 붙은 돈을 받을 때 저축할 가능성이 더 높을까? 보너스가 저축에 미치는 영향을 잘 보여주는 사례 중 하나는 일본에서 찾을 수 있다. 일본 근로자들은 예측 가능한 반기별 보너스를 받는다. 이시카와 쓰네오Tsuneo Ishikawa와 우에다 가즈오Kazuo Ueda는 정규 소득과 보너스 소득의 MPC를 각각 추산했다.[10] 그 결과 경기가 침체되지 않은 해에는 정규 소득의 MPC가 0.685인 반면, 보너스 소득의 MPC는 0.437에 불과했다.• 그러나 석유파동 전후인 1974~1976년 경기 침체기에는 보너스 소득의 MPC가 100% 이상으로 치솟았다. 이를 통해 보너스가 비상시의 소비 유지에 사용되었음을 짐작할 수 있다.

횡재가 얼마나 소비되는지를 가장 잘 보여주는 데이터는 제2차 세계대전 후 독일의 배상금을 각기 다른 액수로 수령한 이스라엘 가계에서 찾을 수 있다.[11] 마이클 랜즈버거Michael Landsberger는 이 광범위한 자연 실험에서 배상금을 받은 297가구를 연구했다. 그는 가장 큰 횡재(연 소득의 약 66%)를 얻은 집단의 횡재 대비 MPC가 23%에 불과한 반면, 가장 작은 횡재(연 소득의 약 7%)를 얻은 집단의 MPC는 200%를 초과한다는 것을 발견했다. 이처럼 작은 횡재의 경우에는 사실상 수입보다 2배나 지출된 셈이다. 주 지출자가 2명인 가정에서 익숙한 현상이다.

• 저자들은 보너스가 충분히 예상 가능하므로 일시적 소득으로 간주해선 안 된다고 강력하게 주장한다. 또 근로자들이 예상하지 못한 보너스를 예상한 보너스와 다르게 지출한다는 가설을 검증하기 위해 기대 소득 데이터를 사용했지만, 이 가설을 뒷받침하는 증거는 발견되지 않았다.

재산 간의 대체는 가능한가?

생애 주기 이론은 어떤 변수가 저축에 영향을 미치거나 미치지 않는지 예측한다는 점에서 호소력이 강하다. 일단 대략적으로 말하자면, 가계의 저축률을 결정하는 요인은 가족 구성원의 연령, 가족의 생애 재산, 이자율이다. 다만 현재 가치를 일정하게 유지하는 한, 재산이 어떻게 '구성'되었는지는 아무 영향을 미치지 않아야 한다. 대부분 가계에서 재산은 미래 소득, 연금 및 사회보장 재산, 주택 재산이라는 세 가지 요소로 거의 겹치지 않고 나뉘진다.• 유동성을 고려하지 않는다면, 이 세 유형의 재산은 서로 거의 완벽한 대체재가 되어야 한다.

연금 재산

이 장은 미국 연금이 주로 구식 확정 급여형이었고, 확정 기여형 401(k)(미국의 대표적인 직장 퇴직연금 제도로, 회사가 납입할 금액은 확정되어 있고, 운용 책임과 수익은 근로자에게 귀속되어 퇴직금 규모가 변동되는 방식 — 옮긴이) 계좌가 대중화되기 전에 쓰였다. 401(k)보다 앞서 도입된 개인퇴직계좌IRA에는 가계가 연 최대 2,000달러까지 비과세로 불입할 수 있었다. 업데이트에서 최근 동향도 다루겠지만, 이러한 초창기 연구는 오늘날 우리가 접하는 새로운 퇴직연금 제도의 영향과 이에 대한 최근의 논쟁을 충분히 이해하기 위한 워밍업이 될 것이다.

• 대부분 가계는 은퇴 연령에 처음 도달할 때조차 유동자산이 거의 남아나지 않는다. 이러한 사실 자체가 저축 연구에서 자제력이 특히 중요하다는 견해를 뒷받침한다. 대다수의 가계는 사실상 '재량적' 장기 저축을 거의 하지 않는다.

선호와 생애 소득 패턴이 동일한 두 사람을 생각해보자. 한 사람은 연금 자산이 10만 달러이고,• 다른 한 사람은 연금이 없다. 생애 주기 이론의 예측에 따르면 연금이 없는 사람은 다른 저축 계좌에 10만 달러를 더 보유해야 한다. 즉 연금이 없는 대신 일대일로 대체하는 무언가가 있어야 한다. 여기서 귀무가설은 연금 자산의 변화와 대비한 재량적 저축의 변화율이 마이너스 100%로 추정된다는 것이다.

개인연금이 다른 저축에 미치는 영향은 필립 케이건Phillip Cagan과 조지 카토나George Katona가 처음 연구했다.[12] 그런데 두 사람 모두 연금 재산의 변화가 다른 저축에 미치는 영향이 의외로 마이너스 100%에 가깝지 않다는 결과를 얻었다. 도리어 양수였다! 연금 재산이 1달러 늘어났을 때 다른 저축도 소폭 증가한 것이다. 이 결과는 선택 편향으로 설명될 수 있을까? 즉 저축에 열심인 사람들이 연금제를 제공하는 직장에서 일하는 경향이 있을까? 프랜시스 그린Francis Green이 이 가설을 간접적으로 검증했다.[13] 그는 연금 가입자만 하위 표본으로 골라 연금의 대체효과를 추정한 결과, 역시 대체효과가 0보다 살짝 큰 양수임을 발견했다. 이 결과를 선택 편향으로 설명하려면, 사람들은 연금 혜택과 저축 선호를 기반으로 (평균적으로) 자신과 궁합이 완벽히 맞는 직장에 들어갔어야 한다. 그러나 이는 설득력이 없어 보인다. 생애 주기적 관점에서 볼 때, 저축에 관심 있는 사람이라도 전체적으로 가장 좋은

• 미국에서 연금 재산의 두 가지 주요 구성 요소는 사회보장 급여와 개인연금이 있다. 그동안 각 영역에서 이 두 자산의 대체효과를 추정하는 문헌이 많이 발표되었다. 그중 사회보장 자산의 대체효과를 추정하기가 훨씬 더 어려운데, 개인의 사회보장 자산이 연령 및 이전 소득과 상관관계가 매우 높기 때문이다. 이 두 요인을 통제한 후에는 사회보장 자산에 본질적으로 횡단면적 변화가 없다. 따라서 여기서는 개인연금에 대한 문헌을 개괄하기로 한다.

직장을 택한 후 그 회사의 연금 정책을 고려해 재량적 저축을 최적 수준으로 조정하면 되지 않을까?[14] 그 밖의 다른 연구에서는 연금 저축의 대체효과에 대한 추정치가 '응당한' 음수값으로 나왔지만 마이너스 100% 정도까지는 아니었다. 고로 사람들은 연금 재산을 다른 재산의 밀접한 대체재로 취급하지 않는 것으로 보인다.

IRA에도 유사한 문제가 발생한다. 핵심 쟁점은 IRA가 '새로운' 저축을 창출했는지, 아니면 다른 형태의 (과세 대상) 저축을 새로운 면세 계좌로 '재편'한 것인지다. 스티븐 벤티Steven Venti와 데이비드 와이즈David Wise는 이렇게 설명했다. 'IRA와 일반 저축 계좌를 단순히 세금으로 인한 비용만 다를 뿐인 동등한 자산이나 상품으로 생각하기 쉽다. 그렇다면 IRA는 일반 저축 상품에 금액 한도만 붙은 가격 보조인 셈이 된다. 하지만 분석 결과, 소비자는 두 계좌를 동등하게 여기지 않는다는 증거가 매우 강력하게 나타났다.'[15] 벤티와 와이즈는 소비자 지출 설문 조사로 IRA 이용 현황을 분석하고는 'IRA 저축의 대부분은 다른 저축의 감소를 동반하지 않는 새로운 저축'이라고 결론지었다.[16] 또 대부분의 IRA 가입자는 가입 전까지는 저축을 별로 하지 않았던 것으로 나타났다.

또 대니얼 핀버그Daniel Feenberg와 조너선 스키너Jonathan Skinner는 세금 신고 표본을 사용해 '새로운' 저축설 대 재편설을 검토했다. IRA가 본질적으로 재편된 저축이라면, IRA 가입자는 비가입자보다 과세 대상 이자소득이 낮아야 한다[17](가입자는 다른 저축 일부를 IRA에 '섞었을' 것이므로 과세 대상 이자소득이 줄기 때문이다). 그러나 두 사람은 각 계층 내에서 IRA 가입자의 과세 대상 이자소득이 더 '높은' 것을 발견했다. 이는 연금 연구에서 발견한 것과 유사하게 대체효과가 양의 값임을 시사한다.

IRA 이용 현황에서 드러난 몇 가지 다른 사실을 통해 행동 요인이 중요함을 알 수 있다. IRA는 이자소득을 보호해주기 때문에, 합리적인 사람이라면 가능한 한 빨리 IRA를 개설해 소득을 최대한 오래 보호할 것이다. 특히 과세 대상 계좌에서 IRA로 자산을 이전하는 사람에게는 더욱 그렇다. 그러나 납세자는 법률상 연방 소득세 납부 기한인 다음 해 4월 15일까지 IRA를 개설해야 해당 연도의 세금 공제 혜택을 받을 수 있다. 서머스의 조사에 따르면, 과세 연도 1985년에 해당하는 IRA 가입 건수의 거의 절반이 1986년에 이루어졌다![18] 이러한 행동의 원인 중 하나는 미루는 습관 때문일 가능성이 높다.

또 핀버그와 스키너는 다른 모든 조건이 동일하다고 가정할 때, 가계의 IRA 가입 여부를 예측하는 중요한 요인은 4월 15일에 세금을 내야 하는지 여부라는 것을 발견했다. 소득 신고 후 세금이 추징될 사람들은 환급받을 사람들보다 IRA에 가입할 가능성이 더 높았다. 이 결과는 심리적 회계로 해석할 수 있다("정부에 800달러를 내느니 IRA에 2,000달러를 넣겠다"). 또 재산이 소득보다 IRA 개설 여부를 예측하는 데 더 중요한 요인이었다. 이는 유동자산이 넉넉한 가계가 IRA에 가입할 가능성이 더 높다는 것을 암시한다.

그렇다면 사람들은 유동자산을 가지고 IRA를 개설하는 경우가 많다는 얘긴데, IRA가 총저축을 늘리는 이유는 무엇일까? 한 가지 이유는 IRA 계좌의 유동성이 제한된 데다(59세 6개월이 되기 전에 인출하면 10%의 특별세가 부과됨), 인출할 동기부여도 덜하기 때문이다. IRA 자금은 초비상 상황을 제외하고는 '손대기 금지'로 간주된다. 벤티와 와이즈는 이렇게 지적했다. '물론 어떤 사람들은 IRA의 유동성 제약을 장점으로 생각할지도 모른다. 스스로는 발휘하기 힘들었을 자제력을 심어주기 때문이다.'[19]• 또 가계가 충분한 수준의 비상금 계좌를 가지고 있다면 IRA 개설로 저축이 감소하는 효과는 한시적이다. 마찬가지로 대출받아 IRA를 개설하는 가계는 상당히 빨리(은퇴 연령에 도달하기 전) 대출금을 상환하는 편이다. 그 결과 순저축 누계가 증가한다.

주택 재산

생애 주기 이론은 연금 재산처럼 주택 재산도 다른 형태의 자산과 대체 가능하다고 가정한다. 이를 검증하려면 몇 가지 간단한 사실부터 확인하는 것이 좋겠다. 로널드 크럼Ronald Krumm과 낸시 밀러Nancy Miller는 1970~1979년의 소득 역학 패널 조사를 통해 주택 구매가 다른 저축에 미치는 영향을 연구했다.[20] 그리고 다음과 같은 패턴을 발견했다. 젊은 층은 첫 내 집 마련 시 계약금을 위해 유동자산을 모아놓은 다음, 주택을 구매할 때 그 자산을 인출해 쓴다. 그 후 곧 다시 유동자산을 모으기 시작한다. 동시에 주택 담보 대출을 상환하고 주택의 자본이득을 쌓아감으로써 주택 재산을 구축한다. 주택 재산이 다른 저축을 충분히 대체할 수 있다면, 다른 모든 조건이 일정할 때 주택 소유자는 다른 형태의 저축이 적을 것으로 예상된다. 그러나 사실은 정반대였다. 1970년부터 1979년까지 계속 주택을 보유해온 가계와 주택을 한 번도 구매

• 401(k) 과세 유예 퇴직금 제도를 실시한 경험을 통해 사람들이 은퇴 자금을 저축하기 위해 유동성 제약을 장점으로 여길 수 있음을 알 수 있다. 401(k) 중에도 '생활고'를 이유로 인출을 허용하는 유형이 있는가 하면, 그렇지 않은 유형도 있다. 미 정부 회계감사원(GAO/PEMD-88-20FS) 보고서에 따르면, 인출을 허용하지 않는 상품의 가입률과 기여율이 더 높다.

한 적 없는 가계를 비교했을 때, 다른 조건이 동일하다면 주택 소유자의 비주택 저축액이 1만 6,000달러 더 많았다.[21] 또 그들은 2만 9,000달러의 주택 재산을 보유하고 있었다.

대체 가능성 문제에 접근하는 또 다른 방법은 주택 재산을 바탕으로 MPC를 추정하는 것이다. 스키너가 이 방법을 사용했는데, 그는 먼저 1976~1981년 실질 소비의 변화, 그리고 주택을 소유하고 그곳에서 쭉 거주해온 표본 집단의 주택 재산 변화에 단순 회귀분석을 수행했다.[22] 추정된 상관계수는 0으로부터 유의하게 다르지 않았다. 더 복잡한 모형들에서는 회귀분석 중 하나로부터 작지만 유의미한 결과를 얻었지만, 가구 간 개인차를 보정한 회귀분석에서는 주택 재산의 변화가 소비에 아무 영향을 미치지 않는 것으로 나왔다.

유증이라는 동기를 바탕으로 이러한 결과를 설명해보는 것도 가능하다. 주택 가격이 오르면 사람들은 자녀에게 집 살 돈을 보태주려고 저축을 늘리고 싶어 할 수도 있다. 스키너는 이것이 사실인지 확인하기 위해 가족 규모가 저축에 영향을 미치는지 조사했지만, 그렇지 않다는 것을 발견했다.• 또 세대 간 재산 이전이 전반적으로 중요하다면, 주택 가격이 오를 때 (평균적으로) 모든 주택 소유자가 자신뿐 아니라 상속자를 위해서라도 더 많이 저축하려 할 것이다. 소득을 통제 변수로 놓았

• 탈러가 시카고대학교에 임용되기 전, 동 대학에서 열린 한 세미나에서 비슷한 논점이 제기되었다. 그는 저축'률'이 늘 일정해야 한다는 생애 주기 이론과 달리, 저축률이 항상소득과 함께 급증한다는 결과에 대해 토론하고 있었다. 한 참석자는 이러한 결과가 저소득층이 실제로는 자녀라는 인적 자본을 저축하고 있으나(자녀를 대학에 보내는 것) 이는 일반적인 저축 데이터에는 반영되지 않기 때문에 나타났다고 주장했다. 그래서 탈러는 발언자에게 무자녀 저소득층의 저축률이 중산층의 저축률과 비슷할 것이라 보는지 물었다. 그는 "꼭 그런 건 아닙니다"라며 "자녀가 없는 가정이라도 조카는 있을 겁니다"라고 덧붙였다. 팩트 한마디 보태자면, 이 대답에 웃는 청중은 '아무도' 없었다.

을 때, 셋집에 사는 부모가 자녀를 덜 사랑한다고 볼 수 있을까?

주택 재산의 MPC가 낮다는 것은 생애 주기적 관점에서 또 다른 이상 현상이다. 즉 노년층은 그간 저축해온 돈을 빠르게 소진하지 않는다. 이는 앞서 논의한 바와 같이 소득에 대한 소비의 과도한 민감성을 보여주는 또 다른 예다. 젊은 층과 노년층은 생애 주기 가설의 예측에 비해 소비가 훨씬 적다. 젊은 층은 대출에 제약이 따르기 때문에 그렇다 쳐도, 노년층의 이 같은 행동은 특히 주택까지 소유한 경우라면 더욱 설명하기 난감해진다. 65세 이상 주택 소유자는 주택 담보 대출이 거의 남아 있지 않으므로 인출할 수 있는 주택 재산이 상당하다. 따라서 노년층이 주택 재산을 지출하지 않으려는 경향은 자발적인 것으로 보이며, 이는 벤티와 와이즈가 「하지만 그들은 주택 재산을 줄이려 하지 않는다But They Don't Want to Reduce Housing Equity」라는 적절한 제목의 논문에서 잘 드러난다.[23]

벤티와 와이즈는 1969~1979년에 여섯 차례 실시한 은퇴 이력 조사Retirement History Surveys를 통해 이 문제를 연구했다. 그들은 살던 집을 팔고 다른 집을 사는(예컨대 기후가 더 온화한 지역으로 이사) 표본 인구들이 낮은 비용으로 주택 재산 수준을 조정할 수 있다는 사실을 활용해, 그들의 행동에서 주택 재산의 '바람직한' 수준을 추론하고자 했다. 실제 사람들의 행동을 보니, 그들의 원래 주택 재산 가치와 바람직한 주택 재산 가치의 차이는 평균 1,010달러로 매우 작았다. 요컨대 이사 후 전체 재산에서 주택 재산의 비율은 0.53이었고, 비율의 전후 차이는 0.01이었다. 연령은 관찰된 주택 재산에 본질적 영향을 미치지 않았다. 또 가족의 자녀 유무는 이사 후 주택 재산에 영향을 미치지 않아, 유증 동기의 설득력은 의심스럽다. 벤티와 와이즈는 다음과 같이 결론지었다. '노년층은 대부분 유동성 제약을 받지 않는다. 그리고 생애 주기 가설의 표준 공식과 달리, 일반적인 노인 가구는 주택 재산을 줄이고 싶어 하지 않는다.'[24]

유동성 제약인가, 부채 회피인가?

가계 소비의 실상을 보여주는 증거가 많아지면서, 많은 경제학자들은 인구의 일부 집단이 소비의 평활화를 가능하게 해줄 대출을 받을 수 없다는 유동성 제약 모형을 발전시켰다.[25] 그러나 우리 필자들은 유동성 제약의 또 다른 주원인이 빚지는 걸 싫어하는 가계가 '스스로' 정한 규칙 때문이라고 믿는다.

벤티와 와이즈도 우리 견해와 일치하는 증거를 내놓았다. 노년층은 이사할 때 가능하면 주택 담보 대출을 새로 받고 싶어 하지 않는다. 역모기지reverse mortgages(은행이 노인 가구의 집을 매입해 그들을 거주하게 하고 연금을 지급하는 방식)는 인기가 전혀 없었다. 우리가 보기에는 '모기지'라는 명칭 때문이지 싶다. 거기에 '역reverse'이라는 형용사를 추가한다고 딱히 좋은 판매 전략이 되는 건 아닌 것 같다.

대부분 주택 소유자가 유동성 제약을 받는다는 가정은 타당하다고 보기 어렵다. 조이스 맨체스터Joyce Manchester와 제임스 포터바James Poterba는 1988년 미국의 주택 재산 규모가 약 3조 달러였고, 그중 약 2조 5,000억 달러는 새로운 (그리고 더 엄격한) 법률에서도 세금 공제 대출을 받을 수 있었다고 추산했다[26](이 수치가 얼마나 큰지 이해를 돕자면, 1985년

무담보 대출과 자동차 대출을 합친 총액이 4,050억 달러였다). 맨체스터와 포터바는 사람들이 두 번째로 주택 담보 대출을 받는 것은 소비 증대보다 투자가 주목적이라고 보고했다. 두 번째 주택 담보 대출의 약 절반은 주택 리모델링에 사용되며, 그 돈은 동일한 심적 계정(돈을 물리적으로는 동일하게 취급하지만, 마음속으로는 출처나 용도에 따라 나눠 가상의 계정을 만들고 다르게 평가 · 관리하는 행동경제학 개념 — 옮긴이)에 유지된다.•

앞에서 설명한 내용을 유동성 제약이 중요하지 않다는 뜻으로 받아들여서는 안 된다. 그보다 우리는 유동성 제약에 두 가지 주원인이 있다고 주장하고 싶다. 하나는 자본시장이 부과하는 제약이고, 또 하나는 개인이 스스로 부과하는 제약이다. 후자는 경제학계에서 연구 대상으로 비교적 주목받지 못했지만 실제로는 중요할 수 있다. 자세한 내용은 업데이트에서 설명하겠다.

결론: 경제주체는 나만큼 어리석다

이전 세대의 경제학자들은 저축하는 행위를 훨씬 더 행동적 측면에서 접근했다. 예컨대 어빙 피셔는 선견지명, 자제력, 습관의 역할을 강조했

• 탈러의 동료 잭 네치가 말하길, 캐나다 브리티시컬럼비아주에서는 65세 이상의 주택 소유자가 사망하거나 집을 팔 때까지 부동산세 납부를 연기할 수 있다고 한다. 이는 사실상 상환 일정 없이 시중금리보다 저렴하게 대출을 받는 셈이다. 소유자가 사망하거나 집을 팔면 세금과 이자가 부과된다. 많은 노인들이 상당한 자본이득을 깔고만 앉은 채 현금이 부족한 실정이고, 특히 주택 가격이 크게 오른 밴쿠버에서는 더욱 그러한데도, 실제 65세 이상의 주택 소유자 중 이 옵션을 택한 사람은 1%에 불과했다. 네치는 이 제도를 설명하는 방식을 약간 바꾸면 노년층의 호응이 더 좋아질 것이라고 주 정부에 건의했다. 바로 그들에게 부동산세는 나중에 집을 '구매하는' 사람이 부담할 것이라고 알려주는 것이다. 탈러는 이 아이디어가 효과가 있을 것이라는 확신이 들었다.

다.[27] 프리드먼의 항상소득 가설조차 합리적 기대와는 거리가 멀었다.[28] 그는 '항상소득을 기대 생애 소득의 총합으로 간주해선 안 된다. … 그보다 소비자가 어느 연령에나 항구적이라고 생각하는 평균 소득으로 해석해야 하며, 이는 다시 소비자의 시야와 선견지명에 따라 달라진다'라고 주장했다.[29] 현대 저축 이론은 대표적 소비자를 점점 더 영리한 인간으로 만들어왔다. 그들의 예측이 계량경제학자의 정교한 예측과 같다고 간주될 정도다. 그러나 경제학자들은 갈수록 정교하고 영리해졌을지 몰라도, 분명 소비자는 여전히 인간이다. 그만큼 우리는 과연 누구의 행동을 모형화하려는지 다시금 생각해봐야 한다. 같은 맥락에서, 탈러는 몇 년 전에 한 경제학 학회에서 자신과 (합리주의자로 유명한) 로버트 배로Robert Barro의 경제학 접근 방식의 차이점을 이렇게 설명했다. "배로는 자신의 모형 속 경제주체를 자신만큼 똑똑하다고 가정하지만, 저는 경제주체를 저만큼 어리석다고 기술합니다." 배로도 이 말에 동의했다.

업데이트

심리적 회계 2.0

심리적 회계 개념은 점차 보편화되고 있다. 예컨대 최근 《뉴욕 타임스》의 십자 낱말 맞히기에 실린 한 문제는 '손해 본 곳에 또 돈을 쏟아붓는 것에 대한 정당화'였다. 정답은 물론 '매몰 비용의 오류sunk cost fallacy'였다. 최근에는 이 분야에 대한 연구가 워낙 많아 다 정리하기 어렵지만, 몇 가지 눈에 띄는 연구를 중심으로 살펴보자. 먼저 미시경제 쪽부터 시작하고 거시경제로 넘어가겠다. 이 사례들을 관통하는 공통점은 가계가 저축이나 소비를 결정할 때 돈을 대체 가능하다고 여기지 않는다는 것이다. 초창기 연구에서는 심리적 회계가 지출에 미치는 영향을 주로 가상의 사례를 들어 설명했지만, 최근 연구에서는 소비자 지출, 투자 결정, 저축 선택에 대한 실제 데이터에서 돈의 대체 가능성을 위배하는 사례가 상당히 발견되었다.

소비자의 예산 편성

저스틴 헤이스팅스Justine Hastings와 제시 샤피로Jesse Shapiro의 공동 논문

• Hastings and Shapiro(2013, 2018)는 대학원 시절 심리적 회계 회피에 사로잡히지 않은 경제학도였다.

두 편은 심리적 회계 연구의 현대 동향을 잘 보여주는 사례다.• 먼저 첫 번째 논문은 식료품과 휘발유를 함께 취급하는 대형 창고형 유통 체인의 소비자 구매 데이터를 이용했다. 두 저자는 소비자가 유가 하락이라는 뜻밖의 횡재를 마주했을 때 어떻게 행동했는지 조사했다. 휘발유는 많은 미국 가정의 예산에서 상당 부분을 차지하며, 대개 다른 재화들과 따로 구매하기 때문에 가격을 포착하기 쉬운 편이다(게다가 모든 주유소는 법에 따라 가격을 눈에 띄게 게시해야 한다).

한 가계가 보통 주유비로 일주일에 80달러를 쓴다고 가정하겠다. 그런데 갑자기 세계 금융 위기로 휘발유 가격이 떨어져 주당 지출액이 40달러로 줄었다. 그러면 이 가계는 굳은 돈 40달러로 무엇을 할까? 경제학적으로 단순하게 생각하면 소득효과(가계가 전반적으로 쓸 돈이 더 많아짐)와 대체효과(휘발유가 다른 재화에 비해 저렴해짐)가 둘 다 예상된다. 소득효과상으로는 예산에 주당 40달러의 여유 자금이 생기므로, 소비자는 다른 지출을 약간 늘릴 가능성이 있다. 또 대체효과상으로는 가족끼리 외출하거나 대중교통 대신 자가용을 모는 횟수가 많아지는 등 휘발유 소비량이 늘어날 것으로 예상된다. 이 효과가 합쳐지면 전체 지출은 약간 더 늘어나고, 휘발유 소비는 눈에 띄게 증가할 것이다. 우리는 이 예측이 정확하다고 확신한다. 수요와 공급 법칙은 행동경제학에서도 예외 없이 작동하기 때문이다.

하지만 어떤 '등급'의 휘발유를 살지 선택하는 데도 영향을 미칠까? 미국에서는 휘발유가 옥탄가 등급에 따라 일반, 중간, 프리미엄의 세 등급으로 나뉘며, 상위 두 등급의 가격이 더 비싸다. 일부 고성능 차량 제조사에서는 프리미엄을 쓰라고 권장하지만, 대부분 차량이라면 더 비싼 등급을 사야 할 이유가 없다. 휘발유 광고에서 암시하는 바와 달리, 등급이 높다고 품질이 더 좋은 건 아니고, 단지 옥탄가가 더 높을 뿐이다. 휘발유 가격이 오르락내리락할 때, 세 등급의 상대 가격도 서로 밀접하게 연동되어 움직인다. 따라서 언뜻 생각하면, 전반적인 휘발유 가격의 변동은 소비자가 어떤 등급을 살지 결정하는 데 영향을 미치지 않을 것으로 예상해야 한다.

하지만 실제 소비자의 생각은 다르다. 예컨대 대규모 금융 위기로 휘발유 가격이 하락하면, 많은 사람들이 어려움을 겪는 와중에도 어떤 운전자는 이 기회에 자신의 차를 고급 휘발유로 '대접해'주고 싶어 한다. 그들은 마치 경제 논리는 집어치우라는 듯, 연료통에 들어갈 휘발유를 업그레이드하는 방식으로 대응한다! 헤이스팅스와 샤피로는 이러한 특이한 반응을 심리적 회계 용어로 설명한다.[30] '주유비 예산'은 플러스 또는 마이너스로 영향을 받아, (좋게든 나쁘게든) 계획과 틀어진다. 소비자는 계정 '내' 조정을 통해 이러한 변화에 대응한다.

소비자는 유가 하락이라는 횡재를 단순히 평소에 사지 않던 고급 물품을 사는 데 사용하는 것일까? 아니다. 헤이스팅스와 샤피로는 영리하게도 일종의 위약 실험을 통해 우유와 오렌지 주스의 구매 패턴도 추적했다. 이 둘은 사람들이 흔히 구매하는 품목이자, 인식되는 품질에 약간의 차이가 있다(예: 유명 브랜드 대 매장 자체 브랜드). 그러나 휘발유 가격이 대폭 하락했다고 해서, 우유와 주스 구매에까지 커다란 질적 변화가 일어난 건 아니었다.

여기서 중요한 결과는 가계가 '주유비'를 다른 소득, 심지어 소비 지출용으로 편성한 다른 소득과도 대체하려 하지 않는다는 것이다. 이는 반대 방향으로도 사실이다. 휘발유 가격이 오르면 소비자는 저품질 휘발유를 구매하는데, 그 비율은 가계소득이 감소해서 저품질 휘발유를 구매하는 비율과 비교해 두 자릿수 더 높다. 연구진은 '기준 추정치에 따르면, 휘발유 가격이 오를 때 돈의 한계효용은 다른 소득원이 같은 수준으로 감소할 때보다 15배 더 증가한다'라고 기술했다.[31]

헤이스팅스와 샤피로는 저소득층이 식비 보조금으로 받는 돈의 대체 가능성을 조사한 다른 논문에서도 비슷한 결과를 발견했다.[32] 이 보조금 제도는 영양 보충 지원 프로그램Supplemental Nutritional Assistance Program, SNAP이라고 한다. SNAP 수당은 직불 카드에 충전되지만, 식료품이라는 지정된 품목에만 사용할 수 있다. 그러나 대부분 수혜자가 받는 금액은 그 가족이 실제로 쓰는 식비보다 적기 때문에, SNAP 수당은 경제적으로 현금과 같은 기능을 한다.• 여기서도 문제는 소비자가 SNAP 수당을 '돈'으로 여기는지, '식비'로 여기는지다.

결과는 심리적 회계를 강력하게 뒷받침한다. 추가 소득을 식비로 쓰려는 MPC는 약 10%지만, SNAP 수당을 식비로 쓰려는 MPC는 50~60%로 추산된다. 이와 대조적으로, 저자들은 다른 문헌에서 휘발유 가격 변동에 대한 같은 데이터를 가지고 휘발유 가격 하락이 식비 MPC에 미친 영향은 미미했다는 결론을 내렸다. 티모시 비티Timothy Beatty 연구 팀도 영국에서 60세 이상 시민에게 지급되는 '겨울 난방' 보조금을 연구하고 유사한 결과를 얻었다.[33] 연구 팀은 다른 소득에 대한

• 직관적 사실로 보건대, 사람들이 지출하는 식비가 SNAP 지원금보다 많다면 이 지원금은 결과적으로 그들이 어차피 식비로 썼을 액수의 돈을 대체하게 될 뿐이다. 그들의 식비 총지출액은 변하지 않으므로 현금이 남아야 다른 지출에 사용할 수 있다. 따라서 SNAP 지원금은 사실상 현금 지원과 같다.

MPC가 3%에 불과한 반면, 이 '난방비' 보조금의 MPC는 47%인 것으로 추산했다. 최근 정권을 잡은 노동당 정부는 취임 전 이 연구 결과를 검토했으면 좋았을 것이다. 신임 재무부 장관 레이철 리브스Rachel Reeves가 가장 먼저 취한 조치 중 하나는 연 300파운드에 달하는 보조금 수급 자격을 강화하는 것이었다. 그러자 신문에는 '새 법률 때문에 병원에 입원하는 연금 수급자들이 속출할 것'이라고 경고하는 헤드라인이 실렸다.[34]

유동성 제약?

이 책에서 언급한 이상 현상 중 가장 잘 입증된 사실 하나는 소비가 소득에 과민하게 반응한다는 것이다. 경제학자들은 부의 수준에 주목하는 전통적 모형이 으레 그러듯, 이러한 소비 행태를 유동성 제약 탓으로 돌리려는 경향이 강하다. 이는 소비 평활화가 가능할 만큼 유동자산이나 대출 능력이 충분한 가계에 대해서도 마찬가지다. 그러나 앞서 강조했지만, 가계가 (심적이든 아니든) 어느 정도 예산을 짜서 생활한다면 이러한 '제약'은 가계 스스로 설정했을 가능성이 높다.

한 가지 예는 데이비드 그로스David Gross와 니컬러스 솔렐레스Nicholas Souleles가 처음 기록한, 어떤 종류의 합리성 모형에도 위배되는 것처럼 보이는 다음과 같은 행동 패턴이다.[35] 많은 가계가 종종 20%가 넘는 높은 이자율의 카드 빚을 감수하는 '동시에', 보통예금 같은 거의 수익이 없는 계좌에 유동자산을 넣어둔다. 이는 가계 내에서 차익 거래를 할 기회를 썩히는 셈이다! 물론 예비적 차원에서 어느 정도의 현금을 보유하는 것은 필요하나, 논문 저자들은 카드 빚을 진 많은 가계가 주택 재산뿐 아니라 한 달 소득분 이상의 유동자산을 보유하기도 한다는 사실을 발견했다.

라파엘 M. 바티스타Rafael M. Batista, 엘라 마오Ella Mao, 애비게일 B. 서스먼Abigail B. Sussman이 대형 시중은행의 데이터로 실시한 최근 연구에 따르면, 신용카드 고객의 23%가 신용카드 부채와 저수익 유동자산 양쪽에 500달러 이상을 보유한 것으로 나타났다.[36] 이들은 논문의 서두를 '왜 어떤 사람은 1달러를 위해 20달러를 포기하려 할까?'라는 질문으로 시작한다(이는 신용카드 채무 이자와 은행 예금이자의 대략적 비율이다). 다시 말해 왜 고객들은 저금리 예금을 인출해 고금리 신용카드 빚부터 갚으려 하지 않을까? 그러게나 말이다! 이러한 소비자의 행동을 '동시 보유co-holding'라고 한다. 우리는 이 행동을 완전하게도, 논리적으로도 설명할 수 없지만, 특이한 심리적 회계 경험 법칙이 관련된 건 확실한 듯 보인다. 게다가 대규모 현장 실험 결과, 이 문제에 대해 고객의 주의를 환기시키는 것만으로는 부채 보유량을 줄이는 데 효과가 거의 없었다. 이 연구에서 얻은 한 가지 결론은 많은 소비자가 가계 지출 방식을 다각화하고 싶어 한다는 것이다. 예컨대 식료품이나 공과금 같은 일상적 지출은 현금이나 직불 카드를 쓰고, 자동차 수리처럼 불시의 큰 지출에는 신용카드를 쓰는 걸 선호하는 식이다. 이러한 지출 패턴을 유지하려면 수입에 맞게 생활하기 위해 현금 계정에 충분한 돈을 예치해둬야 한다. 일종의 값비싼 자기통제 전략이라 볼 수 있다.

브라이언 보Brian Baugh 연구 팀은 세금을 환급받는 가계의 행동을 연구하고 유사한 행동을 관찰했다.[37] 그들은 많은 가계가 소비를 늘리는 방식이 겉보기에 유동성 제약을 받는 듯한 양상을 띤다는 것을 발견했다. 하지만 이들 가계는 '마치' 유동성 제약하에 있는 듯 행동할 뿐이다. 연구 팀은 같은 가계가 세금을 뱉어내야 하는 해에 행동이 어떻게 달라지는지 조사해 이를 증명했다. 이러한 해에는 세금을 더 내느라 (실제 유동성 제약하에서 그래야 하듯) 소비를 줄이는 것이 아니라, 유동적 계정 간에 자금을 돌려쓰는 것으로 나타났다.

소비되지 않는 재산

이 장의 서두에서 두 가지 양식화된 소비 모형을 소개했다.

> C=Y. 소비는 소득과 같다(즉 하루살이 모형).
>
> C=W/N. 소비는 현재 재산 W를 기대 수명 연수로 나눈 값의 현재 가치와 같다. 불확실성과 유산은 가정하지 않는다(즉 생애 주기 모형).

첫 번째 모형은 사람들이 '소득'을 전부 소비하지만, 그들이 무엇을 소득이라고 생각하는지에 대해서는 물음표를 남겨두는 하루살이 모형이다. 두 번째 모형은 군더더기를 뺀 형태의 생애 주기 모형이다. 우리는 서로 양극단에 있는 두 모형 중 하나를 고르라면, 지난 30년간 방대하게 쌓여온 연구 결과를 바탕으로 첫 번째를 선택하겠다. 우리가 이 결론에 도달하게 된 연유를 보여주는 몇몇 연구를 소개하겠다.

행동재무학 분야가 지금처럼 각광받기 전인 초장기에 허시 셰프린과 메이어 스탯먼은 「투자자가 현금 배당을 선호하는 이유Explaining investor preference for cash dividends」라는 논문을 발표했다.[38] 원래 고전 재무학은 프랑코 모딜리아니와 머턴 밀러Merton Miller의 유명한 무관련성 정리irrelevance theorem에 기반했다. 이 정리는 조세 왜곡이 없다는 전제하에 자사주 매입 시 발생하는 자본이득과 현금 배당 간에 투자자의 선호 차이가 전혀 없어야 한다고 주장한다. 만약 배당이 자본이득보다 더 중과세된다면 투자자들은 단연코 배당을 더 싫어해야 한다. 그러나 셰프린과 스탯먼이 지적했듯, 현실의 투자자들은 배당금을 '좋아해마지 않는다'. 저자들은 그 이유로, 배당이 투자자에게 투자 원금은 그대로 두면서도 투자 소득을 지출할 수 있게 하는 편리한 자기통제 수단이기 때문이라고 설명한다. 실제로 이는 가정에서 살림을 꾸리면서 행해온 오래된 생활의 지혜다.

최근 여러 논문에서도 투자자들이 배당을 선호한다는 주장이 힘을 얻었다. 예컨대 맬컴 베이커Malcolm Baker, 스테판 나겔Stefan Nagel, 제프리 워글러Jeffrey Wurgler는 투자자들이 주식에서 발생하는 수익 중 자본이득보다 현금 배당을 지출하는 경향이 더 높다고 밝혔다.[39] 나아가 가계는 정기 배당을 지급받으면 투자 계정에서 꺼내 쓰는 금액을 늘렸으며, 뮤추얼 펀드 배당의 경우 그 금액이 더 크다는 사실도 드러났다.

앤드레이어스 파게렝Andreas Fagereng의 연구진은 사람들이 자본이득은 손대지 않으면서 배당은 지출하는 경향을 불평등 심화의 한 원인으로 꼽는다.[40] 그들은 노르웨이 행정 당국의 자료를 분석한 결과, 자본이득을 제외한 저축률이 부의 분포와 전반적으로 비슷함을 발견했다. 즉 '부자가 더 부유해지는' 주된 이유는 보유 주식이 더 많고 자본이득은 소비하지 않기 때문이다. 이 논문들과 같은 분야의 다른 논문들에서 공통적으로 나타나는 점은 무행동inaction의 중요성이다. 부자들은 자본이득을 그대로 묵혀두고 있었다. 우리가 4장에서 현상 유지 편향의 수많은 사례를 논의했다는 사실을 떠올려보라.

주택 재산에서도 비슷한 양상이 관찰된다. 주택 재산의 MPC는 매우 작다. 물론 주택 매매는 큰 비용이 수반되므로, 소득이나 필요한 지출 수준의 변화에 따라 주택을 바꾸는 일은 거의 없다. 하지만 주택 자산을 담보로 돈을 빌리는 것은 저렴하고 쉽다는 점에서, 주택 가치 상승분을 소비하지 않으려는 경향은 유동성 제약이나 거래 비용 때문만으로 볼 수는 없다. 앞서 언급했듯, 벤티와 와이즈는 은퇴 후 이사한 사람들도 주택 재산을 전부 새집에 재투자하는 경향이 있다며 이러한 논거에 힘을 실었다.[41]

벤티와 와이즈는 해당 논문의 업데이트 버전에서도 유사한 결과를 발표했다.[42] 주택을 계속 소유하는 가계는 나이가 들어도, 심지어 80대까지도 주택 재산을 줄이지 않는다. 실제로 갖고 있던 집을 팔고 다른 집을 사는 가계는 평균적으로 주택 재산이 증가한다. 다시 말해 가계는 거기 산다는 것을 제외하면 평생 주택 재산을 전혀 소비하지 않는다. 주택 재산이 감소하는 경우는 주로 배우자의 사망이나 요양원 입소 등의 이유로 주택 소유권을 완전히 포기할 때다.•

가계가 주택 재산을 소모하지 않는다는 사실은 주택을 소유한 것 자

• 이러한 패턴의 한 가지 예외는 금리가 하락해서 주택 소유자들이 재융자를 받을 강력한 동기가 생겼을 경우다. 금리가 하락하는 동시에 주택 가격이 상승하면, 가계는 주택 담보 대출액수를 늘리면서도 월 상환 부담을 낮출 수 있다는 걸 알게 된다. 이러한 행태는 2008년 금융 위기의 한 요인이기도 했다.

체가 그들에게 중요한 저축 수단이라는 의미다. 그들은 주택 담보 대출을 정기적으로 상환함으로써 저축을 늘려간다. 시대가 흐를수록 달라진 관행 중 하나는 주택 담보 대출을 상환하는 속도가 빨라졌다는 것이다. 앞서 언급했듯, 1980년대에 65세 이상 노년층의 주택 담보 대출 부채는 극히 적었다. 지금은 노년층 사이에서도 주택 담보 대출이 더 흔해졌지만, 여전히 65세 이상 주택 소유자의 약 3분의 2는 대출을 끼고 있지 않다.[43]

이러한 결과는 내 집 마련에 점점 어려움을 겪고 있는 젊은 세대의 실망감을 가중하고 있다.

심리적 회계의 활용

이 장을 처음 쓴 1980년대 이후 미국의 금융 환경에서 가장 큰 변화는 연금에서 고용주 부담이 감소한 대신 확정 기여형 401(k)가 엄청나게 증가했다는 것이다. 401(k)가 도입되기 전에 흔한 퇴직연금 제도는 주로 대기업이나 정부 기관 등 고용주 또는 노조가 보증하는 구식 확정 급여형이었다. 이러한 확정 급여형 연금은 근로자의 별다른 행동을 요하지 않기 때문에 무심한 근로자들에게 큰 도움이 되었다.

새로운 확정 급여형 퇴직연금의 경우에는 직원들이 직접 움직여야 했다. 먼저 첫 필수 단계는 가입이었다. 그러나 401(k)는 고용주가 직원의 기여금에 대해 급여의 최대 6%까지 보태주는 제도인데도, 이 간단한 가입 조치를 취하지 않은 직원이 태반이었다. 이것도 이 책에서 최적에 못 미치는 행동으로 언급하는 대표적 예 중 하나일 것이다. 무관심의 대가가 이토록 값비쌀 줄이야!

4장에서 언급한 브리짓 매드리언과 데니스 시어의 중요한 논문은 이러한 타성을 쉽게 극복할 방법이 있음을 보여주었다.[44] 바로 자동 가입을 기본값으로 해서, 가입을 원치 않는 직원은 직접 탈퇴하게 하는 것이다. 이 조치는 가입 문제를 어느 정도 해결해주었다. 자격 충족 후 첫해에 가입한 근로자의 비율이 49%에서 86%로 증가했기 때문이다. 그러나 근로자의 가입률을 높였어도 그들의 수동적 습성은 고치지 못했다. 자동 가입된 근로자의 저축률이 3%로 너무 저조했기 때문에 추가 조치가 필요했다. 따라서 다음 과제는 그들의 저축률을 높이는 것이었다.

이 문제의 해결책을 탈러와 슐로모 베나르치가 제시했는데, 이 계획의 명칭은 '미래에 더 많은 저축을Save More Tomorrow'이다.[45] 직원들의 저축률이 매년 호봉이 오를 때마다 자동으로 높아질 수 있게 하는 것이다. 아무런 후속 조치 없이도 기여금이 적정 수준까지 점차 증가하기 때문에, 근로자는 한번 가입하고 나면 발 뻗고 자도 된다. 이 기능은 이제 널리 채택되어 '자동 증액automatic escalation'이라고도 불린다. 여기에 잘 설계된 저비용 타깃 데이트 펀드target date fund(은퇴 시기가 가까워질수록 자산 운용이 보수적으로 자동 조정되는 장기 투자 상품 — 옮긴이) 같은 투자 상품을 기본값으로 곁들이면, 무심한 근로자라도 안전하게 저축 계획을 유지할 수 있다. 하지만 아직 해야 할 일이 많다. 첫째, 회사가 지원하는 퇴직연금 제도를 이용할 수 없는 직원이 많으며, 알아서 처리해야 하는 직원은 미루거나 자제력이 부족해서 어려움을 겪는다. 둘째, 좋은 기본값이 지정되고 자동 증액 제도가 있더라도 이직률이 높은 회사에서는 제대로 작동하기 어렵다. 퇴사하는 직원들은 특히 잔액이 적으면 그냥 현금화하는 경우가 많다.

이 장에서 논의된 논문에서 두 가지 중요한 결론을 도출할 수 있다. 가장 중요한 점은 돈은 서로 대체되지 않는다는 것이다. 가계가 뜻밖의 횡재로 얻은 돈을 처리하는 방식은 그 횡재의 출처, 규모, 종착지 등에 따라 달라진다. 이 책 전반에 걸쳐 강조한 또 다른 결론은 가계가 보통 수동적이라는 것이다. 아무리 부자인 집도 배당금을 자본이득과 다르게 취급한다. 결국 심리적 회계가 중요하다.

핵심 정리

경제학자들에게: 소비자는 모든 돈이 대체 가능하다고 생각하지 않는다. 저축과 소비 행동을 더 잘 예측하려면 심리적 회계의 역할을 고려해야 한다.

독자들에게: 심리적 회계는 가계가 예산대로 생활하게끔 도와줄 수 있지만, 금융 위기에 비싼 휘발유를 사는 등 어리석은 행동으로 이끌기도 한다. 은퇴 자금 모으기에 성공하려면 유혹으로부터 안전한 곳에 돈을 넣어야 한다.

9장

선호 역전

Preference Reversals

그때는 맞고 지금은 틀리다

(아모스 트버스키와 함께)

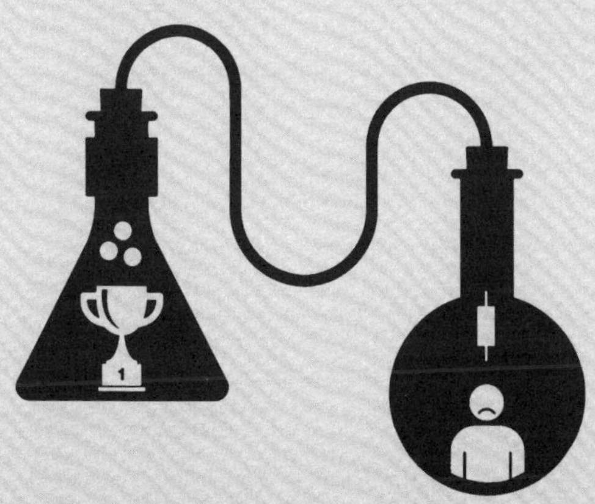

• 이 장은 Tversky and Thaler(1990)를 토대로 썼다.

전통 경제학은 경제주체의 '합리적' 선택을 전제로 한다. 물론 누구나 열쇠를 잃어버리거나 기념일을 잊는 등 어이없는 실수를 저지르기도 한다. 하지만 전통 경제학에서는 이런 소소한 불운을 논외로 친다. 어차피 다른 소소한 행운과 상쇄되어, 여전히 합리적 선택 이론은 '평균적으로' 타당성을 유지한다고 보기 때문이다. 그래서 이 책에서는 앞 장에서 논한 저축과 심리적 회계와 같이, 전통 경제학의 '예측'이 틀릴 수 있음을 입증하는 사례를 집중적으로 소개했다. 하지만 합리성 자체가 통하지 않는 사례는 아직 다루지 않았다. 금융 위기 때 고급 휘발유 수요가 늘어난 것은 분명 이상해 보이지만, 다른 여러 요인이 작용할 수 있다. 어쩌면 가계는 예산을 세우면 수입 범위 내에서 생활하는 데 도움이 되고, 그 편익이 종종 '합리성'에 위배되는 듯한 행동의 비용보다 더 클 것이다. 경제학자들은 명백히 이례적인 행동이 실제로는 오류가 아닌 이유를 설명하는 논문을 숱하게 발표해왔다. 그래서 우리는 이 문제를 강조해서 다루지 않았다. 적어도 지금까지는 말이다.

9장과 10장에서는 합리적 선택 이론을 직접 반증하는 사례를 살펴보겠다. 시작에 앞서 합리성의 정의부터 명확히 하고 넘어가자. 경제학에서 합리성은 앞서 선택 공리(5장)로 설명했듯 주로 논리적 일관성을 가리킨다. 그렇다면 소비자가 합리성을 위배한다는 사실을 어떻게 입증할 수 있을까?

선호가 일관된다는 가정을 정당화할 한 가지 조건은 이행성transitive이다(6장에서 탈러가 이마스에게 신발로 바가지를 씌운 예를 기억하라). 이행성에 대해 되짚어보자면 이렇다. 누군가에게 사과, 블루베리, 체리 등 세 과일 중 하나를 선택하게 했다고 치자. 그가 체리보다 블루베리를, 블루베리보다 사과를 선호한다면 체리보다 사과를 선호해야 한다. 그렇지 않다면 그의 선호는 질문 순서의 영향을 받는다는 뜻이 된다. 역시 여러 실험에서 비이행적 선택이 관찰되었으며, 이는 합리적 선택에 어긋나는 이상 현상으로 볼 수 있다.[1] 비이행적 선택이 나타난다는 증거는 골수 전통 경제학자들을 당황하게 할 것이다.

이 장에서는 이행성 위배보다 더 근본적이고도 골치 아픈 행동 유형을 소개하려 한다. 바로 순전한 비일관성inconsistency이다. 사과를 블루베리보다 선호한다고 말하는 사람은 블루베리가 사과보다 좋다고 말해서는 안 된다. 그렇게 말한다면 선호 역전preference reversal이 된다. 이행성 위배 현상을 보고 당황했을 경제학자들은 선호 역전 현상을 보고 나서는 아예 쥐구멍에 숨어버릴지도 모른다. 실제로 이러한 특이 행동은 '선호'라는 단어의 의미 자체를 무색하게 하는 듯하다.• 그렇지만 1970년대 초부터 심리학자들과 경제학자들은 도박에서의 선택을 통해 이러한 선호 역전을 연구해왔다.

전형적 실험에 따르면, 먼저 피실험자들은 기댓값이 비슷한 두 가지 내기 중 하나를 선택하도록 요청받는다. 그중 H(high) 내기는 상금이 비교적 작은 대신 승산이 매우 높다(예: 4달러를 딸 8/9 확률). 반면 L(low) 내기는 승산이 낮지만 상금이 더 후하다(예: 40달러를 딸 1/9 확률). 피실험자들은 대부분 확실한 결과를 더 좋아해서인지 H 내기를 선택한다.

그다음 피실험자들에게 각 내기의 가치를 얼마로 평가하는지 묻는다. 다시 말해 각 내기에 소유권이 있다면 기꺼이 남에게 팔 최저 가격이 얼마냐는 질문이다. 놀랍게도 H를 선호한 피실험자도 대부분 L에 더 높은 가치를 매겼다(이 두 내기의 조합 실험에서 피실험자의 71%가 H를 선택했고, 그중 67%가 L을 H보다 높은 가치로 평가했다. 이는 명확한 선호 역전이다). 이러한 선택 양상은 심리학자 세라 릭턴스타인Sarah Lichtenstein과 폴 슬로빅Paul Slovic이 일련의 연구를 통해 처음 입증했다.[2] 그중 한 연구는 라스베이거스의 포 퀸스Four Queens 카지노에서 도박사들을 대상으로 실제 돈을 걸고 진행했다.

릭턴스타인과 슬로빅은 이러한 결과를 우연히 도출한 게 아니었다. 그들은 이전 연구에서 내기의 매매 '가격'은 승률보다 보수와 더 상관

• 분명히 말하자면, 우리는 지극히 정상적인 다양성 선호를 논하려는 것이 아니다. 어떨 때는 차가 좋고 어떨 때는 커피가 좋을 수도 있지만, 그렇다고 커피보다 차를 좋아하는 동시에 차보다 커피를 좋아할 수는 없다. 그저 차와 커피를 어느 정도씩 원할 뿐이며, 이는 비논리적인 것이 아니다. 하지만 어느 날 아침 누군가 차를 마실지 커피를 마실지 묻는다면, '둘 다 상관없다'라고 대답할 수 있어야 한다.

관계가 높은 반면, 내기 간의 '선택(및 그 매력도 평가)'은 보수보다 승률과 더 상관관계가 높다는 것을 관찰했다.[3] 두 사람은 선호를 알아내는 방법이 피실험자가 내기에 임하는 관점에 영향을 미친다면, 같은 사람이 한 내기를 선택하고도 다른 내기에 더 높은 가치를 매기게 하는 내기 조합이 가능하다고 추론했다. 실제로 그들은 이 추측을 실험으로 검증했다.

선호 역전 현상은 경제학에서 거의 논의되지 않은 문제, 즉 선호를 어떻게 추론하느냐는 문제를 제기한다. 경제학에서는 누군가가 B 옵션을 놔두고 A 옵션을 선택하거나 A 옵션을 포기하는 비용을 B 옵션을 포기하는 비용보다 높게 쳐줄 경우, 그 사람은 A 옵션을 B 옵션보다 '선호'한다고 표현한다. 이러한 절차로 말미암아 합리적 선택 이론에서는 일관된 선호가 나타난다고 가정한다. 이 절차 불변성procedure invariance이라는 필요조건은 경제학에서 워낙 당연시되어, 명시적 공리로 취급하지도 않는 편이다. 하지만 '선호'라는 단어를 명확히 정의하려면 절차 불변성이 기본적으로 뒷받침되어야 한다.

절차 불변성 가설은 선호 연구에만 국한된 것이 아니라, 일관성의 기본 속성이다. 예컨대 어떤 무게를 측정하려면 두 물체의 상대적 무게를 비교하는 접시저울이나 절대적 무게를 표시하는 눈금저울을 사용할 수 있다. 우리는 어떤 저울로 측정하든 무게의 상대적 순위는 바뀌지 않을 것이라고 기대한다. 즉 접시저울에서 더 무겁게 나타나는 물체가 눈금저울에서도 더 높은 수치로 나타나야 한다는 것이다. 저울에 표시되는 단위가 그램이든 온스든 마찬가지다. 온스 단위로 무게가 더 나가는 물체는 그램 단위로 재도 더 높은 수치가 나온다. 그렇지 않으면 새 저울로 바꿔야 한다. 그러나 질량이나 길이 같은 물리적 속성과 달리, 선호는 서로 다른 도출 방법에 따라 체계적으로 다른 순위가 나오는 경우가 많다.

경제학자 데이비드 그레서David Grether와 찰스 플롯은 권위 있는 학술지《아메리칸 이코노믹 리뷰》에 기고한 논문에서 선호 역전 개념을 소개했다.[4] 그들은 '경제학에 적용된 심리학자들의 연구를 반박하겠다는' 목표를 세우고 일련의 실험을 설계했다. 그들은 먼저 선호 역전이 경제 이론에 의미가 없는 현상임을 보여주기 위해 13가지의 반론과 실험 절차상의 문제를 추려 목록을 만들었다. 그들이 제시한 목록에는 낮은 동기 부여, 소득효과, 전략적 대응, 그리고 (이건 우리가 지어낸 이야기가 아닌데) 연구자가 심리학자라는 사실(그렇기 때문에 피험자가 특이하게 행동하도록 연구자가 술수를 부렸을지도 모른다는 의심이 생긴다)이 포함되었다.

그러나 그레서와 플롯은 특별한 인센티브를 제공하는 등 다양한 수단으로 선호 역전을 제거하려 작정했음에도, 결국 목표 달성이 실패했음을 인정했다. 그들은 경제학자가 진행한 실험에서도 선호 역전이 굳건하다는 것을 깨달았다. 실제로 그들의 연구에서 선호 역전은 순수한 가설적 질문에 응답한 대조군보다 금전적 인센티브를 받고 응답한 실험군에서 더욱 빈번했다. 다른 심리학자들과 경제학자들도 모두 절차를 다양하게 변형한 결과, 비슷한 결론에 도달했다는 후속 논문을 발표했다.[5]

이러한 실험적 연구로 선호 역전 현상의 타당성은 확증되었지만, 해석과 설명은 여전히 불분명하다. 문제를 명확히 공식화하기 위해 약간의 기호를 사용할 테니, 독자 여러분의 양해를 구한다. 승산이 높은 내기와 낮은 내기를 각각 H와 L이라 하고, 이들 기회를 양도하기 위해 받고자 하는 최소 금액을 $H와 $L로 표시하겠다. 또 기호 >는 강強선호를, ≈는 무차별을 가리킨다. 일반적인 부등호 〉는 현금 액수와 같은 수치의 '대소 관계'를 나타내는 반면, 기호 >는 옵션 간의 선호를 나타낸다.[6] 따라서 H > L은 'H가 L보다 선호됨'으로 해석하면 된다. 다시 말하건대 선호 역전은 H가 L보다 선호되지만 L의 가격이 H보다 높게 매겨질 때, 즉 H > L이지만 $L 〉 $H일 때 발생한다. 이로써 선호 역전이 비이행적 선호, 절차 불변성의 불성립, 혹은 이 둘 다를 의미한다는 것을 쉽게 알 수 있다.

그런데 절차 불변성이 지켜진다면, 의사 결정자가 B라는 내기와 현금 $X 중 하나를 선택할 때 무차별하다는 것은 B의 현금등가물(교환거래 등에서 현금 이외의 것으로 대가가 지급될 때, 일정량의 현금과 동등한 실현 가치를 지닌 재산 — 옮긴이) $X와 같을 때, 즉 $B=$X일 때 성립한다는 점을 기억해야 한다. 따라서 절차 불변성이 지켜졌는데도 선호 역전이 일어났다면 다음과 같은 비이행적 선호 패턴이 있었다는 뜻이다.

$H ≈ H > L ≈ $L > $H

여기서 두 강선호 부등호는 선호 역전을 나타내며, 두 물결등호는 절차 불변성이 지켜지고 있음을 의미한다. 기호 울렁증이 있는 사람을 위해 왼쪽에서 오른쪽으로 다음과 같이 바꿔 표현하겠다. 나는 H 내기 기회를 팔 의향이 있는 금액(현금등가물)과 H 내기 자체의 선호 사이에 무차별하다(여기까지는 당연하다!). 나는 L 내기보다 H 내기를 선호하고, L 내기와 그 현금등가물 사이에는 무차별하다(역시 당연하다). 나는 H 내기의 현금등가물보다 L 내기를 선호한다. 이제 왼쪽으로 되돌아

보면, 이런!

이러한 결과의 문제적 특성은 심리학자 세라 릭턴스타인이 예비 실험 중에 한 피험자(편의상 샘이라고 하자)와 나눈 대화에서 잘 드러난다. 샘은 표준 질문 세트에 답하는 동안 H 내기를 L 내기보다 선호한다고 말했고, 현금등가물 '액수'를 묻는 질문에는 L에 5달러, H에 3.75달러라고 답했다. 그러자 변호사가 되었어도 성공했을 만큼 달변을 자랑하는 세라가 그에게 재차 질문했다. 그녀는 샘에게 두 내기 중 하나를 선택하라고 했고, 샘은 앞선 대답과 같이 H를 택했다. 그러자 세라는 샘이 이제 H를 소유하고 있다고 확인시킨 후, 그가 책정한 현금등가물보다 많은 액수인 4달러에 H를 사겠다고 제안했다. 그래서 샘은 동의했다. 그러자 세라는 샘에게 그의 현금등가물보다 많은 4.5달러에 L을 팔겠다고 제안했다. 샘은 세라에게서 받은 4달러에 자기 돈 50센트를 보태 L 내기를 샀다(어디서 본 그림 같지 않은가? 그렇다. 6장의 신발 거래 예에서의 '머니 펌프'와 같은 경우다). 그러자 세라는 이제 L을 가지게 된 샘에게 그대로 두겠냐, 아니면 H로 바꾸겠냐고 물었다. 샘은 H를 선호했기에 기꺼이 바꾸기를 택했다. 그 결과 그는 원점으로 돌아간 채 돈만 50센트 날렸다. 세라는 이 과정을 반복했고, 샘은 계속 같은 대답을 했다. 이제 샘은 1달러를 잃었다. 그다음 그녀는 그에게 이전에 한 대답을 번복하고 싶냐고 물었다. 그는 아니라고 대답했지만, 이제는 질문을 그만해 달라며 짜증 섞인 반응을 보였다. 우리가 6장에서 머니 펌프 논증에 그다지 감명받지 않는다고 말한 건 바로 이 이유에서였다. 결국 사람들은 머니 펌프로 호구 노릇을 하다가 지쳐 언젠가는 거래를 중단해버릴 것이기 때문이다.

선호 역전의 이유

왜 사람들은 당첨 확률이 33%인 40달러보다 100%인 10달러를 선호하면서도, 10달러 내기보다 40달러 내기에 큰 현금등가물을 매길까? 연구에 따르면 이처럼 직관에 반하는 결과가 나타나는 이유가 일치성 원리 때문이라고 한다. 이 원리는 인간의 판단과 선택에 중요한 역할을 하지만, 어느 경제모형에서도 다루지 않는다.

자극-반응 일치성이라는 개념은 지각 및 운동 수행력을 연구한 학자들이 처음 소개했다. 예컨대 가스레인지에 4개의 화구를 정사각형으로 배열했다면, 점화 손잡이도 선형 배열보다 정사각형으로 배열해야 사용하기가 더 쉽다. 그러나 가스레인지 제조업체들은 이 사실을 오늘날까지, 심지어 2025년 현재까지도 간과하고 있는 것으로 보인다! 폴 슬로빅, 데일 그리핀Dale Griffin, 아모스 트버스키는 이 자극-반응 일치성 개념을 의사 결정 연구로 확장했다.[7] 그들은 어떤 주어진 속성이 질문의 성격과 부합할 때 더 중요하게 받아들여진다는 것을 증명했다.

이 단위 일치성 가설scale compatibility hypothesis의 근거는 두 가지다. 첫째, 자극과 반응이 일치하지 않으면, 이 둘을 연결 짓기 위해 추가적인 정신 작용이 필요하다. 그러면 노력이 들고 오류가 증가하며 자극의 영향이 감소할 수 있다. 둘째, 반응 모드는 자극과 일치하는 특징에 주의를 집중하는 경향이 있다. 예컨대 유사성 판단에서는 공통적 특징에 더 가중치가 쏠리는 반면, 차이성 판단에서는 구별되는 특징에 더 가중치가 쏠린다. 따라서 남한과 북한처럼 공통적 특징과 구별되는 특징이 '둘 다' 많은 국가끼리는 스리랑카와 네팔처럼 공통적 특징이나 구별되는 특징 모두 비교적 적은 두 국가보다 서로 더 유사하다고 판단할 수

도 있고, 더 다르다고 판단할 수도 있다.[8]

슬로빅, 그리핀, 트버스키가 수행한 간단한 연구는 일치성 가설을 통해 순위 역전을 명확히 예측할 수 있음을 입증한다. 그들은 피험자들에게 《비즈니스 위크》 선정 100대 기업에서 뽑은 12개 대기업과 관련해 두 가지 정보를 주었다. 하나는 회사의 1986년 '시가총액(10억 달러 단위)', 그리고 또 하나는 1987년 '이익'을 기준으로 매긴 회사의 '순위(100대 기업 중)'였다. 그다음 피험자 절반에게 1987년 회사들의 시가총액이 몇십억 달러일지 예측해보라고 했고, 나머지 절반에게는 1987년의 예상 시가총액을 토대로 회사의 순위를 예측해보라고 했다. 이렇게 각 피험자 집단은 종속변수와 같은 단위(즉 금액 또는 순위)의 독립변수와 다른 단위의 독립변수를 하나씩 갖는다. 그 결과 일치성 원리로 짐작할 수 있듯, 독립변수는 종속변수가 같은 단위로 표현될 때 더 많은 가중치가 부여되었다. 즉 1986년 시가총액에 부여된 상대적 가중치는 1987년 순위를 예측한 집단보다 1987년 시가총액을 예측한 집단에서 2배나 높게 나타났다.[9] 이 효과 때문에 순위에서 상대적으로 높은 점수를 얻은 기업이 시가총액의 예측에서는 밀리는 등 순위 역전 현상이 여러 차례 발생했다.

마찬가지로 내기의 현금등가물도 달러로 표시되는 만큼, 같은 달러 단위로 표시되는 보수가 내기 자체의 선호보다 가격 책정에 더 큰 가중치로 반영된다. L 내기의 보수가 H 내기의 보수보다 훨씬 크기 때문에, 일치성 편향에 따라 L의 가격이 H의 가격보다 높게 책정될 것으로 예측된다. 반면 두 내기 중 하나를 선택하라고 할 때는 보수가 그리 크게 와닿지 않기 때문에, 사람들은 확률에 더 집중해 L 내기보다 H 내기를 택한다. 따라서 일치성 가설은 선호 역전의 주요 원인을 설명한다.

데이비드 슈케이드David Schkade와 에릭 존슨은 피험자들이 각 내기의 구성 요소를 한 가지만 볼 수 있도록 한 통제 실험을 통해, 선호 역전에서 일치성의 역할을 뒷받침하는 추가 증거를 발견했다.[10] 피험자들이 원하는 내기를 고르는 과제 때보다 가격을 책정하는 과제 때 내기의 보수를 따져보는 시간이 훨씬 더 길었던 것이다. 이러한 패턴은 선호 역전 현상이 나타날 때 더 두드러졌지만, 피험자들이 일관된 반응을 보일 때는 그렇지 않았다. 피험자들이 둘 중 하나를 선택하라는 과제보다 가격을 책정하는 과제에서 보수를 더 눈여겨본다는 결과는 사람들이 반응 모드와 가장 일치하는 자극 요소에 집중한다는 가설을 뒷받침한다.

일치성 가설은 내기 간에 선호 역전이 일어나는 이유를 설명하지만, 불확실성의 유무에는 구애받지 않는다. 실제로 일치성 가설은 보상의 지연같이 금전적 요소가 얽혀 있되 가능성이 확실한 경우에도 선호 역전이 가능하다고 본다. 예컨대 5년 후 2,500달러를 받는 장기 복권 L(long-term)과 1년 반 후 1,600달러를 받는 단기 복권 S(short-term)를 고려해보자. 피험자는 모두 L 복권과 S 복권 중 하나를 선택하고, 늦은 보상(L)을 더 빠른 보상(S)으로 바꾸는 데 당장 지불할 의향이 있는 최소 금액을 명시함으로써 두 가지 복권의 가격을 책정한다. 일치성 가설에 따르면, 금전적 요소는 선호하는 것을 고를 때보다 가격을 책정할 때 더 크게 부각된다. 따라서 사람들은 양자택일에서는 S 복권을 L 복권보다 선호하지만, 후자의 가격을 전자보다 높게 매기는 선호 역전을 발생시킨다.

또 다른 실험 연구에서도 정확히 같은 패턴이 발견되었다.[11] 대규모 피험자 그룹은 현재 가치가 비슷한 S 및 L 복권을 비교 선택하는 동시에, 각 복권의 가격은 따로 책정했다. 그들은 엄청난 선호 역전을 보였다. 전반적으로 74%가 단기 복권 S를 선택했지만, 75%가 장기 복권 L을 S보다 가격을 높게 책정했으며 역전 비율은 50%를 넘었다(!!!). 예상치 못한 반대 방향의 역전 비율은 10% 미만이었다. 추가 분석 결과, 선호 역전의 주된 원인은 일치성으로 장기 복권의 가격이 과대평가된 것이었다. 이 결과를 통해 선호 역전은 불확실성하에서의 선택뿐 아니라, 더 광범위하게 의사 결정 전반에 나타난다는 것을 알 수 있다. 두말할 것도 없이 이는 합리적 선택 이론에서 문제가 된다.

상황이 선택에 미치는 영향

지금까지 논의된 연구에서는 선호 역전이 질문 방식의 차이 때문에 발생했다. 이와 달리 지금부터 논의할 연구들은 결정이 내려지는 상황과 그 결정이 '경험'될 방식의 차이에 초점을 맞춘다. 실제 평가 과정은 다르지 않다. 먼저 살펴볼 사례의 핵심은 사람들이 한 재화를 따로 평가할 때와 여러 재화를 동시에 평가할 때의 심리 차이다. 이른바 개별 대 비교 평가 효과separate vs. joint evaluation effect라고 할 수 있다. 이는 선택지 간의 사소한 차이가 재화를 개별적으로 대했을 때보다 여럿과 비교했을 때 더 두드러진다면 문제가 될 수 있다.

크리스토퍼 시Christopher Hsee는 소비자가 매장에서 TV를 비교할 때처럼 물건을 선택할 때 선호 역전에 빠지기 쉽다고 지적했다.[12] 소비자는 대개 다양한 모델을 비교 평가하지만, 결과적으로는 최종 구매한 모델만 경험하게 되기 때문이다. 그는 이 점을 설명하기 위해 설득력 있는 사고실험을 제시했다. 스테레오 스피커를 구매하려는 소비자가 오디오 매장에서 여러 모델을 비교하고 있다고 가정하자. 마침내 비슷한 가격대의 두 모델 A와 B로 선택 범위를 좁혔다. A 스피커는 B 스피커보다 음질이 확연히 좋지만 모양이 예쁘지 않다. 어떤 모델을 선택해야 할까? 매장에서는 두 모델을 나란히 놓고 서로 비교 평가를 한다. 나아가 소비자는 음질에 집중할 가능성이 높고, 작은 음질 차이에도 상당한 가중치를 부여할 가능성이 높다. 하지만 나중에 집에서 음악을 들을 때 스피커에서 얻을 효용을 예상하는 것도 중요하다. 집에서는 최종 구매한 스피커 하나만 있으므로 그것만 놓고 개별 평가를 하게 된다. 미세한 음질 차이는 비교할 다른 스피커가 없으면 별로 티도 나지 않는다. 반면 어떤 물건이 예쁜지 못났는지는 비교 대상이 없어도 평가할 수 있다. 따라서 크리스토퍼 시가 지적했듯, 소비자는 '매장에서만' 두드러지는 작은 음질 차이에 지나치게 신경 쓰고 외관은 대충 넘기는 실수를 저지르기 쉽다. 그들은 음질이 더 나은 스피커를 구매하지만, 나중에 매일 거실에서 스피커를 마주하며 후회하게 된다.

비교 효과는 누가 비교하라고 명시적으로 시키지 않더라도 발생할 수 있다. 어느 연구에서는 피험자들에게 몇 분 후 감자칩을 먹는다면 쾌락이 어느 정도일지 예측해보라고 했다.[13] 한 조건에서는 감자칩 옆에 초코 바를 놓았고, 다른 조건에서는 초코 바 대신 정어리 통조림을 놓았다. 감자칩 외의 음식은 피험자들이 '예측'하는 미래의 쾌락에 영향을 미쳤는데, 초코 바가 그 즐거움을 반감시켰다(피험자들은 정어리보다 감자칩을 더 좋아하나, 감자칩보다는 초코 바를 더 선호할 가능성이 높다). 이는 비교 평가가 누가 시킨 것도 아니고 초코 바가 감자칩과 관련되지 않았음에도, 피험자들이 감자칩을 먹을 때 느끼는 쾌락을 예측하면서 스스로 비교 평가를 적용했다는 의미다. 그러나 감자칩을 실제 먹을 때 '쾌락'은 테이블에 나란히 놓인 다른 음식의 영향을 전혀 받지 않았다. 먹는 즐거움은 현재에 집중하는 경험으로, 다른 것과 비교하는 성질이 아니다.

선택 당시의 상황과 선택 후 경험 사이의 불일치가 또 다른 비일관성을 낳는데, 이는 사람들이 순차적으로 소비될 상품을 한 번에 동시에 선택할 때 발생한다. 음악 재생 목록을 구성하는 것도 마찬가지다.[14] 처음에 재생 목록을 짤 때는 당연히 다양성이라는 속성이 머릿속을 지배한다. 그러나 이를 소비하는 경험에서는 다양성이 덜 중요하게 느껴진다. 결과적으로 사람들은 실제로 자기가 즐길 수 있는 것 이상의 다양성을 추구한다. 또 다양성은 순서 배열의 요소를 한꺼번에 선택할 때보다 한 번에 하나씩 선택할 때 덜 두드러진다. 처음에는 클래식과 팝을 섞어 들으면 귀가 더 호강할 것 같지만, 정작 목록을 재생할 때는 모차르트를 건너뛰고 브루스 스프링스틴 노래만 듣거나 혹은 그 반대인 자신을 발견할 것이다.

이 현상을 처음으로 입증한 실험 연구에서는 학생들에게 스니커즈와 오레오 등 여섯 가지 간식거리 중 세 가지를 택하고 앞으로 세 번의 수업 시간마다 하나씩 받을 수 있게 했다.[15] 먼저 동시 선택 그룹 학생들은 다음 세 번의 수업 때 받을 간식을 첫 수업 시간에 미리 한꺼번에 선택했고, 순차 선택 그룹의 학생들은 다음 세 번의 수업 때마다 하나씩 선택했다. 동시 선택 그룹은 대체로 세 가지 다른 간식을 골랐지만, 순차 선택 그룹은 매번 같은 간식을 고르는 경향이 있었다. 이 경우에도 내면에서 제기된 무언의 질문에 대한 쉬운 답이 결정을 좌우하는 것으로 보인다. 일주일 후 자신이 뭘 먹고 싶을지 상상하는 것은 현재 끌리는 대로 고르는 것보다 인지적 피로도가 크다. 여기서 무언의 질문은 피험자가 지금 당장 같은 간식을 세 번 먹고 싶은지, 아니면 다양한 간식을 먹고 싶은지다. 실제 소비자 구매 패턴에서도 비슷한 행동이 관찰되었다.[16] 요구르트 소비자는 같은 개수를 구매하더라도 여러 번 하나씩 구매할 때보다 한꺼번에 여러 개를 구매할 때 더 다양한 맛으로 선택했다.

대니얼 리드Daniel Read와 조지 로웬스타인은 동시 선택 시 이처럼 과도한 다양화를 추구하는 현상을 다양화 편향diversification bias이라는 용어로 설명했다.[17] 이 용어는 순차적 선택이 더 높은 경험적 효용을 가져온다는 것을 암시한다. 이 가설은 동시 또는 순차 결정에 따른 피험자의 쾌락 차이를 실험한 여러 연구에서 입증되었다. 예컨대 한 연구에서 피험자들은 음악이나 코미디 같은 오디오 트랙 2개를 순차적 또는 동시에 선택했다.[18] 그들은 동시 선택에서는 더 다양한 트랙으로 선택했지만, 다양한 트랙을 감상할 때의 만족도가 다양하지 않은 트랙을 감상할 때의 만족도보다 떨어졌다. 연구자들은 동시 선택을 할 때는 다양성이라는 속성이 실제 소비하게 될 시점보다 훨씬 더 두드러져 보인다는 결론을 피력했다. 그 이유 중 하나는 같은 장르에 속하는 두 곡(예: 둘 다 록 밴드인 U2와 롤링 스톤스)이 재즈, 클래식 등 모든 음악이라는 넓은 맥락에서 볼 때는 비슷한 듯하지만, 둘을 연이어 감상했을 때는 상당한 차이가 느껴지기 때문이다.

결론: 선호의 의미와 가치의 본질

그래서와 플롯은 선호 역전 현상에 대해 쓴 자신들의 논문에서 이렇게 결론지었다.

> [선호 역전을 보여주는] 데이터를 액면 그대로 받아들이면 단순히 선호 이론과 모순되지만, 경제학 연구가 어디에 우선순위를 둬야 하느냐는 광범위한 의미를 시사한다. 이러한 불일치는 단순한 이행성 결여를 넘어 더욱 심오한 의미를 지닌다. 바로 아무리 단순한 선택이라도 그 이면에는 어떤 유형의 최적화 원칙도 없다는 것, 그리고 시장에서 나타나는 선택 행위의 공통된 특징은 기존에 통용되던 원칙과는 전혀 다른 유형의 원칙에서 비롯할 수 있다는 것이다.[19]

전통 경제학의 선택 이론은 정보가 완전할 때 사람들이 마치 모든 재화(또는 내기)에 대한 가치가 매겨져 있는 책이나 데이터를 뒤져 자신의 선호를 찾아내고 상황에 맞춰 반응하는 것처럼 가정한다. 가장 선호하는 물건을 고르고, 그것을 얻기 위한 가치를 지불하고, 가치보다 높은 가격이 제시되면 파는 등의 방식으로 말이다. 그러나 앞에서와 같은 그래서와 플롯의 결론은 이와 대조적이다. 절차 불변성의 원리가 성립될 가능성이 높은 조건은 두 가지다. 첫째, 사람들의 선호가 미리 정해져 있어야 한다. 만약 오페라보다 미식축구를 선호하는 사람이 있다면, 이 선호는 그의 티켓 구매 행위에서 나타날 것이다. 그러나 둘째, 사람들의 미리 정해진 선호가 없더라도 그들이 선호와 비슷한 것을 생성하거나 찾아낼 믿음직한 방법이 있다면 절차 불변성은 성립될 수 있다. 우리는 76×(8+9)의 값을 즉시 산출할 수 없지만, 곱셈을 먼저 하든 덧셈을 먼저 하든 같은 답을 산출하는 알고리즘은 머릿속에 담겨 있다.

그런데 여기 소개한 실험 결과들은 두 조건이 모두 성립하지 않음을 보여준다. 먼저 사람들은 아무리 정보가 완벽히 공개되어 있어도, 어떤 상황에서든 불변하는 선호가 미리 정해져 있지 않다. 그보다 선호는 선택이나 판단을 내리는 과정에서 구성된다고 봐야 한다. 게다가 선택이나 판단을 내릴 당시의 상황과 절차가 선호를 표출하는 행동에 영향을 미치기도 한다. 따라서 경제학자들이 보기엔 똑같은 상황인데도, 그 속에서 여러 다른 행동이 나타날 가능성이 있다.

'선호'의 의미와 가치의 지위는 다음과 같은 가상의 야구 심판 3명이 나누는 대화에 비유하면 쉽게 이해될 것이다. 첫 번째 심판은 "나는 보이는 대로 판정한다"라고 말했다. 두 번째 심판은 "나는 있는 그대로 판정한다"라고 주장했다. 세 번째 심판은 두 사람에게 동의하지 않으며 "내가 판정하기 전까지는 스트라이크도 볼도 아니다"라고 말했다. 이와 비슷하게, 우리는 가치의 본질을 세 가지 다른 견해로 설명할 수 있다. 첫째, 가치는 마치 체온처럼 분명 존재하긴 하나, 사람들은 나름 객관적으로 행동하려 노력해도 어느 정도 편향 속에서 그것을 인식하고 표현한다(보이는 대로 판정). 둘째, 사람들은 구구단을 알 듯 자신의 가치와 선호를 확실히 안다(있는 그대로 판정). 셋째, 가치나 선호는 일반적으로 그것을 끄집어내는 과정에서 구성된다(내가 판정하기 전까지는 존재하지 않음). 이 장에서 검토한 연구 결과는 선호를 구성적, 상호 의존적 과정으로 보는 세 번째 견해에 가장 가깝다.

핵심 정리

경제학자들에게: 사람들의 선호가 한결같다는 기본 가정은 쉽게 반증할 수 있다. 그보다 사람들은 인생을 살면서 선호처럼 보이는 것을 구성해간다는 표현이 더 정확하다.

독자들에게: 선호 역전은 의사 결정 과정이 오작동하고 있다는 징후다. 다음과 같은 일관성 테스트를 하면 도움이 될 것이다. A 옵션이 B 옵션보다 더 마음에 든다면, B보다 A에 더 많은 비용을 지불할 의향이 있는지도 자문하라. 그렇지 않다면 다시 생각하라.

참고: 이 장과 다음 장('효용 극대화')은 서로 연관되어 있으므로 10장 마지막에 두 장의 업데이트를 합치기로 했다.

10장

효용 극대화

Utility Maximization

우리는 우리가 무엇을 좋아할지 모른다

(대니얼 카너먼과 함께)

• 이 장은 Kahneman and Thaler(2006)를 토대로 썼다.

경제학에서 개인의 행동을 분석할 때는 대개 외견상 무해해 보이는 하나의 가정(실은 굳이 가정으로 취급하지도 않을 정도지만)에서 출발한다. 바로 모형 속 경제주체들이 효용을 극대화하려 한다는 가정이다. 소비자가 효용을 극대화하는 행동을 택한다고 주저 없이 전제하는 이유는 이 방법론이 경제학 분야를 '규정'하고 다른 학문 분야와 차별화하기 때문이다. 물리학자들은 원자가 무언가를 극대화한다고 주장하지 않으며, 심리학자나 다른 사회과학자들도 사람들이 어떤 것을 극대화하는 행동을 한다고 생각하지 않는다. 효용 극대화는 바로 호모에코노미쿠스 homo economicus(경제적 합리성에만 기초해 개인주의적으로 행동하는 인간상 — 옮긴이)만 가능한 일이다. 나아가 효용이 극대화될 수 있다는 가정은 놀랍게도 인간에겐 항상 합리적 선택으로 이끄는 욕구가 내재해 있다는 의미를 함축한다. 그러나 이러한 함의는 경험적으로 뒷받침될 수도 있고, 그렇지 않을 수도 있다.

이전 장들에서는 합리적 선택 모형의 기술적 타당성에 의문을 제기하는 증거를 상당히 여럿 제시했다. 어떤 가격에 물건을 살 생각도, 팔 생각도 없는 사람을 어떻게 합리적으로 효용을 극대화하고 있다고 볼 수 있겠는가? 현재 선택이 (현재와 아무 상관이 없는) 과거 선택에 크게 좌우되는 현상 유지 편향 속에서, 어떤 종류든 극대화라는 게 과연 가능할까? 그리고 이전 장에서 강조한 선호 역전 현상은 '어떤' 합리적 선택 모형과도 양립하기 어렵다. A를 B보다 선호하는 '동시'에, B를 A보다 선호한다면 어쩌란 말인가?

그런데도 합리적 선택 모형을 지지하는 사람들은 이러한 결과를 단지 약간 당혹스러운 일로 무시해버릴지도 모른다. 특히 효용 극대화 개념이 진리라고 동어반복적으로 주장하는 사람들이 더욱 그렇다. 이 장에서 우리는 사람들이 효용을 극대화하고 있는지 더 직접적으로 의문을 제기하고자 한다. 효용 극대화 가설 중 직접 검증할 수 있는 한 가지 버전을 논의하고, 이 가설이 자주 틀린다는 점을 밝히겠다.

우리는 분석에 앞서 먼저 '효용'이라는 용어의 두 가지 의미, 즉 결정 효용decision utility과 경험 효용experienced utility을 구별하고자 한다. 결정 효용은 현시 선호revealed preference 이론에 기초한다. 선택 행위를 통해 추론되며 선택을 설명하는 데 사용된다. 반면 경험 효용은 결과에 따른 쾌락적 경험을 나타낸다. 이것이 제러미 벤담이 소개한 개념이자, 19세기 대부분 경제학자들이 받들었던 효용의 의미다.[1] 프랜시스 에지워스Francis Edgeworth의 『수리정신학Mathematical Psychics』은 한술 더 떠서, 행복을 각 순간에 경험하는 효용의 합계로 정의하기까지 했다.[2] 그러나 20세기 초부터 효용이 결정 효용으로 해석되면서, 경험의 한 측면으로서의 효용 개념은 경제학 담론에서 사실상 자취를 감췄다.

효용을 해석하는 기존 관점에서는 선택이 효용을 극대화하느냐는 질문이 단순한 의미를 지닌다. 다시 말해 사람들은 자신이 가장 큰 만족을 누릴 것으로 예상되는 것을 선택할까? 이는 앞 장에서 언급한 현대 의사 결정 이론과는 대비된다. 현대 의사 결정 이론은 이러한 차이를 무시한 채, 단지 선호가 서로 간에 모순되지 않고 합리적 선택의 공리에 부합하느냐는 질문만 던진다.

이 장에서는 효용 극대화를 실증적으로 검증하는 난제를 검토한다.[3] 이를 위해서는 어떤 선택이 (평균적으로나마) 최적화된 결과로 이어지느냐는 해묵은 질문으로 돌아가야 한다. 그간 많은 연구는 효용을 극대화하는 선택의 필요조건, 즉 가능한 선택지의 쾌락적 결과를 정확히 혹은 적어도 편견 없이 예측하는 능력에 초점을 맞췄다(한 시청자가 지금 방송 중인 드라마와 코미디 중 어느 게 더 재미있을지 정확히 예측할 수 없다면, 효용을 극대화하는 방송을 어떻게 선택하겠는가?). 그리고 우리가 검토한 연구에 따르면 이 조건은 충족되지 않을 때가 많았다. 사람들은 자신이 미래에 무엇을 좋아할지 모르기도 한다. 그들은 선택한 결과의 미래 효용을 예측하는 데 '체계적' 오류를 범하고, 결과적으로 당연히도 미래 효용을 극대화하지 못한다.

효용 예측의 오류

먼저 미래의 효용을 생각하는 과정부터 시작하겠다. 이는 우리가 직면하는 거의 모든 선택의 기본적 특징이다. 예컨대 가족용 세단과 SUV 중에서 선택할 때는 각 선택의 미래 효용을 고려해야 한다. 외식과 집밥 중에서 선택할 때는 각 선택의 비용과 '미래' 편익을 고려해야 한다. 표준적 접근법에 의하면, 소비자는 t_0 시점에 이 같은 결정을 내릴 때 미래의 t_1 시점에 경험할 결과의 효용을 예측할 수 있다. 이러한 효용의 예측, 즉 우리 표현으로 쾌락적 예측hedonic forecasts은 명시적(관찰 가능)일 수도 있고 묵시적(당사자가 t_0 시점에 내린 선택으로부터 추론해야 함)일 수도 있다. 쾌락적 예측 시 저지르게 되는 체계적 오류는 여러 방법으로 입증할 수 있다. 먼저 쾌락적 예측을 훗날 직접 겪은 효용을 직접 측정한 값과 비교할 수 있다. 아니면 그 선택이 명백히 열등한 경험으로 이어지는 상황을 연출해본다. 혹은 쾌락적 예측이나 선택이 전혀 엉뚱한 요인의 영향을 받는다는 것을 증명하는 방법도 있다.

어느 월요일 늦은 오후, 주린 배를 움켜잡고 식료품점에서 일주일치 장을 보는 쇼핑객을 예를 들어보자(그는 점심을 먹지 못했다). 만약 그가 현재의 배고픔 때문에 목요일에 먹을 저녁거리(그날은 점심을 먹을 것이다)를 잔뜩 산다면, 그는 암묵적으로 예측 오류를 범하고 잘못된 선택을 내린 것이다. 뒤에 이야기하겠지만, 이러한 예측 오류는 다양한 이유로 발생한다. 쾌락적 예측은 대개 숙고보다 직관에 따라 이루어져서, 다른 직관적 판단에서도 으레 저지르는 여러 편향에 취약하다.[4] 의도적, 의식적인 추론 활동(예: 17 × 24가 얼마인지 계산하는 과정)과 달리, 직관적 판단은 자연스럽게 떠오르는 인상이나 감정, 당장의 선호를 표출한다. 이러한 사고법은 심리학 용어로 매우 접근하기 쉽다고highly accessible 한다.

직관적 판단을 어렵게 하는 요인은 어려운 질문에 직면하면 그와 관련된 다른 질문에 대한 답이 먼저 떠오르는 경우가 많다는 점이다. 의사 결정자는 엉뚱한 질문의 답이라는 사실을 자각하지 못한 채 접근하기 쉬운 답을 필요한 답으로 착각할 수 있다.[5] 예컨대 먹음직스러운 음식을 보고 침이 고인 배고픈 쇼핑객은 목요일 저녁 자신의 식욕을 냉철히 예측하기보다 ("주말 계획을 고려해 그날 밤은 샐러드가 좋을 것 같아") 현재의 흥분 상태 ("와, 지금은 피자 한 판도 다 먹을 수 있겠어")를 반영해 선택할 것이다. 많은 경우 대체 질문의 답은 최종 판단이나 결정을 결정하는 요인 중 하나일 뿐이다. 그러나 그 답을 고른 후 최종 결과는 현재 고려 중인 질문과 다른 질문의 매우 접근하기 쉬운 답으로 향하는 편향, 즉 정박 효과anchoring effect에 이르고 만다.

개인이 '미래' 소비에 영향을 미칠 결정을 지금 내릴 때, 그 사람의 상황과 현재 심리 상태는 미래의 다른 소비 기회에 대한 직관적 평가에 영향을 미친다. 소비 시점의 상황이 현재 경험하는 상황과 다르다면 편향된 판단과 결정을 내리기 쉽다.

초기 연구 중에서 간단한 예를 들어보겠다. 피험자들은 플레인 요구르트 한 스푼을 맛본 후, 즉시 자신의 경험을 평가했다.[6] 그런 다음 같은 요구르트를 한 컵 가득 마셨을 때의 경험을 상상하고 어떻게 평가할지 예측했다. 그 결과, 강한 정박 효과가 관찰되었다. 대부분이 한 컵 가득 마셨을 때의 경험을 방금 한 스푼을 평가했을 때와 같게 평가할 것이라고 잘못 예측한 것이다. 그들은 분명 한 컵 가득 마시는 쾌감이

한 모금을 마시는 쾌감보다 훨씬 떨어진다는 사실을 예측하지 못했다.

분명히 말하건대, 사람들이 자신이 무엇을 좋아하는지 전혀 모른다는 뜻은 아니다. 예를 들어 t1이 t0의 직후일 때, 그리고 익숙한 경험을 할 때(수프를 두 숟째 떠먹었을 때 맛에 감탄하는 경우는 드물다), 사람들은 자신의 선호를 꽤 정확히 안다. 그러나 미래에 자신이 무엇을 '좋아할지'는 반드시 안다고 볼 수 없다. 특히 선택 시점 t0과 소비 시점 t1 사이의 시차가 길고, 그 사이 그 사람의 심리와 상황이 달라질 때 가장 오류를 범하기 쉽다.

이 장에서는 쾌락적 예측과 선택의 오류가 입증된 세 가지 상황을 논의하겠다. 첫째는 행위 주체의 감정이나 동기가 t0와 t1 간에 매우 다른 경우, 둘째는 과거 경험을 잘못 평가한 채 선택하는 경우, 셋째는 미래의 새로운 환경에 적응하는 능력을 과소평가하는 경우다.

투사 편향: 현재 감정 상태가 미치는 영향

'배고픈 쇼핑객'은 수많은 연구에서 체계적으로 탐구된 명제를 보여주는 사례다. 바로 미래의 쾌락과 감정 상태를 예측하는 것은 현재의 감정과 동기에 정박된다는 것이다. 이 결과는 소비자가 현재의 심리 상태를 미래의 심리 상태에 투사하는 것처럼 보인다고 해서 투사 편향projection bias이라 불린다.[7] 특히 조지 로웬스타인은 자신의 표현으로 '냉정과 열정 사이의 공감 격차hot-cold empathy gap'라는 현상을 기록했다. 사람들은 가령 식욕, 성욕, 분노 등 흥분 상태일 때는 '냉정한' 자아라면 어떻게 행동할지 잘못 예측하고, 반대로 냉정한 상태일 때도 흥분이 자신의 행동에 미칠 영향을 잘못 예측한다. 둘 다 현재 상태의 변화가 미치는 영향을 과소평가한 경우다.

'배고픈 쇼핑객'의 사례는 가설에 국한된 것이 아니다. 배고픈 쇼핑객이 마치 언제까지나 배고플 것처럼 식료품을 많이 사는 경향이 있다는 건 잘 알려진 사실이다.[8] 하지만 슈퍼마켓에 들어가기 전에 머핀 하나를 먹은 쇼핑객은 충동구매 없이 쇼핑 목록에 적힌 대로 장을 볼 가능성이 더 높다.[9] 이러한 효과는 쉽게 설명할 수 있다. 음식에 끌리는 마음은 현재의 배고픔에 비례한다. 물론 배고픈 쇼핑객에게 거부하기 힘든 감자칩 한 봉지도 나중에 먹으면 쾌감이 상당히 덜할 것이다.

다른 동기에서도 유사한 투사 편향 효과가 발견되었다. 헤로인 중독자에 대한 연구가 그 예다.[10] 헤로인 중독 치료제인 브프레노르핀을 투여받지 못한 환자는 닷새 후 전달될 추가 처방분에 대해, 부프레노르핀을 방금 투여받아 아쉬움이 없는 환자보다 훨씬 더 많은 비용을 지불할 의향이 있었다. 더 일상적인 예를 들자면, 카탈로그를 보고 전화로 물건을 주문하는 쇼핑객은(그렇다, 이때는 아마존이 없었다) 현재 날씨에 지나치게 큰 영향을 받아 나중에 원치도 않을 물건을 사는 경향이 있었다.[11] 예컨대 매우 추운 날에 구매한 방한복은 나중에 반품할 가능성이 더 높았다.

투사 편향의 또 다른 예로, 대니얼 리드와 바르바라 판 레이우언 Barbara Van Leeuwen이 실시한 실증 연구가 있다.[12] 두 사람은 사무직 근로자들에게 일주일 후 약간 배고픈 시간(늦은 오후)이나 배부른 시간(점심 직후) 중 하나에 배달 예정인 건강한 간식(과일)과 건강에 해로운 간식(초코 바) 중 하나를 선택하도록 했다. 어떤 직원들은 이 선택을 할 때 배고픈 상태였고, 어떤 직원들은 방금 식사해 배부른 상태였다. 두 가지 중요한 결과가 나왔다. 첫째, 간식이 배고플 것으로 예상되는 시간에 전달될 예정일 때 직원들은 건강에 안 좋은 간식을 선택할 가능성이 더 높았다. 이 선택은 정확히 쾌락적 예측을 나타낸다. 배고픈 사람들은 당장 먹을 간식을 고를 때 배부른 사람들보다 확실히 과일 대신 초코 바를 선택하기 쉽다. 그런데 직원들은 '선택 시점'에 배가 고플 때도, 나중에 먹을 것이지만 건강에 안 좋은 간식을 선택할 가능성이 더 높았다.

다음 주 간식을 먹을 쾌감이 선택 시점의 배고픔 정도에 영향을 받을 가능성이 거의 없을 것이므로 투사 편향은 효용 극대화 원칙을 위배한다. 또 만약 선택 시점과 경험 시점에 서로 다른 현저성 효과가 나타난다면, 현재 상태에 대한 정박 효과도 오류를 야기하는 요인이 된다. 앞서 언급했듯, 정초에 헬스장 회원 수가 급증하는 것이 좋은 예다. 멤버십에 가입할 시점에는 건강상의 이점이 결정에 크게 작용하지만, 이후 아무 날에나 헬스장에 가서 운동할 때는 다른 사정이 더 현저하게 느껴져서 건강상의 이점에는 관심이 덜 가기 때문이다. 이러한 현저성의 변화를 내다보지 못하는 사람들은 대부분 헬스 회원권을 끊어놓고도 나중에는 거의 또는 전혀 가지 않게 될 것이다.[13]

과거의 경험

소비자는 익숙한 메뉴가 있는 레스토랑에 가는 것처럼, 무언가를 선택할 때 이미 해본 경험을 소환할 때가 많다. 이 경우 선호와 쾌락적 예측은 자신의 기억으로 결정되므로 꽤 정확할 것이다. 실제로 익숙한 메뉴를 선택하는 것은 충분히 예측 가능한 쾌락을 유발한다. 그러나 과거 경험의 기억이 잘못되었고 여러 편향이 섞인 채 형성되었다면, 그 기억에 기반한 쾌락적 예측은 부정확하다. 미래를 예측할 때와 마찬가지로 과거를 평가할 때도 평가 당시의 감정 상태에 정박된다.[14] 또 전체 결과를 확장해 평가할 때는 경험의 일부를 체계적으로 과대평가하는가 하면, 또 다른 일부는 과소평가한다. 이러한 편향은 효용 극대화를 확실히 위배한다.

과거 경험을 편향적으로 평가하는 것은 일찍이 일련의 실험에서 기록된 바 있다.[15] 피험자들은 재미있거나 무서운 영화, 짜증을 유발하는 소음, 괴로운 병원 치료 등 쾌락적 가치와 지속 시간이 각기 다른 여러 경험을 후향적으로 평가했다. 또 대부분의 실험에서 피험자들은 수시로 혹은 간간이 현재 자신의 감정 상태에 대해서도 알렸다. 이들 연구에서 수집된 결과는 후향적 평가에 지속 시간 무시duration neglect 현상이 강하게 나타난다는 것이었다. 즉 과거를 돌이켜 볼 때는 경험이 지속되는 시간의 차이에 철저히 둔감해진다. 피험자가 즐겁거나 불쾌한 경험을 후향적으로 평가하는 것을 잘 설명하는 표현으로 피크/엔드 규칙peak/end rule이라는 개념이 있다. 어떤 경험의 가장 극적인 순간과 마지막 순간의 질적 단순평균(중요도를 고려하지 않고 각 항의 수치를 산출한 평균 — 옮긴이)으로 당사자가 후향적 평가를 어떻게 내릴지 상당한 정확도로 예측할 수 있다는 것이다.

피크/엔드 규칙은 합리적 평가의 기본 원칙인 시간적 단조성temporal monotonicity을 위배한다. 시간적 단조성은 어떤 고통의 지속 시간을 늘릴 때 전반적 효용이 증가하지 않아야 한다는 원칙이다. 그러나 피크/엔드 규칙에 따르면, 고통의 지속 시간을 연장해도 고통의 정점은 그대로이되 마지막 순간이 처음보다 좀 나아졌다면 머리가 기억하는 효용은 높아질 수 있다. 이 결과를 입증하기 위해 대니얼 카너먼 등은 실험 참여에 동의한 피험자들에게 비용을 지불하며 냉각 통증cold-pressor을 세 번 경험하게 했다.[16] 이 실험은 피험자가 얼얼해질 정도로 차가운 물에 손을 담그고 실험자가 손을 빼도 된다고 말할 때까지 견디는 것이었다. 먼저 짧은 실험에서는 피험자에게 손을 14℃ 물에 60초 동안 담그게 했다. 그리고 긴 실험에서는 손을 14℃ 물에 60초 동안 담그게 한 후, 다음 30초 동안 수온을 차츰 15℃로 올렸다. 두 실험은 7분 간격으로 진행되었으며, 피험자들 간에 순서를 달리해 순서 효과를 상쇄시켰다. 피험자들은 자신이 느낀 통증 강도를 계속 기록했다. 두 조건 양쪽에서 기록된 통증 강도의 평균은 짧은 실험이 종료된 60초 후 0~14점 범위 중 8.4점이었다. 반면 긴 실험이 종료되었을 때 보고된 통증 강도의 평균은 역시 어느 정도 고통스럽긴 하지만, 피크/엔드 평균에 비하면 뚜렷하게 개선된 5.8점이었다.

두 번째 시행이 끝나고 7분 후, 피험자들에게 세 번째 시행에서는 앞선 두 가지 실험 중 어떤 것을 반복하겠냐고 물었다. 총 32명의 피험자 중 22명이 긴 실험을 반복하겠다고 답했고, 이렇게 그들은 굳이 스스로 피할 수 있었던 30초간의 추가 통증에 노출되었다. 긴 실험의 마지막 30초 동안 통증이 줄었다고 응답한 피험자 중 81%(21명 중 17명)가 긴 실험을 택했다. 통증에 변화가 없다고 응답한 나머지 11명은 긴 실험과 짧은 실험에 거의 반씩 갈렸다. 두 결과 모두 피크/엔드 규칙의 예측과 맞아떨어졌다.

그 외에도 시간적 단조성이 위배되는 다양한 상황이 관찰되었다. 예컨대 한 대장 내시경 임상 실험에서는 환자의 절반을 무작위로 선별해 (완전히 깬 상태로) 대장 내시경 기구를 삽입하고 검사 종료 후 약 1분간 뜸 들였다 제거했다.[17] 추가 시간은 불쾌했지만 아프지는 않았다.• 이 1분의 추가 시간은 피험자의 검사 동안의 통증에 대한 후향적 판단을 매우 유의미하게 개선했고, 이후 5년 동안의 재검사 빈도도 약간 증가시켰다. 심한 소음 발생 중 사람들의 선택 패턴을 연구한 실험에서도 지배 원리가 위배되는 모습이 목격되었다.[18] 불쾌한 소음을 중간중간 살짝 낮춰주면, 사람들이 기억하는 소음의 불쾌감이 희석되어 그것을 또 선택할 가능성이 높아졌다.

이 실험들에서 피험자들은 시간적 단조성을 위배하고 싶어서 위배한 게 아니다. 그들은 시간적 단조성 규칙의 타당성을 인지하고 적절히 주의를 기울일 땐 이 규칙을 따랐다. 실제로 실험자가 두 냉각 통증 실험에 대해 구두로 설명했을 때, 피험자들은 짧은 실험을 긴 실험보다 선호했다. 그러나 자신의 기억에 의존해 선택할 때는 과거 경험의 지속 시간을 무시한 선호 결과를 보여주었다.

미처 생각하지 못한 적응 능력

누구나 살다 보면 가끔 생활환경의 장기적 변화가 쾌락에 미칠 결과

• 이 실험들은 강력한 마취제가 대중화되기 전에 수행되었다. 우리는 병원에서 내시경 시술을 권유받는 모든 사람들에게 '아무 느낌도 없을 것'이라고 흔쾌히 장담할 수 있다.

를 예측해야 한다. 사회심리학자 대니얼 길버트Daniel Gilbert와 티머시 윌슨Timothy Wilson은 이러한 정신 활동을 설명하기 위해 감정 예측affective forecasting이라는 용어를 고안했다. 사람들이 살면서 환경의 변화를 꾀하는 이유는 대개 더 행복해지거나 덜 불행해지고 싶은 바람에서 비롯한다. 그리고 그들은 필연적으로 이 변화가 가져올 쾌락적 결과를 상상한다. 예컨대 결혼하거나 이혼하는 부부, 종신 재직권을 얻는 교수나 그러지 못한 교수, 중서부에서 캘리포니아주로 이주하거나 그 반대 방향으로 이주하는 사람 등의 행불행을 예상한다. 또 사람들은 부유하거나 빈곤함, 비만하거나 건강한 몸매, 나이가 많거나 적음 등이 행복에 미치는 영향에 대해 강한 직관을 머릿속에 지니고 있다. 이러한 예측과 직관은 직업, 결혼, 이혼, 주거지 등을 결정할 때 영향을 미칠 수 있다. 길버트와 윌슨이 지적했듯, 감정 예측의 오류에 빠지면 이른바 '희망 오류miswanting(가지면 행복해질 것 같지만 실제로 그렇지 않은 것을 원하는 현상 — 옮긴이)'라는 잘못된 선택을 내릴 수 있다.[19]

감정 예측과 행복에 대한 직관적 이론을 탐구한 많은 연구 결과 중 대표적인 것은 데이비드 슈케이드와 대니얼 카너먼이 말한 주목 착각focusing illusion이다.[20] 논문의 결론 문장은 나중에 카너먼이 『생각에 관한 생각』에 다시 실었고 지금은 유명한 격언이 되었다. '지금 무엇을 생각하든, 그것을 생각하는 동안만큼 인생에서 중요하지는 않다.'[21] 다시 말해 우리는 삶의 어떤 측면에 주의를 집중할 때 그 중요성을 과대평가하는 경향이 강하다. 이러한 편향은 쉽게 설명할 수 있다. 생활환경의 변화가 몰고 올 영향을 평가하다 보면, 당연히 변화의 독특한 측면에 주의가 끌리게 된다. 예컨대 기후라는 요인은 캘리포니아주로 이사할지 고려 중이거나 '캘리포니아주에 사는 사람들이 더 행복하다' 같은 명제를 평가할 때 매우 현저하게 다가오기 쉽다. 하지만 이러한 선택적 주목은 편견을 낳는다. 무언가에 주의력이 쏠린 상태에서(예: '둘도 없는' 직장에 취업할 기회를 놓치기 싫음) 미래의 경험을 예측하면, 그 무언가가 그 사람의 주의력에서 멀어질 훗날에는 십중팔구 틀린 것으로 판명 날 것이기 때문이다.

슈케이드와 카너먼은 캘리포니아주처럼 화창한 날씨를 자랑하는 지역에 살지 않는 많은 사람들이 궁금해했던 '캘리포니아주에 살면 더 행복할까?'라는 의문을 조사하며 주목 착각 현상을 관찰했다.[22] 그들은 중서부의 유명 대학 두 곳과 남부 캘리포니아의 유명 대학 두 곳의 학생들을 대상으로 설문 조사를 실시했다. 학생들에게 삶의 만족도에 대한 일련의 질문을 했는데, 학생 본인의 행복도에 대한 질문과 '당신과 가치관 및 관심사가 같은 다른 학교 학생'의 행복도에 대한 질문 중 하나를 제시했다. 캘리포니아주와 중서부 지역 학생들의 행복도 차이를 비교 예측하는 질문에는 양쪽 지역 학생 모두 유의미한 차이로 캘리포니아주 학생들이 더 행복하다는 쪽에 손을 들었다. 그러나 스스로 생각하는 자신의 행복도는 두 지역의 학생 간에 별 차이가 없었다. 이는 간단히 설명된다. 사람들은 자신의 행복도를 평가할 때는 대개 인생의 중심적 측면에 초점을 맞추지, 기후는 거의 생각하지 않는다. 그러나 다른 지역에 사는 남의 행복을 상상할 때는 지역 간 차이가 크게 부각될 것이다. 따라서 기후는 실제 행복도보다 감정 예측에서 더 큰 힘을 발휘하고, 결과적으로 예측자의 편향을 발생시킨다.

주목 착각이란 개념은 행복도 연구에서 두 가지 중요한 수수께끼를 해결해준다. 첫 번째 당혹스러운 현상은 사람들이 인생의 중대한 변화, 하반신이 마비되거나 복권에 당첨되는 등 극적인 변화에도 놀라울 정도로 잘 적응한다는 것이다.[23] 이들 사건은 행불행에 크고 직접적인 영향을 미치지만, 그 효과는 비교적 금세 사그라드는 경향이 있다. 두 번째 놀라운 관찰은 첫 번째 사실이 의외라는 것이다. 인간의 적응 행동은 어디서나 발견되지만, 감정 예측이 도출되는 순진한 후생 이론에서는 제대로 다뤄지지 않는다. 예컨대 슈케이드와 카너먼의 다른 실험에서 응답자들은 지인 중 하반신 마비 환자가 있지 않은 경우, 하반신이 마비된 지 한 달 되었든 1년 되었든 관계없이 하반신 마비 환자의 기분을 비슷한 수준으로 예측했다.[24] 복권 당첨자의 기분을 예측하는 응답자들도 역시 경과 시간에 둔감한 모습을 보였다. 여기서도 응답자들은 지인 중에 복권 당첨자가 있지 않는 한, 당첨자가 사건 발생 후 한 달이 지나든 1년이 지나든 똑같은 황홀경에 빠져 있을 것이라고 예측했다. 그러나 두 경우 모두, 그 일을 직간접으로 겪어본 응답자의 반응은 사뭇 달랐다. 하반신 마비를 당한 직후의 고통과 복권에 당첨된 직후의 행복을 예측할 때는 개인적 경험칙이 중요한 요인으로 작용하지 않았다(그리고 우리는 그 예측이 제법 맞으리라 생각한다). 그러나 사건 발생 후 1년 안에 처음의 고통이나 행복이 상당 부분 사라진다는 사실을 아는 사람은 관련된 경험칙이 머릿속에 있는 응답자들뿐이었다.

주의력을 거두는 것은 하반신 마비, 복권 당첨, 결혼 등 인생의 큰 변화에 적응하는 중요한 기제다. 주의력은 대개 새로운 사건에 쏠린다. 따라서 이제 막 하반신이 마비되거나, 복권에 당첨되거나, 결혼한 사람은 자신의 처지를 끊임없이 인지한다. 하지만 그 사건이 더 이상 새삼

스럽지 않게 되면, 주의력은 삶의 다른 측면으로 분산되고 사람들은 다시 다양한 쾌락적 반응을 보인다. 연구 결과에 따르면 하반신 마비 환자는 큰 사고 후 한 달만 지나면, 평소 시간의 절반 이상을 제법 나쁘지 않은 기분으로 살아간다. 그러나 직관적인 감정 예측은 특정한 개인적 지식으로 교정되지 않는 한, 이러한 주의력의 적응 과정을 간과한다.

결론: 더 나은 삶을 위한 선택 설계

효용 극대화는 목표로 삼기에 유용한 대상이다. 사람들은 무작위로 결정하지 않는다. 타인이 아닌 스스로의 판단으로 자신을 최대한 행복하게 해줄 만한 선택을 하려고 '노력'한다. 하지만 성공적으로 효용을 극대화하려면, 있음 직한 다양한 결과의 경험이 어떨지부터 예측해야 한다. 그러나 예측에 체계적 편향이 섞이면, 그 뒤의 선택도 효용 극대화에 체계적으로 실패하는 결과를 낳는다. 우리가 지금까지 소개한 연구들은 편향 때문에 미래 효용을 잘못 예측한 수많은 사례를 제시했다.

앞서 언급한 많은 실험 연구에서는 간식 등 값싼 대상을 사용했지만, 효용을 극대화하지 못하는 대가도 값싸다고 생각한다면 오산이다. 은퇴 자금 투자 포트폴리오를 구성하는 것은 간식 포트폴리오를 구성하는 것처럼 만만하지 않다. 특히 아직 젊을 때 은퇴 후 자신의 선호와 필요한 소득수준을 예측하기란 실로 어려운 일이다. 심지어 현재 가용 자원을 최대한 활용하는 방법을 선택하는 일도 만만한 일이 아니며, 사람들은 꽤 자주 잘못된 결정을 내린다. 예컨대 티보르 스키토프스키Tibor Scitovsky는 자신의 고전 『기쁨 없는 경제』에서 특히 미국인을 비롯한 소비자가 그의 표현으로 '편한 것'을 너무 많이 찾는 반면 '즐거운 것'은 너무 적게 구매하는 실수를 저지른다고 주장했다.[25] 실제로 미국인과 유럽인은 휴가를 바라보는 방식에서 상당히 다른 경향을 보인다. 미국 근로자들도 유럽인처럼 임금이 줄더라도 휴가를 늘린다면 분명 더 행복해질 가능성이 크다. 기왕이면 동료들도 같은 선택을 한다면 더 좋을 것이다.

중요한 유보 조건 하나를 말하면서 이 장을 마무리하겠다. 사람들이 때로 효용 극대화에 실패한다고 해서 배우자, 부모, 고용주, 정부 등 다른 누군가가 그들의 선택권을 빼앗아야 한다는 의미는 아니다. 어차피 다른 누군가도 실수하기는 마찬가지다. 최고의 부모는 자녀의 실수를 허용하는 부모다. 그러나 어떤 경우에는 '책임자'가 선택의 자유를 제한하지 않고도 다른 사람을 바람직한 선택으로 이끌고 영향을 미칠 수 있다.[26] 바로 캐스 선스타인과 탈러의 표현으로 '자유지상주의적 간섭주의libertarian paternalism'를 채택하는 것이다. 한 가지 방법은 사람들이 효용을 극대화하지 못하는 가장 흔한 실수를 피할 수 있게 기본 옵션을 설정해주는 것이다. 사람들은 기본값을 변경하는 데 비용이 들지 않더라도 강한 타성과 그 외 요인 때문에 기본값을 그대로 두는 경우가 많다. 예컨대 깨어 있는 고용주라면 직원들의 (임금 인상 폭을 줄이면서) 휴가 일수를 점진적으로 늘려줄 수도 있을 것이다. 그러면서 늘어난 휴일에 근무할 권리도 함께 부여하는 것이다(따라서 직원에게는 근무 혹은 휴가라는 선택지가 둘 다 유효하다). 그러면 직원들은 새롭게 바뀐 기본값을 직접 선택하지 않아도 자연히 늘어난 휴가를 사용하고, 휴가 일수가 '더 적은' 다른 직장으로 이직할 생각을 하지 않을 것이다. 그러면 직원들의 효용 극대화에도 은연중에 보탬이 될 수 있다.

핵심 정리

경제학자들에게: 미래 선호를 예측할 때 체계적 편향이 섞이면, 사람들은 미래 효용을 극대화하지 못한다. 효용 극대화 모형은 이 점을 감안해 수정되어야 한다.

독자들에게: (카너먼이 이미 한마디로 정리했다) 지금 무엇을 생각하든, 그것을 생각하는 동안만큼 인생에서 중요하지는 않다.

업데이트

싫어하던 일도 특권이 될 수 있을까?

대부분의 경제학 교재는 서두에 소비자 선택을 다룬다. 그리고 그 내용은 이 책의 초판이 출간된 30년 전이나 지금이나 거의 변하지 않았다. 소비자 선택에는 두 가지 필수 가정이 있다. 첫째, 소비자는 순서가 잘 매겨진 선호를 갖는다. 소비자는 이행성과 같은 논리적 공리를 어기지 않고 자신이 소비하려는 재화의 우선순위를 일관되게 매길 수 있다. 둘째, 소비자는 가능한 선택지 중 최선을 선택함으로써 효용을 극대화한다. 그러나 우리는 9장과 10장에서 경제학의 이 오랜 가정들이 현실을 제대로 설명하지 못한다는 것을 살펴보았다. A를 B보다 선호하는 '동시에' B를 A보다 선호한다면, 이는 순서가 제대로 매겨지지 않은 것이다. 그리고 짧은 고통보다 긴 고통을 재차 선택하는 것도 효용의 극대화와 거리가 멀다. 이러한 이상 현상은 실험실에서만 찾으리란 법은 없다. 우리가 가장 좋아하는 예 중 하나는 마크 트웨인Mark Twain의 소설이다.

트웨인의 소설 『톰 소여의 모험』에서 주인공 톰은 이모에게서 울타리를 하얗게 페인트칠하라는 명령을 받는다. 톰으로서는 지긋지긋할 정도로 하기 싫은 일이다. 설상가상으로 그가 일하는 모습을 친구들이 즐겁게 놀러 가던 길에 목격한다. 톰이 심란해하는 가운데, 친구 벤이

와서 그를 놀리기 시작한다. "나는 수영하러 가는 중이야. 너도 가고 싶지?" 하지만 톰은 꾀를 냈다. 그는 힘들다고 푸념하는 대신, 고개도 돌리지 않고 대답한다. "어린아이에게 울타리를 하얗게 칠할 기회가 매일 오는 줄 알아?" 벤은 잠시 당황하더니 "저기 톰, 나도 조금만 칠해볼래"라고 말한다. 톰은 못 이기는 척 벤에게 붓을 주고 조금만 칠하게 한다. 그것도 벤이 먹고 있던 사과를 넘겨주는 조건으로 말이다. 얼마 후 친구들은 다들 울타리 칠에 열중하고, 그동안 옆에 앉은 톰은 페인트칠하는 '특권'을 넘겨준 대가로 받은 하프, 유리병, 장난감 병정 등을 감탄어린 눈으로 감상한다.

트웨인은 물론 위대한 작가지만 심리학자나 행동경제학자의 자질도 갖췄던 게 틀림없다. 톰 소여의 울타리 이야기는 선호가 의사 결정 도중에 구성되는 예를 극명히 보여준다. 톰은 페인트칠이 힘들다는 것을 알며, 그의 친구들도 대부분 마찬가지다. 처음에 벤은 페인트칠하는 톰을 놀리려고 다가왔다. 하지만 톰은 친구들이 기꺼이 '대가'를 주고 울타리를 칠하도록 유도할 만큼 영리했다. 이 이야기는 선호 역전을 기록한 최초의 문헌이 아닐까?

물론 이 이야기는 단지 허구일 뿐이다. 이런 일이 현실 세계에서도 일어날까? 사람들이 싫어하는 어떤 선택지를 돈 주고도 기꺼이 얻고 싶은 대상으로 탈바꿈시킬 수 있을까? 일련의 논문에 따르면, 그 답은 확실히 '예!'다. 요아힘 포스게라우Joachim Vosgerau와 에얄 피어Eyal Peer는 한 실험에서 피험자들에게 약 10달러에서 1,000달러까지 판돈이 다양한 단순한 복권의 가치를 평가하도록 요청했다.[27] 각 경우에 복권의 기댓값은 양수여서, 이 내기를 여러 번 하는 사람은 결국 0보다 큰 금액을 벌 수 있었다. 평가는 두 가지 조건에서 이루어졌다. 첫 번째 조건에서는 피험자들에게 복권 내기에 참여하기 위해 기꺼이 지불할 최대 금액WTP을 물었고, 두 번째 조건에서는 복권 내기에 참여하는 대가로 받아야 할 최소 금액WTA을 물었다.

사람들의 선호가 일관성 있다면, 두 금액은 밀접하게 연관되어 있어야 할 것이다. 내기에 참여하기 위해 양의 금액을 '지불할' 의향이 있다면(WTP>0), 복권을 사는 데 한 푼도 '지불받을' 필요가 없을 것이다(WTA=0). 반면 내기에 참여하기 위해 양의 금액을 보상받아야 한다면(WTA>0), 복권을 돈 주고 살 의향이 없어야 한다(WTP=0).• 그러나 피험자들은 톰 소여의 친구들과 똑같이 행동했다. 그들 대부분은 내기에 참여하는 데 얼마를 지불할 의향이 있냐는 질문에 0보다 큰 금액을 말했다. 그러나 같은 내기(피험자 내 설계)에 참여하기 위해 얼마를 '받아야' 하냐는 질문에도 0보다 큰 금액을 댔다. 이는 사람들이 복권을 보유하는 데 양의 효용과 음의 효용을 동시에 예상한다는 말이므로 효용 이론 내에서 보자면 명백한 이상 현상이다. 게다가 복권의 경험 효용은 유도 방식의 차이에 따라 변하지 않아야 하므로, 이러한 비일관성은 단연코 오류로 분류될 수 있다.

이 두 장에 제시된 연구의 대부분은 실험실 실험에서 나왔지만, 겉보기에 무관하게 느껴지는 상황적 요인이 현실의 행동에 미치는 영향을 입증하는 논문이 점점 더 많이 발표되고 있다. 자동차 구매를 예로

• 이는 4장에서 논의했던, 예컨대 커피 머그잔의 WTA가 WTP보다 크다는 연구 결과를 단순 재현한 것이 아니라는 점에 유의하라. 이 연구에서 피험자들은 무언가(내기)를 얻기 위해 0보다 큰 금액을 기꺼이 지불할 의향이 있는 동시에, 이를 받아들이는 대가로 돈을 받아야 한다고도 말한다.

들어보겠다. 어떤 차를 살지 선택하는 것은 인생에서 가장 중요한 재무적 결정 중 하나다. 중고차를 사더라도 연 소득의 상당 부분을 지출해야 한다. 또 평균적으로 예상되는 자동차 소유 기간이 약 8년임을 고려하면, 한번 고른 자동차와의 인연은 꽤 오래가게 마련이다. 따라서 일시적인 날씨 변화처럼 겉보기에 무관해 보이는 요인이 사람들이 구매하는 차량 종류에 영향을 미친다니 놀라운 일이다. 하지만 메건 부스Meghan Busse 외 연구진은 「날씨가 자동차 구매에 미치는 심리적 영향The Psychological Effect of Weather on Car Purchases」이라는 논문에서 바로 이것이 사실임을 밝혔다.[28]

연구진은 자동차 매출 데이터 4,000만 건을 이용해 날씨 변화가 소비자의 자동차 구매에 불균형적으로 미치는 영향을 연구했다.• 그 결과 기온이 평소보다 따뜻하고 화창한 날에는 컨버터블 구매율이 훨씬 더 높은 것으로 나타났다. 반면 눈이 오는 날에는 사륜구동차 구매율이 훨씬 더 높았다. 기온 '수준' 말고 평년 대비 그날 기온의 '편차'에 초점을 맞춤으로써 연구진은 이러한 효과에 대한 합리적 설명을 피해 갈 수 있었다. 미니애폴리스보다 마이애미에서 컨버터블이 더 많이 팔리는 건 합리적이지만, 미니애폴리스에서 평소보다 따뜻한 날 컨버터블 판매가 증가하는 건 효용 이론으로 설명하기 어렵다. 자동차를 구매한 당일의 사소한 날씨 변화는 향후 몇 년간 그 차를 타고 다닐 경험에 영향을 미쳐서는 안 되며, 따라서 구매 결정에도 고려 요인이 되어선 안

• 지난 10년 동안 행동경제학 연구에서 가장 기분 좋은 변화 중 하나는 이른바 빅데이터의 활용이다. 표본 크기가 4,000만 건이면 말 다한 것 아닌가? 방대한 데이터를 가장 자유자재로 활용할 줄 아는 연구자 중 한 명은 우리의 친구이자 동료인 데빈 포프다.

된다. 대신 논문 저자들은 이러한 날씨와 자동차 구매의 관계가 투사 편향에 의한 것이라고 주장한다. 특히 따뜻하고 화창한 날에 컨버터블을 운전하는 것은 매우 즐거운 경험이다. 그런데 소비자가 날씨가 지금 같지 않을 미래에도 같은 기분을 느낄 거라고 착각한다면, 시승 한번 해보고 덜컥 차를 구매할 가능성이 높다. 하지만 이러한 결정에는 대가가 따른다. 나중에 흐리거나 눈비가 오는 날이면 컨버터블을 괜히 샀다 싶을 것이다.

우리 시몬손Uri Simonsohn은 대학 진학 같은 더 중요한 결정에 일시적 상황 요인이 미치는 영향을 살펴보았다.[29] 경제학에서는 인적 자본과 관련된 선택을 인생에서 가장 중요한 선택 중 하나로 여긴다. 특히 대학 선택은 장기적 소득 잠재력, 인맥, 결혼 상대 등에 영향을 미친다. 시몬손은 「대학 가기 좋은 날Weather to Go to College」이라는 제목의 논문에서 면학 환경이 엄격하다고 이름난 유명 대학을 방문한 예비 입학생 1,284명의 결정을 분석했다. 그는 학생들의 캠퍼스 방문 당일, (겉보기에는 부수적 요인에 불과한) 날씨가 입학 결정에 미치는 영향을 살펴보았다. 그 결과는 놀라웠다. 방문 당일 날씨가 흐릴수록 입학 등록 가능성이 약 10%p 증가하는 것으로 나타났다. 이 관계는 평균 기후 조건과 계절적 영향 등 다른 잠재적 교란 변수를 통제한 후에도 유효했다. 여기서도 가장 유력한 답은 투사 편향일 것이다. 즉 방문 당일의 흐린 날씨가 실내 활동의 매력도를 높여 학구열을 자극한다는 것이다. 학생들이 이 경험을 미래에도 지속되리라 예상한다면, 교육과정이 빡빡한 학교에 다니는 것의 미래 효용을 더 높게 인지할 수도 있을 것이다.

이처럼 사람들은 일시적인 날씨 등 겉보기에 아무 상관도 없을 듯한 상황적 요인의 영향을 받아 예측에 오류를 범한다. 하지만 효용 극대화 실패를 더 결정적으로 보여주는 증거는 능동적으로 돈을 잃는 쪽을 선택하는 경우다. 다음 예를 고려해보자. 어떤 사람이 최근에 재정난을 겪어 2개의 신용카드에 빚이 쌓였다. 하나는 이자율이 20%의 고금리이고 다른 하나는 이자율이 15%인 저금리다. 전자에 1,000달러, 후자에 2,000달러의 빚이 있다고 가정하겠다. 저금리 카드가 먼저 신용 한도에 도달하는 바람에 고금리 카드까지 빚이 확장되었다. 매달 두 카드에 연체료의 기준선인 최소 납부금minimum payment만큼은 지불하려고 신경 썼다. 그러다가 이제는 여윳돈이 좀 생겨 빚 갚기에 돌입하려 한다. 월말에 신용카드 빚을 갚을 300달러를 마련했다(최소 납부금을 넘는 금액이다). 이 돈을 두 카드에 어떻게 배분해야 할까?

가장 좋은 전략은 300달러를 몽땅 고금리 카드의 빚을 상환하는 데 쓰는 것이다(물론 저금리 카드의 최소 납부금을 먼저 지불한 후). 이것 말고 다른 배분은 재무적으로 더 불리하다. 고금리 카드 빚은 20% 불어나는 반면, 저금리 카드 빚은 15%만 불어나기 때문이다. 사람들은 고금리 부채를 좋아할 리 없으므로, 고금리 신용카드를 우선 변제하지 않는다면 효용 극대화의 명백한 실패다.

존 개더굿 연구 팀이 쓴 일련의 논문은 이런 효용 극대화에 어긋나는 행동이 행해지고 있을 뿐 아니라 신용카드 빚을 갚는 가장 흔한 방법임을 보여준다.[30] 저자들은 사람들이 신용카드 빚을 갚을 때 상환액을 잔액의 상대적 크기에 비례하게 배분하는 경향이 있음을 발견했다. 이 예에서는 저금리 카드에는 200달러, 고금리 카드에는 100달러를 상환하는 식이다. 이는 심리학계에서 흔한 연구 대상인 매칭 행동

matching behavior 현상을 반영하지만, 신용카드 빚 상환에서 효용을 극대화하는 행동은 단연코 아니다.

논문의 저자들은 2년 동안 영국인 140만 명이 보유한 여러 신용카드 데이터를 분석해, 이자 발생을 최소화하는 최적의 상환 방법과 실제 카드 소유자의 부채 상환 패턴을 비교했다. 앞의 예에서 최적의 행동은 다음과 같다. 고금리 카드를 전액 상환하기 전까지 저금리 카드는 최소액만 갚는다. 실제로 그렇게 한다면 평균적으로 전체 상환액의 약 70%가 고금리 카드에 할당되어야 할 것이다. 그러나 저자들은 실제 소비자의 상환 패턴이 이자율과 별로 비례하지 않는다는 사실을 발견했다. 최적의 행동과 대조적으로, 그들은 최소 상환액을 초과하는 지불액의 약 51%만 고금리 카드의 부채 상환에 할당했다. 그들은 각각의 카드에 얼마씩 상환할지 동전(또는 카드) 던지기로 결정한 것과 다를 바 없었다.

저자들은 이러한 저효용 행위가 이자율 차이, 상환액 규모, 계좌 개설 후 경과 시간 같은 요인에 따라 변하지 않는다는 것을 발견했다. 또 사람들은 시간이 지나도 반복해서 상환액을 잘못 배분하는 것으로 나타났다. 즉 그들이 경험이 없어 최적으로 상환하는 방법을 깨닫지 못한 건 아니라는 뜻이다. 따라서 이러한 최적화 마찰과 제약 조건만으로는 최적에 못 미치는 상환 행동을 설명하기에 충분하지 않다.

전반적으로 이 업데이트에 요약된 증거를 보면 선호 역전, 예측 오류, 불리한 선택이 우연이나 실험실 연구 결과에 국한되지 않음을 알 수 있다. 사람들은 아무리 중요한 선택에 직면했을 때도 효용을 극대화하지 못한다. 신용카드의 경우 항상 최소 납부금을 지불하고 가장 고금리인 카드 빚부터 먼저 갚는 전략은 이해하기 쉬울 뿐 아니라, 반드시 최선까지는 아니어도 현재 사람들의 관행보다는 분명 나아 보인다. 우리가 감히 추측하기로는, 소비자가 효용 극대화에 실패하는 경우는 카드 빚 사례 외에도 여러 가지가 더 있을 것이다.

경제 이론을 옹호하는 사람은 카드 빚을 상환하는 최적화된 방법을 찾기가 특히 어렵고, 여기 제시된 비최적 행동은 효용 극대화 규칙의 이례적 예외라고 주장할지도 모른다. 하지만 우리 생각은 다르다. 인생에는 무엇을 전공할지, 누구와 결혼할지, 자녀를 계획할지, 어디에 살지, 어느 스포츠 팀을 응원할지 등 어려운 선택으로 가득하다. 하지만 경제 이론은 이 모든 상황에서의 선택을 예측하는 단 하나의 모형, 바로 효용 극대화 모형을 제시한다. 우리는 이 효용 극대화 이론을 결정의 난이도에 맞춰 수정하려는 움직임을 적극적으로 지지한다. 실제로 요즘 그러한 노력이 진행 중이다.

하지만 경제학에서 어떤 행동을 '오류'라고 부르는 것은 논쟁의 여지가 크다. 오류라는 개념을 한번 허용하면 온갖 문제가 튀어나오기 때문이다. 무언가를 오류로 간주할 때는 그것이 무슨 기준과 비교해서 오류인지 명시해야 한다. 즉 개인의 선택이 '자신'의 선호에 불리하게 작용하는 경우를 오류로 분류하려면 그 사람의 근원적 선호를 알아야 한다. 하지만 9장과 10장에서 살펴봤듯, 선호는 겉으로 드러난 행동으로는 정확히 파악하기가 매우 어렵다. 어떤 사람이 양자택일에서는 A를 B보다 선호하고는 가격 책정에서는 B를 A보다 높게 쳐준다면, 그의 행동을 어떻게 일관된 선호로 표현해야 할지 알 수 없다. 행동경제학자들은 대개 표준 모형이 사람들의 진정한 선호와 일치한다고 가정하고, 가령 기대 효용이나 지수 할인 모형과 어긋나는 결과는 오류로 간주한다.

이런 접근법은 좋은 출발점처럼 보이지만, 동시에 다소 아쉽기도 하다. 예를 들어 4장에서 논의했듯, 실제로 손실을 동일한 수준의 이득보다 2배나 더 꺼릴 만큼 손실 회피적인 사람이라면, 기대 효용 이론상의 논리와 달리 기댓값이 양수인 도박이라도 경험 효용이 감소할 것이므로 참여하지 않을 것이다. 우리는 '오류'를 일관되게 정의하는 이론을 개발하려는 움직임이 활발해지고 있다는 사실을 당연히 환영한다.[31] 이 주제는 에필로그에서 다시 논하기로 한다.

11장

효율적 시장 가설의 두 얼굴

A Brief Digression on the Efficient Market Hypothesis

월가의 이상 현상

이 책의 업데이트를 관통하는 주제 중 하나는 저위험(또는 무위험)의 실험실 환경에서 발견된 이상 현상이 고위험 환경이나 현실 시장의 데이터를 이용한 실험에서도 재현되더라는 점이다. 이상 현상은 고위험 상황에 사람들이 '실제 돈을 걸고 참여'하는 경우에도 얼마든지 존재한다. 이쯤 해서 자연스레 떠오르는 질문은 그 어느 곳보다 큰 위험이 걸린 영역인 금융시장을 조사해도 역시 이상 현상이 발견되느냐는 것이다. 물론 월가에서도 이상 현상이 많이 발견된다. 다음 장에서는 금융시장의 몇 가지 흥미로운 사례를 다룬다. 그러나 본격적인 탐구에 앞서, 이 장은 본문과 업데이트로 나뉜 이전 장들의 포맷을 내려놓고 잠시 흐름을 끊고자 한다. 대신 여기서는 경제 연구의 한 분야로 지난 40년간 주목할 만한 이상 현상이 발견된 영역인 자산 가격 결정에 대해 자세히 살펴보겠다.

월가는 어떻게 보면 이상 현상이 가장 발견되지 않을 법한 곳이다. 그렇다고 개인 투자자들이 실수하지 않는다는 뜻은 아니다. 투자 포트폴리오를 잘 구성하거나 주택 담보 대출을 선택하는 것은 노련한 금융경제학자에게도 난도 높은 일이다.[1] 실제로 가계 금융 분야는 흥미로운 연구의 온상이 되었다. 하지만 개인의 실수라는 주제는 자산 가격 결정 연구의 주된 초점이었던 더 크고 근본적인 질문과는 무관하다. 그 질문은 시장이 '효율적'이냐는 것이다.

시장이 효율적이라는 것은 무슨 의미일까? 이 용어와 구체적인 의미는 1960년대에 효율적 시장 가설을 탄생시킨 시카고대학교 교수 유진 파마Eugene Fama에게서 유래했다.[2] 파마는 주식과 채권 등 증권의 가격이 특정 시점에 이용 가능한 모든 정보를 반영한다고 상정했다. 매우 그럴듯한 가설이다. 금융시장은 경쟁 시장의 성격이 매우 강해서, 각 증권에 대한 정보는 가격에 반영되는 게 맞기 때문이다. 만약 그렇지 않다면 누군가는 떼돈을 벌 것이다.

이 논리는 현재 알려진 정보로는 앞으로의 주가 '변동'을 예측할 수 없음을 함축한다. 만약 예측 가능했다면 투자자들은 예측대로 실행하고 수익을 챙겼을 것이기 때문이다. 100달러 지폐가 지천에 널려 있을 리 없고, 수십억 달러를 벌 기회가 쉽게 발견될 리도 없다. 달리 표현하자면, 주가는 소위 랜덤워크random walk를 따른다(프린스턴대학교 교수 버턴 말킬Burton Malkiel이 개인 투자자 맞춤형으로 쓴 스테디셀러 『랜덤워크 투자수업A Random Walk Down Wall Street』이라는 책도 있다).

이 모든 것을 종합해보건대, 주가를 성공적으로 예측할 방법을 찾을 수 있다면 EMH를 명백히 위배하고 증명 가능한 이상 현상이 존재한다는 의미다. 이쯤에서 과거 탈러가 당시 박사과정을 밟고 있던 워너 드 본트Werner De Bondt와 공동 집필한 '이상 현상' 논문 중 하나를 살펴보겠다.[3] 논문의 (뻔뻔스러운) 제목은 「월가를 걸어 다니는 평균 회귀A Mean-Reverting Walk Down Wall Street」다. 그 논문에서는 드 본트와 탈러의 초기 논문 결과를 다루면서 EMH를 위배하는 것처럼 보이는 증거들을 제시했다.[4] 그동안 많은 논문은 주가의 '단기' 변화가 미래의 주가를 유의미하게 예측하지 못한다고 증명했지만, 드 본트와 탈러는 과거 주가의 '장기' 변화로 미래의 장기 수익률을 예측할 수 있다는 것을 발견했다. 예컨대 그들은 한 단순한 분석에서 뉴욕 증권거래소에 상장된 주식들을 지난 5년간의 수익률을 기준으로 순위를 매긴 후, 가장 큰 수익률을 올린 35개 승자 종목과 가장 큰 손실을 본 35개 패자 종목으로 포트폴리오를 구성했다. 그리고 두 포트폴리오의 성과가 이후 5년 동안 어땠는지 조사했다. 첫 포트폴리오는 1926년 처음 주가 데이터를 추적한 후 5년이 지난 1930년 말에 구성되었다. 그 후 매년 말에 또 다른 포트폴리오가 구성되었고, 데이터가 소진될 때까지 이 과정이 계속되었다.

EMH는 (곧 다룰 중요한 한 가지 조건하에) 두 포트폴리오의 수익률이 평균적으로 동일할 것이라고 예측한다. 그러나 드 본트와 탈러의 논문 「주식시장은 과잉 반응하는가?Does the Stock Market Overreact?」의 제목에서 짐작할 수 있듯, 결과는 EMH와 일치하지 않는 것 같았다. 그림 11-1A에서와 같이 각 포트폴리오의 평균을 기준으로 승자 포트폴리오는 시장 전체 수익률을 밑돌고 있었던 반면, 패자 포트폴리오는 시장 전체 수익률을 상회했다. 놀랍지 않은가! 이 전략을 실행하는 데 재무학이나

수학 박사로 팀을 구성할 필요는 없을 것이다.●

이게 요즘도 사실일 리는 없다고? 그림 11-1B는 이 원래 연구 결과를 1978~2024년 표본에서 재현한 결과다. 다시 봐도 그 차이는 약 3분

그림 11-1A: 승자 포트폴리오와 패자 포트폴리오의 누적 초과 수익률

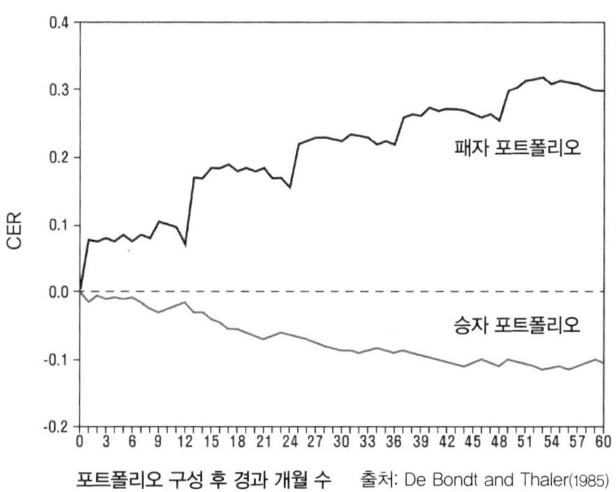

출처: De Bondt and Thaler(1985)

그림 11-1B: 1978년부터 승자 포트폴리오와 패자 포트폴리오의 누적 초과 수익률

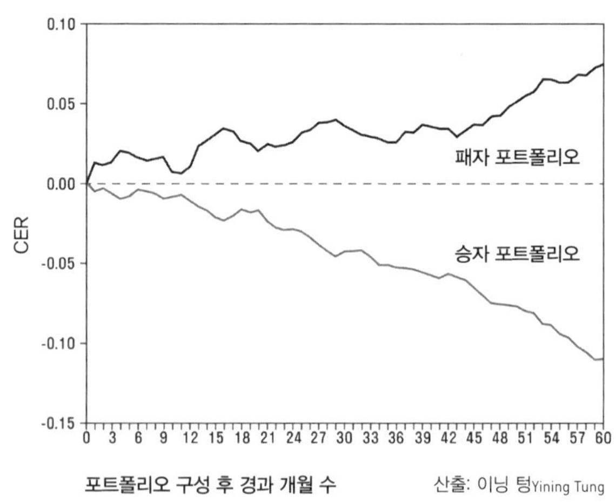

산출: 이닝 텅Yining Tung

의 1일지언정 패자가 승자보다 성과가 더 좋다. 그럼 이제 EMH의 명복을 빌어야 할 때일까? 그러기엔 아직 이르다.

앞서 승자와 패자가 비슷한 성과를 낼 것이란 예측에는 중요한 조건이 있다고 했다. 바로 두 포트폴리오의 위험 수준이 동일해야 한다는 것이다. 패자 포트폴리오가 더 위험하고 투자자가 위험 회피적이라면, 패자 포트폴리오의 수익률이 더 높아야 한다. 물론 드 본트와 탈러는 이러한 조건을 인지하고 두 포트폴리오의 위험성을 검정했다. 그들은 당시 금융경제학에서 위험 척도의 표준이던 베타*beta*(역시 그리스문자다!)값을 이용해, 패자 포트폴리오의 위험이 승자 포트폴리오의 위험보다 '낮다는' 것을 발견했다. 고로 이는 더더욱 이상 현상이다. 그러나 이 문제는 풀리지 않았다. 실제로 40년이 지난 지금도 금융경제학자들은 어떤 변수가 미래 수익률을 제대로 예측한다는 주장을 어떻게 해석해야 하는지, 그리고 만약 예측할 수 있다면 높은 수익률을 위험 척도에 기인한다고 봐야 하는지 여전히 논쟁이 끊이지 않는다. 이러한 연구들이 발전해오는 과정에서 수익률을 예측하는 것으로 밝혀진 변수(즉 요인factors)가 점점 더 많이 양산되었다. 물론 장기적으로(3~5년) 승자와 패자의 주가는 평균으로 회귀하는 양상을 보이지만, 단기적으로는 주가에 모멘텀이 있는 것처럼 보인다. 오르는 주식은 계속 오르니 말이다! 요새는 연구자들이 수익률을 제대로 예측할 수 있다고 입증한 요인이 범람할 지경이어서, 어느 논문에서는 이 요인을 모아 '요인 동물

• 주의 사항: 우리는 이러한 패자 포트폴리오들에 투자해서 떼돈을 벌 수 있으리라 생각하지 않는다. 이들은 비교적 소기업이다(그리고 큰 손실을 입는 과정에서 규모가 더욱 작아졌다). 따라서 이들 주식을 대량 매수하면 주가가 상승해 잠재적 수익이 감소하거나 사라질 것이다. 이 연구 결과상으로 여전히 이상 현상은 맞지만, 쉽게 부자가 되는 방법을 뜻하지는 않는다.

원factor zoo'이라고 표현했다.[5] 심지어 베타가 낮은 주식(즉 표준 지표상 위험이 낮은 주식)을 매수하면 수익률이 낮아지는 게 아니라 오히려 높아진다는 증거도 있다! 이 전략을 역베타 베팅betting against beta이라고 한다.[6]

이 요인들이 증권의 위험도를 제대로 포착하는지(EMH에 따른 관점), 아니면 가격 오류를 일으키는지(행동적 관점)에 대한 논쟁은 끝이 없을 듯하다. 우리도 우리 나름의 의견이 있다. 예컨대 우리는 저베타 주식 포트폴리오가 특히 위험하다는 주장을 정당화하기가 어렵다고 생각한다. 하지만 이 논쟁을 전부 정리하려면 책 한 권은 써야 할 테고, 이 문제는 아직 풀리지도 않았다. 파마와 그의 단골 공저자인 케네스 프렌치Kenneth French가 베타의 이론적 기반인 자본 자산 가격 결정 모형CAPM에 사형을 선고했지만, 우리 두 필자는 아직 EMH의 종말을 선언할 준비가 되어 있지 않다.

게다가 EMH에는 대체로 기정사실화된 중요하고도 예측 불가능한 요소가 하나 있다. 마이클 젠슨Michael Jensen을 필두로 연구자들은 대부분의 뮤추얼 펀드 전문 매니저들이 단지 시장 평균에 맞춰 주식을 구성하는 인덱스 펀드 같은 패시브 펀드를 능가하지 못한다는 사실을 오랫동안 확인해왔다.[7] 우리는 패시브 인덱스 펀드보다 높은 수익률을 내는 게 '가능'하기는 해도(탈러는 행동과학을 활용해 주식 종목을 선택하는 이름난 회사의 대표다) 쉽지는 않다고 생각한다. 그 이유 중 하나는 대규모 포트폴리오를 운용하는 전문 투자자조차 행동 편향의 영향을 받기 때문이다. 이마스는 대니얼 카너먼의 유명한 책 제목(『생각에 관한 생각』을 말함 — 옮긴이)을 패러디해 「빨리 팔고 천천히 사기Selling Fast and Buying Slow」

라는 제목의 논문을 발표했다.[8] 이 논문은 기준치보다 좋은 실적을 기록할 만큼 종목 선정에 능숙한 전문가도 매도 시점을 결정하는 데는 전혀 능숙하지 않다는 것을 보여준다. 심지어 '무작위'로 선택한 것보다 못한 성과를 낸다. 무엇을 팔지 고민하는 대신, 차라리 포트폴리오 목록에 다트를 던져서 결정하는 게 더 나을 수도 있을 정도다.

여기까지가 우리가 EMH의 예측 불가능한 측면에 대해 전하고 싶은 말의 전부다. 우리는 이 책 초판에 제시한 이상 현상이 출판된 이후에도 반복된다는 것을 발견했지만, 이 부분에 대한 논쟁에서 승자가 누구라고 선언하지는 않겠다. 그보다 시장 효율성의 또 다른 측면, 즉 주가가 자산의 좋은 추정치가 된다는 것에 대한 증거를 검토해보려 한다. 다시 말해 가격은 '올바르게' 책정된다는 주장을 검토할 것이다. 물론 이를 검증하는 것 또한 어려울 수 있다. 애플이나 테슬라의 주가가 올바르다고 누가 장담할 수 있겠는가? 특히 그 가격이 본질적으로 예측 불가능한 미래의 현금 흐름을 반영한다고 보면, 더욱 장담할 수 없다. 그러나 효율적 시장의 원리 중 검증 '가능'한 것이 하나 있으니, 같은 유가증권은 동시에 큰 차이가 나는 가격으로 거래될 수 없다는 것이다. 이를 일물일가의 법칙law of one price이라고 한다. 일물일가의 법칙 위배는 이상 현상을 입증하는 스모킹 건인 데다 발생 빈도도 높다. 이것이 다음 장에서 다룰 내용이다. 이제 우리는 다시 원래의 포맷으로 돌아가겠다.

12장

무너진 일물일가의 법칙

The Law of One Price

어리석은 사람들의 불완전한 투기장

(오언 라몬트와 함께)

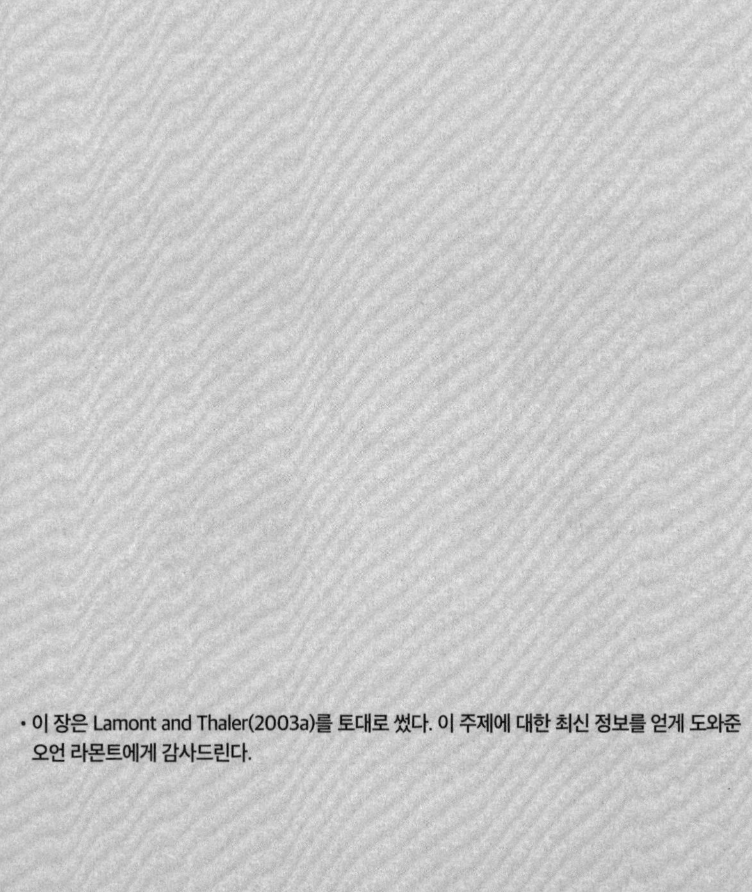

• 이 장은 Lamont and Thaler(2003a)를 토대로 썼다. 이 주제에 대한 최신 정보를 얻게 도와준 오언 라몬트에게 감사드린다.

사회과학이든 자연과학이든 잘 정립된 법칙이 있으면 좋다. 물리학에는 중력의 법칙 같은 여러 법칙이 있다. 경제학에는 무엇이 있을까? 첫 번째는 뭐니 뭐니 해도 수요공급의 법칙으로, 이는 꽤 훌륭한 법칙이다. 두 번째는 같은 상품은 가격도 같아야 한다는 '일물일가의 법칙'이다. 예컨대 금 1온스는 런던에서나 취리히에서나 (미국 달러로 환산 시) 가격이 같아야 한다. 경제 이론에서는 거래 비용과 무역 장벽이 없는 경쟁 시장에서 일물일가의 법칙이 성립한다고 본다. 하지만 실제로는 시장 제도의 세부적 특징이 이 법칙의 성립 여부를 판단하는 중요한 요소다.

아스피린의 경우를 생각해보자. 편의를 위해 여기서는 바이엘 아스피린과 제네릭(복제약) 아스피린의 객관적 효능이 같지만, 바이엘이 더 낫다는 세간의 오해 때문에 바이엘이 2배 더 비싸다고 가정하겠다.* 시장의 힘이 이 가격 차이를 해소할 수 있을까? 바이엘이라는 브랜드명은 상표권이 있으므로, 제네릭 아스피린을 구매해 바이엘 포장 용기에 담아 파는 건 (법적으로) 불가능하다. 따라서 이러한 차익 거래 방법으로는 두 아스피린의 가격을 균형으로 맞출 수 없다.

일물일가의 법칙이 어떤 상황에서든 통할 것인지 판단하는 데 중요한 요소는 투자자의 공매도 가능성 여부다. 공매도short sale는 투자자가 특정 자산(또는 상품)의 가격이 조만간 하락하리라는 예상에 베팅하는 것이다. 증권시장에서의 공매도는 나름 일반적인 방식이 있다. 공매도를 원하는 투자자가 먼저 현 주주로부터 주식을 빌려다가(수수료 발생), 공개시장에서 그 주식을 매도하는 것이다. 예상대로 주가가 하락하면 투자자는 다시 주식을 매수해서 빌린 주식을 갚고 수익을 취한다.

예로 든 아스피린 시장에서도 공매도로 수익을 볼 수 있을까? 투자자들이 당장 비싼 바이엘 아스피린을 공매도했다가, 바이엘 구매자들이 '제정신을 차릴' 미래에 고평가된 대차 바이엘 아스피린을 더 저렴한 바이엘 아스피린으로 대체할 수 있다면 될 것이다. 그러나 이 전략에는 두 가지 문제가 있다. 상품 자체를 공매도할 실질적인 방법이 없다는 점, 그리고 소비자가 자신의 실수를 알아차릴지 여부와 그 시기를 예측할 수 없다는 점이다. 이들 문제점 때문에 경쟁의 힘은 제한되고, 대부분의 소비재 시장에서 일물일가의 법칙이 상당히 훼손될 수 있다.

아스피린 사례는 일물일가의 법칙을 무너뜨리는 핵심 조건을 보여

* 바이엘 아스피린이나 그냥 아스피린조차 기억하지 못하는 젊은 세대라면, 이 예를 타이레놀과 아세트아미노펜으로 바꿔 생각해도 된다.

준다. 첫째, 일부 경제주체가 동일한 두 재화 사이에 실질적 차이가 있다고 오해한다. 둘째, 시장에 어떤 장애물이 있어서, 투자자가 합리적이어도 가격이 합리성 이론상의 균형 가격으로 회복되지 못한다. 그렇다면 거래 비용이 적고, 공매도가 허용되며, 경쟁이 치열한 금융시장에도 이 두 조건이 적용될 수 있을까?

전통적으로 경제학자들은 금융시장에서는 차익 거래가 가능하므로 일물일가의 법칙이 거의 정확히 지켜질 수밖에 없다고 생각했다. 차익 거래arbitrage는 하나의 증권을 다른 두 가격으로 거의 동시에 샀다가 파는 것으로, 어쩌면 현대 금융에서 가장 중요한 개념이라 봐도 될 것이다. 차익 거래의 기회가 부재한다는 사실은 옵션 가격 책정, 기업 자본 구조를 포함한 대부분 현대 금융 경제 이론의 기초다. 자본시장에서 일물일가의 법칙이란 동일한 증권(즉 어떤 상황에서도 수익률이 서로 같은 증권)은 가격도 동일해야 한다는 의미다. 그렇지 않다면 똑똑한 투자자가 적어도 가격이 동일하게 수렴할 때까지는 싼 증권을 사고 비싼 증권을 팔아 무한한 이득을 얻을 수 있을 것이다. 중요한 것은 모든 투자자가 합리적이거나 똑똑할 필요 없이, 달러로 차익 거래 기회를 인식할 수 있는 투자자가 충분하면 된다는 것이다.

표준 가설에 따르면, 일물일가의 법칙은 금융시장에서도 유효하다. 일부 투자자들이 피델리티 증권사가 보유한 IBM 주식이 찰스 슈와브 증권사가 보유한 IBM 주식보다 더 좋다고 '착각'하더라도, 합리적인 차익 거래자들이 있다면 피델리티의 IBM 주식이 급등하는 일은 발생하지 않을 것이기 때문이다. 더욱이 국제무역이 상품을 한 장소에서 다른 장소로 물리적으로 옮기는 데 시간과 비용이 소요되는 것과 달리,

금융시장에서 일물일가의 법칙은 장기적으로뿐 아니라 언제든 사고팔 수 있는 증권 거래 형태를 통해 즉각적으로도 이뤄질 수 있다.

인도 위에 쓰레기 무단 투기를 금지하는 법에는 정부의 강제가 필요하지만, 일물일가의 법칙은 마치 100달러 지폐의 무단 투기를 강제하지 않아도 되듯 법 집행관을 둘 필요가 없다. 그보다 일물일가의 법칙이 지켜지는 것은 주인 없는 100달러 지폐를 줍는 것과 같이 이윤 추구라는 이기적 동기를 좇는 차익 거래자들의 행위의 부산물이다. 이런 의미에서 일물일가의 법칙은 중력의 법칙만큼 당연시될 정도는 아니어도, 제대로 작동하는 자본시장에서라면 거의 깨지지 않는 법칙처럼 비쳐진다. 이러한 이유로 이론가들은 이 법칙을 논란의 여지가 없는 최소한의 기본 조건이자 다른 후속 결론들이 도출되는 출발점으로 여겨왔다. 예를 들면 모딜리아니-밀러의 자본 구조 정리,[1] 블랙-숄스 옵션 가격 결정 공식,[2] 차익 거래 가격 결정 이론[3] 등 현대의 강력한 금융 이론은 모두 일물일가의 법칙을 토대로 구축되었다. 하지만 알고 보면 금융시장에 이 법칙을 적용하는 건 애초 예상과 달리 논란의 여지가 없는 게 아니었다. 법칙을 위배하는 수많은 사례가 발견되었다. 여기서는 그중 몇 가지 흥미로운 위반 사례를 살펴보고, 우리가 금융시장을 어떻게 바라봐야 하는지에 대해 고찰해보겠다.

폐쇄형 뮤추얼 펀드: 시장의 심리가 낳은 가격과 가치의 괴리

폐쇄형 펀드는 특수한 유형의 뮤추얼 펀드로, 일물일가의 법칙 관점에서 보면 흥미로운 예다. 전통적인 (개방형) 뮤추얼 펀드는 언제든 투자자가 보유한 자산의 기초 가치(즉 순자산 가치Net Asset Value, NAV)로 주식을 사고팔 수 있다. 펀드는 확대하거나 축소할 수 있으며, 모든 매매는 기초 자산의 가격대로 이루어진다. 반면 폐쇄형 펀드는 펀드매니저가 일정량의 지분을 발행해 뉴욕 증권거래소 같은 금융시장에서 거래한다. 주주가 지분을 팔고 싶으면 시장을 통해 투자하고자 하는 상대에게 판다. 만약 이 시장이 일물일가의 법칙을 따른다면, 펀드 가격은 각 주식의 총가치와 같을 것이다. 그러나 폐쇄형 펀드 가격과 순자산 가치의 관계는 상품에 따라 다르고 시점에 따라서도 다르다. 또 30% 이상의 할인율과 프리미엄이 둘 다 흔하게 관찰된다.

폐쇄형 펀드의 할인과 프리미엄은 일물일가의 법칙에 어긋나 보이지만, 두 자산(펀드에 포함된 기초 주식들과 펀드 자체)이 아주 똑같지는 않기 때문에 완벽한 사례로 보기 어렵다. 두 자산의 한 가지 차이점은 펀드매니저가 수수료 등 제반 비용을 부과하기 때문에, 펀드 보유자에게 흘러가는 현금 흐름과 기초 자산 보유자에게 흘러가는 현금 흐름이 다르다는 것이다. 원칙적으로 이 점은 소폭의 할인을 정당화할 수 있다. 프리미엄도 펀드매니저의 종목 선정 능력이 탁월하다면 정당화될 수 있다. 하지만 실제로 할인이나 프리미엄 둘 다 미래 수익률을 잘 예측하는 징표로 판명된 적은 없다. 대개 이런 식으로 할인과 프리미엄을 정당화하는 논리는 기껏해야 펀드 주식의 가격과 펀드 내 자산 가치의 작은 차이만 정당화할 수 있을 뿐이다.

그렇지만 오랫동안 폐쇄형 펀드는 순자산 가치와 같은 가격이 '아니라', 대개 할인된 가격에 거래되었다. 벤저민 그레이엄Benjamin Graham은• 명저 『현명한 투자자』에서 폐쇄형 펀드의 할인 현상을 '주주들의 타성과 어리석음을 기리는 값비싼 기념비적 증거'라고 잘라 말했다.[4] 또 다른 저명한 금융시장 분석가이자 대체로 시장 효율성을 신봉하는 버턴 말킬은 폐쇄형 펀드를 분석하며 '시장 심리는 할인율의 수준과 구조에 중요한 영향을 미친다'라고 결론지었다.[5] 이는 당연히 한 가지 질문을 제기한다. 어떻게 주주의 어리석음이나 시장 심리가 금융시장에 영향을 미칠 수 있을까?

효율적 시장에서는 차익 거래자가 수시로 증권을 사고팔기에 가격과 내재 가치의 괴리가 생길 틈이 없다. 그러나 이 논리는 폐쇄형 펀드에는 적용되지 않는다. 나중에 설명하겠지만, 폐쇄형 펀드는 무위험 차익 거래 기회가 존재하지 않기 때문에 가격이 왜곡될 수 있다.

벤저민 그레이엄이 당대에 흔했던 폐쇄형 펀드의 가격 책정에 분개했다면, 1980년대에 미국에서 유행한 컨트리 펀드country fund라는 특별한 유형의 폐쇄형 펀드를 보고는 충격받았을 것이다. 컨트리 펀드는 미국 거래소에서 거래되지만 특정 외국의 주식을 보유한 펀드다.[6] 컨트리 펀드는 흔히 국내 펀드보다 가격과 가치 간의 괴리가 훨씬 컸고, 합리성 이론과 비교하면 지나치게 클 정도였다. 한 가지 극단적인 예는 뉴욕 증권거래소에서 거래된 대만 펀드였다. 상장 직후인 1987년 초에는 205%의 프리미엄으로 거래되어, 가격이 자산 가치의 3배가 넘을 정도였다. 프리미엄은 10주 동안 100% 이상, 30주 동안 50% 이상을 유지했다. 이렇게 커다란 가격 오류가 지속된 건 미국 투자자가 대만 주식을 자유롭게 매수할 수 없게 하는 법적 장벽도 부분적으로 한몫했다.

- 컬럼비아대학교 교수인 그레이엄은 '가치 투자의 아버지'로 알려져 있다. 또 그는 워런 버핏Warren Buffett의 멘토이기도 했다.

그래도 여전히 의문은 남는다. 왜 미국 투자자들은 33센트도 안 되는 자산을 1달러를 주고 사려 했을까?

또 하나의 극단적 예는 1989년 말 베를린장벽이 붕괴된 이후의 독일 펀드다. 1989년 초, 독일 펀드는 약 9%로 소폭 할인되었다. 그러다 그해 정세 변화로 공산주의 정권이 붕괴하고 독일이 통일할 가능성이 커지자, 독일 주식의 가격은 상승하기 시작했다. 하지만 뉴욕 증권거래소에서 거래되던 독일 펀드는 더 큰 폭으로 상승했고, 1989년 9월에는 할인 대신 프리미엄이 붙었다. 1990년 1월에는 프리미엄이 100%에 달했다. 그 후 열기가 식었고, 독일 펀드는 하락했으며, 1990년 4월에는 프리미엄이 거의 0으로 돌아왔다. 이 사례는 미국 투자자들이 독일 주식에 직접 투자할 수 있었다는 점에서 대만 펀드 사례보다 더 이해하기 어렵다(비슷한 시기에 스페인 펀드에도 유사한 '거품'이 발생했다).

뒤에서 더 자세히 논의하겠지만, 이처럼 일물일가의 법칙이 장기간 지켜지지 않은 이유 중 하나는 바로 공매도의 어려움 때문이었다. 바이엘 아스피린을 공매도하는 것이 불가능하듯, 차익 거래자들도 폐쇄형 펀드의 주식을 대차하기 곤란했다. 폐쇄형 펀드는 개인 투자자들이 보유하고 있어, 공매도가 값비싸거나 불가능했기 때문이다.

미국으로 건너온 인도 주식의 열기

해외 주식시장과 관련된 또 다른 문제는 미국 예탁증권American Depositary Receipt, ADR의 가격 결정이다. ADR은 미국 금융기관이 보관하는 특정 해외 주식이다. 이들 주식은 뉴욕 증권거래소 같은 미국 시장에서 거래되며, 미국 투자자들이 해외 기업의 주식을 더 쉽게 소유할 수 있게 고안되었다. ADR도 폐쇄형 펀드처럼 가격과 기초 자산의 가치가 다를 수 있지만, 대부분의 경우 차익 거래가 가능하기 때문에 큰 차이가 나지 않는다. 예컨대 ADR이 기초 자산에 프리미엄이 붙어 거래된다면, 대개 금융 중개 기관은 국내 시장에서 기존 주식을 매수하고 ADR을 새로 발행해 금방 수익을 챙길 수 있다(저렴한 제네릭 아스피린을 사서 더 비싼 바이엘 용기에 재포장하는 합법적 방법이라 보면 된다).

그러나 이 시장에서도 때때로 가격 차이가 분명 존재한다. 특히 주목할 만한 사례는 뭄바이 증권거래소에서 거래되는 인도의 정보 기술 기업이자 나스닥에 상장된 최초의 인도 기업인 인포시스Infosys다. 2000년 3월 7일 기준, 인포시스의 가치는 크게 올랐으며 ADR은 불과 1년 전 미국 시장에 처음 상장할 당시 (액면 분할 조정 후) 17달러에서 335달러로 상승했다. 그러나 1989년 독일 펀드에서도 그랬듯, 미국 투자자들이 인도의 국내 투자자들보다 훨씬 열광적이었다. ADR은 뭄바이 주식보다 136%의 프리미엄이 붙어 거래되었는데, 이는 미국 투자자들이 인도 현지 주가보다 2배 이상의 가격을 기꺼이 지불했다는 의미였다.

이 경우 미국인들은 법적 장벽 때문에 인포시스 주식을 매수할 수 없었으므로, ADR을 새로 발행하고 상대적 가치 평가로 즉시 차익을 거둘 방법이 없었다. 미국 투자자들이 인포시스 매수에 집착한 것은 분명 비합리적으로 보이지만, 비합리적이라 증명하기는 어렵다. 서로 분리된 시장에서는 시장마다 수요와 공급이 차이 나므로, 같은 자산이라도 가격이 다르게 책정되는 것이 합리적일 수도 있기 때문이다. 인포시스의 경우를 해석하자면, 미국 투자자들이 인포시스를 높이 평가한 이유는 인포시스의 수익률이 미국인들이 보유한 다른 자산과 상관관계가 없어서 분산투자 상품으로 가치 있었기 때문일지도 모른다. 반면 인도 투자자들은 인포시스로 분산투자의 이점을 누릴 게 거의 없었으므로, 인포시스의 가치를 낮게 평가하는 게 옳았을 것이다. 그러나 이러한 근거도 가격과 가치의 이토록 큰 차이를 정당화할 수 있을지는 의문이다. 결국 2003년 여름 무렵, 프리미엄은 최고치 대비 약 3분의 1 수준인 41%로 떨어졌다. 따라서 헤지 프리미엄도 변동성이 매우 크다고 볼 수 있을 것이다.

쌍둥이 주식: 주식시장은 1.5배의 가치를 만들 수 있을까? (1)

해외 주식시장에서 발견되는 세 번째 상황은 쌍둥이 주식twin shares이라는 것이다. 역사적 이유로 두 가지 유형의 주식을 보유하고 기업의 현금 흐름과 자산에 대한 고정적 권리를 가진 회사들이 이에 해당한다.[7] 한 예로 로열 더치/셸Royal Dutch/Shell이 있는데, 이 회사는 로열 더치 주식(암스테르담에서 거래)과 셸 주식(런던에서 거래)을 모두 갖고 있다. 회사는 로열 더치/셸 그룹 하나뿐이지만, 1907년 합병 계약에 따라 모든 현금 흐름은 로열 더치 60%, 셸 40%로 분할된다. 이 구조를 고려할 때 로열 더치의 시장가치와 셸의 시장가치 비율은 1.5여야 한다. 그러나 실제 비율은 이론적 계산치와 상당히 달라서, 1981년에는 30% 저평가되었고 1996년에는 15% 고평가되었다. 로열 더치 주식은 1990년대 거의 내내 10% 이상의 프리미엄으로 거래되더니, 1990년대 말에는 셸 주식과 비슷한 가격으로 떨어졌다.

이렇게 상당한 편차가 나다니 다소 놀라웠다. 특히 로열 더치와 셸 모두 유동성과 개방성이 좋은 유럽의 주식시장에서 거래되고 미국에 ADR도 발행된 점을 감안하면 그렇다. 미국 투자자는 이러한 잘못 책정된 가격으로 이익을 얻기 위해 해외시장에서 거래할 필요도 없었다. 고평가된 주식을 공매도하고, 저평가된 주식을 매수해 영원히 보유하면 그만이었다. 하지만 영원이라는 것은 매우 장기간이며, 단기적으로는 가격 차이가 벌어져 이 전략에 손실을 초래할 수 있다(이 주제는 중요하니 잠시 후 설명하겠다).

저렴한 버전을 사서 비싼 버전을 공매도하는 전략을 취하는 차익 거래자가 충분히 많지 않더라도, 가격을 충분히 수렴시킬 것으로 보이는 훨씬 더 간단한 전략이 있다. 투자자들이 단순히 더 저렴한 버전의 주식을 사면 되지 않을까? 1990년대 로열 더치가 셸보다 비싼 프리미엄으로 팔렸을 때, 왜 미국 뮤추얼 펀드는 수십억 달러 상당의 로열 더치를 보유했을까? 이 질문의 부분적인 답 중 하나는 로열 더치가 2002년까지 S&P 500 지수에 포함되어 있었다는 것이다. 따라서 S&P 500 지수를 추종하는 인덱스 펀드는 더 비싼 로열 더치 주식을 매수할 수밖에 없었다. 나아가 S&P 500 지수를 능가하고자 하는 액티브 대형주 펀드들조차 저렴한 쌍둥이 셸보다 로열 더치를 보유하는 경향이 있었을 것이다. 이 요인이 중요하다는 한 가지 증거는 2002년 7월 10일 S&P가 로열 더치를 포함한 모든 외국 주식을 지수에서 제외한다고 발표한 것이다. 전날 6%였던 프리미엄은 곧바로 1%로 떨어졌다. 전년도에는 프리미엄이 0 안팎에서 등락을 거듭했지만, S&P 제외 소식 직후에 급락했다는 사실은 S&P 지수 관련설을 뒷받침한다.• 그러나 이유야 어찌 됐든, 이 사례는 일물일가의 법칙에 명백히 어긋난다. 게다가 공매도나 차익 거래에 대한 제약도 없었다는 점에서 놀라운 일이었다.

기업 분사: 주식시장은 1.5배의 가치를 만들 수 있을까? (2)

두 주식의 가격 관계가 어떤 공통 비율에 의해 제한되는 상황은 기업이 분할될 때 발생할 수 있다. 한 가지 예로 1999년, 실리콘 밸리의 기술 기업인 스리컴3Com은 당시 인기 있던 신형 휴대용 컴퓨터(아이폰보다 원조 격) 팜 파일럿Palm Pilot을 생산하는 팜 사업부를 소유하고 있었다. 하지만 그들은 자사 주식이 주식시장에서 적절히 평가받지 못한다고 느꼈다. 그래서 스리컴은 팜 사업부의 진정한 가치를 '발현'하기 위해 분사를 결정했다. 일단 이 조치 자체가 일물일가의 법칙 관점에서 의심스럽다. 동일한 현금 흐름이 항상 동일한 가격을 낳는다면, 주식을 합치든 쪼개든 가치가 변해야 할 이유가 있겠는가?

이 분리 작업을 시작하기 위해 스리컴은 2단계 절차를 거쳤다. 첫 번째 단계는 스리컴이 팜의 가치만큼 일부 지분을 IPO에서 매각하는 '카브아웃carve-out'이었다. 구체적으로 4%는 IPO에서, 1%는 한 기관투자자 컨소시엄에 매각되었다. 두 번째 단계인 '분사'는 약 6개월 후에 예정되었다. 나머지 95%의 주식은 스리컴 주주에게 분배될 것이었다.

• S&P 500 지수에 특정 종목을 편입하면 그 종목의 가격이 급등한다는 것은 잘 알려진 수수께끼다. S&P에 편입된다는 사실 자체에 호재성 정보가 담긴 것은 아니다. S&P는 대개 기존의 다른 종목들이 (주로 합병으로) 제외될 때 편입할 수 있다. 편입 기준은 주로 규모와 산업 대표성이다. Shleifer(1986)를 참고하라. 이 논문에서 그는 이 효과로 주식 수요곡선이 우하향한다고 주장한다.

절차가 완료되면 각 스리컴 주주는 '팜 주식 1.5주'를 받는 셈이다. 이 경우 일물일가의 법칙상 투자자는 불균등한 가격 조건을 따라야 한다. 다시 말해 팜 주식이 거래되기 시작하면 스리컴 주가는 팜 가격의 1.5배 이상이 되어야 한다.

IPO 전날에 스리컴의 주가는 104달러였다. 팜 주식은 공개시장에서 주당 38달러에 팔렸지만, 장 마감 후 95달러가 되었다(최고 165달러까지 찍은 적도 있었다!). 같은 날 스리컴의 주가는 21% '하락'한 82달러를 기록했다. 이 가격이 얼마나 터무니없는지 알려면, 스리컴에서 팜 부분을 뺀 자산과 사업의 내재 가치인 잔여 가치stub value와 비교해보면 된다. 이 나머지 가치를 계산하려면 팜 주가에 1.5를 곱해 145달러를 구하고, 이를 스리컴의 가치에서 빼면 주당 마이너스 63달러라는 놀라운 결과가 나온다(정확한 비율인 1.525배수 적용). 실제로 시장은 (수익성 있는) 스리컴 사업의 나머지 가치를 '마이너스 220억 달러'로 평가한 것이다. 설상가상으로 스리컴의 주당 순현금은 약 10달러였다. 투자자들은 스리컴에 내재한 팜 주식을 저렴하게 매수하기보다, 비싼 팜 주식을 매수하는 데 25억 달러(팜의 발행주식 수 기준) 이상을 지불할 의향이 있었다. 이 정도면 일물일가의 법칙을 집행하는 경찰에게 신고해야 한다!

이 사례는 명확한 종료 시점이 있었다는 점에서 폐쇄형 펀드나 쌍둥이 주식보다 훨씬 당혹스럽다. 차익 거래자는 가격 오류로 이익을 얻기 위해 스리컴 주식 한 주를 매수하고 팜 주식 1.5주를 공매도한 후 6개월쯤 기다리면 되었다. 본질적으로 이 차익 거래자는 최악의 경우 가치가 0달러인 주식을 마이너스 63달러에 매수하는 셈이며, 수익 실현에 오래 기다릴 필요도 없었다. 분사 확정은 국세청이 열쇠를 쥐고 있었지만 유리하게 결정될 가능성이 유력했다. 이 가격 오류는 자본시장의 어느 후미진 영역도 아닌, 대대적 스포트라이트를 받는 IPO 과정에서 나타났다. 가격이 잘못되었다는 게 워낙 빤히 보여서, 아무리 무식한 시장 참여자라도 알아차릴 수 있을 정도였다. 이 가격 오류는 다음 날《월스트리트 저널》기사 두 편,《뉴욕 타임스》기사 한 편, 그리고 금융시장을 상세히 분석한다는 평판과는 거리가 먼《USA 투데이》기사 한 편에 이르기까지 광범위하게 입방아에 올랐다.

왜 사람들은 스리컴(팜 주식 1.5주 포함)을 82달러에 사는 대신 팜 주식을 95달러에 사려 했을까? 이러한 가격 오류를 설명할 한 가지 표면적 근거는 카브아웃으로 자회사의 일부 주식만 시장에 풀리면, 그 주식에 대한 수요량이 공급량을 초과한다는 것이다. 따라서 스리컴이 팜의 나머지 95%를 매각하면, 팜 주식의 공급량이 늘어나 가격이 하락하리라는 주장이다. 그러나 이 주장은 어느 정도 사실일 수 있지만 시장의 효율성과 합리성, 일물일가의 법칙과는 모순된다.

여기서 차익 거래자들이 일물일가의 법칙을 집행하지 못한 이유는 무엇일까? 가장 큰 이유는 투자자들이 팜 주식을 공매도할 수 없어서였다. 공매도하려면 주식을 대차해야 하는데, 그러려면 일반적으로 뮤추얼 펀드, 투자신탁, 자산 운용사 등 금융기관을 통해야 한다. 그러나 팜 주식은 기관이 아닌 개인 투자자들이 대부분 보유해서 대차 가능성이 낮았다. 팜 주식의 대차 수요가 얼마나 많았냐면, 한때 유통 주식의 148%가 대차되었을 정도였다!•

팜/스리컴 사건이 유일한 건 아니다. 오언 라몬트와 탈러는 1998~2000년 닷컴 버블 동안 일어난 다른 사례들도 발견했다.[8] 이러한 가격 오류는 기술주 및 인터넷주 분야에 많았는데, 인기가 많았던 인터넷주는 고평가되고 전통적 주식은 저평가되었다. 다소 오래전인 1920년대에도 비슷한 사례가 있었다. 1923년 젊은 벤저민 그레이엄은 명저 『증권분석』을 공동 집필하기 전에 투자업을 하고 있었다. 그는 듀폰이 상당량의 제너럴 모터스GM 주식을 보유하고 있었으나, 듀폰의 시가총액이 듀폰이 보유한 GM 지분의 가치와 거의 비슷하다는 것을 발견했다. 듀폰은 미국의 대표적인 화학 대기업이고 가치 높은 다른 자산들도 보유했는데도 잔여 가치는 거의 0이었다. 그레이엄은 듀폰 주식을 매수하고 GM 주식을 공매도했다. 이후 그는 듀폰의 주가가 상승하면서 이익을 얻었다.[9]

벤저민 그레이엄의 사례에서 알 수 있듯, 자본시장과 정보 기술이 그동안 엄청나게 발전했음에도 1923년 이후 금융시장이 일물일가의 법칙을 더 잘 준수하게 되었는지는 의문이다. 1998~2000년의 기술주 광풍은 여기서 논의된 많은 사례를 함축해서 보여준다. 이때는 대기업이나 소기업이나 주가가 확연히 잘못 책정된 듯한 기업이 많았다. 여기서 '잘못 책정된 가격'이라는 표현은 명확하고 입증 가능하다는 의미를 지닌다. 미국 주식시장은 압도적인 증거로 일물일가의 법칙을 위반하고 있다.

• 금융에서 풋-콜 패리티put-call parity라는 관계는 일물일가의 법칙을 적용할 수 있는 또 다른 사례다. 풋-콜 패리티에 따르면, 팜과 수익률이 동일하되 가격이 다른 옵션을 가지고 증권을 구성할 수 없어야 한다. Lamont and Thaler(2003b)는 팜의 옵션 가격을 분석했다. 결론만 밝히자면, 당시 팜 주식을 쉽게 공매도할 수 없었으므로 풋-콜 패리티가 심히 위배되었다. 공매도 시장은 시간이 지나면 매도 가능한 주식 수를 계속 늘릴 수 있지만, 이러한 과정은 결코 즉각 일어나지 않는다.

차익 거래자가 처한 위험

차익 거래자들이 일물일가 법칙의 집행관 역할을 하지 못하는 이유는 무엇일까? 팜과 스리컴의 경우에는 공매도가 어렵다 보니, 차익 거래자들이 벌어들일 수 있는 차익 규모와 그들이 가격에 가할 수 있는 압박이 제한적이었다. 또 일부 폐쇄형 컨트리 펀드의 경우에는 외국인 투자 제한 때문에 수익성 있는 거래를 시도할 길이 막혔다. 하지만 이들은 특수한 경우다. 앞서 논의한 많은 사례에서는 시장이 자유롭고 개방적이었으며, 공매도에 특별히 큰 비용이 들지 않았다. 그렇다면 차익 거래자들은 왜 차익 거래를 하지 못할까? 그 답은 일물일가의 법칙이 지켜지지 않았다고 해서 차익 거래의 기회(즉 위험 없이 수익만 확실히 거둘 수 있는)가 저절로 발생하는 것이 아니라 수익은 나지만 위험을 수반하는 베팅 기회만 생기기 때문이다.

특히 정해진 종료 시점이 없는 상황에서는 차익 거래자에게 큰 위험이 따른다. 한 가지 위험은 어떤 포지션을 취한 후, 가치와 가격의 괴리가 오히려 커져 순손실을 보는 것이다. J. 브래드퍼드 드 롱J. Bradford De Long 등은 이 위험을 '노이즈 트레이더 위험noise trader risk'이라고 일컬었다.[10] 노이즈 트레이더들이 어떤 비이성적 이유로든 특정 증권에 흥분(또는 실망)해 가격 오류를 유발하면, 가격이 시정되기는커녕 오류가 악화하기 쉽다는 것이다. 특히 이 가격 차가 극단적으로 벌어지면, 순자산이 마이너스가 되고 더 이상 포지션을 유지할 담보도 없어지므로 차익 거래자를 파산까지 몰고 갈 수 있다.

대표적인 예로, 헤지 펀드 롱텀 캐피털 매니지먼트Long-Term Capital Management, LTCM는 1998년 여름에 여러 차례 '수렴 매매convergence trades'

를 했다. 이는 외견상 잘못 책정된 가격이 정상가격으로 수렴하리라는 쪽에 베팅하는 것이다. LTCM은 주로 가격이 잘못 매겨진 채권과 파생 상품에 투자했지만, 이 책에서 언급한 주식을 포함한 몇 가지 주식도 가지고 있었다. 그들은 23억 달러를 들여 로열 더치/셸 주식의 저렴한 버전을 롱 포지션으로 보유하고 비싼 버전을 공매도했다.[11] 과거에는 이 전략이 먹혔지만, 1997~1998년 아시아와 러시아의 금융 위기 후 도리어 가격 차이가 더 벌어졌다. 즉 수렴하긴커녕 발산했고 LTCM은 재정난에 빠졌다. LTCM은 새로운 자금을 조달하려 노력했지만 투자자를 유치하지 못했다. 가치와 가격의 괴리가 커져 수렴 전략의 매력이 더 커졌는데도 말이다. 그들은 시장이 결국 제정신을 찾을 것이라는 데 베팅해놓은 셈이었다.

그러나 시장이 제정신을 차리는 행운은 오지 않았다. LTCM은 채권단과 합의할 수밖에 없었고, 결국 포지션 청산으로 이어졌다(로저 로웬스타인Roger Lowenstein은 저서 『천재들의 머니게임』에서 이를 재미있게 설명한다[12]). 경제학자 안드레이 슐라이퍼와 로버트 비슈니Robert Vishny는 그보다 1년 전 차익 거래의 한계에 대한 논문에서 이러한 시나리오를 예상했다.[13] 그들은 차익 거래자들이 불리한 시장 동향 때문에 시장 밖으로 몰려나거나 겁에 질린 투자자들이 발을 뺄 경우, 차익 거래의 여지가 해소되지 못하고 가격 오류가 커질 수 있다고 언급했다.

결론: 가격은 가치의 완벽한 거울이 아니다

일물일가의 법칙은 대부분 금융경제 이론의 기본 요소다. 이 법칙이 성럽하는 원리는 단순하다. 같은 자산이 동시에 두 가지 다른 가격에 거래된다면, 차익 거래자들이 개입해 차익을 취하고 그 과정에서 가격 균형을 이끌어낸다는 것이다. 이 개념은 워낙 기본적이어서, 금융경제학자 스티븐 로스Stephen Ross는 '앵무새한테도 '차익 거래'라는 단어 하나만 가르치면 학식 있는 금융경제학자로 키울 수 있다'라고 썼다.[14] 하지만 앞서 논의한 사례에서 알 수 있듯, 앵무새에게 적어도 몇 가지 새로운 단어를 더 가르쳐야 할지도 모른다. 일단 '제약'과 '위험'부터 가르쳐야겠고, 매우 똑똑한 앵무새라면 '공매도 제약'도 가르치면 좋을 것이다.

냉소적인 금융 경제학자나 한 단어밖에 모르는 앵무새들은 우리가 특이한 사례만 골라냈을 뿐이라고 불평할지 모른다. 그들은 분명 대부분 증권에는 일물일가의 법칙이 잘 지켜진다고 주장할 것이다. 예컨대 대부분 ADR은 기초 증권과 비교해 가격이 잘못 책정되지 않는데, 차익 거래가 형식적으로나마 가능하기 때문이다. 그들의 주장이 틀리지는 않으나(진정한 무위험 차익 거래 기회는 매우 한시적이기 때문), 얼마나 유용한지는 불분명하다. 그 이유는 시장의 힘으로 가격이 책정되어야 할 대부분 증권에 거의 동일한 대체재가 없기 때문이다. 가령 제너럴 일렉트릭 주식이나 S&P 500 지수에는 비슷한 대체재가 없어서, 차익 거래로 가격 오류를 시정할 수 없다.

이런 큰 그림 속에서 나타나는 특수한 사례들로부터 무엇을 배울 수 있을까? 자산 시장은 시장 참여자들에게 자본을 가장 생산적인 용도로 활용하게끔 '올바른' 신호를 보내고 있을까? 우리는 이러한 특이 사례를 시장의 힘으로 얼마든지 바로잡을 수 있는 상황이라는 점에서 더 흥미롭다고 생각한다. 로열 더치와 셸의 가격을 정확히 비교 책정하려면, 투자자들은 단순히 1.5배만 곱하면 된다. 팜과 스리컴의 경우도 마찬가지다. 시장이 이런 기본적인 문제도 풀지 못하는데, 다른 건 제대로 풀까?

1990년대 후반 나스닥 버블 당시 약 7조 달러가 창출되었다가 증발했다. 이는 신기술의 미래 수익력을 예측하는 합리적인 과정이었을까, 아니면 군중심리에 기반한 투자 광풍이었을까? 답은 아무도 모른다. 다만 확실한 것은 일부 투자자들이 스리컴에 낀 팜 주식 1.5주보다 그냥 팜 주식 1주를 보유하는 데 더 많은 비용을 지불했던 만큼, 광풍이라는 요소가 전혀 없지만은 않았다는 것이다.

업데이트

'덤 머니'가 흔든 자본시장

우리 두 필자에게는 지난 수십 년간 자산 가격이 일물일가의 법칙을 준수하지 않았다고 신고할 의무가 있다. 사실 오늘날에도 흔히 위배되고 있다. 하지만 한 가지 긍정적인 측면도 있다. 바로 점점 더 재미있는 이상 현상이 등장하고 있다는 사실이다.

폐쇄형 뮤추얼 펀드는 여전히 일물일가의 법칙이 지켜지지 않는 주원인이다. 앞서 우리는 1990년대에 독일과 스페인 펀드 같은 컨트리 펀드 사례를 설명한 바 있다. 비교적 근래에는 '컨트리 펀드로 오해받기에 십상인 사례'가 있었다. 특히 우리가 소개할 펀드는 종목 코드가 CUBA였는데, 이는 공교롭게도 국가 이름이기도 하다. 1994년에 설립된 이 펀드의 공식 명칭은 헤르츠펠트 카리브해 연안 펀드Herzfeld Caribbean Basin Fund로, 미국 주식에 69%와 멕시코를 비롯한 해외의 다른 주식에 나머지를 투자한다. 쿠바 증권이 들어 있지도 않았고 1960년 이후 미국 기업이 쿠바에서 합법적으로 사업을 할 수도 없었지만(이는 언젠가 바뀔지 몰라도), 어쨌든 종목 코드는 CUBA로 정해졌다. 이러한 법적 조건과 쿠바에 증권거래소가 없다는 사실을 통해, 이 펀드가 동명의 국가와는 아무런 관계가 없음을 알 수 있다.

역사적으로 CUBA 펀드는 순자산 가치 대비 10~15% 할인된 가격에 거래되었는데, 이는 폐쇄형 펀드의 일반적인 할인율 범위였다. 그런데 2014년 12월 18일에 갑자기 호재가 터졌다. 펀드의 순자산 가치는 거의 그대로였는데도 가격이 70% 프리미엄으로 급등했다. 이전에는 100달러 상당의 이 펀드를 단 90달러에 살 수 있었지만, 하룻밤에 170달러로 껑충 뛰었다! 기억력이 좋은 독자들은 이때가 오바마 대통령이 쿠바와 외교 관계를 정상화하겠다고 발표한 시점과 일치한다는 것을 짐작했을 것이다. CUBA 펀드의 자산 가치는 변함없었지만 상당한 프리미엄이 얹혀져 몇 달간 지속되더니, 약 1년 후 거품이 꺼졌다. 다시 말하지만, 폐쇄형 펀드는 공매도가 어려워서 이러한 가격 오류로 차익 거래를 노릴 기회가 없다.

밈 주식과 일물일가의 법칙

우리는 지금까지 일물일가의 법칙을 위반한 스모킹 건 사례를 집중적으로 살펴보았다. 팜 주식이 규모가 더 큰 모기업 주식보다 가치가 더 높을 수 있다는 사실은 합리적으로 설명하기 어렵다. 이 같은 예는 1990년대 후반 기술주 거품이 붕괴하기 직전에 흔했다. 코로나19 팬데믹 이후 주식시장도 규모는 덜했지만 비슷한 열풍을 경험했다. 경제가 팬데믹에서 회복되기 시작하면서, 일부 기업은 개인 투자자들 사이에서 큰 인기를 얻었다. 그중 많은 투자자는 로빈후드Robinhood(수수료 없이 주식, ETF, 옵션, 암호 화폐 거래를 제공하는 미국의 핀테크 증권 거래 플랫폼 — 옮긴이)에서 거래하고, 레딧 같은 소셜 미디어 사이트에서 종목 토론을 주고받았다. 그들의 관심 대상이 된 기업들은 밈 주식meme stocks으로 불렀다.

밈 주식의 상당수는 아마존과 같은 온라인 기업과 승산 없는 경쟁 구도에 직면한 오프라인 소매업체였다. 시내 거리에 입점해 실물 비디오게임을 판매하는 게임스톱GameStop이 그 예다. 게임스톱은 이 책의 초판이 출간된 시대와 더 잘 어울릴 법한 옛날식 소매 체인점이다. 아직 코로나19의 낌새가 전혀 나타나지 않았던 2019년 7월 초, 게임스톱의 주가는 약 1달러까지 떨어졌다. 그러다 2021년 초, 소셜 미디어에서 자칭 로어링 키티Roaring Kitty로 통하던 카리스마 넘치는 게임스톱 전도사의 부추김에 힘입어 주가가 급등했다. 게임스톱 주가는 65달러까지 치솟았다. 금융 전문가들은 대부분 이 가격이 말도 안 된다고 생각했고, 몇몇 헤지 펀드는 게임스톱 주식에 대거 공매도 포지션을 취했다. 하지만 앞서 강조했듯, 주가가 터무니없어 올랐다고 해서 주가가 떨어지거나 더 오르지 않으리라는 보장은 없다! 게임스톱 팬들은 스스로를 '유인원Apes'이라고 불렀다. 반역한 영장류가 인간과 전쟁을 벌이는 영화 〈혹성 탈출〉을 모티브로 따 왔다. 통상 유인원과 싸우고 싶어 할 사람은 아무도 없다. 그리고 이 글을 쓰는 2025년 현재, 게임스톱 주가는 연간 PER의 100배가 넘는 가격인 24달러다. 심지어 게임스톱을 소재로 영화도 제작되었으니, 그 제목은 적절하게도 〈덤 머니Dumb Money〉다.

우리로서는 밈 주식 현상이 재미있지만, 효율적 시장 신봉자로서는 불쾌하게 느껴질 것이다. 그러나 밈 주식은 일물일가의 법칙 위반이 아니므로 이 사태를 어떻게 판단할지는 여러분의 몫이다. 하지만 여기서 언급할 만한 밈 주식 하나가 있다. 바로 일물일가의 법칙을 명백히 위반한 AMC 엔터테인먼트 홀딩스다. AMC는 세계 최대의 영화관 체인으로 팬데믹 때 큰 타격을 입었다. 영화관들은 속속 문을 닫았고, 다시 문을 연 후에도 관객 수는 신통찮았다. 봉쇄령이 내려진 기간 동안 영화 관람 등 사교 활동과 멀어진 많은 고객들이 고급 홈 시어터를 장만했기 때문이다. 코로나 이전인 2017년 초 300달러가 넘었던 AMC의 주가는 2020년 초 64달러로 폭락했다. 1년 후에는 21달러로 폭락하며 파산으로 가는가 싶더니, 갑자기 게임스톱처럼 밈 주식이 되어 500달러 이상으로 급등했다.

개인 투자자들이 한 회사의 주식을 터무니없이 비싸게 사들이고 있을 때, 그 회사 CEO는 어떻게 해야 할까? 한 가지 대응 방법은 당연히 흥분한 투자자들에게 더 많은 주식을 파는 것이다. 그리고 AMC의 CEO 애덤 에런Adam Aron은 이를 확실히 실행했다. 그리고 그는 영리하게도 주식을 팔아 번 돈을 고금리 부채를 갚는 데 사용했다. 그다음에는 주주들을 AMC 인베스터 커넥트AMC Investor Connect라는 클럽의 회원으로 선언하는 아주 창의적인 재간을 발휘했다. 이 회원들에게는 다음에 AMC 영화관을 방문할 때 (두둥둥, 기대하시라) 라지 사이즈 팝콘 한 봉지를 무료로 받을 수 있는 혜택이 주어졌다. 블룸버그 칼럼니스트 맷 러빈Matt Levine은 이를 '금세기 최고의 자본시장 혁신'이라고 평했다.[15]

에런은 AMC 주식을 계속 매도했지만 법적 난관에 부딪혔다. 회사 정관에 따라 발행 가능한 보통주 수량이 제한되어 있었고, 그는 그 한도까지 발행했다. 그래서 에런은 또 다른 기발한 해결책을 생각해냈다. AMC 우선주라는 것을 만들어 보통주와 동일한 의결권을 부여하고는, APE라는 멋들어진 종목 코드를 붙였다. 믿기 어렵지만 실화다. APE 주식은 모종의 기술적인 이유로 발행주식 수 제한 적용을 받지 않아,

회사로 자금이 흘러드는 것을 막고 있던 문제가 해결되었다. AMC 주주들은 이 특이한 형태의 주식분할로 APE 주식도 1주씩 지급받았다.

바로 여기서 일물일가의 법칙이 시험대에 올랐다. APE 주식은 AMC 주식과 쌍둥이라고 공표되었으므로 같은 가격에 팔려야 했다. 여러분도 짐작했겠지만 실제로는 그렇지 않았다. 둘 중 어느 주식이 더 인기 있었을까? 유인원들이 좋아한 원래 AMC 주식일까, 아니면 유인원들의 이름을 딴 APE 주식일까?

분할 전날 AMC 주가는 18.02달러였다. 분할 후 첫 거래일에는 10.46달러로 마감했고 APE는 6달러에 거래되었다(즉 도합 약 8.7% 하락했다). 이 이야기에는 훨씬 더 많은 반전이 있지만 이 책에서 다루기에는, 그리고 솔직히 우리가 설명하기에도 너무 복잡하다. 하지만 결론적으로 이 커다란 가격 격차는 몇 달 동안 지속되다가, 더 복잡한 금융 공학의 힘으로 해소되었다. 참고로 2025년 초 AMC 주가는 약 3.5달러로, 여전히 주식이 거래되고 있다. AMC는 계속 손실을 보는 중이다. 나아가 일물일가의 법칙도 연거푸 깨지고 있다. 이 장의 원논문을 공동 집필한 우리 친구 오언 라몬트는 자신의 블로그 '오어노믹스Owenomics'에 일물일가의 법칙에 대한 글을 꾸준히 올리고 있다.[16] 최근 게시물 중 하나는 대만의 거대 반도체 기업 TSMC의 주가가 대만과 뉴욕에서 상당한 격차로 거래된다는 사실에 대한 것이었다.[17] 그 글의 절묘한 제목은 「TSMC: 완전히 어리석은 시장 혼란TSMC: Totally Stupid Market Chaos」이었다.

핵심 정리

경제학자들에게: 일물일가의 법칙 위반은 가격과 가치의 차이가 눈에 훤히 보이더라도 흔히 발생한다. 주가가 내재 가치를 반영한다는 가정은 말 그대로 가정일 뿐이다.

독자들에게: 가격은 틀릴 수 있지만, 그렇다고 그 점을 이용해 돈 벌기가 쉬운 건 아니다. 아무리 가격이 터무니없어 보여도, 고점이 어딘지는 아무도 모른다.

에필로그

•

행동경제학의 과거, 현재 그리고 미래

이 책을 완독한 것을 축하한다. 여러분의 인내심에 감사를 표한다. 이 책이 특이한 책이라는 점은 굳이 다시 언급할 필요가 없을 것이다. 책의 일부는 수십 년 전 탈러가 여러 친구 및 동료와 함께 집필했고, 나머지 부분은 탈러의 절반 정도 나이인 이마스와 함께 썼다. 물론 다른 방식으로 쓸 수도 있었지만, 이렇게 구성한 데는 이유가 있었다. 행동경제학에 관심 있는 독자들에게 이 분야가 걸어온 발자취를 생생히 보여주고 싶었기 때문이다.

원논문이 작성될 당시에는 행동경제학이라는 분야가 존재하지 않았고, 행동경제학 분야가 창시될 필요성도 인식되지 않았다. 오히려 행동경제학을 향한 관심은 시간이 흐르면서 시들해졌다. 애덤 스미스는 18세기에 활동한 행동경제학자였고, 존 메이너드 케인스 역시 1930년대의 행동경제학자였다. 그러나 케네스 애로, 존 힉스John Hicks, 폴 새뮤얼슨 같은 거장들이 주류가 된 전후 시대에는 경제학에 수학적 엄밀성을 더하는 경향이 나타났다. 이는 본의 아니게 경제 이론의 행동주의 성격을 약화했다. 이러한 경향이 출현한 이유를 간단히 설명하자면, 합리적 행동 모형은 공식화하기가 가장 쉽기 때문이다.

흥미롭게도 모형 속 경제주체들은 시간이 지날수록 점점 더 똑똑해지는 듯했다. 한 가지 예로, 1970~1980년대에 합리적 기대rational expectations 모형에 대한 관심이 증가했다. 본질적으로 이 모형은 개인이 경제학자와 맞먹는 미래 예측력이 있어, 이용 가능한 모든 정보를 이용해 미래를 편견 없이 예측한다고 가정한다. 이러한 사고방식은 로버트 루커스Robert Lucas와 에드워드 프레스콧 같은 경제학자들에 의해 확장되어 당대 거시경제학에서 가장 중요한 새 이론으로 여겨졌다. 심리학을 포용하는 더 현실적인 새 이론에 관심을 기울이는 사람은 거의 없었다.

따라서 심리학을 포용한 최초의 주요 이론인 전망 이론을 경제학자가 아닌 심리학자 대니얼 카너먼과 아모스 트버스키가 창안했다는 것은 놀라운 일도 아닐 것이다. 그리고 이는 분명 하룻밤 사이에 거둔 성공이 아니었다. 전망 이론은 명망 있는 학술지 《이코노메트리카》에 게재된 지 10년 후, 블록버스터라기보다는 컬트에 가까운 인기를 누렸다. 탈러도 분명 그러한 컬트 멤버에 속했고, 그의 논문 공저자들도 마찬가지였다. 행동경제학은 표준 이론에 반하는 사례들을 진지하게 탐구하고 그것이 경제학에 미칠 적절한 방향을 평가하는 과정을 통해 발전했다.

이 에필로그에서는 그동안 우리가 행동경제학의 이상 현상을 탐구하는 여정에서 드러난 네 가지 핵심을 살펴보겠다. 첫째, 행동경제학 분야에서 실증적 연구 결과의 견고성과 최근 동향을 검토할 것이다. 독자들도 이 책의 온라인 부록에 포함된 재현 설명서를 통해 견고성을 직접 확인할 수 있다. 둘째, 우리는 여전히 한 잠재적인 난제와 씨름 중이다. 이 모든 연구 결과가 실증적으로 견고하고 개념적으로 중요함에도, 행동경제학 지식은 아직까지도 주류 경제학 교과서에서 거의 찾아볼 수 없다. 셋째, 이 책에서 다룬 일부 이상 현상의 심리적 이면을 더 자세히 파헤치는 최근의 행동경제학 연구를 살펴보고, 이 연구들이 최초의 '행동경제학자' 허버트 사이먼Herbert Simon의 접근법과 어떤 점에서 닮았는지 주목한다. 마지막으로 이 책에서 지금까지 충분히 탐구되지 않았지만, 우리가 흥미롭고 중요하면서도 까다롭다고 생각하는 한 문제를 조명하며 마무리하겠다.

견고성 및 재현성

심리학과 경제학을 결합한 연구 계획의 성패를 판단하려면 어떤 기준을 적용해야 하는지 알기는 다소 어렵다. 그래도 적어도 두 가지 합당한 기준을 시작점으로 삼을 수 있다. 바로 견고성과 재현성이다. 행동경제학에서 이 두 기준이 특히 중요한 이유는 무엇일까? 이 책에서 다룬 이상 현상은 행동경제학의 실증적 견고성을 뒷받침한다. 이상 현상은 정의상 예상치 못한 결과를 뜻하므로 특별한 검토가 필요하다. 실제로 이 책의 초판본과 원논문에서는 초기 행동경제학 연구 결과를 둘러싼 논쟁과 전통 경제학자들의 회의적인 반응이 자주 강조되었다.

이상 현상 행동에 대한 논란은 데이비드 카드David Card와 앨런 크루거Alan Krueger가 최저임금이 고용에 미치는 영향에 대한 논문을 발표하면서 불붙은 논란과 (어떤 면에서) 유사하다.[1] 이 논문이 발표되기 전, 대부분 경제학자들은 최저임금 인상이 (당연히!) 고용주가 인건비 상승에 대응해 해당 직종 종사자 수를 줄일 것이라 생각했다. 그러나 카드와 크루거는 의외의 결과를 발표했다. 뉴저지주는 최저임금을 인상하고 인근 펜실베이니아주는 인상하지 않았을 때, 두 인접한 주의 패스트푸드점을 조사한 결과 뉴저지주의 고용률은 감소하기는커녕 오히려 증가했다. 고용률이 유의미하게 하락했다는 증거는 예상외로 전혀 없었다.

일부 저명한 경제학자들은 이 발견을 이단적 주장으로 치부했다. 예컨대 노벨 경제학상 수상자 제임스 뷰캐넌James Buchanan은《월스트리트저널》에 "어떤 물리학자도 '물이 밑에서 위로 흐른다'라고 주장하지 않듯, 자존심 있는 경제학자라면 누구도 최저임금 인상이 고용을 증가시킨다고 주장하지 않을 것이다. 그러한 주장이 진지하게 제기된다면, 경제학에는 최소한의 과학성조차 없다고 시인하는 셈이다"라고 썼다.[2] 노벨 경제학상 수상자 머턴 밀러는 동 매체에서 이에 대해 "경제학자로서 우리 학문의 미래가 심히 우려스럽다"라고 반응했다.[3]

우리는 그 이후로 나온 방대한 문헌을 여기에 요약할 생각은 없지만, 여러분 예상대로 카드와 크루거의 결론이 견고한지 시험하려는 연구가 쏟아져 나왔다. 누군가 놀라운 실증적 결과를 발표했을 때 당연히 일어나는 현상이다. 우리도 후속 논문들을 분석했더니, 최저임금 인상이 고용에 실질적으로 악영향을 미친다는 증거는 거의 없었다. 적어도 지금까지 최저임금제가 시행된 범위 내에서는 그랬다(그래도 우리는 최저임금을 어느 선 이상으로 인상하면 고용주들이 근로자를 분명 줄일 것이라고는 생각한다). 뷰캐넌과 밀러는 아마 카드와 크루거의 결과를 처음 접하고 지금보다 훨씬 이른 시일 내에 결과가 뒤집히리라 장담했을 듯싶다. 그리고 밀러(및 다른 많은 사람들)는 이 책에 나오는 이상 현상들에 대해서도 비슷하게 예측했을 것이다. 그만큼 이러한 아이디어들이 어떻게 여전히 타당성을 유지하고 있는지는 살펴볼 가치가 있겠다.

행동경제학은 본질적으로 실증적 학문이다. 존 폰 노이만과 오스카 모르겐슈테른이 경제학에 기대 효용 이론EUT을 개발했을 때, 그들은 불확실한 상황에서 어떻게 '결정해야 하느냐'는 순전히 이론적인 연구에 집중했기 때문에 데이터를 수집할 필요가 없었다. 그러나 모리스 알레는 처음 이상 현상(5장 참조)을 지적했을 때 '데이터'를 활용했다(비록 그의 경우에는 사고실험으로도 꽤 잘 작동했지만). 그리고 카너먼과 트버스키가 전망 이론을 개발했을 때 그들의 연구는 전적으로 데이터 중심이었다. 그들은 수천 명의 피험자(대부분 학생)에게 불확실성하에서의 선택에 대한 가설적 질문을 던졌다. 만약 명문대 학생들이 '현실의 사람들'과 매우 다르게 선택하거나, 특정 질문이 대표성을 크게 떨어뜨리거나, 실제 돈이 걸렸을 때 피험자의 행동이 매우 달라졌다면, 이런 연구는 통째로 실패할 수 있었다. 간단히 말해 행동경제학 분야는 그 기반이 되는 데이터에 따라 효험이 결정될 수밖에 없다.

따라서 행동경제학은 기반이 실증적인 만큼, 다방면에서의 견고성과 높은 재현성을 나타내야 한다는 점이 필수가 되었다. 그중 재현성은 사회심리학을 비롯한 여러 학문 분야가 소위 재현성 위기를 겪고 있다는 점을 고려할 때 특히 중요하다. 그동안 다른 학문 분야에서는 주요 연구 결과의 일부를 다른 연구자들이 재현할 수 없거나, 더 심하게는 애초에 조작된 것으로 밝혀지는 경우가 발생했기 때문이다.

이 책을 집필한 목표 중 하나는 행동경제학의 이상 현상이 견고한지 조사하고 적극 검증하는 것이었다. 그리고 우리는 행동경제학의 기반이 무너지지 않았다는 결론을 내리게 되어 기쁘다. 업데이트에서는 그간 시도된 재현 사례를 검토하고 다양한 현실 세계에서 이상 현상의 외적 타당성을 증명했다. 이 책의 온라인 부록에는 책의 각 장에서 다룬 주요 연구 결과 대부분에 대해 상세한 실험 지침과 함께 우리 두 필자가 직접 재현한 결과도 실려 있다. 초기 부존 효과, 쌍곡선 할인, 사회 선호, 손실 회피 등 모든 고전적 실험 결과와 그 외 여러 결과들도 견고하게 재현되었다. 온라인 부록에는 우리가 재현한 결과 외에도 독자 여러분이 직접 결과를 쉽게 재현할 수 있도록 컴퓨터 파일, 코드, 디지털 지침 등을 담았다.

행동경제학의 주요 연구들이 높은 재현성을 유지하는 비결은 무엇일까? 한 가지 이유는 탈러가 그의 초기 '이상 현상' 논문에서 강조하기 위해 선택한 주제들이 표준 경제학의 접근법과 수치상에서 '큰' 차이를 보였기 때문이다. WTA와 WTP는 같은 값이 아니라 약 2배 차이가 난다. 공공재 게임에서 협력을 택한 참여자는 0명이 아니라 전체의 반이었다. 더욱이 이러한 이상 현상 중에는 수 세기 전부터 알려진 사실도 있었다. 예컨대 자기통제 문제는 애덤 스미스와 20세기 초의 저명한 경제학자들도 명명백백히 알고 있었다. 여러 연구에서 광범위하게 일관된 결과가 관찰되었다는 점은 이러한 현상이 재현 가능하고도 중요하다는 확신을 준다.

또 다른 핵심 요인은 이 분야의 방법론적 접근 방식, 즉 누적적 학문 cumulative science이라는 특성이다. 지식은 단계적으로 축적되며, 연구자들은 이전 학자들이 쌓아놓은 지식을 토대로 연구를 이어간다. 이러한 학풍이 형성된 데는 초기 실험 경제학계와 그 선도자들인 찰스 플롯, 앨빈 로스, 버넌 스미스 등의 공이 컸다. 이러한 노력에 힘입어 몇 차례 공동 학술 대회가 개최되었다.•

선구적인 실험 경제학자들이 채택한 중요한 관행 중 하나는 각 논문에 해당 실험의 모든 지침과 데이터를 논문에 첨부한 것이었다. 이 정도 수준의 투명성이 있었기 때문에, 연구자들이 원래의 실험 설계를 이용해 초기 논문을 만들어내고, 중요한 일반화와 예외를 연구할 수 있어서 후속 연구가 활발히 이루어질 수 있었다. 이렇게 초창기 논문들은 큰 호응과 함께 행동경제학 분야의 확장을 이끌었다. 좋은 예로 버넌 스미스는 실험상의 자산 시장에 출현한 '거품'을 소재로 논문을 발표했다.[4] 이 논문은 유수의 경제 학술지인 《이코노메트리카》에 실렸으며, 재현에 필요한 지침이 거의 빠짐없이 포함되었다. 이후 많은 논문이 스미스의 설계를 주춧돌 삼아, 그 외 다양한 요인에도 거품 현상이 견고하다는 점을 밝혀냈다. 예컨대 마틴 두프웬버그Martin Dufwenberg, 토비아스 린드크비스트Tobias Lindqvist, 에번 무어Evan Moore는 학습 경험이 있는 피험자에게서도 거품이 발생하는지 탐구했다.[5] 이들의 논문 역시 또 다른 유명 경제 학술지인 《아메리칸 이코노믹 리뷰》에 게재되었다. 이 모든 확장 연구는 원실험 설계를 통제 조건으로 포함했다. 그만큼 재현성은 본질적으로 과학적 과정의 일부였다. 학술지들이 행동경제학 논문을 기꺼이 게재하기 시작했다는 사실, 그리고 재현 연구가 꾸준히 이루

• 예컨대 Alvin Roth(1987)와 Hertwig and Ortmann(2001)의 논의를 참고하라.

어지며 연구 확장의 첫걸음마가 떼였다는 사실은 행동경제학 연구의 실증적 측면에 견고성을 부여할 수 있는 튼튼한 토대가 되었다.

행동경제학은 더욱 전반적으로 이 전통을 따랐다. 카너먼과 트버스키가 창시한 전망 이론 연구나 베르너 귀트의 최후통첩 협상 연구로 거슬러 올라가도, 독자가 쉽게 따라 할 수 있는 모든 실험 지침이 논문에 공개되었다.[6] 카너먼과 트버스키의 경우에는 자신들이 실험에서 사용한 실제 질문들이 그들의 책에 그대로 재현되어 있다. 이러한 연구 과정은 원실험 결과가 재현에 실패하면 학계에서 금세 발견할 수밖에 없는 투명한 구조다. 데이비드 그레서와 찰스 플롯도 처음에는 선호 역전 현상(9장 참조)을 '반증'하려는 목적에서 출발했다는 점을 기억하라.[7] 그레서와 플롯의 연구 결과가 일류 학술지에 실렸다는 사실은 그들의 재현 절차가 탄탄했다는 증거다.

그러나 직접 실험을 재현할 수 있다고 해서 이를 일반화 가능성이나 보편성과 혼동해서는 안 된다. 책 전반에 걸쳐 논했듯, 최초 실험에서 기록된 기본적 행동 패턴이 후속 실험에서도 확실히 재현되더라도 그 정도는 상황에 따라 꽤 다를 수 있다. 가령 손실 회피는 특정 상황에서 다른 상황보다 더 강하게 나타나는 편이다. 이러한 차이를 이해하는 것이 현대 행동경제학 연구의 핵심 주제가 되었다. 연구자들은 이러한 융합성을 경제학 분야의 뿌리를 뒤흔든다고 인식하기보다는, 점점 더 이상 행동을 유발하는 근본적 심리 메커니즘을 이해하기 위한 원천으로 인식하는 추세다. 이는 표준 경제모형에서 벗어난 특정 사례의 '존재성 증명'부터 이상 현상들을 논문화하기에 이르기까지, 행동경제학이 광범위하게 발전했다는 뜻이다. 덕분에 현실 세계의 어떤 환경이 편향된 행동을 더 혹은 덜 유발하기 쉬운지에 대한 이해가 깊어졌다.

행동경제학의 초기 연구 방식은 실험 중심이었지만, 우리가 이 책의 업데이트에서 강조했듯 빠르게 기록 데이터를 활용하는 방향으로 확장되었다. 이는 연구 결과의 외적 타당성(즉 실제 세계에서도 적용되는지)을 한층 드높였다. 아마 행동재무학계의 연구가 대표적인 예일 것이다. 앞에서 언급한 거품 실험도 흥미로웠지만, 1926년까지 거슬러 올라가는 미국 주식시장의 일일 주가와 거래량 등 알토란 같은 데이터를 입수할 수 있게 되면서 실제 금융시장을 행동경제학적 관점에서 연구하려는 노력이 촉진되었다. 따라서 미국 시장을 연구하는 연구자들로서는 모두 동일한 데이터 세트에 접근할 수 있었고, 의외의 연구 결과가 보이면 언제 누구에게든 검토 대상이 될 수 있었다(금융경제학에서는 모든 분석이 수행된 과정을 매우 세밀히 설명하는 것이 관례다). 실제로 탈러가 로버트 실러Robert Shiller와 함께 수년간 주최한 행동재무학 콘퍼런스에서는 어떤 새로운 논문의 '토론자'로 지정된 사람이 추가 분석을 제시하고 다른 방식으로 특수화를 시도하는 것이 일반적이었다. 이것이 가능한 이유는 누구든 공개된 데이터 소스를 이용할 수 있고, 논문을 발표할 때 모든 분석 과정을 소상히 밝히기 때문이다.

재현성은 행동경제학의 견고성을 단단히 보장해주는 요소다. 연구가 재현될 가능성이 높은 만큼, 데이터 조작도 방지할 수 있다(물론 코딩 오류가 있을 수 있지만, 이러한 오류는 대개 곧바로 발견된다). 그렇다고 논란의 여지가 없다는 뜻은 아님을 강조해야겠다. 로버트 실러가 주식의 변동성이 지나치게 높다는 논문을 발표했을 때, 경제학계에서 소위 '실러 킬러Shiller killer'라고 불린 또 다른 논문이 등장하기도 했다.[8] 마찬가지로 워너 드 본트와 리처드 탈러가 장기적으로 패자 포트폴리오가 승자 포트폴리오를 앞지른다는 것을 발견했을 때, 이 사실은 금방 확증되었다.[9] 그래서 가부에 대한 논쟁은 수그러든 대신, 이를 어떻게 해석할지가 화두에 올랐다. 패자 포트폴리오가 좋은 실적을 거둔 건 가격 오류 때문일까, 아니면 위험도가 높아서일까? 앞서 말했듯, 그 논쟁은 여전히 현재진행형이다.

이 책 전반에 걸쳐 강조해온 주제 중 하나는 단순한 사고실험에서 시작된 많은 이상 현상(예: 심리적 회계)이 전 세계의 관찰 데이터를 활용한 신중한 실증 연구에서도 입증되었다는 것이다. 실험실 실험에 기반한 연구 결과가 단순히 실험실 밖의 현장 연구로 판을 키웠다는 이유로 뒤집힌 사례는 아직 없다. 실제로 현장으로 판을 키우면 오히려 이상 현상이 더 크게 나타나는 경우가 많다(예컨대 전문 트레이더의 근시안적 손실 회피 성향이 실험 표본으로 뽑힌 학생들보다 더 크다는 것을 보여주는 마이클 S. 헤이Michael S. Haigh와 존 리스트의 연구를 참조하라).[10]

세상은 정말 변하고 있을까?

이 책은 이상 현상에 대한 책이므로 여기서 또 하나의 이상 현상을 소개해도 나쁘지 않을 듯하다. 앞서 살펴보았듯, 행동경제학의 연구 결과들은 이제 확고한 정설로 자리 잡았다. 또 행동경제학을 연구하는 사람들의 수도 기하급수적으로 증가했다. 이들 중 다수는 학계에서 인정받아 명문 대학에 임용되고, 각종 상을 받고, 최고 학술지에 논문을 발표하고, 주요 학술지의 편집자로 활동하는 등 종횡무진으로 활약 중이다.

이처럼 행동경제학자들은 번창하고 있다. 하지만 경제학에 일종의 패러다임 전환이 있었다고 주장한다면 과언일 것이다. 이제 행동경제학 연구도 인정받는 듯 보이지만, 행동경제학의 연구 결과를 표준 경제학 커리큘럼에 반영하려는 움직임은 아직 보이지 않는다.

우리 말이 무슨 뜻인지 이해하려면, 한번 테스트해보라. 입문용부터 대학원 수준까지 요즘 미시경제학 교과서를 구해다가, 이 책에서 다룬 몇 가지 이상 현상을 찾아보라. 각 장을 꼼꼼히 살펴보고, 목차와 색인까지 놓친 부분이 없도록 확인하라. 이 책에 나온 주제들은 거의 보이지 않을 것이다. 표준 경제학의 핵심 개념에 도전하는 행동경제학 연구 결과가 강력한 증거로 중무장되어 있는데도, 주류 경제 교과서들은 여전히 신고전학파 표준 모형에 굳건히 뿌리를 두고 있다. 우리가 시중에 나온 교과서를 전부 검토한 건 아니지만, 이 책에서 제시한 이상 현상들이 교과서에는 기껏해야 간략하고 부수적으로만 다뤄지고 있다는 인상을 지울 수 없다. 행동경제학이 포함된 교과서라도 표준 모형에 근본적 의문을 제기하기보다 별도의 (선택적) 장에서 흥밋거리나 예외로 취급되는 경우가 많다.

왜 그럴까? 행동경제학이 교과서 집필자들 사이에 미운털이 박혀서라고 생각할 사람도 있겠지만, 사실은 그렇지 않다. 실제로 괜찮은 교과서 중에는 이름난 행동경제학자가 공저자로 당당히 이름을 올리고 있는 책들도 많다.

우리는 더 큰 이유가 경제학을 뒷받침하는 이론적 구조에 있다고 생각한다. 경제 이론의 핵심은 최적화와 균형이라는 두 가지 요인에 기반한다. 따라서 경제학자들이 연구하는 '경제주체'는 최적의 선택을 내리고, 언젠가는 꼭 균형에 이르는 시장에서 활동한다(정부가 훼방하거나 정보 비대칭이 발생하지 않는 한). 더욱이 이 경제주체들의 믿음에는 편향도 없다. 우리와 달리, 그런 경제주체라면 우리가 이 책을 1년 만에 쓸 수 있을 것이라고 생각하지 않았을 것이다. 그들이라면 우리가 이 책을 끝내지 못할 확률을 최소 50%로 잡았을 테고, 설령 끝낸다 해도 3년은 족히 걸릴 것이라고, 아니 더 걸릴지 모른다고 생각했을 것이다.

게다가 기대 효용 이론과 지수 할인을 결합한 표준 경제모형은 광범위한 상황에서 (비록 종종 틀리지만) 명확한 예측을 생성하는 간결한 프레임워크를 제공한다. 그리고 수학이 꽤 단순 명쾌하다는 것도 무시할 수 없다. 많은 학생들이 경제학에 나오는 그리스문자가 너무 많고 복잡하다고 생각한다. 그리스문자를 더 추가하는 건 교과서 판매에 도움이 되지 않는다.

반면 행동경제학은 표준 모형만큼 광범위하게 적용될 수 있는 포괄적인 일반 이론을 창시하지 못했고, 앞으로도 그럴 가능성이 희박하다. 더욱이 이 책에서 논의한 경매 입찰, 사회 선호, 불확실한 선택, 자기통제, 심리적 회계 등 다양한 행동을 하나의 이론적 틀로 규정하거나, 일물일가의 법칙 위배를 속 시원히 설명할 수 있으리라고 상상하긴 어렵다. 학문으로서 경제학의 비교 우위는 시장에서 벌어지는 일을 이해하는 데 있다는 점을 기억해야 한다. 밈 주식에 끌리는 이유를 누군가 심리학적으로 설명할 수 있을지는 몰라도, 전체적인 그림을 이해하려면 차익 거래의 한계도 고려해야 한다.

그동안 행동경제학자(및 심리학자)들은 하나의 새로운 통합 이론 대신, 예컨대 전망 이론이나 준쌍곡선 할인 등과 같이 기존의 뼈대에 특정 수정 사항을 통합한 여러 개의 모형을 생성했다. 이 방식은 생산적이었지만, 교과서 저자들에게는 쉽지 않은 과제를 던져준다. 이러한 통찰력을 표준 모형이 교육 현장에서 발휘하는 장점인 분석적 명확성을 희생하지 않으면서 표준 모형에 어떻게 통합할 것인지 고민해야 하기 때문이다.

우리는 교과서 사업에 뛰어들 생각은 없지만, 대신 재능 있는 학생들에게 기꺼이 무료 조언을 제공하고자 한다. 먼저 한 가지 생산적인 접근법은 (사람들이 어떻게 해야 한다는) 규범적 이론과 (사람들이 실제로 어떻게 하고 있다는) 기술적 이론을 명확히 구분하는 것으로부터 출발하는 것이다. 우리도 물론 규범적 표준 모형의 열렬한 팬이다. 학생들에게도 기대 효용을 극대화하도록 노력하라고 가르친다. 하지만 우리는 사람들의 실제 행동을 예측하는 데도 관심을 기울이므로 기술적 이론 역시 중요시한다. 학생들은 먼저 규범적 모형을 학습한 후, 그 예측과 맞지 않는 일련의 충돌을 겪으면서 대안으로 기술적 모형을 배울 수 있다. 그러면 표준 모형의 간결성을 최우선으로 유지하면서도, 학생들은 표준 모형의 예측력이 현실 속 인간의 심리에 의해 제한된다는 점을 이해하게 될 것이다. 그래서 우리는 학생들에게 매몰 비용을 무시하라고 가르치되, 다른 사람들은 매몰 비용을 무시하지 않으리라는 점도 인식하라고 덧붙인다.

행동경제학의 미래는?

야구 선수 요기 베라Yogi Berra의 유명한 말마따나 예측은 어렵고, 특히 미래 예측은 더욱 그렇다. 탈러는 사후 확증 편향의 이점을 감안하더라도, 그동안 행동경제학 분야에 일어난 일은 예측대로 된 게 거의 없었다고 증언할 수 있다. 옛날에 탈러와 그의 친구 아모스, 대니얼은 비록 가능성이 낮지만 만약 행동경제학 분야가 실제로 부상한다면 심리학자와 경제학자가 협력하고, 어쩌면 다른 사회과학자들도 이 재미에 동참하는 학제적 연구 형태가 될 것이라고 생각했다. 이는 어떻게 보면 당연했다. 세 사람은 여러 학문 분야를 넘나들며 협동 연구를 해왔으므로 다른 사람들도 그렇게 할 줄 알았다. 하지만 그런 일은 일어나지 않았다. 1980년대에 레온 페스팅거Leon Festinger, 리처드 헌스타인Richard Herrnstein, 월터 미셸Walter Mischel, 리 로스Lee Ross, 스탠리 샥터Stanley Schacter 등 몇몇 거장 심리학자들이 행동경제학에 관심을 보였지만, 행동경제학에 깊이 발을 담그기로 마음먹은 심리학자는 많지 않았다(드라젠 프렐렉과 엘더 샤퍼Eldar Shafir는 주목할 만한 예외다). 우리는 주원인이 훈련 방식의 차이에 있다고 생각한다. 프렐렉과 샤퍼는 둘 다 경제학자들과 협력함으로써 행동경제학에 공헌할 수 있었다.

그러다 보니 결국 행동경제학의 주 기여자는 경제학자들이 차지하게 된 것 같다. 오래전 경제학자 존 모리스 클라크John Maurice Clark는 다음의 가능성에 대해 경고했다. '경제학자는 심리학을 무시하려 하겠지만 인간의 본성을 무시하는 것은 불가능하다. … 경제학자가 인간이라는 개념을 심리학에서 차용한다면, 이 건설적인 노력으로 충실한 경제 모형을 유지할 가능성이 있다. 하지만 그러지 않아도 경제학자는 역시 그 이유로 심리학을 피할 수 없다. 결국 그는 스스로 심리학을 만들 수밖에 없을 테고, 그 결과물은 형편없는 심리학이 될 것이다.'[11] 우리는 이 책 전반에 걸쳐 심리학을 연구하는 경제학자들이 행동경제학 이론 정립에 기여했음을 긍정적으로 지적했으므로, 그들이 실패할 운명이라고 절대 생각하지 않는다. 하지만 동시에 녹록지 않은 것도 사실이다. 그래도 최근 몇 년 동안 이 분야에서는 일부 저자들이 표현하기로 이른바 인지 혁명이라는 것을 시도한 논문들이 봇물처럼 쏟아져 나왔다.

흥미롭게도 그중 일부 연구는 행동경제학이라는 용어가 생기기 전부터 행동경제학자였던 허버트 사이먼의 연구로 거슬러 올라간다. 원래 정치학을 전공한 사이먼은 조직 이론을 연구했고, 컴퓨터 과학을 선도했으며, 결국 1978년에는 노벨 경제학상을 수상했다. 그에게는 박학다식한 천재라는 표현도 과찬이 아닐 것이다. 조직의 의사 결정을 연구하던 사이먼은 인간의 인지적 한계를 강조했다. 그는 이 한계를 '제한된 합리성'이라고 불렀다.[12] 제한된 합리성은 사람들이 대부분 문제를 최적으로 '해결'할 수 없으므로 충분히 괜찮은 해결책을 찾으면 거기서 멈추는, 즉 사이먼의 표현으로 '만족화satisficing'라는 것에 안주해야 한다는 의미다. 사이먼은 노벨상까지 탔지만 경제학에 미친 영향은 제한적이었고, 오히려 나중에 그의 관심사가 된 컴퓨터 과학과 로봇공학에 훨씬 더 큰 영향력을 발휘했다(많은 사람들은 그가 훗날 인공지능 분야의 중요한 토대를 마련했다고 평가한다).

이 책을 마무리하면서 사이먼의 이름이 이제야 언급되었다는 사실에 우리 스스로도 깜짝 놀랐다. 물론 한 가지 이유는 그가 경제학자들과 논쟁하는 것보다 컴퓨터에 체스를 가르치는 것에 더 관심 있었기 때문이기도 하다. 하지만 또 다른 이유는 그의 연구가 이 책의 주제인 이상 현상을 직접적으로 도출하지 않았기 때문이기도 하다. 인간의 계산 능력에 한계가 있다는 점은 경제학자들도 인정하겠지만, 사이먼은 평균적 시장 행동의 측면에서 만족화와 최적화의 예측 가능한 차이점이 무엇이냐는 질문에 적절한 답을 제시하지 못했다. 이 답을 구하려면 카너먼과 트버스키가 제시한 개념으로 인간의 판단이 '합리적' 기준선에서 예측 가능하게 벗어난다는 체계적 편향, 그리고 그 이후에 등장한 전망 이론의 도움이 필요했다.

오늘날 행동경제학은 허버트 사이먼의 연구 방식으로 거슬러 올라가, 인지적 제약에 최적으로 반응하는 사람들에게서도 이 책 속의 이상 현상이 나타날 수 있는지에 점점 더 관심을 두고 탐구하는 추세다. 예컨대 식료품점에서 탈러와 비슷한 연배인 고객은 사려는 물건 수가 3개 이상이면 쪽지를 가져왔어야 한다는 사실을 곧 깨닫는다. 이는 기억력의 한계에 대한 합리적 반응이다.

이렇게 경제학에서 새로운 추세인 '인지적' 접근법은 우리가 충분히 설명하기에는 너무 복잡하다. 다만 최근 논문 몇 편을 주석에 첨부했으니 참고하길 바란다. 우리는 미래를 예측하는 능력에 전혀 자신이 없지만, 기꺼이 내기할 수 있는 예측이 하나 있다. 다음의 둘 중 하나가 일어날 것이다. 새 이론들이 모형에 절충의 여지가 너무 많아서 검증 불가능하다고 판명되든지, 아니면 실행 가능한 검증이 이루어지고 그 검증을 통해 새로운 해당 이론의 이상 현상을 또 창출하든지 말이다. 우리로서는 이상 현상을 통해 모형의 한계를 검증하고 사람들의 실제 행동을 더 잘 이해할 수 있는 만큼, 후자가 현실이 되기를 희망한다.

마지막 질문

1900년 세계수학자대회International Congress of Mathematicians에서 당대 가장 영향력 있는 수학자였던 다비트 힐베르트David Hilbert는 다음 세기의 수학 연구 의제를 정립한 23개의 문제를 제기한 것으로 유명하다. 분명히 밝히건대 우리는 스스로를 차세대 힐베르트라고 생각하지 않으며, 누구도 우리를 힐베르트로 착각하지 않을 것이라고 확신한다. 따라서 우리는 현재와 미래의 학자들에게 적절한 연구 의제로 23개의 문제 목록을 감히 제시할 생각은 없다. 대신 단 하나의 문제만 제기하겠다. 그 문제에는 경고도 하나 덧붙여야겠으니, 너무 어려워서 끝내 진전을 이루기 어려울 수 있다는 것이다. 나아가 이 문제에는 자기 참조적인self-referential 측면이 있다. 우리가 궁금한 것은 선택이 그토록 어려운 이유가 무엇인가다.

이 문제는 사이먼을 떠올리게 하는 뭔가가 있다. 그래서 그가 관심 분야로 선택한 컴퓨터 과학으로 접근해야 답하기가 더 쉽다. 예컨대 계산 복잡도 이론computational complexity theory에서 한 작업의 난이도는 컴퓨터가 그 문제를 푸는 데 필요한 리소스의 함수다. 이러한 리소스 기반 접근법은 경제학의 복잡계 연구에서 채택되었다. 예컨대 선택의 복잡도는 문제 해결에 필요한 연산의 횟수로 정의할 수 있다.[13] 이런 방식으로 난이도를 정의하는 것은 직관적 설득력이 있다. 3+5는 12+5+7의 세제곱근보다 구하기 쉽다. 후자는 풀어야 할 연산이 더 많기 때문에 전자보다 더 어렵다는 우리의 인식과 일치한다.

하지만 이 간단한 예는 우리가 강조하고자 하는 차이점을 잘 보여준다. '인간의 인지적 어려움'은 계산 복잡도와 어느 정도 겹치는 면도 있지만, 그 유사점은 금방 사라진다. 예컨대 3×3×3의 세제곱근은 얼마일까? 이 질문에 답하려면 앞에서 제시한 것과 같은 단계와 양의 연산 리소스가 필요하다. 하지만 분명 더 쉽다. 12+5+7의 세제곱근은 계산기가 필요하지만, 3×3×3의 세제곱근이 3이란 건 대부분 고등학생이 바로 맞힌다. 분명 계산 복잡도 이론은 이러한 차이점을 포착하지 못한다.

또 다른 간단한 예를 들어보겠다. 대니얼 카너먼과 셰인 프레더릭 Shane Frederick이 고안한 인지 반응 검사가 있다. 이 검사에서 가장 유명한 항목은 배트와 공 가격 맞히기다. '배트와 공의 총가격은 1.1달러이고, 배트가 공보다 1달러 더 비싸다. 공의 가격은 얼마인가?'[14] 이 문제를 아직 본 적이 없다면, 여러분도 잠시 책 읽기를 멈추고 답을 생각해보라.

많은 사람들은 이 질문의 (명백한!) 답이 10센트라고 얼른 대답한다. 하지만 잠깐. 공이 10센트이고 배트가 1달러 더 비싸다면, 배트와 공의 총가격이 아닌 배트 가격만 1.1달러라는 얘기다. 이런! 이 문제는 생각보다 훨씬 어려운 것 같다.

다른 문제도 있다. eny로 끝나는 네 글자 영어 단어를 생각해보라. 즉 -eny 형태가 돼야 한다.(힌트: eeny는 단어가 아니므로 제외다. 책을 계속 읽기 전에 잠깐 생각해보라.)

영어에 능통한 다수의 원어민 학생들에게 이 문제를 내면, 절반 정도나 그런 단어가 없다고 답한다. 그래서 답을 찾지 못한 학생 중 한 명에게 "그럼 그런 단어가 있다는 제 말을 부정deny하겠습니까?"라고 물으면 그제야 학생들은 고개를 끄덕이고, 답을 맞힌 나머지 학생들은 친구들의 실수에 웃음을 터뜨린다. 그렇다. 답은 바로 'deny'다. 이 문제가 의외로 어려운 건 'deny'의 발음이 특이하기 때문이다. 알파벳을 쭉

훑어보며 각각 대입해보는 건 실로 합당하고 합리적인 전략이지만, '페니penny'나 '지니genie' 같은 발음의 단어를 '테스트'하느라 정답을 놓치기에 십상이다.

이 두 문제를 거론하는 이유는 왜 선택이 그토록 어려운지 묻는 것 자체가 어려운 질문이라는 점을 강조하기 위해서다. 자신의 계산을 확인해본 사람이라면 누구나 10센트라는 흔한 답이 초등학교 1학년 산수 수준의 오답이었음을 깨달았을 것이다. 하지만 최근 대규모 온라인 표본을 대상으로 한 연구에서는 (배트와 공 대신 드릴과 망치를 적용한) 이 문제를 제대로 맞힌 사람이 26%에 불과했다. 마찬가지로 영어권 사람이라면 누구나 'deny'라는 단어가 있다는 걸 안다. 하지만 우리가 알기로 현재의 난이도나 복잡도 측정 방법으로는 사람들이 왜 이 문제들에 체계적 오류를 범하는지 설명할 길이 없다. 계산상으로 복잡하지 않은 문제인데도 왠지 모르게 어렵다.

왜 이 문제 해결에 진전을 이루는 것이 중요할까? 일단 이러한 유형의 문제들은 그저 어렵지만 재미있는 수수께끼에 국한되는 게 아니라, 실제로 사람들이 일상생활에서 직면하는 여러 현실적 고민을 반영하기 때문이다. 고용주가 직원의 기여금에 상응하는 금액만큼 보태주는 401(k)에 가입해야 할까? 이는 '굉장히' 중요한 선택이면서 해답은 매우 단순하다. 답은 '예'다! 하지만 이렇게 직원의 기여를 유도하는 명확한 인센티브가 있음에도 401(k)에 참여하지 않는 사람들이 많다.

이 책 전체에서 강조했듯, 경제학을 이론화하는 주 도구는 최적화optimization다. 경제학에서는 사람들이 어떤 문제(직업, 배우자, 영화 선택 등)를 해결하는 방식을 다룰 때 대부분 '최대화maximize'의 수학적 약어인 max(•)에서 출발한다. 중요한 점으로, 이 기호는 결정의 난이도와는 상관이 없다. 대신 사람들이 '각각 1달러와 1.5달러인 '동일한' 생수 두 병 중 하나 고르기' 같은 쉬운 질문이든, '불확실한 여생 동안 소비를 최적으로 평활화할 저축 및 투자 계획 고르기' 같은 어려운 질문이든 이익을 극대화하는 결정을 내려야 함을 의미한다. 인간이 이 두 문제를 똑같은 난이도로 풀 수 있다고 생각하는 사람이 과연 있을까?

우리 두 필자는 인간의 어떤 극대화 시도를 모형화하려면 분명 결정의 난이도가 어느 정도 반영되어야 한다고 생각한다. 가격만 다르고 내용물은 똑같은 생수병 중 하나 고르기처럼 쉬운 문제에는 순수한 최적화 모형이 꽤 훌륭한 기술적 모형이 될 것이다. 반면 평생에 걸쳐 저축하고, 투자하고, 젊어서 모은 돈을 노후에 꺼내 쓰는 문제는 경제학자조차 풀기가 너무 어렵다. 사람들이 대형 슈퍼마켓에서 일주일 치 장을 볼 때, 선택한 물건에서 효용 극대화를 시도할 순 없다. 시도야 할 수 있지만, 아무도 최상의 식단 포트폴리오를 구성하느라 식료품 매장을 몇 시간씩 돌아다니고 싶어 하지 않는다. 그러기엔 인생이 짧다! 그래서 사람들은 효용을 극대화하려고 노력하되, 식료품점에서 인생을 허비하지 않겠다는 합리적 결정을 내린다. 대신 늘 같은 브랜드에 같은 양만큼 구매하고, 다만 가격 변동과 할인에는 최선을 다해 반응한다. 특별한 가족 행사 같은 때에는 태도가 달라지기도 하지만, 물론 그마저도 일종의 관행이나 습관으로 '해결'되는 경우가 많다(칠면조 고기를 정말 맛있어서 먹는 사람이 얼마나 될까?).

우리는 여기서 심오하거나 논란의 여지가 있는 이야기를 할 생각은 없다. 사람들은 문제가 어려워지면 극대화보다는 현명하게 '만족화'를 추구할 것이다. 우리가 강조하고 싶은 건 그러한 상황에 걸맞는 모형이 없다는 것이다. 제대로 된 만족화 모형이 없다면, max(•) 대신 만족화의 약자인 sat(•)를 쓴다고 아무 도움이 되지 않는다. 또 의사 결정자들이 어려운 문제에 부닥쳤을 때 명시적으로 만족화를 '선택'한다면, 우리에겐 '인지된 어려움'에 대한 모형도 필요하다. 투자가 어려운 건 당연해 보인다 치더라도, 많은 사람들은 배트와 공 문제의 답을 당연히 10센트라고 쉽게 생각한다. 우리가 보기에 그런 사람들 중 일부는 요즘 인기 있는 로빈후드 플랫폼으로 투자하고 있을 것 같다.

또 다른 관련된 문제는 은퇴 전까지 소득의 x%를 저축하고, 타깃 데이트 펀드에 투자한 다음, 건강과 상속 등을 고려해 매년 잔고의 y%를 꺼내 쓰는 것과 같은 단순한 경험 법칙이 최적화에 얼마나 근접할 수 있는지 추정하는 것이다. 경험 법칙이 최적화의 좋은 근삿값이 된다면, 최적화를 가정하는 모형은 괜찮은 행동 예측을 내놓을 것이다. 그러나 혀를 내두를 정도로 어려운 문제에는 이러한 모형도 현실을 제대로 설명하지 못할 것이다.

우리는 경제학자를 비롯한 많은 사람들이 이 문제에 진전을 이루길 바란다. 그리고 그들은 이미 여정을 시작했다(주석 참조). 하지만 우리는 경고했다. 이는 쉽지 않을 것이라고.

핵심 정리

모든 사람에게: 이상 현상은 경제학 이론의 한계를 깨닫게 해준다.

감사의 글

이 책은 집필 기간이 30년이 넘으므로 감사해야 할 분이 많다. 먼저 탈러의 초기 공저자들부터 거론해야 하겠다. 그중 로빈 도스, 대니얼 카너먼, 잭 네치, 아모스 트버스키 등 몇몇은 세상을 떠났다. 우리는 그들이 얼마나 그리운지 모른다. 다행히 콜린 캐머러, 워너 드 본트, 조지 로웬스타인, 매슈 라빈, 오언 라몬트는 우리 곁에 있다.

무수한 논문과 30년 된 원고를 누구라도 읽을 만한 작품으로 만드는 일은 정말 힘들었지만 많은 분들이 도움을 주었다. 시간이 너무 오래 걸려서 2명의 훌륭한 연구원 조시 해셔와 즐라타 크라시치를 고용했다. 특히 즐라타는 참고 문헌을 정리하고 모든 그림과 표를 만드는 등 집필 막바지 단계의 궂은일을 도맡았다. 솔직히 그녀가 없었다면 우리가 과연 이 책을 완성했을지 의문이 든다.

많은 친구와 동료가 이 책의 초고를 읽었다. 특히 이번 책으로 탈러의 책에 세 권째 피드백을 주게 된 이매뉴얼 로먼과 제시 샤피로에게 감사드린다. 두 사람은 날카로운 사고력을 지닌 대단한 친구들이다. 이닝 텅은 드 본트와 탈러의 과잉 반응 연구에 대한 표본 외 재현을 위해 코딩 작업을 해주었다. 닉 바베리스, 오언 라몬트, 셩우 리도 유익한 의견을 제시해주었다. 마이클 루이스는 훌륭한 피드백을 주었고 이 책에서 (우리는 오타라고 주장하지만) 수학적 오류를 찾아냈다고 유난히도 자랑스러워했다. 하이메 히메노 리베스는 심리적 회계 장과 관련된 최신 문헌 정보를 알려주며 큰 도움을 주었다. 데이비드 콥은 초고를 읽고 이 책의 접근성을 높이기 위해 계속해서 우리에게 부드러운 넛지를 가했다. 그가 자신의 넛지가 우리에게 통했다는 사실을 알아줬으면 좋겠다.

사이먼 앤드 슈스터 팀은 그들의 태도 자체가 이상 현상에 해당할 만큼 대단한 인내와 협조, 도움을 주었다. 특히 투박한 초고를 읽고 칭찬과 쓴소리를 적절히 섞어준 편집자 스테파니 프레리치에게 감사드린다.

물론 우리도 사람인지라 이 책에 여전히 오류와 실언이 없지 않을 것이다. 하지만 방금 언급한 분들을 탓하지 말았으면 한다. 그들은 최선을 다했고 우리도 마찬가지였다. 하지만 실수는 인간의 본성이고 용서는 신성한 것이니, 부디 너그러이 이해해주시길.

주

서장. 날카로운 의심에서 견고한 확신으로

1. Thaler, 'Anomalies: The January Effect', 198.
2. Open Science Collaboration, 'Estimating the Reproducibility of Psychological Science', 943~951.
3. Simmons, Nelson, and Simonsohn, 'Data Falsificada (Part 1)'.

1장. 승자의 저주: 이기고도 눈물 흘리는 경매의 함정

1. Capen, Clapp, and Campbell, 'Competitive Bidding in High-Risk Situations', 641~653.
2. 다음을 참고하라. Cox and Isaac, 'In Search of the Winner's Curse', 579~592.
3. Capen et al., 'Competitive Bidding in High-Risk Situations', 645.
4. Bazerman and Samuelson, 'I Won the Auction but Don't Want the Prize', 618~634.
5. Samuelson and Bazerman, 'The Winner's Curse in Bilateral Negotiations', 31.
6. Ball, Bazerman, and Carroll, 'An Evaluation of Learning in the Bilateral Winner's Curse', 1~22.
7. Kagel and Levin, 'The Winner's Curse and Public Information in Common Value Auctions', 894~920.
8. Dyer, Kagel, and Levin, 'A Comparison of Naive and Experienced Bidders in Common Value Offer Auctions', 108~115.
9. Dessauer, Book Publishing, 33.
10. Cassing and Douglas, 'Implications of the Auction Mechanism in Baseball's Free Agent Draft', 110~121.
11. Capen et al., 'Competitive Bidding in High-Risk Situations', 641.
12. Mead, Moseidjord, and Sorensen, 'The Rate of Return Earned by Lessees under Cash Bonus Bidding for OCS Oil and Gas Leases', 37~52.
13. Mead et al., 'The Rate of Return Earned', 42.
14. Mead et al., 'The Rate of Return Earned', 45.
15. Hendricks, Porter, and Boudreau, 'Information, Returns, and Bidding Behavior in OCS Auctions', 517~542.
16. Hendricks et al., 'Information Returns, and Bidding Behavior', 529.
17. Roll, 'The Hubris Hypothesis of Corporate Takeovers', 197~216.

18. Roll, 'The Hubris Hypothesis', 201.

19. Roll, 'The Hubris Hypothesis', 213.

20. McAfee and McMillan, 'Auctions and Bidding', 721.

21. Arrow, 'Rationality of Self and Others in an Economic System', 391.

22. Harrison and March, 'Decision Making and Postdecision Surprises', 26~42.

23. Brown, 'A Note on the Apparent Bias of Net Revenue Estimates for Capital Investment Projects', 1215~1216.

24. Kagel and Levin, 'Implementing Efficient Multi-Object Auction Institutions', 221~237.

25. Malmendier, Moretti, and Peters, 'Winning by Losing', 3212~3264.

26. Massey and Thaler, 'The Loser's Curse', 1479~1495.

27. Eyster and Rabin, 'Cursed Equilibrium', 1623~1672.

28. Nagel, Niederle, and Vespa, 'Decomposing the Winner's Curse'.

29. Keynes, 'Chapter 12'.

30. 나겔은 1995년《아메리칸 이코노믹 리뷰》에 게재한 논문에서 비非균형 사고 모형을 제시했다. 다음을 참고하라. Nagel, 'Unraveling in Guessing Games', 1313~1326.

31. 다음을 참고하라. Nagel, 'Unraveling in Guessing Games', 1313~1326; Thaler, 'From Homo Economicus to Homo Sapiens', 133~141.

2장. 협조: 이기적 인간이라는 가설에 대한 반론

1. Rapoport, Chammah, and Orwant, *Prisoner's Dilemma: A Study in Conflict and Cooperation.*

2. Hirshleifer, 'The Expanding Domain of Economics', 55.

3. 이 주제의 선구자인 엘리너 오스트롬Elinor Ostrom의 연구를 참고하라. Fennell, 'Ostrom's Law', 9~27.

4. Marwell and Ames, 'Economists Free Ride, Does Anyone Else?', 295~310.

5. 다음을 참고하라. Kim and Walker, 'The Free Rider Problem', 3~24; Isaac, Walker, and Thomas, 'Divergent Evidence on Free Riding', 113~149; Isaac, McCue, and Plott, 'Public Goods Provision in an Experimental Environment', 51~74.

6. Isaac et al., 'Public Goods Provision in an Experimental Environment', 51~74.

7. E.g., Isaac and Walker, 'Group Size Effects in Public Goods Provision', 179~199.

8. Andreoni, 'Why Free Ride?', 291~304.

9. A similar conclusion is reached by Goetze and Orbell, 'Understanding and Cooperation in Social Dilemmas', 275~289.

10. Axelrod and Hamilton, 'The Evolution of Cooperation', 1390~1396.

11. Frank, 'If Homo Economicus Could Choose His Own Utility Function', 593~604.

12. Rapoport, Chammah, and Orwant, *Prisoner's Dilemma.*

13. Axelrod and Hamilton, ‘The Evolution of Cooperation’, 1390~1396.

14. Andreoni, ‘Why Free Ride?’, 291~304.

15. Andreoni, ‘Impure Altruism and Donations to Public Goods’, 464~477.

16. Smith, *The Theory of Moral Sentiments,* 1.

17. 다음을 참고하라. Abrams and Schmitz, ‘The Crowding-Out Effect of Governmental Transfers on Private Charitable Contributions’, 563~568; Clotfelter, ‘Charitable Giving and Tax Legislation in the Reagan Era’, 197~212.

18. Dawes et al., ‘Organizing Groups for Collective Action’, 1171~1185.

19. Van de Kragt, Orbell, and Dawes, ‘The Minimal Contributing Set as a Solution to Public Goods Problems’, 112~122.

20. Orbell, Van de Kragt, and Dawes, ‘Explaining Discussion-Induced Cooperation’, 811~819.

21. Sen, ‘Rational Fools’, 317~344.

22. Lai et al., ‘The Business of Business Is Business’.

23. Cohn et al., ‘Civic Honesty Around the Globe’, 70~73.

24. Marwell and Ames, ‘Economists Free Ride, Does Anyone Else?’, 295~310.

25. Frank, Gilovich, and Regan, ‘Does Studying Economics Inhibit Cooperation?’, 159~171.

26. Girardi et al., ‘Does Studying Economics Make You Selfish?’, 792~814.

27. Van den Assem, Van Dolder, and Thaler, “Split or Steal?’, 2~20.

3장. 최후통첩 게임: 시장을 움직이는, 보이지 않는 상도덕

1. Güth, Schmittberger, and Schwarze, ‘An Experimental Analysis of Ultimatum Bargaining’, 367~388.

2. Güth et al., ‘An Experimental Analysis’.

3. Binmore, Shaked, and Sutton, ‘Testing Noncooperative Bargaining Theory’, 1178~1180.

4. Binmore et al., ‘Testing Noncooperative Bargaining Theory’, 1180.

5. Binmore et al., ‘Testing Noncooperative Bargaining Theory’.

6. Hoffman, McCabe, and Smith, ‘Preferences, Property Rights, and Anonymity in Bargaining Games’, 346~380.

7. Roth et al., ‘Bargaining and Market Behavior in Jerusalem, Ljubljana, Pittsburgh, and Tokyo’, 1068~1095.

8. Kagel, Kim, and Moser, ‘Fairness in Ultimatum Games with Asymmetric Information and Asymmetric Payoffs’, 100~110.

9. Forsythe et al., ‘Fairness in Simple Bargaining Experiments’, 347~369.

10. Hoffman, McCabe, and Smith, 'Social Distance and Other-Regarding Behavior in Dictator Games', 653~660.

11. Thaler, 'Mental Accounting and Consumer Choice', 206.

12. Kahneman, Knetsch, and Thaler, 'Fairness and the Assumptions of Economics', S285~S300.

13. Kahneman, Knetsch, and Thaler, 'Fairness as a Constraint on Profit Seeking: Entitlements in the Market', 728~741; Kahneman et al., 'Fairness and the Assumptions of Economics', S285~S300.

14. Rabin, 'Incorporating Fairness into Game Theory and Economics', 1281~1302.

15. Fehr and Schmidt, 'Fairness, Incentives, and Contractual Choices', 1057~1068.

16. Backus et al., 'Sequential Bargaining in the Field', 1319.

17. Henrich, Heine, and Norenzayan, 'The Weirdest People in the World?', 61~83.

18. Oosterbeek, Sloof, and van de Kuilen, 'Cultural Differences in Ultimatum Game Experiments', 171~188.

19. Fehr and Gächter, 'Cooperation and Punishment in Public Goods Experiments', 980~994.

4장. 초기 부존 효과, 손실 회피, 현상 유지 편향: 관성이 만든 비합리적 이상 현상들

1. Thaler, 'Toward a Positive Theory of Consumer Choice', 39~60.

2. Kahneman and Tversky, 'Choices, Values, and Frames', 341~350.

3. Samuelson and Zeckhauser, 'Status Quo Bias in Decision Making', 7~59.

4. Knetsch and Sinden, 'Willingness to Pay and Compensation Demanded', 507~521.

5. Knetsch, 'The Endowment Effect and Evidence of Nonreversible Indifference Curves', 1277~1284.

6. Knez, Smith, and Williams, 'Individual Rationality, Market Rationality, and Value Estimation', 397~402.

7. Coursey, Hovis, and Schulze, 'The Disparity Between Willingness to Accept and Willingness to Pay Measures of Value', 679~690.

8. Knetsch and Sinden, 'The Persistence of Evaluation Disparities', 691~695.

9. Kahneman, Knetsch, and Thaler, 'Experimental Tests of the Endowment Effect and the Coase Theorem', 1325~1348.

10. Coase, 'The Problem of Social Cost', 1~44.

11. Kahneman and Loewenstein, 'Explaining the Endowment Effect', 165~187.

12. Kahneman et al., 'Experimental Tests of the Endowment Effect'.

13. Samuelson and Zeckhauser, 'Status Quo Bias in Decision Making', 12~13.

14. Samuelson and Zeckhauser, 'Status Quo Bias'.
15. Hartman, Doane, and Woo, 'Consumer Rationality and the Status Quo', 141~162.
16. 두 집단 간 소득과 전력 소비량의 차이는 미미해서 결과에 유의미한 영향을 미치지 않는 것으로 나타났다. 이 결과들을 학습이나 습관화로 설명될 수 있을까? 다시 말해, 서비스 안정성이 낮은 요금제를 이용하는 그룹이 잦은 정전에 대처하는 데 익숙해졌거나 촛불을 켜고 저녁 식사를 하는 낭만을 발견했을 가능성이 있을까? 이 가능성도 배제할 수는 없지만, 머그잔 실험이나 새뮤얼슨과 제크하우저가 수행한 설문 조사의 경우에는 이러한 설명이 통하지 않는다. 그러므로 관찰된 효과 중 적어도 일부는 순전한 현상 유지 편향에 기인한다고 볼 수 있다.
17. Johnson et al., 'Framing, Probability Distortions, and Insurance Decisions', 35~51.
18. Tversky and Kahneman, 'Loss Aversion in Riskless Choice', 1045.
19. Thaler, 'Toward a Positive Theory of Consumer Choice', 39~60.
20. Viscusi, Magat, and Huber, 'An Investigation of the Rationality of Consumer Valuations of Multiple Health Risks', 465~479.
21. Ritov and Baron, 'Status-Quo and Omission Biases', 49~61.
22. O'Riordan et al., 'Valuing Environmental Goods', 358~359.
23. Mitchell and Carson, Using Surveys to Value Public Goods, 34.
24. Kunreuther et al., 'Public Attitudes Toward Siting a High-Level Nuclear Waste Repository in Nevada', 469~484.
25. 이는 사람들이 겉으로 하는 말과 이론상의 주장이 다른 상황이다. 조건부 가치 평가를 담당하는 실무자들이 응답자의 의견보다 이론에 귀 기울인다는 점은 흥미롭다. 다음을 참고하라. O'Riordan et al., 'Valuing Environmental Goods', 358~359. 보상의 맥락에서도 WTP 질문을 사용해 가치를 평가하는 절차가 일반적인데, 이는 소득효과가 작을 때 WTP와 WTA가 크게 다르지 않다는 이론에 기반해서다.
26. Samuelson and Zeckhauser, "Status Quo Bias in Decision Making', 47.
27. Imas and Madarász, 'Superiority-Seeking and the Preference for Exclusion', 2347~2386.
28. Rotteveel et al., 'Valuing Healthcare Goods and Services', 443~458.
29. Office of Management and Budget, Circular No. A-4.
30. Pope and Schweitzer, 'Is Tiger Woods Loss Averse?', 129~157.
31. Anagol, Balasubramaniam, and Ramadorai, 'Endowment Effects in the Field', 1971~2004.
32. List, 'Does Market Experience Eliminate Market Anomalies?', 41~71.
33. Thaler and Sunstein, *Nudge: Improving Decisions;* Thaler and Sunstein, *Nudge: Final Edition.*
34. Madrian and Shea, 'The Power of Suggestion', 1149~1187.
35. 다음을 참고하라. Miller, Sahni, and Strulov-Shlain, 'Sophisticated Consumers with Inertia'; Einav, Klopack, and Mahoney, 'Selling Subscriptions'.

36. Fraccaroli, Mahoney, and Thabet, 'How Big Is the Subscription Cancellation Problem?'

37. 다음을 참고하라. Morewedge and Giblin, 'Explanations of the Endowment Effect', 339~348, for a review.

5장. 불확실한 선택의 심리학: 기대 효용 이론을 넘어 전망 이론으로

1. Allais, 'Le Comportement de l'Homme Rationnel Devant le Risque, Critique des Postulats et Axiomes de l'Ecole Américaine', 503~546.
2. Kahneman and Tversky, 'Prospect Theory', 263~291.

6장. 위험 회피를 제대로 설명하기: '진짜 위험'에 대처하는 법

1. Rabin, 'Diminishing Marginal Utility of Wealth Cannot Explain Risk Aversion'; Rabin, 'Risk Aversion and Expected-Utility Theory', 1281~1292.
2. Rabin, 'Risk Aversion and Expected-Utility Theory'.
3. Arrow, *Essays in the Theory of Risk Bearing.*
4. Kahneman and Tversky, 'Prospect Theory', 263~291; Page and MacLean, 'Risk Conservatism and the Circumstances of Utility Theory', 1021~1026; Yaari, 'The Dual Theory of Choice Under Risk', 95~115.
5. Arrow, *Essays in the Theory of Risk Bearing;* Pratt, 'Risk Aversion in the Small and in the Large', 122~136.
6. Cicchetti and Dubin, 'A Microeconometric Analysis of Risk Aversion and the Decision to Self-Insure', 169~186.
7. Cicchetti and Dubin, 'A Microeconometric Analysis', 169~170.
8. de Finetti, 'Foresight: Its Logical Laws, Its Subjective Sources' (trans.), 53~118.
9. Holt and Laury, 'Risk Aversion and Incentive Effects', 1644~1655.
10. Sydnor, '(Over)Insuring Modest Risks', 177~199.
11. Bhargava, Loewenstein, and Sydnor, 'Choose to Lose', 1319~1372.
12. Mehra and Prescott, 'The Equity Premium', 145~162.
13. Siegel and Thaler, 'Anomalies: The Equity Premium Puzzle', 191~200.
14. Benartzi and Thaler, 'Myopic Loss Aversion and the Equity Premium Puzzle', 73~92.
15. Benartzi and Thaler, 'Risk Aversion or Myopia?', 364~381.
16. Shefrin and Statman, 'Explaining Investor Preference for Cash Dividends', 253~282.
17. Barber and Odean, 'Trading Is Hazardous to Your Wealth', 773~806. 처분 효과는 여러 환경(예: 아이슬란드, 대만 등)과 다양한 집단(예: 전문 자산 운용사 등)에서 입증 및 재현되었다. 자세한 내용은 다음을 참고하라. Kaustia and Torstila, 'Stock Market Aversion?', 98~112, for a

review.

18. Thaler and Johnson, 'Gambling with the House Money and Trying to Break Even', 643~660.

19. Imas, 'The Realization Effect', 2086~2109.

7장. 현재와 미래 사이의 선택: 결함 있는 망원경으로 내일을 보지 마라

1. Samuelson, 'A Note on Measurement of Utility', 155~161.

2. Pigou, *The Economics of Welfare,* 25.

3. Fisher, *The Theory of Interest,* 83.

4. Hausman, 'Individual Discount Rates and the Purchase and Utilization of Energy-Using Durables', 33~54.

5. Gately, 'Individual Discount Rates and the Purchase and Utilization of Energy-Using Durables: Comment', 373~374.

6. Ruderman, Levine, and McMahon, *Energy Efficiency Choice in the Purchase of Residential Appliances.*

7. Thaler, 'Some Empirical Evidence on Dynamic Inconsistency', 201~207.

8. Herrnstein, 'Relative and Absolute Strength of Response as a Function of Frequency of Reinforcement', 267~272; Ainslie, 'Specious Reward', 463~496.

9. Ainslie, 'Specious Reward', 472.

10. Benzion, Rapoport, and Yagil, 'Discount Rates Inferred from Decisions', 270~284.

11. 예컨대 다음을 참고하라. Horowitz, 'Discounting Money Payoffs', 309~324; Holcomb and Nelson, 'Another Experimental Look at Individual Time Preference', 199~220.

12. Strotz, 'Myopia and Inconsistency in Dynamic Utility Maximization', 128~143.

13. 예컨대 다음을 참고하라. Ainslie, 'Specious Reward', 463~496; Ainslie, *Picoeconomics;* Elster, *Ulysses and the Sirens;* Schelling, 'Self-Command in Practice, in Policy, and in a Theory of Rational Choice', 1~11; Thaler and Shefrin, 'An Economic Theory of Self-Control', 392~406; Winston, 'Addiction and Backsliding: A Theory of Compulsive Consumption', 295~324.

14. Loewenstein and Prelec, 'Anomalies in Intertemporal Choice', 573~597.

15. Medoff and Abraham, 'Experience, Performance, and Earnings', 703~736.

16. Lazear, 'Agency, Earnings Profiles, Productivity, and Hours Restrictions', 606~620.

17. Frank and Hutchens, 'Wages, Seniority, and the Demand for Rising Consumption Profiles', 251~276.

18. Loewenstein and Sicherman, 'Do Workers Prefer Increasing Wage Profiles?', 67~84.

19. Marshall, *Principles of Economics,* 178.

20. Loewenstein, 'Anticipation and the Valuation of Delayed Consumption', 666~684.

21. Reuben, Sapienza, and Zingales, 'Procrastination and Impatience', 63~76.

22. Laibson, 'Golden Eggs and Hyperbolic Discounting', 443~478; O'Donoghue and Rabin, 'Doing It Now or Later', 103~124.

23. Laibson, 'Golden Eggs and Hyperbolic Discounting', 443~478.

24. O'Donoghue and Rabin, 'Doing It Now or Later', 103~124.

25. Rabin, 'An Approach to Incorporating Psychology into Economics', 617~622.

26. Laibson, 'Why Don't Present-Biased Agents Make Commitments?', 267~272.

27. Laibson, 'Why Don't Present-Biasted Agents Make Commitments?', 271~272.

28. DellaVigna and Malmendier, 'Paying Not to Go to the Gym', 694~719.

8장. 저축, 대체 가능성, 심리적 회계: 돈에는 이름표가 붙어 있다

1. Keynes, *The General Theory of Employment, Interest and Money.*

2. Courant, Gramlich, and Laitner, 'A Dynamic Micro Estimate of the Life Cycle Model', 279~280.

3. 다음을 참고하라. Kotlikoff and Summers, 'The Role of Intergenerational Transfers in Aggregate Capital Accumulation', 706~732; Courant et al., 'Dynamic Micro Estimate of the Life Cycle Model'.

4. Carroll and Summers, 'Consumption Growth Parallels Income Growth: Some New Evidence', 305~348.

5. Hall and Mishkin, 'The Sensitivity of Consumption to Transitory Income', 461~481.

6. Friedman, 'The Permanent Income Hypothesis', 20~37.

7. Wilcox, 'Social Security Benefits, Consumption Expenditure, and the Life Cycle Hypothesis', 288~304.

8. Summers, Carroll, and Blinder, 'Why Is U.S. National Saving So Low?', 607~642.

9. Hatsopoulos, Krugman, and Poterba, 'Overconsumption: The Challenge to US Economic Policy'.

10. Ishikawa and Ueda, 'The Bonus Payment System and Japanese Personal Savings', 133~192.

11. Landsberger, 'Windfall Income and Consumption: Comment', 534~540.

12. Cagan, *The Effect of Pension Plans on Aggregate Saving; Katona, Private Pensions and Individual Saving.*

13. Green, 'The Effect of Occupational Pension Schemes on Saving in the United Kingdom', 136~144.

14. 다음을 참고하라. Shefrin and Thaler, 'The Behavioral Life-Cycle Hypothesis', 609~643, for a summary and references.
15. Venti and Wise, 'Have IRAs Increased U.S. Saving?', 665.
16. Venti and Wise, 'Have IRAs Increased U.S. Saving?', 691.
17. Feenberg and Skinner, 'Sources of IRA Saving', 25~46.
18. Summers, 'Reply to Galper and Byce', 1014~1016.
19. Venti and Wise, 'Have IRAs Increased U.S. Saving?', 664.
20. Krumm and Miller, *Household Savings,* Homeownership, and Tenure Duration.
21. 비슷한 결과에 대해서는 다음을 참고하라. Manchester and Poterba, 'Second Mortgages and Household Saving', 325~346.
22. Skinner, 'Housing Wealth and Aggregate Saving', 305~324.
23. Venti and Wise, 'But They Don't Want to Reduce Housing Equity', 13~32.
24. Venti and Wise, 'But They Don't Want to Reduce Housing Equity', 26.
25. Hayashi, 'The Effect of Liquidity Constraints on Consumption', 183~206; Zeldes, 'Consumption and Liquidity Constraints', 305~346.
26. Manchester and Poterba, 'Second Mortgages and Household Saving', 325~346.
27. Fisher, *The Theory of Interest.*
28. Friedman, 'The Permanent Income Hypothesis', 20~37.
29. 이 점은 이 구절을 인용한 캐럴과 서머스가 강조했다. 다음을 참고하라. Carroll and Summers, 'Consumption Growth Parallels Income Growth', 305~348.
30. Hastings and Shapiro, 'Fungibility and Consumer Choice', 1449~1498.
31. Hastings and Shapiro, 'Fungibility and Consumer Choice', 1451.
32. Hastings and Shapiro, 'How Are SNAP Benefits Spent? Evidence from a Retail Panel', 3493~3540.
33. Beatty et al., 'Cash by Any Other Name?', 86~96.
34. Gregory, 'Rachel Reeves's Winter Fuel Payment Cut Will Put Pensioners in Hospital, Labour MPs Fear'.
35. Gross and Souleles, 'Do Liquidity Constraints and Interest Rates Matter for Consumer Behavior?', 149~185.
36. Batista, Mao, and Sussman, 'Keeping Cash and Revolving Debt'.
37. Baugh et al., 'Asymmetric Consumption Smoothing', 192~230.
38. Shefrin and Statman, 'Explaining Investor Preference for Cash Dividends', 253~282.
39. Baker, Nagel, and Wurgler, 'The Effect of Dividends on Consumption', 231~276.
40. Fagereng et al., 'Saving Behavior Across the Wealth Distribution'.

41. Venti and Wise, 'But They Don't Want to Reduce Housing Equity', 13~32.

42. Venti and Wise, 'Aging and Housing Equity: Another Look', 127~180.

43. 다음을 참고하라. Harvard Joint Center for Housing Studies, *Housing America's Older Adults 2023*.

44. Madrian and Shea, 'The Power of Suggestion', 1149~1187.

45. Thaler and Benartzi, 'Save More Tomorrow', 164~187.

9장. 선호 역전: 그때는 맞고 지금은 틀리다

1. Tversky, 'Intransitivity of Preferences', 31~48.

2. Lichtenstein and Slovic, 'Reversals of Preference Between Bids and Choices in Gambling Decisions', 46~55; Lichtenstein and Slovic, 'Response-Induced Reversals of Preference in Gambling', 16~20.

3. Slovic and Lichtenstein, 'Relative Importance of Probabilities and Payoffs in Risk Taking', 1.

4. Grether and Plott, 'Economic Theory of Choice and the Preference Reversal Phenomenon', 623~638.

5. 초창기 문헌과 그 후속 문헌을 더 자세히 살펴보려면 각각 다음을 참고하라. Slovic and Lichtenstein, 'Preference Reversals', 596~605; Tversky, Slovic, and Kahneman, 'The Causes of Preference Reversal', 204~217.

6. 우리는 달러 단위의 확실한 결과에 대해 X 〉Y는 X > Y를 의미한다고 가정한다. 즉 많은 돈이 적은 돈보다 선호된다.

7. Slovic, Griffin, and Tversky, 'Compatibility Effects in Judgment and Choice', 5~27.

8. Tversky, 'Features of Similarity', 327~352.

9. Slovic et al., 'Compatibility Effects in Judgment and Choice', 5~27.

10. Schkade and Johnson, 'Cognitive Processes in Preference Reversals', 203~231.

11. Tversky, Slovic, and Kahneman, 'The Causes of Preference Reversal', 204~217.

12. Hsee, 'Attribute Evaluability and Its Implications for Joint-Separate Evaluation Reversals and Beyond', 543~563.

13. Morewedge, Gilbert, and Wilson, 'The Least Likely of Times', 626~630.

14. Read et al., 'Which Is Better: Simultaneous or Sequential Choice?', 54~70.

15. Simonson, 'The Effect of Purchase Quantity and Timing on Variety-Seeking Behavior', 150~162.

16. Simonson and Winer, 'The Influence of Purchase Quantity and Display Format on Consumer Preference for Variety', 133~138.

17. Read and Loewenstein, 'Diversification Bias', 34~49.

18. Read et al., 'Which Is Better?', 54~70.

19. Grether and Plott, 'Economic Theory of Choice and the Preference Reversal Phenomenon', 623.

10장. 효용 극대화: 우리는 우리가 무엇을 좋아할지 모른다

1. Bentham, *An Introduction to the Principles of Morals and Legislation.*

2. Edgeworth, *Mathematical Psychics.*

3. 초창기에 이와 같은 맥락에서 논의한 문헌은 다음을 참고하라. Kahneman, 'New Challenges to the Rationality Assumption', 18~36.

4. 다음을 참고하라. Kahneman, 'A Perspective on Judgment and Choice', 697~720; and Gilovich, Griffin, and Kahneman, *Heuristics and Biases: The Psychology of Intuitive Judgment.*

5. Kahneman, 'Perspective on Judgment and Choice', 697~720.

6. Kahneman and Snell, 'Predicting a Changing Taste', 187~200.

7. Loewenstein, O'Donoghue, and Rabin, 'Projection Bias in Predicting Future Utility', 1209~1248.

8. Nisbett and Kanouse, 'Obesity, Hunger, and Supermarket Shopping Behavior'.

9. Gilbert, Gill, and Wilson, 'How Do We Know What We Will Like?'

10. Badger et al., 'Altered States', 865~876.

11. Conlin, O'Donoghue, and Vogelsang, 'Projection Bias in Catalog Orders', 1217~1249.

12. Read and Van Leeuwen, 'Predicting Hunger', 189~205.

13. DellaVigna and Malmendier, 'Paying Not to Go to the Gym', 694~719.

14. Stone et al., 'The Experience of Rheumatoid Arthritis Pain and Fatigue', 185~193.

15. Schreiber and Kahneman, 'Determinants of the Remembered Utility of Aversive Sounds', 27~42.

16. Kahneman et al., 'When More Pain Is Preferred to Less', 401~405.

17. Redelmeier, Katz, and Kahneman, "Memories of Colonoscopy', 187~194.

18. Schreiber and Kahneman, 'Determinants of the Remembered Utility of Aversive Sounds', 27~42.

19. Gilbert and Wilson, 'Miswanting', 178~197.

20. Schkade and Kahneman, 'Does Living in California Make People Happy?', 340~346.

21. Kahneman, *Thinking, Fast and Slow,* 402.

22. Schkade and Kahneman, 'Does Living in California Make People Happy?', 340~346.

23. Brickman, Coates, and Janoff-Bulman, 'Lottery Winners and Accident Victims', 917~927.

24. Schkade and Kahneman, 'Does Living in California Make People Happy?', 340~346.

25. Scitovsky, *The Joyless Economy.*

26. Sunstein and Thaler, 'Libertarian Paternalism Is Not an Oxymoron', 1159~1202.

27. Vosgerau and Peer, 'Extreme Malleability of Preferences', 38~46.

28. Busse et al., 'The Psychological Effect of Weather on Car Purchases', 371~414.

29. Simonsohn, 'Weather to Go to College', 270~280.

30. Gathergood et al., 'How Do Americans Repay Their Debt?'; Gathergood et al., 'How Do Individuals Repay Their Debt?', 844~875.

31. Bernheim and Rangel, 'Beyond Revealed Preference', 51~104; Bernheim and Taubinsky, 'Behavioral Public Economics', 381~516.

11장. 효율적 시장 가설의 두 얼굴: 월가의 이상 현상

1. Beshears et al., 'Behavioral Household Finance', 177~276.
2. Fama, 'Efficient Capital Markets', 383~417.
3. De Bondt and Thaler, 'Anomalies: A Mean-Reverting Walk Down Wall Street', 189~202.
4. De Bondt and Thaler, 'Does the Stock Market Overreact?', 793~805.
5. Swade et al., 'Factor Zoo (Zip)', 11~31.
6. Frazzini and Pedersen, 'Betting against Beta', 1~25.
7. Jensen, 'The Performance of Mutual Funds in the Period 1945~1964', 389~416.
8. Kahneman, *Thinking, Fast and Slow;* Akepanidtaworn et al., 'Selling Fast and Buying Slow', 3055~3098.

12장. 무너진 일물일가의 법칙: 어리석은 사람들의 불완전한 투기장

1. Modigliani and Miller, 'The Cost of Capital, Corporation Finance and the Theory of Investment', 261~297.
2. Black and Scholes, 'The Pricing of Options and Corporate Liabilities', 637~654.
3. Ross, 'The Arbitrage Theory of Capital Asset Pricing', 341~360.
4. Graham, *The Intelligent Investor,* 242.
5. Malkiel, 'The Valuation of Closed-End Investment-Company Shares', 857.
6. Klibanoff, Lamont, and Wizman, 'Investor Reaction to Salient News in Closed-End Country Funds', 673~699.
7. Rosenthal and Young, 'The Seemingly Anomalous Price Behavior of Royal Dutch/Shell and Unilever N.V./PLC', 123~141; Froot and Dabora, 'How Are Stock Prices Affected by the Location of Trade?', 189~216.
8. Lamont and Thaler, 'Can the Market Add and Subtract?', 227~268.

9. Lowe, *Benjamin Graham on Value Investing.*

10. De Long et al., 'Noise Trader Risk in Financial Markets', 703~738.

11. Spiro and Laderman, 'How Long-Term Rocked Stocks, Too', 160.

12. Lowenstein, *When Genius Failed.*

13. Shleifer and Vishny, 'The Limits of Arbitrage', 35~55.

14. Ross, 'The Interrelations of Finance and Economics', 30.

15. Levine, 'AMC Brings Out the Popcorn'.

16. Lamont, 'Owenomics: Observations on Behavioral Finance & Markets'.

17. Lamont, 'TSMC: Totally Stupid Market Chaos'.

에필로그: 행동경제학의 과거, 현재 그리고 미래

1. Card and Krueger, 'Minimum Wages and Employment', 772~793.

2. 'Minimum Wage vs. Supply and Demand', *Wall Street Journal.*

3. 'Minimum Wage vs. Supply and Demand', *Wall Street Journal.*

4. Smith, Suchanek, and Williams, 'Bubbles, Crashes, and Endogenous Expectations', 1119~1151.

5. Dufwenberg, Lindqvist, and Moore, 'Bubbles and Experience', 1731~1737.

6. Kahneman and Tversky, 'Prospect Theory', 263~291; Güth, Schmittberger, and Schwarze, 'An Experimental Analysis of Ultimatum Bargaining', 367~388.

7. Grether and Plott, 'Economic Theory of Choice and the Preference Reversal Phenomenon', 623~638.

8. Shiller, 'Do Stock Prices Move Too Much to Be Justified by Subsequent Changes in Dividends?', 421~436.

9. De Bondt and Thaler, 'Does the Stock Market Overreact?', 793~805.

10. Haigh and List, 'Do Professional Traders Exhibit Myopic Loss Aversion?', 523~534.

11. Clark, 'Economics and Modern Psychology: I', 4.

12. Simon, *Models of Man.*

13. Oprea, 'What Makes a Rule Complex?', 3913~3951; Enke and Graeber, 'Cognitive Uncertainty', 2021~2067; Oprea, 'Complexity and Its Measurement'.

14. Frederick, 'Cognitive Reflection and Decision Making', 25~42.

참고 문헌

Bentham, Jeremy. *An Introduction to the Principles of Morals and Legislation*. Blackwell, 1789. [제러미 벤담, 『도덕과 입법의 원칙에 대한 서론』, 아카넷, 2013]

Edgeworth, Francis Ysidro. *Mathematical Psychics: An Essay on the Application of Mathematics to the Moral Sciences*. C. Kegan Paul, 1881. [프랜시스 이시드로 에지워스, 『수리 정신학』, 한국문화사, 2014]

Graham, Benjamin. *The Intelligent Investor: A Book of Practical Counsel*. Harper & Brothers, 1949. [벤저민 그레이엄, 『현명한 투자자』, 국일증권경제연구소, 2025]

Kahneman, Daniel. *Thinking, Fast and Slow*. Farrar, Straus and Giroux, 2011. [대니얼 카너먼, 『생각에 관한 생각』, 김영사, 2018]

Keynes, John Maynard. *The General Theory of Employment, Interest and Money*. Macmillan, 1936. [존 메이너드 케인스, 『고용 이자 화폐의 일반이론』, 필맥, 2010]

Lowenstein, Roger. *When Genius Failed: The Rise and Fall of Long-Term Capital Management*. Random House, 2000. [로저 로웬스타인, 『천재들의 머니게임』, 한국경제신문사, 2010]

Marshall, Alfred. *Principles of Economics,* 2nd ed. Macmillan, 1891. [앨프레드 마셜, 『경제학 원리』, 한길사, 2010]

Smith, Adam. *The Theory of Moral Sentiments*. A. Millar, 1759. [애덤 스미스, 『도덕감정론』, 비봉출판사, 2009]

Thaler, Richard H., and Cass R. Sunstein. *Nudge: Improving Decisions About Health, Wealth, and Happiness*. Penguin, 2009. [리처드 탈러, 캐스 R. 선스타인, 『넛지: 똑똑한 선택을 이끄는 힘』, 리더스북, 2009]

Thaler, Richard H., and Cass R. Sunstein. N*udge: The Final Edition*. Yale University Press, 2021. [리처드 탈러, 캐스 R. 선스타인, 『넛지(파이널 에디션)』, 리더스북, 2022]

찾아보기

ㅇ

ㅍ

ㅎ

리처드 탈러(세일러) RICHARD H. THALER

시카고대학교 부스경영대학원 행동과학 및 경제학 교수. 경제학과 심리학의 가교를 이어 비이성적 인간 행동의 비밀을 밝혀낸 공으로 2017년 노벨경제학상을 수상했다. 그는 제한적 합리성에 기반한 행동경제학을 체계화시킨 것으로 널리 알려져 있다. 1980년 발표한 논문「소비자 선택의 실증이론에 대해」를 통해 '넛지' 이론의 토대를 닦았다. 2002년 노벨경제학상을 수상한 심리학자 대니얼 카너먼은 이 논문을 '행동경제학의 시초'라며 극찬했고 노벨상 수상의 공을 탈러에게 돌리기도 했다. 한편 이론 연구에만 그치지 않고 일상에서 넛지를 활용한 다양한 정책을 제시해 사회문제를 해결하는 데도 크게 기여했다. 특히 탈러가 설계한 저축 플랜은 빚더미에 앉은 미국을 구했다는 평가를 받는다. 2015년 미국경제학회 회장을 역임했으며 현재 미국 국립과학아카데미 및 미국 예술과학아카데미 회원이다. 저서로『행동경제학』,『넛지』등이 있다.

알렉스 이마스 ALEX O. IMAS

시카고대학교 부스경영대학원 행동과학·경제학·응용 인공지능학 교수. 시카고대 응용AI 센터와 인적자본·경제적 기회 연구센터의 연구진, 미국 국립경제연구소 연구위원, CESifo 네트워크 펠로우로 참여하며 불확실성하에서의 선택, 정보 학습, 인지와 정신적 표상, 응용AI, 차별의 경제학 등을 연구하고 있다. 슬론 연구 펠로우십, 금융연구 학술지 신진 학자상, 행동과학 · 정책협회 신진 연구자상, 판단·의사결정학회 힐렐 아인혼 신진 연구자상, CESifo 우수 제휴 연구자상 등 주요 학술상을 잇달아 수상하며, 차세대 행동경제학을 이끄는 대표 연구자로 자리매김했다.

감수 최정규

경북대학교 경제통상학부 교수. 경제학·정치학·생물학·인류학 등 다양한 분야를 넘나들며 제도와 인간 행동, 진화를 규명하는 연구를 진행해왔다. 저서로『이타적 인간의 출현』,『게임이론과 진화 다이내믹스』, 역서로 초판『승자의 저주』(2007),『도덕경제학』(공역) 등이 있다.

옮긴이 임경은

부산대학교 경제학 학사 및 서강대학교 경제대학원 석사를 마쳤다. 법무부, 관세청 등에서 공직생활을 했으며 현재 바른번역 소속 번역가로 활동하고 있다. 옮긴 책으로는 『워런 버핏과 찰리 멍거』, 『제임스 앨런 부의 여덟 기둥』, 『자본 질서』, 『엄청나게 중요하고 믿을 수 없게 친근한 경제』, 『생각을 바꾸는 생각들』 등이 있다.

승자의 저주

초판 1쇄 발행 2026년 3월 6일
초판 2쇄 발행 2026년 4월 3일

지은이 리처드 탈러, 알렉스 이마스
옮긴이 임경은
감수 최정규

발행인 윤승현 **단행본사업본부장** 신동해
편집장 김예원 **책임편집** 김예빈
교정교열 고영숙 **표지 디자인** 오필민 **조판** 데시그
마케팅 최혜진 강효경 **홍보** 허지호
국제업무 김은정 김지민 **제작** 정석훈

브랜드 리더스북
주소 경기도 파주시 회동길 20
문의전화 031-956-7210(편집) 031-956-7088(마케팅)

홈페이지 www.wjbooks.co.kr
인스타그램 www.instagram.com/woongjin_readers
페이스북 www.facebook.com/woongjinreaders
블로그 blog.naver.com/wj_booking

발행처 (주)웅진씽크빅
출판신고 1980년 3월 29일 제406-2007-000046호

ISBN 978-89-01-29944-0 (03320)

• 리더스북은 (주)웅진씽크빅 단행본사업본부의 브랜드입니다.